江南文化研究论丛·第一辑

主　编　田晓明

副主编　路海洋

学术支持

苏州市哲学社会科学界联合会

苏州科技大学城市发展智库

苏州大学东吴智库

苏州科技大学文学院

本丛书获苏州市社科基金项目出版资助

苏州方言语汇与民俗文化

江南文化研究论丛·第一辑

主编 田晓明

副主编 路海洋

唐丽珍 等 著

苏州大学出版社
Soochow University Press

图书在版编目(CIP)数据

苏州方言语汇与民俗文化 / 唐丽珍等著. —苏州：苏州大学出版社, 2022.12
(江南文化研究论丛 / 田晓明主编. 第一辑)
ISBN 978-7-5672-4194-7

Ⅰ. ①苏… Ⅱ. ①唐… Ⅲ. ①吴语—方言研究—苏州 ②俗文化—研究—苏州 Ⅳ. ①H173②G127.533

中国版本图书馆 CIP 数据核字(2022)第 241163 号

| 书　　名 / 苏州方言语汇与民俗文化
| | SUZHOU FANGYAN YUHUI YU MINSU WENHUA
| 著　　者 / 唐丽珍 等
| 责任编辑 / 倪浩文
| 装帧设计 / 吴　钰
| 出版发行 / 苏州大学出版社
| 地　　址 / 苏州市十梓街 1 号
| 邮　　编 / 215006
| 电　　话 / 0512-67481020
| 印　　刷 / 苏州市深广印刷有限公司
| 开　　本 / 787 mm×1 092 mm　1/16　印张 20.5　字数 336 千
| 版　　次 / 2022 年 12 月第 1 版
| 印　　次 / 2022 年 12 月第 1 次印刷
| 书　　号 / ISBN 978-7-5672-4194-7
| 定　　价 / 72.00 元

图书若有印装错误，本社负责调换
苏州大学出版社营销部　电话：0512-67481020
苏州大学出版社网址　http：//www.sudapress.com
苏州大学出版社邮箱　sdcbs@suda.edu.cn

文化抢救与挖掘：人文学者的历史使命与时代责任
——"江南文化研究论丛"代序

田晓明

世间诸事，多因缘分而起，我与"大学文科"也不例外。正如当年（2007年）我未曾料想到一介"百无一用"的书生还能机缘巧合地担任一所百年名校的副校长，也从未想到过一名"不解风情"的理科生还会阴差阳错地分管"大学文科"，而且这份工作一直伴随着我近二十年时间，几乎占据了我职业生涯之一半和大学校长生涯之全部。我理解，这也许就是人们常说的缘分吧！

承应着这份命运的安排，我很快从既往断断续续、点点滴滴的一种业余爱好式"生活样法"（梁漱溟语：文化是人的生活样法）中理性地走了出来，开始系统、持续地关注起"文化"这一话题或命题了。尽管"文化"与"大学文科"是两个不同的概念，但在我的潜意识之中，"大学文科"与"文化"彼此间的关联似乎应该比其他学科更加直接和密切。于是，素日里我对"文化"的关切似乎也就成了一种偏好、一种习惯，抑或说是一种责任！

回眸既往，我对"文化"的关注大体分为两个方面或两个阶段：一是起初仅仅作为一名普通读书人浸润于日常生活、学习和工作中的碎片式"体悟"；二是2007年之后作为一名大学学术管理者理性、系统且具针对性的理论思考和实践探索。

作为20世纪80年代初期的大学生，我们这一代人虽然被当时的人们羡称为"天之骄子""时代宠儿"，但我们自个儿内心十分清楚，我们就如同一群刚刚从沙漠之中艰难跌打滚爬出来的孩子，对知识和文化的追求近乎如饥似渴！有人说：在没有文学的年代里做着文学的梦，其灵魂是苍白的；在没有书籍的环境中爱上了读书，其精神是饥渴的。我的童年和少年就是在这饥渴而苍白的年代中度过的，平时除了翻了又翻的几本连环画和看了又看的几部老电影，实在没有太多的文化新奇。走进大学校园之后，图书馆这一被誉为"知识海洋"的建筑物便成为我们这代人日常生活和学习的主要场所，而且那段生活和学习的时光也永远定格为美好的记忆！即便是现在，偶尔翻及当初留下的数千张读书卡片，我内心深处仍没有丝毫的艰辛和苦楚，而唯有一种浓浓的自豪与甜蜜的回忆！

如果说大学图书馆（更准确地说是数以万计的藏书）是深深影响着我们这代读书人汲取"知识"和涵养"文化"的物态载体，那么，伴随着改革开放在华夏大地上曾经涌起的一股强劲的"文化热"，则是我们这代人成长经历中无法抹去的记忆。20世纪80年代，以李泽厚、庞朴、张岱年等为代表的一大批学者，一方面对中国传统思想文化展开了批评研究，另一方面对西方先进思想文化进行学习借鉴，从而引导了文化研究在改革开放以来再次成为社会热点。如何全面评价20世纪80年代的那股"文化热"，这是文化研究学者们的工作。而作为一名大学学术管理者，我特别注意的是这股热潮所引致的一个客观结果，那就是追求精神浪漫已然成为那个时代的一种风尚，而这种精神浪漫蕴含着浓郁的人文主义和价值理性指向。其实，这种对人文主义呼唤或回归的精神追求并不只是当时中国所特有的景致。

放眼世界，由于科学主义、工具理性的滥觞，人文社会科学日渐式微，人文精神也日益淡薄。而这种人文学科日渐式微、人文精神日益淡薄现象最早表现为大学人文学科的边缘化甚至衰落。早在20世纪60年代，国际学术界尤其是大学人文社会科学界就由内而外、自发地涌起了"回归人文、振兴文科"的浪潮。英国学者普勒姆于20世纪60年代出版的《人文学科的危机》，引发了欧美学界尤其是人文社会科学界的广泛关注和热烈讨论；美国学者罗伯特·维斯巴赫针对美国人文学科的发展困境发表感慨："如今的人文学科，境遇不佳，每况愈下，令人束手无策"，"我们已经失去其他领域同事们的尊敬以及知识大众的关注"；乔·古尔迪曾指出，"最近的半个世纪，整个人文学科一直处于危机之中，虽然危机在每个国家的表现有所不同"；康利认为，美国"20世纪60年代社会科学拥有的自信心，到了80年代已变为绝望"；利奥塔甚至宣称"死掉的文科"；等等。尽管学者们仅仅从大学学科发展之视角来探析人文社会科学的式微与振兴，却也从另一个侧面很好地反映出人类社会所遭遇的人文精神缺失和文化危机的现象。

在这样的大背景下，中国人文社会科学也不例外。作为一名大学学术管理者和人文社会科学研究者，我从未"走出"过大学校门，对大学人文精神愈益淡薄的现状也有极为深切的体会，这也促使我反复思考大学的本质究竟是什么。数年之前，我曾提出了自己对这一问题的认识：在归根结底的意义上，大学的本质就在于"文化"——在于文化的传承、文化的启蒙、文化的自觉、文化的自信、文化的创新。因为脱离了文化传承、文化启蒙、文化创新等大学的本质性功能，人才培养、科学研究和社会服务都会成为无源之水、无本之木，而大学的运行就容易被视作简单传递知识和技能的工具化活动。从这一意义上说，大学文化建设在民族文化乃至人类文化传承、创新中拥有不可替代的重要地位甚至主要地位。换言之，传承、创新人类文化应该是大学的历史使命与责任担当。

对大学本质功能的思索，也是对大学人文精神日益淡薄原因的追问，这一追问的结果还是回到了文化关怀、文化研究上来。由于在地的原因，我对江南文化和江南文化研究有着较长时间的关注。提及江南文化，"江南好，风景旧曾谙。日出江花红胜火，春来江水绿如蓝，能不忆江南"，"江南可采莲，莲叶何田田"，"人人尽说江南好，游人只合江南老"，"忽听春雨忆江南"，"杏花春雨江南"等清辞丽句就会自然而然地涌上我们的心头，而很多人关于江南的文化印象很大程度上也正是被这些清辞丽句所定义。事实上，江南文化是在"江南"这一自然地理空间中层累发展起来的物质文化、精神文化的总称。

从历史上看，经过晋室南渡、安史之乱导致的移民南迁、南宋定都临安等一系列重大历史事件，江南在中国文化中的中心地位日益巩固，到了明清时期，江南文化更是发展到了它的顶峰。近代以来，江南文化也并未随着封建王朝的崩解而衰落，而是仍以其强健的生命力，在中西文化冲突与交融的大背景下，逐渐形成了兼具传统性与现代性的新江南文化。在这个意义上，我们所说的江南文化，既是历史的，也是现代的，既是凝定的，也是鲜活的，而其中长期积累起来的优秀文化传统，已经深深融入江南社会发展的肌体当中。如果再将审视的视野聚焦到江南地区的重要城市苏州，我们便不难发现，在中国古代，苏州是吴文化的重要发祥地之一，也是江南文化发展的一个核心区域，苏州诗词、戏曲、小说、园林、绘画、书法、教育、经学考据等所取得的丰厚成就，已经载入并光耀了中华传统文化史册；在当今，苏州也仍然是最能体现江南文化特质、江南文化精神的名城重镇。

我们今天研究江南文化，不但是要通过知识考古的方式还原其历史面貌，还要经由价值探讨的方法剔理其中蕴涵的文化传统、文化精神及其现代价值与意义，更要将这些思考、研究成果及时、有效地运用于现实社会生活，从而真正达成文化的传承、弘扬与创新。

其实，世界上最遥远的距离并不在天涯海角之间，也不是马里亚纳海沟底到珠穆朗玛峰巅，而在于人们意识层面的"知道"与行为表达的"做到"之间。所幸无论在海外还是在本土，学界有关"回归人文、振兴文科"的研讨一直没有中断，政府的实践探索活动也已开启并赓续。2017年美国希拉姆学院率先提出"新文科"概念，强调通过"跨学科""联系现实"等手段或路径摆脱日渐式微的人文社会科学困境。如果说希拉姆学院所言之"新文科"是一种自下而上的、内生型的学界主张，那么我国新近提出的"新文科"建设则具有鲜明的中国特色。作为一名长期从事文科管理的大学办学者，我也深有一种时不我待的紧迫感和"留点念想"的使命感！十多年以来，无论是在苏州大学还是在苏州科技大学，我都是以一种"出膏自煮"的态度致力于大学文科、文化校园和区域文化建设的：本人牵头创办的苏州大学博物馆，现已成为学校一张靓丽的文化名片；本人策划、制作的苏州大学系列人物雕塑，也成为学校一道耀眼的风景线；本人策划和主编的大型文化抢救项目"东吴名家"系列丛书和专题片也已启动，"东吴名家"（艺术家系列、名医系列、人文学者系列等）相继出版发行，也试图给后人"留点念想"；本人在全国高校中率先创办的"苏州大学东吴智库"（2013年）和"苏州科技大学城市发展智库"（2018年）先后获得江苏省哲学社会科学重点研究基地和江苏高校哲学社会科学重点研究基地，且跻身"中国智库索引"（CTTI），本人也被同行誉为"中国高校智库理论思考和实践探索的先行者"……

素日里，我也时常回眸来时路，不断检视、反思和总结这些既有的工作业绩。我惊喜地发现，除了自身的兴趣和能力，苏州这座洋溢着"古韵今风"的魅力城市无疑是这些业绩或成就的主要支撑。随着文化自信被作为中华民族伟大复兴历史梦想的重要组成部分而提出、强调，在理论和实践层面实施中华优秀传统文化传承发展工程已经成为国家的一项重要发展战略。勤劳而智慧的苏州人对国家发展战略的响应素来非常迅速而务实，改革开放以来，他们不仅以古典园林的艺术精心打造出苏州现代经济板块，而且以"双面绣"的绝活儿巧妙实现了中国文化和世界文化的和谐对接。对于实施中华优秀传统文化传承发展工程的国家发展战略，苏州人也未例外。2021年苏州市发布了《"江南文化"品牌塑造三年行动计划》，目的即在传承并创造性转化江南优秀传统文化，推动苏州文化高质量发展，进一步提升城市文化软实力和核心竞争力。《"江南文化"品牌塑造三年行动计划》拟实施"十大工程"，以构建比较完整的江南文化体系，而"江南文化研究工程"就是其中的第一"工程"。该"工程"旨在坚守中华文化立场，传承江南文化，加快江南历史文化发掘整理研究，阐释江南文化历史渊源、流变脉络、要素特质、当代价值，推动历史文化与现实文化相融相通，为传承弘扬江南文化提供有力的学术支撑。

为助力苏州市落实《"江南文化"品牌塑造三年行动计划》，我与拥有同样情怀和思考的好友路海洋教授经过数次研讨、充分酝酿，决定共同策划和编撰一套有关江南文化研究的系列图书。在苏州市哲学社会科学界联合会大力支持下，我们以"苏州科技大学城市发展智库""苏州大学东吴智库"为阵地，领衔策划了"江南文化研究论丛"（以下简称"论丛"）。首辑"论丛"由9部专著构成，研究对象的时间跨度较大，上起隋唐，下迄当代，当然最能代表苏州文化发展辉煌成就的明清时期以及体现苏州文化新时代创新性传承发展的当代，是本丛书的主要观照时段。丛书研究主题涉及苏州审美文化、科举文化、大运河文化、民俗文化、出版文化、语言文学、工业文化、博物馆文化、苏州文化形象建构等，其涵括了一系列能够代表苏州文化特色和成就的重要论题。

具体而言，李正春所著《苏州科举史》纵向展示了苏州教育文化发达史上很具辨识度的科举文化；刘勇所著《清代苏州出版文化研究》横向呈现了有清一代颇为兴盛的出版文化；朱全福所著《"三言二拍"中的大运河文化论稿》以明代拟话本代表之作"三言二拍"为着力点，论述了其中涵纳的颇具特色的大运河城市文化与舟船文化；杨洋、廖雨声所著《明清苏州审美风尚研究》和李斌所著《江南文化视域下的周瘦鹃生活美学研究》，分别从断代整体与典型个案角度切入，论述了地域特性鲜明的"苏式"审美风尚和生活美学；唐丽珍等所著《苏州方言语汇与民俗文化》，从作为吴方言典型的苏州方言入手，分门别类地揭示方言语汇中包蕴的民俗文化内涵；沈骍所著《苏州工业记忆：续篇》基于口述史研究理念，对改革开放以来的苏州工业历史作了点面结合的探研；艾志杰所著《影像传播视野下的苏州文化形象建构研究》和戴西伦所著《百馆之城：苏州博物馆文化品牌传播研究》，从文化传播维度切入，前者着眼于苏州文化形象建构的丰富路径及其特点的探研，后者则着力于苏州博物馆文化品牌传播内蕴的挖掘。

据上所述，本丛书的特点大体可以概括为十六个字：兼涉古今、突出典型、紧扣苏州、辐射江南。亦即选取自古以来具有典型意义的一系列苏州文化论题，各有侧重地展开较为系统的探研：既研究苏州文化的"过去时"，也研究苏州文化的"进行时"；研究的主体固然是苏州文化，但不少研究的辐射面已经扩展到了整个江南文化。丛书这一策划思路的宗旨正在于《"江南文化"品牌塑造三年行动计划》所说的使苏州"最江南"的文化特质更加凸显、人文内涵更加厚重、精神品格更加突出，从而提升苏州在江南文化话语体系中的首位度和辐射力。

诚然，策划这套丛书背后的深意仍要归结到我对大学本质性功能的体认，我们希望通过这套可能还不够厚重的丛书，至少引起在苏高校人文社会科学类教师对苏州文化、江南文化、中国传统文化传承与创新的重视，希望他们由此进一步强化对自己传承、创新文化这一历史使命与时代责任的认识，并进而从内心深处唤回曾经被中国社会一定时期疏远的人文精神、人文情怀——即便这套丛书只是一个开始。

目 录

001 第一章 绪论

003 第一节 苏州方言概述
008 第二节 苏州方言和民俗研究概况
017 第三节 研究苏州方言与民俗文化的意义
020 第四节 本书的研究方法

025 第二章 物质生产类民俗语汇

027 第一节 农业
056 第二节 渔业
067 第三节 养殖业
077 第四节 种植业
084 第五节 传统手工业和商业

101 第三章 日常生活类民俗语汇

103 第一节 服饰
116 第二节 饮食
134 第三节 民居
154 第四节 交通

175 第四章　岁时节令类民俗语汇

177　第一节　年俗
202　第二节　其他重要节俗

223 第五章　人生礼仪类民俗语汇

225　第一节　生养寿诞
231　第二节　婚姻礼仪
243　第三节　丧葬习俗

253 第六章　民间信仰与娱乐类民俗语汇

255　第一节　民间信仰
285　第二节　民间娱乐

303　附录　主要引用文献书目

311　后记

第一章 绪论

第一节　苏州方言概述

一、苏州概况

苏州地处江苏省东南部，东傍上海，西濒太湖，南接浙江，北依长江。境内地势低平，河流纵横，湖泊众多，太湖绝大部分水面也在苏州境内，是典型的江南水乡。

苏州，古称吴，简称苏，又称姑苏、平江等。苏州的历史源远流长，考古工作者在旧石器时代晚期遗址太湖三山岛上找到了数万年前人类活动的踪迹，在新石器时代的一些遗址上还发现了六七千年以前吴地先民已种植水稻，开始纺织，在此繁衍生息。公元前11世纪，西周的泰伯、仲雍从渭水之滨南来，与民并耕，当地人民拥戴泰伯为勾吴之主。春秋时，寿梦于公元前585年称王，吴国越来越强。公元前514年吴王阖闾始建苏州城，距今已有2 500多年的历史。如今，苏州古城区依然坐落在春秋时期吴国都城的位置上，保持着"水陆并行、河街相邻"的双棋盘格局。

目前，苏州的行政区划由"四市六区"十个板块组成，包括姑苏区、虎丘区、吴中区、相城区、吴江区5个市辖区和苏州工业园区，以及常熟、张家港、昆山、太仓4个县级市。

二、现代苏州方言语音简介

语言是人类在生产生活实践中产生的，是人们相互交流的重要工具。我国地域辽阔，每个地方都有自己的语言，并各具特色。苏州地区的语言，即苏州方言，俗称"苏州话"，属于吴语太湖片苏嘉湖小片，是吴语的重要组成部分。由于历来吴地的政治、经济和文化中心长期在苏州，所以苏州话也被认为是吴语最典型的代表。张家茂、石汝杰在其所编《苏州市方言志》中说:"到明代,现代苏州话的基本面貌业已形成。冯梦龙辑录的山歌和小说、沈宠绥的《度曲须知》中所反映的方言现象已很接近今日苏州话。"随着社会的发展,受各种因素的影响,现代苏州方言的变化速度很快。苏州方言内部的差别也很大,有地理的差别,也有年龄的老派和新派之分。为了统一和标音习惯,本书仍然采用《苏州市方言志》的音系,现对苏州方言的声韵调系统简介如下。

苏州方言声母共有28个,基本保留古全浊声母,有塞音、擦音和塞擦音声母三分,区分尖音团音,新派平翘舌不分。具体见表1-1。

表1-1 苏州方言声母表

p 半边	pʰ 批判	b 陪伴	m 麦苗	f 方法	v 万物
t 得当	tʰ 脱胎	d 大道	n 恼怒	—	l 玲珑
ʦ 战争	ʦʰ 青草	—	—	s 思想	z 实词
tɕ 计较	tɕʰ 欠缺	dʑ 强健	ȵ 泥泞	ɕ 欣喜	j 扬言
k 公告	kʰ 宽阔	g 共狂	ŋ 额外	h 黑海	ɦ 豪华
ø 安衣翁乌	—	—	—	—	—

苏州方言韵母共有49个,单元音韵母发达,发音靠前;复元音韵母少;鼻辅音韵尾发音位置不严格,即不区分前后鼻音;入声韵都带有明显的喉塞音韵尾。具体见表1-2。

表1-2 苏州方言韵母表

ɿ 自私	ʮ 书橱	—	—
—	i 西医	u 破布	y 雨区
ɑ 奶排	iɑ 谢爹	uɑ 快坏	—
o 茶花	io 霞靴	—	—
æ 包好	iæ 苗条	—	—
—	iɪ 盐田	—	—
mE 灿烂	—	umE 关怀	—
ø 暗算	iø 渊源	uø 玩碗	—
ɤ 欧洲	iɤ 九牛	—	—

əu 姑苏	—	—	—
ã 打仗	iã 良将	uã 横光~火	—
a 帮忙	ia 江旺	ua 狂慌	—
ən 奔腾	in 英明	uən 困昏	yn 军训
oŋ 蓬松	ioŋ 穷凶	—	—
əl 儿尔而二	m̩ 姆呒亩	n̩ 唔~笃	ŋ̍ 鱼吴五
aʔ 杀鸭	iaʔ 甲侠	uaʔ 刮挖	yaʔ 曰
ɑʔ 百客	iɑʔ 约略	—	—
əʔ 特色	ieʔ 铁笔	ueʔ 忽活	yəʔ 月缺
oʔ 龌龊	ioʔ 曲轴		

苏州方言声调共有7个，大体保留平上去入四声，并按照声母的清浊分为阴、阳两类。其中浊声母上声字并入阳去，没有独立的阳上调。阳平调开头是个低平调，调尾上扬，实际调值是223，标作23。阳去调开头是个短的低升调，实际调值是231，标作31。在实际语流中，有复杂的连读变调现象。具体见表1-3。

表1-3 苏州方言声调表

调类	阴平	阳平	上声	阴去	阳去	阴入	阳入
调值	44	23	52	412	31	55	23
例字	刚每	陈人	美水	唱爱	女饭	接笔	拔局

三、苏州方言特征概说

千百年来的历史发展使汉语形成了目前的七大方言区：北方方言、吴方言、湘方言、赣方言、客家方言、闽方言和粤方言。周振鹤、游汝杰在《方言与中国文化》中说："现代汉语七大方言跟古汉语和南方的古越语的关系，以及各方言间亲疏远近的关系……吴语和老湘语比较接近，最早形成的是吴语和老湘语。"最古老的、最早从原始古汉语中分化出来的方言是吴语和老湘语。汉代赵晔的《吴越春秋》和刘向的《说苑》里就有关于吴语的文字记载，我们从晋以后的"子夜歌""吴声歌曲"里能初步看到吴语的词汇特点,郭璞在《方言注》里一直提到的"江东"相当于今天的吴语区,尤其在东晋南渡后,更是出现了"重吴声"的风气。明清以后,吴语特别是苏州话的运用和交流达到了高峰,当时许多通俗文学作品带有明显的吴语特征,如冯梦龙的《三言》、凌濛初的《二拍》等小说,而韩邦庆《海上花列传》中的对白、张南庄的《何典》等则全部用苏州话写就。由此可见,吴语是重要的汉语方言之一,具有独特的语言魅力。同时,由于苏州这个城市的历史地位以及苏州话自身的音韵特征,苏州话历来被当作吴语的代表方言,人们常说的"吴侬软语",通常指的就是苏州话。

苏州话与北方方言有很大差别。吕叔湘先生说:"方言的差别最引人注意的是语音,划分方言也是主要依据语音。"从听感而言,北方话较"阳刚",苏州话则婉转柔和。具体说来,苏州话表现出以下特点。

首先,苏州话是一种古老雅致的语言。从语音来看,苏州话基本保留了全部的浊音声母,比如在普通话中完全同音的"镇、阵""报、暴""壮、状""圣、盛"等,在苏州话中每组字前者念清音,后者念浊音。又如,苏州人说"肥皂"的"肥"作[bi],"孵小鸡"的"孵"作[bu],"凤仙花"的"凤"作[bən],这是古音韵学中"古无轻唇音"的现象。苏州人称"后妈"叫"晚娘","晚"读若[mɛ],"蚊子"的"蚊"作[mən],还有"望、问、闻"等字的声母都读作[m],这是古音中微母字读作明母。关于苏州话保存古音多的现象,很多学者都有研究,钱大昕在《十驾斋养新录》中早就论及。苏州话声调大体保留平上去入四声,并依声母的清浊各分阴阳,具有七个调类,因而苏州话虽语调平和却不失抑扬顿挫。在词汇方面,苏州话中很多常用词至今使用的是文言中的古雅语义。如畀,给、赠送。许慎《说文·丌部》:"相付与之。"攦,拧、折。《庄子·胠箧》:"攦工倕之指,而天下始人有其巧矣。"囥,藏。丁度等《集韵》收录此字。毷,动物换毛。陈彭年等《广韵》去声泰韵他外切:"鸟易毛。"汏,洗。许慎《说文·水部》收有此字,段注:"今苏州人谓摇曳洒之曰汏,音如俗语之大。"这样的例子不胜枚举。除了实词以外,还比如副词"不"说"弗",句子结尾的语气词不用"了"而用"哉",这都体现了浓浓的古意。在语法方面,苏州话中受事话题句较为常见,其句子结构是主谓谓语句,主语为受事主语。如"我看完电视了",苏州话常说成"我电视看完哉",这样的语序即文言中常见的宾语前置,甲骨文中也多见。

其次，苏州话的语言要素复杂多变。例如，它的单元音韵母发达，有13个之多，且除了少数几个元音发音部位靠后之外，其余元音发音部位靠前。正因为单元音发音靠前靠上、复元音相对较少，所以苏州人说话时嘴型变动较小，这使得苏州话听起来清浅柔和。苏州话中有丰富的语气助词，这也使苏州话富有特别的韵味和音乐感，呈现出轻、软、糯的特点。苏州话既有复杂的连读变调现象，又有纯语流音变和构词音变之分，发音繁复。文白异读现象在苏州话中也常见，如"家"字，古音平声古牙切，苏州话有两个读音，文言音读[tɕia]，白话音读[kɑ]，这样的材料很多，类型多样，文白异读与词汇层次的差别有关。苏州话中"阿""老"等名词词头和词尾"子""儿""头"发达，使用范围很广。苏州方言代词也很复杂，比如人称代词有吾、奴、倷、俚、伲、唔笃和俚笃等，指示代词除了近指、远指，还有中指，在用法上也与普通话不同。

再次，苏州话语词表现力强。"软语"之"软"，除了发音绵软、柔和之外，也表现为语词形象生动，含义深刻，诙谐幽默，表达含蓄。苏州话的词汇常用具象语素，用可视的描写方法来表达。如把"蜈蚣"说成"百脚"，用动物可视的形体特征来代替学名；把"眼睛"说成"眼乌珠"，添加了表颜色和形状的语素，更加直观。也常用比喻的方式构词，如苏州人常说的"枇杷叶面孔"，即以枇杷叶比喻人的脸，意为翻脸不认人，但"枇杷叶面孔"的表达既形象，又委婉含蓄。再如"寿头"一词，其实是猪头，直接骂人像猪一样，过于粗俗，用"寿头"来代称，则比较含蓄隐晦，且文雅得多，容易使人接受。苏州话也经常结合当地民俗乡情，因地制语。有些歇后语就非常诙谐幽默，富有情趣。例如"陆慕火着——窑烟（谣言）"一语，与相城区陆慕镇传统的御窑金砖烧制业有关，苏州人不说"谣言"，而是幽默隐晦地说一句歇后语"陆慕火着"。还比如"讲张""软脚蟹""商量北寺塔""行春桥土地——虚恭敬"等语，它们或反映人文掌故，或表现生活习惯，或体现风俗民情，地方色彩浓厚。

总之，"吴侬软语"苏州话是一种极富魅力的语言。苏州地区历来人文荟萃，文化昌盛，语言是保存和发展文化遗产的基本工具。作为苏州地区现代与传统的最直接的文化纽带，苏州话担负着本地区历史文化传承的使命，我们有责任更好地保护它、传承它。

第二节　苏州方言和民俗研究概况

一、苏州方言研究现状

关于苏州方言的研究，成果丰硕。谢自立的《二十年来苏州方言研究综述》（2001）一文对 20 世纪 80 年代以来的苏州方言研究进行了综述，而肖瑜和任艳君又主要增加了 21 世纪以来关于苏州方言的研究成果，撰有《近百年来现代苏州方言研究综述》（2019）一文。为了掌握苏州方言研究的总体面貌，笔者主要根据上述两篇文章择要概述如下。

1. 苏州方言总体研究

20 世纪 20 年代，钱玄同和赵元任分别发表了《苏州注音字母草案》（1925）和《北京、苏州、常州语助词的研究》（1926），揭开了研究苏州方言真正语言学意义的序幕。随后，赵元任于 1928 年出版了《现代吴语的研究》一书，其中对现代苏州方言的调查，奠定了现代苏州方言研究的基础。

此后，直到 20 世纪 80 年代，才出现了第一部反映苏州话全貌的专著——叶祥苓的《苏州方言志》（1988），该书详细描写了苏州方言的内部差别、特点、语音分析、同音字表，将苏州音系与《广韵》音系、北京话音系进行了比较，并提供标音举例和分类词表，具有首创之功，特别值得称道的是书中有 50 幅涉及市区和郊区 260 多个点的方言地图。钱乃荣的《当代吴语研究》（1992）反映了 20 世纪八九十年代吴语的全貌，如将其中涉及的苏州方言抽出来，几乎就是一部苏州方言志。苏州地方志编纂委员会 1995 年编纂出版了《苏州市志》，其中的"方言卷"由张家茂、石汝杰执笔，在 1987 年曾内部发行，内容包括概述、语音、同音字表、方言词语、语法简述五部分，但由于只是作为一部地方志里的方言部分，所以篇幅偏少，材料不太丰富，是一种更简洁的苏州方言志。江苏省地方志编纂委员会于1998年出版《江苏省志·方言志》，其中第二章"吴方言区"由翁寿元、石汝杰撰写，也包含苏州方言的内容。

21世纪以来，汪平的《苏州方言研究》作为《江苏方言研究丛书》之一于2011年出版，除了丛书统一的内容和体例外，该书也有自己的特色，其中的语法研究部分体现了作者的学术专长。江苏省承担的中国语言资源有声数据库建设工程试点工作于2008年在苏州启动，调查和建库工作在2013年底基本完成，2015年出版了《江苏语言资源资料汇编·苏州卷》（第五册），对苏州城区、吴江、张家港、常熟、太仓、昆山的语音系统、单字音、词汇和语法进行了全面的调查和描写，展示了最新最全的苏州各地方言面貌。林齐倩的《苏州郊区方言研究》（2016）记录了唯亭、胜浦、斜塘等共34个郊区点的声韵调系统，大大拓展了苏州方言研究的空间。

2. 苏州方言语音研究

苏州方言语音系统的描写，在上述几种著作中都有，这里不再赘述。此外，汪平的《苏州方言语音研究》（1996）是集中对苏州方言语音进行系统研究的专著。该书描写了苏州方言的声韵调系统，比较了苏州方言和中古音的异同，描写了苏州方言的文白异读，讨论了声调的连读变调层次、记调法等问题，还有字音表，记录了苏州方言的字音情况。

其他苏州方言语音的研究成果，主要集中在连读变调分析和实验语音学分析这两个热点问题上。

自从1979年，叶祥苓在《方言》创刊号上发表了《苏州方言的连读变调》一文后，就引起了对此问题的广泛讨论，随后仅在《方言》上就连续发表了多篇有关苏州方言连读变调的文章，如张家茂的《苏州方言上声和阴去的连读变调》（1979）、谢自立的《苏州方言两字组的连读变调》（1982）、钱乃荣和石汝杰联名发表的《苏州方言连读变调讨论之二：关于苏州方言连读变调的意见》（1983）、汪平的《苏州方言两字组的连调格式》（1983）等。1986年，汪平、钱乃荣、石汝杰、石锋、廖荣容共同署名"五臺"发表《关于"连读变调"的再认识》，继续深入探讨该问题，并提出了"语音词"的概念。此后，李小凡撰有《苏州方言的字调转移及其成因》（1990）、《离散性连调和聚合性连调——再论苏州方言的连读变调》（2001）两篇文章，凌锋有《苏州话连读变调与句法结构的关系初探》

(2010)、《语流中苏州话连调的声学模式》(2014),蔡佞撰有《苏州方言连调的变化发展》(2016),等等。这些文章从多角度继续对苏州话的连读变调进行探索,可见,当年那场讨论的余波一直到现在都没有消失。

关于苏州话语音的声学实验分析,开始于20世纪80年代,石锋的《苏州话浊塞音的声学特征》(1983)、廖荣容的《苏州话单字调、双字调的实验研究》(1983),具有开创价值。由侯精一任主编,叶祥苓、盛毓青编写的《苏州话音档》(1996)真实保存了苏州方言的音档。平悦铃等著的《吴语声调的实验研究》(2001),其第三章"苏州方言声调实验研究"由孙锐欣撰写,对苏州方言的声调进行了实验语音学研究。石锋的《苏州话的元音格局》(2001)利用声学实验分析绘制了苏州方言的元音声学分布图。凌锋从2005年开始发表了多篇文章,对苏州方言语音特别是元音展开了一系列研究,值得关注。

3. 苏州方言词汇研究

随着方言调查工作的全面开展,关于苏州方言词汇的调查和研究成果大都包含在各种苏州方言的调查成果中。而独立展示苏州方言词汇全貌的是作为李荣主编的《现代汉语方言大词典》中分地词典之一的《苏州方言词典》(1993),由叶祥苓编纂,这是第一本全面记录苏州话词语并释义的词典。吴宗锡主编的《评弹文化词典》(1996),集中收录并解释了一大批苏州评弹中的苏州方言词语。其他如闵家骥等编《简明吴方言词典》(1986)、吴连生等编著的《吴方言词典》(1995)、吴连生的《吴方言词考》(1998),也收录了许多苏州方言词汇,富有参考价值。

此外,具有代表性的单篇论文还如:谢自立的《苏州方言的五个合音字》(1980)、汪平的《苏州方言的特殊词汇》(1987)和《苏州话俗语》(2018)、梅祖麟的《苏州话的"唔笃"(你们)和汉代的"若属"》(2004)、邵慧君的《"侬"字称代演化轨迹探论》(2004)、刘瑞明的《吴语谐音趣难词初探——以苏州话为中心》(2007)等,都值得关注。

4. 苏州方言语法研究

苏州方言语法的研究,是吴方言语法研究中的热门领域。谢自立、钱乃荣、石汝杰、刘丹青、汪平、李小凡、袁毓林、陈忠敏等许多著名学者,都对苏州方言语法进行了深入的研究。李小凡的《苏州方言语法研究》(1998)一书,对苏州方言的构词法、指代词、语气词、疑问句、体貌系统等语法问题进行全面研究，是第一本系统研究苏州方言语法的专著。其余成果分词法和句法简述如下。

苏州方言词法方面的研究，主要集中在重叠式、"勒X"和各种词类研究方面。刘丹青的《苏州方言重叠式研究》（1986）、汪平的《苏州方言的重叠式》（2000）、李小凡的《重叠构词法：语序规则、音韵规则、响度规则——以苏州话为例》（2006）等文章是在重叠式研究方面的代表性成果，对重叠式类型、特点、规则等问题作了深入探究。巢宗祺的《苏州方言中"勒笃"等的构成》（1986）、汪平的《苏州方言的"辣"、"勒海"和"勒浪"等》（2000）、刘丹青的《苏州话"勒X"复合词》（2001）等论文，专门讨论了苏州方言中"勒笃"及"勒X"的内部结构、意义分工等问题。其他一些学者在文章的讨论中也有涉及苏州方言的"勒笃"及"勒X"的。苏州方言各种词类：形容词、量词、语气助词、代词、介词及某些特定的虚词或结构式的研究成果也非常多，其中尤以代词的研究为讨论的热点问题。李小凡的《苏州话的指示代词》（1984）、谢自立的《苏州方言的代词》（1988）、游汝杰的《吴语里的人称代词》（1993）、陈忠敏和潘悟云的《论吴语的人称代词》（1999）、钱乃荣的《北部吴语的代词系统》（1999）、石汝杰的《苏州方言的代词系统》（1999）、刘丹青的《吴江方言的代词系统及内部差异》（1999）、陈忠敏的《论苏州话人称代词的语源》（1999）和《苏州话代词系统的构拟——内部拟测法、历史比较法、层次分析法的演绎》（2016）及袁毓林的《苏州话人称代词构拟中的时间差——读陈忠敏〈论苏州话人称代词的语源〉献疑》（2003）等文章对苏州方言的代词展开了深入研究和热烈讨论。

苏州方言句法方面的研究，主要集中在体貌和语法化研究两个方面。李小凡的《苏州方言中的持续貌》（1997）和《苏州方言的体貌系统》（1998）、石汝杰的《苏州方言体和貌的表达方式》（2006）是体貌研究方面的代表性成果。在语法化研究方面，主要有钱乃荣的《苏州方言动词"勒浪"的语法化》（2003）、李小凡的《苏州话"勒海"和绍兴话"来东"的语法化问题》（2014）、王健的《苏州方言"叫啥"的词汇化和语法化》（2014）、袁丹的《常熟方言中"V开"的语法化——兼论汉语方言中"V开"的演变类型》（2011）等研究成果。

5. 苏州方言的传承与保护

随着普通话的大力推广和社会经济文化的发展，方言的传承和保护工作提上日程。2017 年，国家印发《关于实施中华优秀传统文化传承发展工程的意见》，提出"保护传承方言文化"的号召。可见，方言的保护传承不仅引起了学者的关注，也已成为政府高度重视、社会大众普遍关注的热点问题。汪平的《普通话和苏州话在苏州的消长研究》（2003）、俞玮奇的《普通话的推广与苏州方言的保持——苏州市中小学生语言生活状况调查》（2010）考察了苏州方言的传承现状，都认为年轻一代对苏州话的认同度在逐渐增加，并乐观推测苏州话和普通话将会长期和谐共存。但是，年轻一代对苏州话的使用还是呈衰弱状态，为此，学者们主要是从方言本身价值、学校方言课程改革和文学作品对方言的利用等方面来探讨苏州方言保护对策。

6. 关于明清苏州方言的研究

明清以来出现了大量用苏州话写成的著作，有民歌、戏曲、评弹、小说、传奇、笔记等，这为研究苏州方言的历史面貌提供了可贵的语料，有一批学者就致力于明清苏州方言的研究。其中，最值得称道的就是石汝杰和宫田一郎主编的《明清吴语词典》（2005），它主要收录了明清两代和民国初年的北部吴语的词语，从几百种文献中摘录了共计 17 000 多词条，详细辨析了同一词条中不同义项的细微差别，为研究明清吴语文献语言提供了极大帮助，也引起了很多学者的注意，为此写过评论文章。丁邦新的《一百年前的苏州话》（2003）根据陆基《注音符号·苏州同音常用字汇》一书对 100 年前的苏州话语音、词汇情况和特点作了研究。

此外，学者们根据明清时期的苏州方言历史文献对当时的苏州话的语音、词汇、语法进行研究，也有不少单篇论文值得我们关注。如胡明扬的《三百五十年前苏州一带吴语一斑——〈山歌〉和〈挂枝儿〉所见的吴语》（1981）对明代中晚期苏州方言韵部和词汇特点进行了归纳。石汝杰的《明末苏州方言音系资料研究》（1991）、李军的《苏州方言字书〈乡音字类〉简介及同音字汇》（2006）、彭静的《张凤翼戏曲用韵反映出的四百年前的苏州话语音特点》（2011）、谢荣娥的《〈射声小谱〉反映的清代常熟方言韵母特点》（2015）、郑伟的《〈吴音奇字〉与明代常熟方音》（2018）和邓隽与邓岩欣的《从昆曲字腔看明代中州韵四声的调型》（2018）等文章利用字书、方音韵书和戏曲、弹词等韵文材料对明清时期的苏州音韵面貌进行了研究。词汇方面的研究,还有张家茂的《〈三言〉中苏州方言词语汇释》(1981)、翁寿元的《〈山歌〉方言词语汇释》(2003)、石汝杰的《明清时代吴语形容词选释》(2005)、章一鸣的《从〈山歌〉所见明代吴语指代词》(2005)等。语法方面的研究成果较分散,主要有石汝杰的《〈山歌〉的语音和语法问题》(2006)、蔡晓臻的《清代传本苏州弹词方言助词研究》(2014)、蔡佤的《苏州土白〈马可福音书〉中的介词》(2018)、黄明明的《冯梦龙〈山歌〉中的吴语代词和副词》(2018)等。

二、方言与民俗结合的研究概况

方言民俗语汇的调查和记录传统可以追溯到西汉扬雄的《方言》,其中已有汉代服饰文化、饮食文化、亲属关系等民俗内容的记载。北齐的颜之推在《颜氏家训·音辞》中也从风俗习惯的角度来解释方言的差异:"古今言语,时俗不同,著述之人,楚夏各异。"但是,此后,将方言和民俗文化结合起来研究的思路,并没有得到充分的重视,迄今为止,从方言的角度探讨民俗,或从民俗的视角解读方言的成果相对较少。

方言和民俗二者结合的研究可纳入更大范畴的语言与文化的研究,以文化视角研究的著作主要有罗常培的《语言与文化》(1950),周振鹤、游汝杰的《方言与中国文化》(1986),邢福义的《文化语言学》(1990),崔荣昌的《四川方言与巴蜀文化》(1996)等,而相关论文则不计其数。相比之下,以民俗文化的视角来研究语言的成果不多,主要著作有曲彦斌的《民俗语言学》(1989)、《语言民俗学概要》(2015),肖建华的《民俗语言初探》(2010),黄涛的《语言民俗与中国文化》(2010),李阳、董丽娟的《民俗语言学研究史纲》(2011),等等。而直接把语言中的方言和民俗文化结合研究的成果则更少,主要有侯精一的《平遥方言民俗语汇》(1995)、《中国方言民俗图典系列》(2014),黄尚军的《四川方言与民俗》(1996),王作新的《三峡峡口方言词汇与民俗》(2009)和江佳慧的《方言语汇与民俗——以景阳镇为例》(2015)等著作以及少数单篇论文。

据曲彦斌所著《"民俗语言学"学说的原创历程——向先生交作业:陈原之于民俗语言学初始化》一文云:20世纪70年代末,他已开始钻研

"语言与民俗"问题,并从 80 年代初开始陆续发表有关"民俗语言学"的著述。南开大学的杨琳说,"前人的民俗视角的语言研究都是自发的、零散的,并没有形成系统的学问。1984 年,曲彦斌先生在辽宁省语言学会的年会上提交了一篇题为《民俗语言学发凡》的论文,为民俗语言学的创立勾勒了基本轮廓。1989 年,作为民俗语言学学科奠基之作的《民俗语言学》一书由辽宁教育出版社出版,在语言学界和民俗学界产生了很大的影响,感召不少青年学子走上了民俗语言学研究之路",而 2004 年的《民俗语言学》增订版"使得民俗语言学在旧版的基础上开疆拓土,蔚为壮观"。2015年曲彦斌又推出《语言民俗学概要》一书,对于语言和民俗的结合研究更起到了推动作用。然而,曲彦斌和他培养起来的一批民俗语言学研究者以及肖建华、黄涛等学者对民俗语言的研究,从传统的词汇学的角度来看的话,他们更多关注的是日常语言交际中的熟语和特殊社会习语部分。曲彦斌说,民俗语言学侧重于"民俗语汇""常言俗语"的研究,"是指那些反映不同习俗惯制主要特征或民俗事象的词语,包括成语、谚语、歇后语、惯用语、俚语等俗语,和一些江湖切口、行话、隐语等社会习俗语"。黄涛(2018)也说,语言民俗学的常见研究对象包括"日常生活中的俗语:亲属称谓、拟亲属称谓、人名、谚语、歇后语、俗成语、俗短语、方言词、流行语、招呼语、脏话、骂詈语等",以及"特殊场合或仪式中的套语:咒语、吉祥语、禁忌语、委婉语、神谕、祷词、誓言、隐语(含暗语、黑话)等"。虽然他们也涉及方言民俗语汇,也认识到方言语汇和民俗文化之间的关系,但并没有集中关注和研究它。

20 世纪 90 年代初期,有方言学者开始关注当代方言民俗语汇的价值,并随着常规的方言调查及方言保护传承工作的开展,着手方言语汇与民俗文化结合的调查研究。1995 年,侯精一的《平遥方言民俗语汇》出版,应该是最早的这方面的成果。他在前言中说,该书"多收录了一些反映当地民俗的条目,注释也相应详细一些。有的类别还加了一点有关当地文化民俗的说明。在编排次第上突出了与当地民俗有关的条目,并绘制了一些说明当地方言民俗语汇的图画附于正文的前头",但是,统观全书,民俗的说明和条目中民俗的阐释内容极少,整体上正如他自己所说,"还是方言词典的框架"。2014 年,他主编的《中国方言民俗图典系列》第一辑共 10 册书又出版,引起学界的关注。"图典"在原有方言调查的基础上,采用文字加插图的形式来反映民俗文化。

　　黄尚军的《四川方言与民俗》（1996）、王作新的《三峡峡口方言词汇与民俗》（2009）和江佳慧的《方言语汇与民俗——以景阳镇为例》（2015），是笔者所见的较深入地把方言和民俗文化结合研究的专著。他们以丰富的方言材料为基础，把语言学的形式描写方法与民俗学的调查研究方法相结合，注重从地区的地理条件、人文因素、风习状况、历史背景等方面来研究方言词语，深入挖掘方言词语的民俗语源，并以方言语汇为线索全面梳理当地在衣食住行、婚丧嫁娶、农林牧副渔、节日娱乐等方面的风俗民情，总结这些习俗的表达方式，展现经济改革及社会变迁对方言与民俗的重大影响。不过，所搜集的某些语料的地域色彩欠缺，在具体阐述时，民俗文化的内容介绍有时也压过了对语言的描写。总之，他们为方言和民俗的结合研究进行了成功的尝试和实践，其研究方法和思路给了我们极大启发和参考。

　　除了专著以外，赵日新的《试论方言民俗词》（1994）、《徽州民俗与徽州方言》（1997），邱国珍、赖施虬的《方言：民俗文化的优质载体与解读钥匙——以浙江温州"瓯语"为例》（2006），殷隽的《论徽州方言民俗语汇的特点、来源及发展趋势》（2013），邢向东的《汉语方言文化调查：理念及方法》（2017）等论文也引起了我们极大关注，他们的研究方法值得我们借鉴。然而，这些研究也有明显不足。比如不同的学者对研究对象"方言民俗语汇"的概念没有明确的一致的命名，使用了"方言民俗词""民俗方言词汇""民俗语言""方言民俗材料"等不同的说法，即便是同一位学者在同一篇文章中也会同时使用不同的名称。而关于概念的具体界定，赵日新提出："方言内涵的民俗内容主要反映在词汇（包括成语、熟语）中，方言中含有民俗内容的词就是民俗方言词。"邱国珍等在论文中使用的语料则都是方言中的俗语。殷隽和邢向东虽然讨论了方言民俗词汇的来源、方言文化调查的方法等问题，但都未清晰界定概念，文中语料常常词和语并举。概念名称和具体所指的不确定，说明了学者们对研究对象的性质的认识还不够清晰，这势必首先影响其对语料的搜集和选择。从论文题目上，我们也可以看出目前学界对方言民俗语汇的研究还没有像方言研究那样全面开花，只对部分方言的民俗语汇展开了研究，而且比起纯粹的民俗文化研究，对这些语汇的民俗文化内涵的阐释往往偏简单和粗浅，在进行语言描写的同时，应注意把握与民俗文化阐释的关系，把握好民俗文化阐释的广度和深度。

关于苏州话和民俗的记载与研究，历史上主要见于《吴郡志》《姑苏志》《苏州府志》《吴县志》《吴门表隐》等地方志的风俗篇和《清嘉录》《桐桥倚棹录》《吴郡岁华纪丽》等有关风土人情的史料笔记，但是，这些历史典籍或是仅收录了方言词语，或是仅对民俗作了描述，未有深入阐发。近年来，在全国方言学、文化语言学、民俗语言学的推动下，苏州方言与民俗的研究也得到重视。2011年，由曹志耘领衔，带领一批著名语言学者启动了教育部哲学社会科学研究重大课题攻关项目"中国方言文化典藏"，后更名为"中国语言文化典藏"（简称"典藏"），于2017年完成出版了20册，涵盖官话、晋语、吴语、赣语、湘语、闽语、徽语、粤语、客家话等及少数民族语言，其中，凌锋完成了"苏州"部分的调查和撰写。曹志耘在总序中写道："我们所说的'方言文化'是指用特殊方言形式表达的具有地方特色的文化现象，包括地方名物、民俗活动、口彩禁忌、俗语谚语、民间文艺等。"凌锋也在引言中说："本调查主要收集目前还留存在普通民众日常生活中的与方言关系密切的民俗、器物。""典藏"和我们研究的主要对象不完全一致，我们更侧重于与民俗事象密切相关的那部分语汇，收词范围要比它窄，但我们的收词会更加细致，也会关注已经消失的民俗事象。该书对语汇的意义作了解释和描写并拍照配图，"典藏"之功不可没。但是，透过方言这一语言学科去深入剖析民俗词语的由来和形成，对方言中民俗事象的挖掘、方言与民俗相互影响的关系的研究还远远不够。

第三节　研究苏州方言与民俗文化的意义

美国语言学家萨丕尔在《语言论》中说:"语言有一个底座。说一种语言的人是属于一个种族（或几个种族）的……语言也不脱离文化而存在，就是说，不脱离社会流传下来的、决定我们生活面貌的风俗和信仰的总体。"语言与文化水乳交融，关系密切。一方面，语言像一面镜子那样，清晰地反映某一民族历史上各种事物、观念、习俗等社会文化，并记录下来、流传下去。另一方面，许多语言现象，都可以从文化中找到理据，作出非逻辑关系意义上的文化阐释。即便历史上有些文化现象、社会习俗及文化观念早已随社会的变化而消退或消失，但它们的"身影"却依然被保存在语言中。因此，罗常培在《语言与文化》中指出:"语言学的研究万不能抱残守缺地局限在语言本身的资料以内，必须要扩大研究范围，让语言现象跟其他社会现象和意识联系起来，才能格外发挥语言的功能，阐扬语言学的原理。"

民俗是千百年来人们在社会生活中约定俗成的，它包括风俗习惯、宗教信仰、生活方式等。人们的语言活动总是受到民俗的影响，所以方言不仅仅是一种纯粹的语言现象，同时也是一种文化现象。一方面，每一种民俗，都伴随相应的方言的产生，换句话说，方言的形成与发展必然受到该地区民俗的制约与影响。另一方面，方言作为一种特殊的民俗符号传承，蕴藏着丰富的文化内涵。而语词对文化的反映比起语言的其他方面更为迅速，更为广泛、直接。不管是纵向的历史民俗，还是横向的地域民俗特征，这两个方面都会在方言民俗语汇上留下踪迹，民俗语汇反映着社会的风俗、习惯、观念及人们的生活、交往、迁徙等。曲彦斌在《民俗语言与社会生活》中就说:"'民俗语汇'是人类一切口传心授的语言艺术载体中最基本的构成基质，是人类基础文化的最重要的'语言化石'。"无论是物质民俗、社会民俗还是精神民俗，都在方言民俗语汇中有所反映。甚至有时候，随着社会生活的变化发展，一些民俗早已绝迹，但这些消失的民俗仍可能保留在方言中。

语言固然有其自身的发展规律，但是正因为方言民俗语汇的形成和消长，也在很大程度上受到外部条件的影响，而其中，民俗是重要的外部条件之一，所以，只有对方言区的历史、社会习俗等文化因素进行深入研究，才能充分认识方言的形成和发展，才能为方言的研究提供可靠的社会依据和历史依据。没有民俗的研究，对方言的研究只能是平面的，只是知其然而不知其所以然。

民俗文化是江南文化中重要的组成部分，民俗是百姓生活的百科全书，传统文化世代渗透于生活，并通过生活来传承。苏州的民俗文化是最江南的文化因子，值得被好好对待。而要了解一个地方的风俗民情、生产与生活、历史与文化，怕是没有比方言更为直接、更为忠实、更为持久的了。我们以苏州方言民俗语汇为具体观察点，来探讨苏州地域语言与民俗文化的特殊关联。

方言民俗语汇的研究虽处于探索阶段，但它不是方言学、民俗学等学科研究的附属品，它有自己的独特价值。

首先，方言民俗语汇的研究具有独特的研究视角和方法。它从具体的方言词和语入手，结合民俗文化来搜集调查语料，深深植根于民间生活的各个角落，触及地域民俗文化的细枝末节。对搜集来的方言民俗语汇进行阐释时，并不把它们当作孤立的语言形式，而是在一般性的词语释义的基础上，还把它们放到民俗文化的背景中进行文化内涵的阐释，这样，通过这些民俗语汇我们可以透视地域民俗文化。因为方言民俗语汇具有广泛性和底层性特征，所以，它们能够精确地对应生活中具体的民俗事象，在最细微处反映生活的真实面貌，从而以小见大，以点带面，勾勒当地的民俗概貌。

其次，方言民俗语汇的研究能为语言和方言的研究提供翔实的资料。语言是不断变化发展着的，尤其词汇的变化速度最快，方言也一样。我们语言工作者有责任为保存方言和方言文化出一份力，及时解释相关民俗语汇的意义、阐述其民俗内涵，否则，后起的意义和词语有可能就把它们替代了，在语言系统中就失去了一个词语或一个词义，方言的词汇系统就缺乏完整性。设想一下，几百年后，后人在阅读今天的文献时，有可能就不明了某些方言民俗语汇的确切含义,甚至通过烦琐考证仍然难得其真义,我们今天在解读明清时期一些方言文献时就是如此。因此,我们应重视方言和方言民俗文化的保存工作,为后人及时留下可供参考的资料。

再次,方言民俗语汇的研究有助于民俗文化的整理、研究和传承。方言民俗语汇数量庞大,涉及百姓生活的方方面面,如果我们尽可能穷尽式地进行搜罗,这些语汇相互印证,就足够系统展现地域民俗文化。比如,作为水乡泽国的苏州,渔业历史悠久,我们能搜集到大量有关渔具、渔法、水产名称类词语及俗语、谚语、渔谣等,这些语料就构成了一个完整的系统,能够全面反映苏州地区渔业的历史和民俗传统。社会的进步和发展使得民俗事象也在不断发生变化,某些民俗事象甚至会消失,相关方言民俗语汇或退出百姓日常交际生活,或意义发生改变。我们通过调查研究,依据残存的语言这一可靠的线索,就能对这些已经消失的民俗事象进行描写、研究,通过抢救,优秀的民俗文化得以继续传承下去。比如,在城镇化速度加快、传统农业社会式微的大背景下,苏州地区有关稻作生产的方言民俗语汇和民俗事象已经消失或正面临消失,及时整理这些语料并阐述其民俗文化内涵,可以使当代青少年和后人窥见当地稻作生产的光辉历史,同时,对稻作生产劳动民俗文化的研究也意义重大。

吴语主要分布于苏南和浙江一带,是我国第二大方言,而苏州话是吴语的代表,历史上影响很大,但它现在的生态状况不容乐观。选择这一课题,不仅因为课题组成员有苏州人,且都生活于苏州,愿为保护与传承苏州话、吴文化尽一份绵薄之力,还因为从民俗角度来深入研究苏州方言语汇的系统著作尚未见到。我们从方言语汇反映民俗和民俗对方言语汇的影响这两个维度进行考察,一方面,记录苏州话民俗语汇,理清它们的语源、语义及历史变化;另一方面,以这些语汇为线索勾勒苏州地区的民俗风情,展现社会变迁对方言与民俗的影响。我们希望通过这项研究,来进一步认识苏州话和吴语在汉语中的地位和作用;同时,通过由民俗考察苏州话方言语汇的形成和发展以及由方言语汇考察苏州民俗的变迁,来进一步认识方言与民俗的紧密关联,为深入研究苏州话、苏州民俗乃至苏州历史、文化等,提供丰富的、有理可循的例证和材料。

第四节　本书的研究方法

陈原在《社会语言学》中说:"用唯物史观的方法观察和分析语言的变化,特别是语言中最敏感的部分——语汇——的变化,去探究社会生活的图景和变动,从而概括出某些规律性的东西,这应该是社会语言学的艰巨而又极有意义的任务。"我们主要立足于民俗的角度重点考察苏州话中民俗语汇的语源及其在历史上的某些变化;同时,以苏州话民俗语汇为线索勾勒苏州地区在生产劳动、衣食住行、婚丧嫁娶、岁时节令、信仰禁忌等方面的民俗风情。

关于"方言民俗语汇",它并不是一个新的概念,侯精一的《平遥方言民俗语汇》是第一本用"方言民俗语汇"来命名的专书,但未进行专门界定。曲彦斌在《中国民俗语言学》中说:"民俗语汇,是各种反映民俗事象或涵化了民俗要素的语汇。"我们认为,在一种方言中,只要是含有该地域民俗文化信息的词和熟语都是方言民俗语汇,其中,"熟语"主要指定型的短语或短句,包括成语、俗语、谚语、歇后语等,在实际语言运用中,意义固定,不随意拆开。董丽娟在《民俗语汇研究的历史、传统、定位和新进展》一文中从民俗与语汇的关系角度把"民俗语汇"分为两类:一类"语汇直接出自某种民俗形态或具体的民俗事象",或者说是直接反映和记录某种民俗形态或民俗事象;另一类"语汇间接地涉及某种民俗形态或具体的某种民俗事象,是由这种民俗派生而来的"。

我们主要搜集苏州话中与苏州民俗密切相关的语汇。其中,第一类如"轧神仙""做寿""阿弥饭""冬至大如年"这样的语汇,可以是一个事件,可以是一个名物词,它们直接记录了民俗事象,与民俗的关系是直接的、显性的,正因为是显性关系,所以这些语汇的意义在后来的发展中也没什么变化。通过这些语汇,我们可以清晰、完整地了解当地的民俗事象。苏州的民俗对苏州方言语汇的形成具有重要影响,如有关鱼蟹、稻作生产、水路交通之类的语汇大量存在，具有明显的地域特征。

第二类如"推扳""着港""花头""领盆""服盆""和调"等，它们虽没有直接完整记录驾舟、养花、宣卷等民俗现象，却也间接涉及具体的民俗事象，与民俗的关系是间接的、隐性的，其涵化的民俗要素或信息需要我们去挖掘。这些语汇往往更细致地反映着民俗事象的性质、源流、特征等具体信息。因为民俗即民间风俗习惯，是人们在社会生活中约定俗成的一种文化现象，人人皆知，处处都有，所以这些语汇所涵化的民俗信息在当时是当地百姓所熟知的。由于在日常生活的语言交流中经常使用，这些语汇的语义极易发生引申变化，而不再仅仅指向民俗，其作为民俗语汇的基本特点则淡化、转移或消失。但正因为语义发生了变化，所以其生命力旺盛，即便与之相关的民俗现象在日常生活中已衰微甚至消失，这些语汇仍然一直留存于方言中，有的甚至被普通话吸收。可见，苏州的民俗也对苏州方言语汇的发展产生重要的影响。

值得注意的是，民俗信息凝结于语汇中，通常情况下，在语义上表现出来更为常见，不过有时候也表现在这些语汇的语音上。因为在人们的日常交际中，起主要作用的是作用于听觉系统的语音，特别是对于普通老百姓而言，语音往往摆脱字形的束缚，语言的音义的结合最为紧密。语音与语义本没有天然的内在联系，但是一旦同人们的社会生活联系在一起，它就取得了约定俗成的意义，具有了社会属性，此后孳乳出来的语音与语义之间就有了某种内在的联系，这种联系反映在社会风俗习惯上，就引起了人们的无限遐想，使语音具有了民俗特性。语音崇拜和语音避忌就是语音的民俗性的具体反映。由于各地方音的差异，所以语音的民俗性也显示出地域的不同。在某一方言区某些民俗的形成，特别是有关民俗心理的祈福和避忌习俗，单纯从方言词汇的语义角度很难作出解释，而要结合方言语音的特点来详细考察相关民俗语汇的产生和民俗的由来。例如，在苏州的重大宴席上，一般上菜时都会把"虾仁"当作第一道热菜，以表示对客人的欢迎。因为在苏州话中，"虾仁"和"欢迎"的发音比较接近。苏州商业发达，生意人也很多，他们都希望多赚多得利，而忌讳蚀本亏钱。因苏州话中"舌"与"蚀"同音，所以猪舌改称"门枪"。像"猪舌"这样生活中的常用词，实不能避，则改用别称。因此，我们在界定"方言民俗语汇"概念时所说的"含有该地域民俗文化信息的词和熟语"既是从语义上来讲，有时也是从方音来着眼的。方言民俗语汇是方言词语和民俗文化结合研究的主要对象，既承载了民俗文化，它本身也是一种民俗现象。

我们主要采用文献研究和田野调查相结合的研究方法。首先，文献包括方志类文献（如《吴郡志》《姑苏志》《苏州府志》《吴县志》《吴门表隐》《苏州方言志》《苏州市志·方言卷》等地方志）、方言辞书（如《现代汉语方言大词典·苏州方言词典》《明清吴语词典》《吴方言词典》《简明吴方言词典》《汉语方言大词典》《吴下谚联》《吴下方言考》等）、史料笔记（如《清嘉录》《桐桥倚棹录》《吴郡岁华纪丽》《通俗编》等）、民歌（如冯梦龙《山歌》、顾颉刚辑录《吴歌》等）、评弹（如评话《英烈传》、弹词《珍珠塔》等）、小说（如《海上花列传》《何典》《九尾龟》《豆棚闲话》《负曝闲谈》等）、昆曲（如《缀白裘》）及其他相关的研究文献（如钱乃荣《当代吴语研究》、丁邦新《一百年前的苏州话》、凌锋《中国语言文化典藏·苏州》、汪平《苏州方言研究》等）。其次，田野调查方式主要是随机访谈、日常闲聊和参与观察。在搜集苏州话民俗语汇以及考释过程中，皆既注重典籍的记载，又辅以目验和亲身查访。

要全面呈现某一地域的民俗文化，就应该对方言民俗语汇进行穷尽式搜索，所以，我们的调查既包括表现活的民俗事象的活语言，也包括已经消失的民俗事象的有关语汇。尽可能顾及方言民俗语汇的广泛性和底层性特征，不因不具备地区民俗的整体价值而忽略那些只对应民俗细枝末节的语汇。同时，我们也关注到，某些来自历史文献的语料，社会通用性特征较强，而地域色彩则已淡化，对这样的语料则少收或主要阐释其源。另外，方言民俗语汇包括词和熟语，已有的研究成果对熟语的调查研究较全面，所以，我们侧重于发掘那些通用性差而地域色彩浓厚的俗语、谚语、歇后语等。在搜集、调查的过程中已包含判断鉴别等研究性思考。

我们对搜集来的语料的处理，总体上以民俗的具体内容为纲，主要分为物质生产类（农业、渔业、养殖业、种植业、传统手工业和商业等）民俗语汇、日常生活类（服饰、饮食、民居、交通）民俗语汇、岁时节令类（年俗、清明、端午、七夕、中秋、重阳、冬至等）民俗语汇、人生礼仪类（生养、寿诞、婚丧嫁娶）民俗语汇、民间信仰与娱乐类民俗语汇等类别，并以此为章节，对语料作逐条阐释。每一章节以民俗语汇来带动相关民俗文化的介绍。对于前文所述第一类民俗语汇，解释清楚意义，实际就是民俗文化内容的介绍。我们尽可能多地搜集相关语料，以求足够把某一民俗事象讲完整、讲清楚，如整个婚俗从头至尾的过程，年俗从腊八到元宵的所有习俗事象。第二类民俗语汇，因为它们涵化有民俗要素，涉及的民俗事象需要我们思考、挖掘。一般首先解释它们在现在苏州话中的意义，然后去寻绎这个意义的源头，追溯与之相关的民俗文化，在此过程中介绍民俗事象的流变、现状及其语义变化，等等。

　　对这些方言民俗语汇进行逐条阐述时，既注重语言学形式的描写，又重视民俗文化的探究和分析，顾及民俗文化阐释的丰富性，挖掘民俗研究的意义和价值。语言描写是基础，具体内容涉及语音和基本结构的描写、基本词义的解释和引申变化的说明、本字字形的探求等。语言描写工作首先要做好，否则，民俗文化的阐释就容易流于肤浅。而结合地域民俗背景阐释语汇的民俗文化内涵，则是我们的研究区别于一般方言研究的特点。所以，要尽可能避免仅仅作"词典式"的语料汇集和释义，还要在一定深度和广度上考虑这些语汇的民俗背景和社会发展对其的影响。

　　在探索苏州方言民俗语汇与民俗的关系时，我们通过结合苏州地区的历史人文和风土民情等状况来说明苏州方言民俗语汇的形成和演变，这样既可以看出这些语汇演变的内部规律，又可以看到它们演变的外部条件。所以，我们不仅采用了语言学的描写分析方法，还采用了民俗学的调查研究方法，在"调查研究"上，这也是两者共同的特征。同时，在考释具体词条时，力求做到源流并重与纵横比较，通过民俗及人文社会的考察，由流及源，为我们了解苏州方言民俗语汇提供新的线索。

　　总之，把语言的共时描写和语言的历史研究结合起来，并将语言现象放到特定的民俗文化的氛围中加以阐释，这是我们使用的主要方法。

第二章 物质生产类民俗语汇

生产劳动是人类得以生存的最基本条件。人类也正是在社会性的生产劳动过程中，才形成了反映生产实践和社会生活的世代相传的、稳定的文化事象，即民俗。所以，生产劳动的民俗是民俗文化最基本的内容。苏州自古以来就是水乡泽国。水是孕育吴地生命的源泉，是吴文化的灵魂。水使稻耕和渔猎成为吴地最早、最基本的社会生产活动。苏州人的日常生活、民间信仰、文化娱乐等各方面的习俗，也都与水和以水为基础的稻耕渔猎相关。

第一节 农业

传统中国是农业社会,农业文明深入人心。苏州地区四季分明,气候温润,雨量丰沛,水网密布,这样的自然条件非常适宜水稻生产。20世纪70年代,考古工作者对位于今工业园区唯亭境内具有"江南史前文化标尺"美誉的草鞋山文化遗址进行发掘,就发现了距今约7 000年的成片的大小不一的稻田和人工栽培的水稻颗粒。吴越时期,吴地农业取得重要进展。据《越绝书》记载,吴王夫差曾一次就借贷给越国稻谷"万石",又云"吴王夫差之时,其民殷众,禾稼登熟",稻谷生产规模可见一斑。在农业工具方面,开始了冶铁乃至炼钢,如"斜向平行篦纹锯镰"就是典型的金属农具。至两汉期间,铁质农具在苏州得到真正推广。东汉末年开始,北方移民的大量南迁,带来了先进文化与技术,原来"火耕水耨"的耕作方式有所改变。孙吴时期,由于大兴屯田,不断改进农耕技术,稻谷亩产已达三斛。西晋时,这儿的稻米已成国家税赋的重要内容。东晋和南朝,苏州地区农业发展较快,重要农具如曲辕犁、耙、耖、耩等开始创制并使用,农业生产由粗放转向精耕细作。隋唐时,苏州更成为中央政府的重要粮仓,杜甫《后出塞五首》之四云:"云帆转辽海,粳稻来东吴。"自唐代开始,太湖流域出现了稻麦复种制。宋人范成大《吴郡志·土物下》载"再熟稻,一岁两熟",并有"吴稻即看收再熟"的诗句,可见双季稻在苏州较早开始种植,极大地提高了粮食的产量。元代的太仓,就有了"六国码头""天下第一码头"的称号。所以,民间素有"苏湖熟,天下足"的民谚。

一、农具

几千年来,我国古代劳动人民在长期的生产生活实践中,用自己的勤劳智慧，通过不断探索，创造发明了许许多多的器械农具，极大地提高了劳动生产力。《管子·禁藏》："缮农具，当器械。"传统农具是农业历史发展过程中的产物，是农业物质文化的重要组成部分。当今，随着科学技术的进步，农村基本实现了机械化，那些曾经做出杰出贡献的生产生活必不可少的器械农具，已逐步退出了历史舞台，慢慢地从人们的视线中消失。近年来，这些传统农具，如农家手推车、水车、纺车、磨等被开发成了微型农具工艺品，出现在风景名胜旅游区、工艺品商店、繁华商业区超市销售，这不失为一种富有创造力的选择，具有重要的文化传承和产业开发价值。

中国农业历史悠久，地域广阔，农具也丰富多彩。各个地域因环境不同，与不同的农业生产相适应，使用的农具也有区域性。现主要就江南稻耕生产介绍有关耕地、除草、灌溉、收获、加工及收藏等的主要农具。

耕地整地工具用于耕翻土地、破碎土垡、平整田地等作业，南方在宋代就形成了耕、耙、耖的水田耕作体系。中耕工具用于除草、间苗、培土作业，锄头是最常用的旱地除草工具，而水田除草工具主要是耘耥。水车作为灌溉工具在东汉就已出现。收获工具包括收割、脱粒、清选用具，收割用具主要是收割稻秆的鐮子，脱粒工具以稻桶、稻床、连枷为主，清选工具有簸箕、风车、筲、筛等。粮食加工工具有石臼、木砻和石磨等。担、箩、篰、栲栳、车等是农村主要的运输工具。详见表2-1。

表 2-1　苏州本地主要农具名称一览表

耕作工具		灌溉工具	收获工具 （收割、脱粒、加工、清选）				运输收藏工具			其他工具	
锄头	耨钩	水车	鐮子	风车	石臼		推耙	团匾	箕	石碌杈	
铁铹	钉耙	粪桶	连枷	簸箕	木砻		栈条	蒲包	土篑	山嘴	
犁	耜	粪撩	稻桶	筛	磨子		箩	叉袋	粪箕	洋镐	
耥耙	洋抄	吊桶	稻床	绷筛	筲		篰	栲栳	板车	斫刀	
塘耙	满锋			罗橱			蒲篓	山笆	米囤	铡刀	
尖刺							劈篮	斗	箩	笊耙	

【锄头】

除草、松土用的农具，种植菜、豆等小型作物时也用于挖坑。许慎

《说文·金部》："鉏，立薅所用也。"段注本作"立薅斫也"，并曰："'斫也'各本作'所用也'，今依《广韵》正。薅者，披去田草也。斫者，斤也，斤以斫木，此则斫田草者也。云立薅者，古薅草坐为之，其器曰槈，其柄短。若立为之，则其器曰鉏，其柄长。槈之用浅，鉏之用可深，故曰斫……俗作'锄'。""锄"本字依《说文》作"鉏"。在方言口语中，"锄"不单用，也不作动词用，锄草则说"削草"。苏州方音"锄"与"粗"同音，"锄头"也写作"粗头"。落魄道人《常言道》第十五回："狭路相逢，遇一人掮着粗头，劈头要来打他。"

【铁搭】

翻地用的铁制农具，使用率极高。宽三十厘米左右，有四至六个略向里弯的铁齿，齿尖的称"尖刺"，一般旱地用；齿端为菱叶状，排列较密的叫"满锋"，水田使用。也作"铁搭""搭"，不见于早期字书，丁度等《集韵》入声合韵悉合切："搭，镂也。通作'钑'。"音义皆不合方言，故"搭"作为一种农具盖方言后起用字。张自烈《正字通·金部》："搭，按，今俗铁搭，发土具，头广一尺，功用胜于耜。"又写作"搭"，与"搭"方言同音。王祯《农书》卷十三："铁搭，四齿或六齿，其齿锐而微钩，似耙非耙，劚土如搭，是名铁搭。"徐珂《清稗类钞·铁搭》："铁搭，农具也，用以耕垦。状如钉耙而齿较阔，四齿或六齿，柄长四尺，举此劚地，可代牛犁。"

【耥耙】

一种稻田除草松土的耙子。头部是一个前窄后稍宽的木架，底部钉有几排短铁钉，装有长柄，在水稻行间推拉，以除草松土。"耥"盖后起字，本字作"搲"。陈彭年等《广韵》去声宕韵他浪切："搲，排搲。"张揖《广雅·释诂三》："排，推也。"民国《嘉定县续志·方言》："搲，俗言排搲也，如云搲稻等。"邝璠《便民图纂》卷二即作"搲扒"："俟稻初发时用搲扒于稞行中搲去稗草，则易耘；搜松稻根则易旺。"有大耥、小耥之分。大耥，侧身横向作业；小耥，身前竖向作业。

【铫】

用来挖土和铲东西的农具，即铁锹。常用记音字"超"或"抄"。许慎《说文·金部》："铫，温器也。一曰田器。"段玉裁于"一曰田器"下注："《周颂》'庤乃钱镈'。传曰'钱，铫也'。许下文'钱'下亦曰'铫也，古田器。'铫,《释器》《方言》皆作'斛'。《释器》曰'斛谓之䰙'。郭云'即古锹甾字'。《方言》曰'甾,燕之东北朝鲜洌水之间谓之斛,赵魏之间谓之杲'。铫、斛、杲三字同,即今锹字也。七遥反,亦汤料反,今人俗语正切七遥。"

【水车】

灌溉工具,主要由斗板、车斗、鹤膝、车轴等部件构成。车轴上装有踩脚的垛,人站在垛上不停踩前一个垛,使车轴旋转,带动鹤膝(活动木链,木链上安装板子),斗板刮取水,车斗装水,斗板在车斗内不停转动把水抽上来。车斗升至车顶,水自然倾注入渡槽,然后流到农田里。冯梦龙《山歌·撒青》:"尔是站垛踏车逐脚上,水湿笼(砻)糠慢慢煨。"句中"车"即指水车。

【鐯子】

镰刀。丁度等《集韵》入声屑韵吉屑切:"鐯,亦与锲同,镰也。"许慎《说文·金部》:"锲,镰也。"段注:"《方言》曰'刈钩,江淮陈楚之间谓之铙,或谓之鳜。自关而西或谓之钩,或谓之镰,或谓之锲'。锲,郭音结。刀部曰'刏、镰也'。即方言之刈钩也。"王祯《农书》卷十四:"鐯,似刀而上弯,似镰而下直,其背如指厚,刃长尺许,柄盈二握。江淮之间恒用之……以刈草禾,或斫柴篠,可代镰斧,一物兼用,农家便之。"

【连枷】

脱粒农具。由一根长柄和可转动的敲杆组成,挥动长柄,敲杆转动,通过敲杆拍打谷物来脱粒。范成大《四时田园杂兴》有诗云:"新筑场泥镜面平,家家打稻趁霜晴。笑歌声里轻雷动,一夜连枷响到明。"即描绘了当时苏州用连枷打稻的场景。

【稻桶】

脱粒农具。用坚硬的厚木板做成,成四方形,四周的口面稍薄。一般两米见方,高一米,分量较重。需要脱粒时,把稻秆用力掼向稻桶里板,通过摔打使谷粒与稻秆分离。底部有两根长杠,便于稻桶在田间移动。

【筛】

竹编,浅口圆形,底部编有小孔,用来分离大小粗细不同颗粒的用具,主要用来筛米麦一类的粮食。许慎《说文》无"筛"字,"竹部"有"籭"字:"竹器也,可以取粗去细。"段注:"籭、筛,古今字也。"顾野王《玉篇·竹部》："籭，所街、所饥二切，竹器也，可以除粗取细。"并下释"簁""筛"两字"同上"。依《说文》，"籭"为本字，"簁""筛""篩"是异形字。

《玉篇》说明了"籭"有两个读音，与方言一般念[sɑ]不同，在"绷筛"这个词语中苏州方音念"丝"，是一种小型的筛孔细密的筛子，主要用来筛粉。用竹片圈成圆形，绷上有细孔的纱或绢而成，与普通筛子小孔由竹篾编成不同。

【筕】

竹篾编制的圆形浅口的农用器具，底部篾间留有较大的空隙，稻麦打下后，用以筛除较大的杂物、梗之类。小的直径半米左右，可端在手里筛；大的直径一米左右，中间固定有一根横梁，可用绳将其悬挂在架子上，用手摇晃着筛。王祯《农书》卷十五："筛谷筕，竹器。筕与袋同音。《篇》《韵》俱各不收，盖土俗所呼传写于文字者如此。其制比籭疏而颇深，如篮大而稍浅，上有长系可挂，农人扑禾之后，同稃穗子粒，旋旋贮之于内，辄筛下之。上余穰藁，逐节弃去；其下所留谷物，须付之飏篮以去糠秕，尝见于江浙农家。"这里所说形状、功用皆与苏州地方所用者相合，但音有差异。

【风车】

利用风力去除稻谷中秸秆、碎屑、瘪壳等杂质的木制农具。由风箱、摇手、入料斗、出风口等部件组成。稻谷从顶部入料口倒入，风把杂物从出风口吹出，饱满的谷粒从漏斗口垂直滚落到箩筐里。

风车木制的圆形"大肚子"里藏有一叶轮，通过摇动手柄使风叶快速旋转，以风扬谷物。扬谷过程中，风叶一直不停转动。民间有"棉花耳朵风车心"之俗语，意思是耳朵软而心活，比喻人没有主见，容易听信他人。程瞻庐《唐祝文周四杰传》第四十回："她老人家是棉花耳朵风车心，只需你辩得有理，'一丈水，退八尺'，包你无事。"

【篰】

竹制的箩筐，常用来背挎携带物品。张岱《陶庵梦忆·曹山》："余少时从先宜人至曹山庵作佛事，以大竹篰贮西瓜四，浸宕内。"《现代汉语词典》释为"（方）竹子编的篓子。"不过，许慎《说文·竹部》："篰，萹爰也。"朱骏声《说文通训定声·颐部》："篰……秦汉谓简册曰萹爰也。"顾野王《玉篇·竹部》："箖，竹胅也。"可知，"箖"作为竹器的意义当是后起的，其本字疑为"簎"，丁度等《集韵》上声姥韵伴姥切："簎，竹器。"

【筕】

用竹篾编成的浅口盛器，以圆形或长圆形居多。丁度等《集韵》去声泰韵徒盖切："筕，海隅谓篮浅而长者曰筕。"民国《嘉定县续志·方言》："俗呼篮之无鋬而浅者曰筕，音大，亦读大上声。"而"土筕"是专用来挑河泥、猪灰等的盛器，一般只有一个底，用竹条编织，也有改用铁丝的，边缘用粗竹条略收，再系上绳索，便于扁担挑起。

【栲栳】

用柳条编成的圆形盛器，口大底小，可盛装稻谷、麦子等粮食近百斤。贾思勰《齐民要术·作酢法》："量饭著盆中，或栲栳中，然后泻饭著瓮中。"卢延让《樊川寒食》诗之二："五陵年少粗于事，栲栳量金买断春。"凡圆而中空者均可称"栲栳"，但记音而已，字形可写作"巧老""考老"等。齐佩瑢《训诂学概论》："坑阆——单言曰坑（阬）曰濠（《尔雅》），复语则为濠㝐（《方言》），康㝐（《说文》），闶阆（扬赋）。语转作窐寥（宋玉赋），亦作巧老，马融《长笛赋》'寱窔巧老，港洞坑谷'。巧老犹考老也。"又"考老"条曰："考老转注，二字义同音转，盖因老翁背驼而得名……推广言之，物之空甲曰壳，洞穴曰窝，曰坎，曰科，曰窍，曰坑，曰孔，曰窟窿。都是圆曲之意。"

【栈条】

用竹篾或芦苇编成的长条形席状物，常与大匾配合使用，用来围囤粮食。使用时底部放竹匾，把栈条贴着匾的内圈围住，以此增加储粮数量。一般方言词典写同音字作"栈条"，其本字盖为"箷"。许慎《说文·竹部》："箷，以判竹，圜以盛谷也。"段注："用竹箷圜其外，杀其上，高至于屋，盖以盛谷。近底之处，为小户，常闭之，可出谷。今江苏谓之土籧是也。"段所说的形制和使用与今稍有不同。陈彭年等《广韵》平声支韵是为切："箷，盛谷圆笔。"民国《嘉定县续志·方言》："箷条，俗呼盛米具也。"

【米囤】

用稻草扎制成的存放粮食的圆形容器。朱骏声《说文通训定声·乾部》"箷"："判竹圆以盛谷也……苏俗有编稻草为之者，亦谓之'米囤'。"也称"米窠"。《吴歌新集·长工谣二》:"长工做到十一月中,东家屋里闹盈盈,大米窠装到小米窠,淘米汰菜呼长工。"

【戤米囤饿杀】

戤,斜靠。此俗语意谓拿着金碗要饭,比喻守财而自苦、陷于困境而不能利用有利条件以脱困。凌濛初《二刻拍案惊奇》第一卷:"相传此经值价不少,徒然守着他,救不得饥饿,真是戤米囤饿杀了。把他去当米,诚是算计。"冯梦龙《醒世恒言》第三十七卷:"众亲眷们,都是图谋的,我既穷了,左右没有面孔在长安住,还要这宅子怎么?常言道:有千年产,没千年主。不如将来变卖,且作用度,省得靠着米囤却饿死了。"现也常用来讽刺极端懒惰之人。

【叉袋套拉头浪】

浪,方位词,相当于"上",本字未确,可能就是"上"的音变。用在表示处所、时间、事物的名词后,表示一定的处所或范围,不单独使用。在吴语口语中极为活跃,虚化程度高。叉袋,粗麻制作的盛放粮食的大口袋,因袋口扎紧后成叉状,故称。苏州话"叉""错"谐音,此语表示全都是自己的错。

【石灰叉袋】

叉袋里装了石灰,放到哪儿都会留下石灰印迹。常用来比喻人做事处处留下痕迹或到处闯祸留下不好的影响。张南庄《何典》第十回:"恐怕青胖大头鬼路上发强,出空一个石灰叉袋,把他袋入里面,捆在马背上。"潘慎注:"俗语有'石灰叉袋处处有渍泽'。"也说"石灰布袋"。冯梦龙《醒世恒言》第十五卷:"若是不择美恶,以多为胜,如俗语所云:'石灰布袋,到处留迹',其色何在?但可谓之好淫而已。"

二、主要农作物和相关农事

苏州地区种植最多的农作物首推水稻,分籼稻、粳稻、糯稻,除此之外还有小麦、大麦、油菜、棉花、御麦(即玉米)等粮食作物及各类蔬菜。

过去,每年农历三四月份,农民们就开始做秧田、水稻育秧(称"落谷")、用水车车水灌溉、莳秧,此后,便要进行拔草、耥稻、耘稻等一系列田间管理,还要注意旱、涝、虫等灾害,故民间有求雨、抬猛将等活动。经过几个月的辛勤劳作，农历八九月份稻谷收获还要经历割稻、打场脱粒、牵砻等艰苦劳动，才能颗粒归仓。现代农业机械化程度已非常高，传统的封闭式农户作业向规模化生产的转变，极大地解放了人力畜力，提高了生产效率。

1. 稻谷

【打春】

指立春。一年之计在于春，立春是一年农事开始的信号，在长期以农业生产为主的我国，立春是一个非常重要的节令，为了不误农时，于是相继跟进了迎春、示春牛，祈祷芒神、社稷神等民俗活动，以劝农耕，而"打春"正是古代迎春活动中必不可少的一个仪式。据古籍记载，从周代开始就有隆重的迎春仪式了。《礼记·月令》："立春之日，天子亲帅三公九卿诸侯大夫以迎春于东郊。"范晔《后汉书·礼仪上》也说："立春之日，夜漏未尽五刻，京师百官皆衣青衣，郡国县道官下至斗食令史皆服青帻，立青幡，施土牛耕人于门外，以示兆民。"迎春时，官员们穿青衣、戴青帻，穿上这些礼服，以示对迎春活动的重视。当然，迎春队伍中最风光的还是那头春牛，人们还会争相去摸春牛，苏州至今仍有"摸摸春牛脚，赚钱赚得着"的谚语。古时官府又用"示春牛"的做法来预告立春的早晚，以便安排农事。到了唐宋时又流行起鞭打春牛的习俗。早期的春牛，是用泥土塑的，后来也有用秫秸、芦苇、彩纸等扎制而成。迎春活动的高潮即人们击碎春牛，就是所谓的"打春"。当人们用柳条鞭打春牛时，纸糊的春牛立刻皮开肉绽，预先藏在牛肚里的五谷马上流出来，象征着五谷丰登。大家还把击碎春牛后散落的土块争相抢回家，因为据说有利蚕事。元稹就曾写《生春》诗云："鞭牛县门外，争土盖蚕丛。"顾禄《清嘉录》载："立春日，太守集府堂，鞭牛碎之，谓之'打春'。农民竞以麻、麦、米、豆抛打春牛。"现在，迎春、打春等活动虽早已绝迹，但苏州人仍把立春节气叫"打春"，如实生动地记录了这一民俗活动。

苏州话中还有"春打六九头，家家买耕牛；春打五九尾，家家活见鬼""春打六九头，种田勿用愁；春打五九脚，种田吃一吓"等谚语。这里的"春"即立春，而"九"是说从冬至节气这天开始计算（称之为"起九"），往后的九九八十一天为一年中最为寒冷的冬季，每隔九天为一个"九"，一共九个"九"。如果立春这一天正好是"六九"的第一天，则意味着来年将风调雨顺，农事也比较轻松，收成也好。如果立春在"五九"的最末一天，那么来年将多灾多难。

【稻生日】

吴俗以农历八月二十四日为稻生日。这一天忌下雨，如下雨，则稻秆受潮易腐，故有谚语"烧干柴，吃白米"。

【田】

也叫"田畈"，专指种植粮食作物的农田，尤指种植水稻的水田，故田埂称"田岸"。横越田埂的水沟叫"缺"。苏州多平原，水田面积大，一般多以田埂竖向分割成一块块长方形，田间的种植、管理也以竖向劳作为常，而田边横向一头所留地方较大，可以放置农具、堆积稻草、休息等，故称田边为"田横头"。如果横穿田里抄直路，叫"横田直径"，后也比喻抄近路。张南庄《何典》第九回："晓得他会画策画计的，连忙横田直径追上去，请他转来。"

【垄】

用铁镗翻土、散土、取土等农活，都叫作"垄地"。扬起铁镗使劲地对着田地垄下去，把泥土翻耕，这在手工耕作时期的苏南农村是最稀松平常的劳作场景。

【秒田】

田耕过以后，用铁镗或耙把大块的泥打碎耙平整。陈彭年等《广韵》去声效韵初教切："秒，重耕田也。"丁度等《集韵》去声效韵楚教切："秒，覆耕曰秒。"也称"落田"，吴歌《五姑娘·杨家门墙》二："阿哥、阿嫂只愁两个小阿妹勿能日长夜大快点搭伊拉落田种黄秧。"

【莳秧】

插秧，将育好的秧苗从秧田移栽到水田。许慎《说文·艸部》："莳，更别种。"段注："今江苏人移秧插田中曰莳秧。"农谚云："娘好囡好，秧好稻好。"王有光《吴下谚联》卷三："母良女必淑，秧茂稻不楛。"说的是母亲素质好则生养的小孩也教育得好，秧苗好则稻子也长得好。莳秧是水稻栽种过程中的关键环节，农民对此极为重视，莳秧开始叫"开秧门"，莳秧结束为"关秧门"，莳秧第一天称"开秧元"。

《吴歌新集》有莳秧山歌："莳秧要唱莳秧歌，两手弯弯莳六棵，六棵头上结白米，桑树头上结绫罗；莳秧要唱莳秧歌，两腿弯弯泥里拖，背朝日头面朝水,手拿仙草莳落棵。"这首山歌记录了一些莳秧的规矩,也反映了插秧时的辛劳。

【耥稻】

用耥耙推田以清除稻田里的杂草。也作"搡",邝璠《便民图纂》卷一:"搡过秧来又要耘,秧边宿草莫留根。"又写作"挡",顾张思《土风录》卷十四:"以物推之使平曰挡,读作'烫',以齿耙推田曰挡稻。"

【耘稻】

或称"耘苗",跪在稻田里用手清除稻苗中的杂草,并使稻棵周围的土变松软,利于生长。故有农谚"大暑不耘稻,到老呒好稻。多耘一次稻,等于多下一次料(肥)"。冯梦龙《山歌·孕之三》:"谷雨下秧传子种,六月里个耘苗满肚泥。"六月时节,苏州午后、黄昏时分多阵雨,又有谚语"六月初三打个黄昏阵,上昼耘稻下昼困"。言如果六月初三这天黄昏下阵雨,则以后的一段日子天天有之,这称为"黄昏阵",所以种田人只能上午劳作,下午休息睡觉。

【拔草风】

指梅雨结束后小暑时连刮多日的强盛的季候风。顾禄《清嘉录》:"梅雨既过,飒然清风,弥旬不歇,谓之'拔草风'。俗又以小暑日东南风,主旱。谚云'小暑吹了东南风,四十五日拔草风'……《吴县志》'舶趠,又作白掉(棹),今更讹为拔草'。"故"拔草风"实为"舶趠风"。苏轼《舶趠风》诗序:"吴中梅雨既过,飒然清风弥旬;岁岁如此,湖人谓之舶趠风。是时海舶初回,云此风自海上与舶俱至云尔。"然讹作"拔草风"并非无因可循,除了语音相谐之外,盖此时正是稻田耥稻、耘稻拔草之际。

【莳花】

稻穗秀出开花。若白露时节下雨,则不利于水稻扬花,影响收成,故"白露时节雨"也比喻害群之马。朱瘦菊《歇浦潮》第九十一回:"这班人犹如白露时节的雨,到一处坏一处。"

【斫】

砍,割。如"斫草""斫柴"。用在农事活动中,有收割的意思,如"斫稻""斫麦""斫菜",即收割水稻、麦子、油菜。苏州习惯上把秋季稻叫"大熟",夏季收麦叫"小熟"。不过,"斫",陈彭年等《广韵》入声药韵之若切,与方音并不合。许慎《说文·斤部》:"斸,斫也。""斸",

陈彭年等《广韵》入声烛韵陟玉切，与方音相合，但一般常写"斫"，盖笔画少的缘故。

【掼稻】

水稻收割后，在田里稍稍晒干，农民们抓起两手粗细的稻棵，高高举起，使劲砸向稻桶的里板，稻穗上的颗粒溅入桶内。掼出一片空地后，前面的人拖、后面的人推，稻桶向前移动。因底部装有两根长杠，稻桶与地面的接触面摩擦力较小，稻桶容易活动。稻床也是脱粒农具，木架竹面，形制似床，同样以人工抓起稻秆在稻床的竹竿上剧烈摔打的方式来脱粒。

刚掼下的稻谷颗粒往往是湿的，箩筐里一担稻谷，实际分量并不轻，故有俗语"见（看）人挑担弗吃力"，比喻不亲身经历，不知其中甘苦；也告诫人们万事都要经过亲身实践和深入调查，才有发言权。张南庄《何典》第五回："这里到鬼门关，又不是三脚两步路；百步无轻担的，怎好烦劳你？旁人看了，只道是见人挑担弗吃力。"即使担子不重，路途遥远或干农事时间长了，也会感到疲劳，所以又有"百步无轻担""远路无轻担"等俗语。

【剪稻树头】

稻子成熟，而去割人家田里的稻穗。稻树头即稻穗。徐珂《清稗类钞·苏州方言》："剪稻树头，稻已长成，自可收获，而剪其头，喻人之凑现成也。"比喻掠夺别人的劳动成果，不劳而获。也常说"割稻树头"。

【柴】

水稻收割，稻谷去掉后，剩下的秸秆就是"柴"，或称"稻柴"。麦子的秸秆，叫"麦柴"。作燃料用的树干或枝条则叫"硬柴"。故"柴把"一般指稻草把。张南庄《何典》第六回："活死人没法，只得撄好乱柴把，吹着阴火，向冷灶里推一把进去。""柴积"指堆积的稻草垛。钱大昕《恒言录》卷五："柴积，积音祭。俞玉吾《月下偶谈》'吴人指积薪曰柴积'。即《周礼·天官》'委积'之积，郑氏云'委积谓牢米薪刍'。《释文》云'积，子赐反'。今读如祭，声之转。"冯梦龙《山歌·姐儿生得之六》作"柴穓"："姐儿生得滑油油，遇着子情郎就要偷。正像个柴穓上火烧处处着，葫芦结顶再是囫囵头。"或称"稻芦头""稻桎"。

【落水稻柴】

浸湿的稻草。比喻没有火性的人。落魄道人《常言道》第四回:"慌忙爬上岸来,满身是水,宛似落水稻柴无二。"

【稻柴好缚硬柴】

稻柴柔软,可以搓成草绳,也可直接捆扎物件,包括树柴等硬的东西。"稻柴好缚硬柴"这句话来自农村的生产实践,很富有哲理,意谓在处理问题或矛盾时,不要硬碰硬,要采取温和的态度和软办法。

【牵砻】

"砻"是碾谷的工具,木质,形似石磨,圆形,上下二爿,下爿固定在木架上,上下爿接触面凿有小槽,用人力或畜力牵动,使上爿旋转,将稻谷倒入砻圈内,通过上下爿的摩擦,脱去稻谷的外壳,俗称"牵砻"。朱骏声《说文通训定声·丰部》"砻":"苏俗收新谷,磨去其糠曰牵砻。礲用木。"然后用风车扬去外壳,即"砻糠",再过筛,即成糙米。把糙米放到石臼里舂打,除去糠皮,遂为白米。后引进碾米机,人工牵砻舂米渐被淘汰,而用机器碾米,称"轧米"。至今苏州流传有童谣《牵砻来》:"牵砻来,牵砻来,砻糠囤浪贴招财。招啥来?招得一囤白米来,糕饼团子摆满台。""砻"也有写同音字"笼"的,如洪楩《清平山堂话本·快嘴李翠莲记》:"才向西来又向东,休将新妇便牵笼。转来转去无定相,恼得心头火气冲。"比喻像牵砻一样牵得团团转。

农历十月十五,是古老的下元节,道教谓是日是"三官"(天官、地官、水官)生日。此时,正值农村收获季节,家家户户用新谷磨糯米粉做小团子,包素菜馅心,蒸熟后在大门外"斋天"。旧时俗谚云:"十月半,牵砻团子斋三官",以此祈求消灾降福、风调雨顺。现也流传有《牵磨做团子》童谣:"牵磨,汏磨,做饼做团子。做拨啥人吃?做拨阿娘吃。阿娘勒浪罗搭?阿娘勒浪天浪。哪哼上去?金钗银钗叉上去。哪哼下来?棉纱线浪荡下来。"

【砻糠搓绳,起头难】

砻糠,碾米时脱下的稻谷外壳。搓绳用稻草,用谷壳是搓不成绳子的,此歇后语比喻万事开头难。冯梦龙《山歌·歪缠》:"镜子里相逢只怕难着肉,笼(砻)糠绞索要绳难。"

【冬舂米】

指农历腊月舂白的米,其米圆净质坚,不易蛀坏。如来年春天舂则米谷发芽,亏折就多。陆容《菽园杂记》:"吴中民家,计一岁食米若干石,至冬月,舂白以蓄之,名冬舂米……冬月米坚,折耗少,故及冬舂之。"翟灏《通俗编·草木》:"范成大《冬舂行》'腊中储蓄百事利,第一先舂年米计'。自注,江南人入腊舂一岁粮,藏之稿囤,呼为冬舂米。"顾禄《清嘉录》:"入腊,计一岁之粮,舂白以蓄诸仓,名曰'冬舂米'。有'四糙''发极黄'诸名……长、元《志》亦皆云'旧藏诸稿囤,今用仓廒。其米之杵多而好者,曰"四糙"。次米"冬舂",间有七日即黄者,此为"发极"'。"故除了冬舂米,还有"四糙"和"发极黄","四糙"指质量上乘的米,"发极黄"指冬天舂成后,放在米囤中以至发黄的米,质量次于冬舂米。

【囤心黄】

指米囤中心发热变黄的米,古人认为是优质米,做饭松而香。冯梦龙《笑府·囤心黄》:"有贫而喜夸者,客至留饭,呼内曰'须取囤心黄作饭'。及饭至,粗粝耳。方嗔责间,内遽曰'遍处籴囤心黄没有,胡乱吃些罢'。"其实,大米变黄是因为在储存过程中由于自身水分含量高,在酶的作用下产生热,致使霉菌繁殖,出现的霉变现象。而这种黄色真菌最常见的是黄曲霉毒素,有毒。专家指出,霉变大米虽然一次性食用毒性不大,但长期食用对身体有害。

【老米饭】

陈米煮的饭。与新米饭相比,老米饭无黏性,故有"老米饭捏杀不成团"的俗语,比喻没有感情的人不能勉强合在一起。东鲁古狂生《醉醒石》第十四回:"如今似老米饭,捏杀不成团了。这须是他不仁,不是相公不义。或者他没福,不安静,相公另该有位有造化夫人,未可知。"张南庄《何典》第五回:"牵钻鬼只得进去拿饭来做,怎奈是老米饭捏杀不成团的;只得备了一面糊盆硬米糁出来赔他。"

【舂凹谷】

凹谷即秕谷,指籽粒不饱满的稻谷,在捣去其外壳时,比舂籽粒饱满的稻谷困难,舂杵上下的次数更多,故"舂凹谷"比喻忐忑不安。西湖逸史《天凑巧》第一回:"文童在轿后,心里突突的似舂凹谷。一到庄前,庄婆惊的尿滚屁流。"

【粳不是糯不是】

粳，顾野王《玉篇·米部》曰："不黏稻。"今指介于籼稻、糯稻之间的一种晚稻品种，而糯为稻之黏者，"粳不是糯不是"比喻怎么也不如意。佚名《飞英声》第一卷："把银子用好（指用完）了，就有些捉鸡骂狗，指张说李，粳不是糯不是起来。"现常说"粳也弗好，糯也弗好"，来比喻人过分挑剔。

【牵磨】

将米粒、麦粒、玉米等粮食用石磨磨成粉。工作原理与牵砻类似，主要区别在于磨子是石质的，也是上下两个磨盘，将粮食逐把放进上爿的磨心里，通过磨盘的转动碾成粉，粉从下爿的边沿流出。牵磨时一定要顺势，不能有角度，不能用力过猛，否则不但吃力，而且有推落上磨盘到地上的危险；也不能心急，速度太快，否则牵出的粉就不细。但如果只把谷物粗粗地磨碎，以获取米屑粒，这叫"辣"。贾思勰《齐民要术·作酢法》："用石硙子辣谷令破，以水拌而蒸之。"

【推下爿磨】

下爿的磨盘座是固定的，不能转动，牵磨时推动的是上爿旋转，故用"推下爿磨"来比喻枉用其力，白费功夫。

2. 相关水田生物

在传统的稻作生产中，牛是农家必不可少的耕田工具，故旧时还有在"牛生日"斋牛栏的习俗。苏州地区种稻多为水田，水田中又常见蛇、鳝、蚂蟥等生物。由此，当地也产生了一些特有的俗语。

【牛吃蟹】

牛喜欢吃草，江南水乡河岸边多嫩草，水岸边也是蟹打洞聚居之地，牛看见蟹想吃，但蟹有尖脚、有螯，刺痛牛舌，吃不下去。只能嚼得粉碎，肉却没有吃到多少。由此，"牛吃蟹"成了一句俗语，日常生活中，凡是自己勉强去做不能胜任的事，或者违反常规不能做到的事，都被称为"牛吃蟹"，可以用来嘲讽干事不懂程序、胡乱而为，亦可作为当事人的自谦之词。苏州狮子林立雪堂前有用太湖石堆砌的"狮子静观牛吃蟹"小品，十分有趣。

【蛇吃黄鳝活屏杀】

蛇、黄鳝都是水网地区的产物，一般栖息在池塘、小河和稻田里。初夏插秧时节，也是蛇类、黄鳝活跃的时候。蛇吃食物的动作是从张开的口中将猎物吞咽下去，而黄鳝体形与蛇一样，有的甚至比蛇还长。蛇要吃黄鳝的话，在吞咽过程中有可能出现蛇腹的长度已经用完，而黄鳝尾巴还露在外面摇晃的情况。这样，蛇无法囫囵吞下整体的黄鳝，黄鳝也因为被蛇口卡住，不能倒退出来得以活命，蛇鳝双方都处于进退两难的境地，最后两败俱亡。苏州方言中就用蛇吃黄鳝的表象，来形容发生矛盾的双方僵持在那里，互不相让，最后双方都吃亏的情况。

【倒拔蛇】

倒提蛇的尾巴，想把蛇从洞中拉出来，这是非常困难的。比喻做事违背常理，费力而没有效果。

【厌人蛇】

"厌"的本字当为"𠪚"，陈彭年等《广韵》上声阮韵於𠪚切："𠪚，物相当也。"在苏州话中引申出比量事物长短的意思。"厌人蛇"一语以蛇喻人，指专喜跟别人比较高下的人。一说此"蛇"非真蛇，而是一种体表金黄滑腻，细长如蛇，蚯蚓大小的爬行动物，喜与小孩比身长。人们也有把"厌人蛇"用于那些见凶者就罢手、见善者即欺侮的看风使舵之人的代称，这一词也反映了人们对人情世态的洞察。

【蚂蟥叮血】

【蚂蟥叮鹭鸶脚】

蚂蟥即水蛭，生活在稻田、沟渠、浅塘等处，是一种会吸人畜血液的环体动物。农民在田间劳作时，它经常会出现，吸附在腿上叮咬并逐渐深入皮内。蚂蟥咽部分泌的液体有抗凝血作用，故伤口流血较多，但多不觉疼痛。被咬之后不能用手硬拔，否则会让它的吸盘吸得更紧，并有可能断落在皮下组织里，严重时会造成感染。正确的处理方法是，在被吸叮部位的上方拍打，或用醋、酒、盐水、清凉油等涂抹，蚂蟥即自然松脱。因蚂蟥一旦叮咬就叮住不放，吸血不止，故有"蚂蟥叮血"一语，比喻贪婪。蚂蟥，也写作"蚂蝗"。杨尔曾《韩湘子全传》第六回："你休装腔做势，从来出家人见了妇人就如蚂蝗钉血，只管望里面钻的。"

鹭鸶，常见水禽，在稻田、沼泽、沟渠中也极为常见，蚂蟥也会吸在其腿上叮血，故也用"蚂蟥叮鹭鸶脚"来比喻抓住不放。佚名《一片情》第十四回："一日师徒三个在店内做生活……于是再不出门。正是蚂蝗叮了鹭鸶脚，你上天来我上天。"后鹭鸶讹作螺蛳。弹词《三笑》第五回："倘然你蚂蝗钉住螺蛳脚，里边个家小只好让别人。"

3. 旱地作物

除了水稻，苏州地区种植较多的粮食作物有小麦、大麦、油菜、棉花等。苏州地处江南，并不是小麦的主产区，但种植小麦也有近2,000年的历史。小麦种植起源于中亚地区，公元前3000年左右，传到中国的黄河流域。东汉时期，逐渐扩展到长江以南地区。公元4世纪初，江苏、浙江小麦发展迅速。尤其靖康之耻后，宋室南迁，江南地区人口急剧增多，大量"饭面"北人的到来，使得面粉需求空前高涨，以至于"绍兴初，麦一斛至万二千钱，农获其利倍于种稻"（庄绰《鸡肋编》卷上），江南农民种麦子的利润远高于水稻。江南地域的文化也在发生巨大变化，逐渐有了"吃面"的习惯。因此，类似"无锡包子苏州面"的说法大都可溯源至南宋年间。不过，米仍然是江南人的命根子，江南人对米食的偏爱从谚语"吃杀馒头不当饭"中可见一斑。

长期以来，"油稻轮作"也是苏州地区农户经常采用的种植生产模式。种植油菜，传统主要收菜籽来榨油。油菜大多采用移栽，与已实现机械化操作的小麦种植不同，移栽全靠人工完成，而生长周期与小麦差不多，这样，油菜种植既费事，经济效益又不高，逐渐成了农户眼中的鸡肋。近几年，在政府的引导下，实行了规模种植后，其旅游效益凸显。如今，这种田间地头最常见的经济作物，逆袭成为带火乡村旅游的一匹黑马。苏州近郊，阳澄湖生态休闲旅游度假区、望亭镇、澄湖农业园、东林渡、北联村、常阴沙等都是观赏油菜花的好去处。

【掼麦】

麦子割倒、晒干，和掼稻一样可以在稻床上脱粒。麦秆比稻秆短，而稻床较大，故也可以抓起麦秆在大方砖或大黄石上掼。有掼麦的儿歌："一箩麦，两箩麦，三箩开始掼大麦，噼噼啪，噼噼啪。"不过，真实的掼麦可没有儿歌唱得那么轻松。

【麦秀寒】

指麦子抽穗时天气回冷气温较低的一段时间。顾禄《清嘉录》："夏初,天气清和,人衣单袷。忽阴雨经旬,重御棉衣。人以其时之寒,在麦秀之际,谓之'麦秀寒'。"

【麦秆爆仗】

成熟的麦秆比稻草易燃,麦秆做的爆竹,一点就着,一着就结束。比喻脾气暴躁,但也容易过去。

【麦嘴】

麦的茎秆中空,"麦嘴"意谓无知无识的人,常用作对农民的蔑称。冯梦龙《山歌·乡下人》:"小人是乡下麦嘴,弗知世事了撞子个样无头祸,求个青天爷爷千万没落子我个头。"

【麦粥】

麦子做的粥,或是小麦屑和豆混煮的粥,是粗食。桂馥《札朴·麦饭麦粥》:"小麦屑和豆煮曰麦粥,粥供冬之朝食。"有俗语"清官吃麦粥",原意是说为官者清正廉洁,收入微薄,经济拮据,人家吃饭,清官家里只能吃麦粥。旧时作为对清官的赞扬。现在含义广泛:因不善经营、不会过日子而导致经济拮据,家里生活清苦,就可以说"清官吃麦粥"。也可以用于自述,说自己不搞歪门邪道。还有"带累乡邻吃麦粥"之语,意谓连累旁人一起倒霉。张南庄《何典》第六回:"你是个逃走客,捉转来要打一百的,不要在此带累我乡邻吃麦粥。"

【麦粥牺包】

指粗食。佚名《生绡剪》第七回:"因崇祯元年,上虞大旱,颗粒无收。平民百姓连麦粥牺包,日不两餐。"麦牺包,也指吃碎麦的家伙,犹言草包、粗人。陆人龙《型世言》第二十七回:"好一个苎罗西子,却配这个麦牺包!"

【麦饭】

大麦和豆混煮的粗食。桂馥《札朴·麦饭麦粥》:"大麦粒和豆煮曰麦饭……饭供夏之餔食。"麦子(多为大麦)也可炒熟后磨粉煮制成饭,常用于祭祀。也称"麦糈""麦面"。顾禄《清嘉录》:"吴俗,清明、七月半、十月朔,家祭用麦面,犹邺中寒食祭先用麦饭也。"

【揭麦】

【揭菜】

冬天把田沟边的泥耙起弄碎,盖在麦苗上或壅在油菜棵旁,帮助作物越冬，并促使在春天多萌芽、壮棵。陈彭年等《广韵》入声曷韵乌葛切："揭，拥揭。"

【揉菜】

油菜收割以后，摊放于大匾或塑料布上，经过暴晒，用连枷敲打或脚踩的方式使菜籽从炸开的荚壳中掉落。

【三亩棉花三亩稻】

王有光《吴下谚联》卷二："花宜晴，稻宜雨。平分三亩，必有一得，故曰'晴也好，落也好'。"本指棉花喜晴，水稻喜雨，各种三亩，无论旱涝都有收成；转喻情况各有利弊，无论怎样都不错。

4. 蔬菜类

苏州地区的蔬菜种类也是很丰富的，叶类蔬菜有青菜、白菜、菠菜、卷心菜、苋菜、蕹菜、蓬哈菜等，豆类蔬菜有四季豆、豇豆、沿篱豆、毛豆、寒寨豆、蚕豆等，根茎类蔬菜有萝卜、胡萝卜、洋葱头、洋芋艿、芋艿、莴苣笋等，瓜类有南瓜、冬瓜、丝瓜、花瓜、葫芦、扁蒲等，另外还有韭菜、大蒜、茄子、番茄等蔬菜。详见表2-2。

表2-2 苏州本地常见菜名与普通话名称差异一览表

本地菜名	普通话名称	本地菜名	普通话名称
毛豆	黄豆（新鲜的）	菜笕	菜薹
寒寨豆	豌豆	蕹菜	空心菜
沿篱豆	扁豆	蓬哈菜	茼蒿
莴苣笋	莴笋	黄老卜	胡萝卜
山芋	甘薯	辣火	辣椒
洋芋艿	马铃薯	金花菜/草头	苜蓿
芋艿	芋头	金茎菜	黄花菜
葱	小葱	包菜	卷心菜
胡葱	大葱	蕈	蘑菇
洋葱头	洋葱	扁蒲	瓠子

【地】

与种植粮食作物的"田"相对，指种植蔬菜、苗木和花果等不用注水的田地。蔬菜地一般在"田"周边的旱地或房前屋后的场圃，为防止鸡鸭等进入啄食,往往用芦苇梗或细竹枝稀疏地插于四周,称"鸡芏",或者在周边种植一种灌木——木槿,当地人称其为"槿树",以充当栅栏。

【轮头】

田地上培成的略高出地面隆起的一行行小地块,相当于"畦",在上面种植蔬菜。两"轮"之间的界限称为"沟",一般"轮头"上种上作物后,人站在"沟"里进行田间管理。因"轮头"略高于"沟",苏州话中"轮""棱"同音,又写作"棱"。民国《嘉定县续志·方言》:"俗指田远近多少曰几棱……俗读平声,音如邻。唐杜甫诗'堑抵公畦棱'。"由于种麦、种油菜也都不注水,故也培成"麦棱头""菜棱头",且为了利于排水,要把"沟"深挖,叫"耖沟",这与蔬菜地不同。另外,山间果木地做成的一层层类似梯田的形式,每一层也叫"棱头"。陈彭年等《广韵》平声真韵力珍切:"疄,田垄。"王祯《农书》卷二:"高田早熟,八月燥耕而爈之,以种二麦,其法起墢为疄,两疄之间,自成一甽。""甽"就是沟。又陈彭年等《广韵》平声真韵力珍切:"蹸,菜畦。""疄"与"蹸"音同义近,前者为大田中的田垄,后者指种蔬菜的菜畦。

【苗头】

植物下种后,刚长出来的嫩芽,可称为苗或苗头。苗头苗壮,则生长迅速,容易成材。因此,嫩芽刚出土时,农民总要察看苗头情况,以判断作物今后的生长情况,甚至收成。根据这一生产实践,又衍生出"看苗头""轧苗头""别苗头"等语,在语义上稍有区别,"看苗头"重在仔细观察,"轧苗头"有据事情显露的细微状况揣测发展趋势之义,而"别苗头"有相互竞争的意思。评话《英烈传·智取淮安》:"这种差官尺寸吃得大哉,一轧苗头,招讨正在劝敌将归降,想我不能上去明说是告急文书了。"这几个俗语现通语中也常用。

【挑到篮里侪是菜】

意谓不挑不拣,胡乱收取,拿到手里就算数。或谓敷衍了事。此俗语最初当流行于苏州乡下,后城里人也说,明代即已流传广泛。凌濛初《二刻拍案惊奇》第二十卷:"陈定面前说了一百两,取到了手,实与得乡里四十两。乡里是要紧归去之人,挑得篮里便是菜,一个信送将进去,登时把陈定放了出来。"

【牵丝扳藤】

牵丝，蚕吐丝结茧，丝粘连在一起。"扳"本字为"𢶍"。扳藤，谓丝瓜、南瓜、葫芦等藤蔓植物爬藤，藤缠来缠去、绕东绕西。比喻纠缠不清。徐珂《清稗类钞·苏州方言》："牵丝扳藤，纠缠不休之谓也。盖丝与藤为最易棼乱之物，牵之扳之，如何能清？"

【冬瓜缠子茄亩里】

比喻弄错了对象或事实，犹言张冠李戴。《缀白裘·寻亲记》："我说哚吃醉乱哉，我要周羽个家婆，那说杀起黄德保正来，阿是东瓜缠子茄亩里去？"也说成"冬瓜缠到茄门里"。《满江红弹词》："我不是问他，你不要冬瓜缠到茄门里去。"

关于此俗语的由来，民间以为源于道教。冬瓜和茄子，都是夏季上市的两种时令蔬菜。冬瓜为一年生蔓性草本植物，果大皮青。茄子为一年生草本至亚灌木植物，果实长圆状卵形，表皮紫色。苏州城里城外的一些道观，占地颇大。宽敞的庭院里道士们会辟出一部分土地，间隔分行种植冬瓜和茄子，不仅可以自力更生品尝时令蔬菜，还能讨一个吉利口彩"紫气东来"。相传老子出函谷关时，守关将领尹喜见头顶有紫气徐徐东来，便知有圣人正在过关。后来，人们以"紫气东来"为吉祥的征兆。老子是道教的始祖，道观引以为傲，别出心裁把冬瓜和茄子合种在一起，冬瓜的"冬"谐音为"东"，茄子的颜色以紫色为多，以此暗喻"紫气东来"。附近的农民前来道观烧香时，发现了这个讨口彩的典型案例后纷纷仿效，也在地里间隔种植冬瓜和茄子。但是冬瓜蔓生，在地上爬藤时常常把茄子缠绕住。于是，"冬瓜缠子茄亩里"这句俗语不胫而走，其含义也逐渐演变为"张冠李戴"的意思。

然而，上述说法没有确切记载，明显有牵强附会之嫌。有老苏州认为，"茄门"实为"骱门"（苏州话同音），指人体之骱，苏州话里的骱即腕、肘、膝之类的关节之处（如俗语"捏牢骱门弗用刀"），包括腿根裆部，市井百姓往往会将腿根骱门认作是生殖器的代名词，假如此语用黄瓜来代替冬瓜，就显得过于猥亵直白，失去其风趣的隐喻含义，所以换成"冬瓜缠拉茄门里"，来比喻搞错了对象。就像另一句苏州俗语"夹忙头里髈牵筋"一样，"冬瓜缠拉茄门里"也是源自性生活的一句双关隐语。旧时流行于苏州民间的这种调侃性质的隐语，一般不用多作解释，人们就可意会。正是因为这些隐语粗鄙下作，所以虽经历一代代苏州人的口耳相传，却仍然淡忘了其最早的来源含义，在书面文字里，对于这些有隐射含义的亵语也不便记载和解释，于是这些隐语的原意变得隐晦莫测起来，到如今，大家只是熟悉其比喻义了。

5. 施肥

施肥，也是农业生产中十分重要的环节。肥料，是农作物生长必备的营养元素。农作物茁壮成长离不开肥料的辅助，施肥也是最后能否取得丰收的必要因素。当然，施肥是有很多讲究的，施肥少了怕不够劲、叶子黄，多了又怕烧苗。如果田里基肥不足，即"田脚枯"，则不利农作物生长。因此，把好施肥关，才能保证农作物的健康生长，才能夺取最后的丰收。现如今农田主要使用化肥、尿素等无机肥料，而传统所施肥料是粪肥。在化肥还未出现之时和化肥还供应不足的时代，有机肥（粪肥）是农田施肥的主要肥料，在农业生产中起着积极作用。人畜粪尿是优质的土肥，但不能直接浇地使用，需要一定的时间发酵腐熟。在农村一般将人粪存放在"坑缸"里，畜粪主要是猪粪肥，称"猪窠灰"或"狗窠灰"，猪圈里积存的粪肥，称"猪墈"，除此，还有鸡鸭粪，也会拾狗粪，苏州人形象地称之为"捉狗屎"。农闲时节，农民们还通过罱泥来积肥。

【垩】

给田施肥使其肥沃。陆文夫《有人敲门》第一章六："西瓜不垩鸡鸭粪不会甜的。"也可以叫"垩壅"，吴歌《五姑娘·杨家门墙》二："小白菜勿浇垩壅叶爿黄，小姑娘发身头浪靠米粮。"所施之肥称"垩头"。

【罱河泥】

这是一项重体力活，罱泥人站立船头，手持罱泥网夹，并推动夹子张口，迅速插入河底，用力夹紧夹子，快速拎起，放入船舱，再松开夹子，河泥就滑进了船舱。罱河泥手脚要快，连泥带水，一起提到船舱里，再将这些河泥存放到河边的堆塘内，经发酵腐烂便成了农田的重要肥料，故有谚语："一担河泥一担金，一担垃圾一担银。若要年成好，罱泥捞水草。"《吴歌新集·长工谣二》："长工做到二月中，罱泥船出浜到湖中，东家老爷奔东奔西去看春戏，我东太湖罱到西太湖。"20世纪80年代后各种化学肥料大量上市，因使用方便，价格低廉，效果显著，罱河泥慢慢减少。现在，一般只是用来为河道清淤。

【松江清水粪,胜如上海铁搭垄】

王有光《吴下谚联》卷二收有此谚,并注释:"粪,所以美土疆。清者力薄,浓者力厚,此自然之势。何松江之一清如水者,反胜于上海之浓厚,以铁搭垄取者乎?盖上海土高宜麦,与华、娄产稻之乡异。松江人每嘲为东乡吃麦饭,故其粪无力。松江人心思尖锐,不似上海人直遂,上洋人每嘲松江人从肚肠中刮出脂油,故粪虽清薄而有力。"这句最初是清代松江府的谚语,后流传吴地。这里垄的不是地,而是粪。上海那时还未开发,只是一方地势较高的贫瘠土地,吴地普遍种植水稻,可是上海高岗旱地,却只能种麦。因此,上海人平常吃饭也不能像其他苏南人那样普遍食用米饭,而只能吃米麦混搭的麦饭。麦饭滑肠,因此被松江等吃大米饭的人嘲笑,笑其屙的屎没有肥力,哪怕厚厚的要用铁搭垄的积粪,其肥力也难以与松江青浦等地已经水稀释的清水粪相比。

三、农谚

农谚,是农民在长期生产实践中总结出来的经验。农业生产是由人进行的,因此农谚中很多内容反映了农民对人与人之间关系的认识,以及生产管理的经验、教训;农业生产也离不开土壤、肥料、季节、气候条件等因素,所以农谚也体现了农民对天时气象与农业生产关系的认识。农谚产生于农业生产实践,又指导和服务于农业生产实践,即便在科学种田较普及的今天,仍有现实意义。

如今,苏州地区许多以前的农村农田区域,随着城市化进程的加快已高楼林立、别墅成片,往日"日出而作,日落而息"的农耕生活已经远去,昔日耳熟能详的农谚也在慢慢淡出乡人的生活。上文在叙述农事时已有所涉及,下面再集中展示一些在当地流传较广的谚语。这些谚语大都押韵,读来朗朗上口,有的采用拟人、夸张、比喻等修辞,生动形象,诙谐幽默,从中我们可以窥见乡人的勤劳和智慧,以及精耕细作的纯朴民风。

1. 总结气象规律

农业生产要适应天象、气候的变化规律,这是保证农业增产的一个重要条件。特别是在农耕时代,人们靠天吃饭。一年之中的旱涝、风霜、雨雪及虫害等,都会对当年庄稼收成的好坏造成巨大影响。人们在长期的生产实践当中,对天象进行观察,天文学和气象学知识日渐丰富,尤其是广大农民,他们将这些知识应用到生产实践当中,来指导自己的农事活动。

【上元无雨多春寒,懊春冷冻杀老黄牛】

【风吹上元灯,雨打寒食坟】

农历正月十五是上元节,即元宵节,这天的天气情况决定开春的冷暖。这天如果无雨,则春天有可能倒春寒;如果刮大风,则春来多雨。

【廿七廿八吹得庙门开,螺蛳蚌蚬哭哀哀】

农历二月二十八日,这是传说中"老和尚过江"的日子,一般会有风雨相伴。顾禄《清嘉录》:"二十八日为'老和尚过江',必有风报。若吹南风,主旱。"这两天若吹南风,风力强劲,就把"老和尚"吹去江北了,则今年要大旱,螺蛳蚌蚬自然要有灭顶之灾。

【谷雨西风没小桥】

若谷雨当日吹西风,预示日后多雨,低矮的小桥会被淹没,要加强抗洪排涝工作。

【四月十四雨点响,蓑衣箬帽一抢光】

"蓑衣箬帽",是农民雨天常常穿戴的雨具。如果农历四月十四日这天下雨,则预示可能会提前进入黄梅天,且入梅后雨水偏多,所以农民为了在下雨天也能从事田间劳动,就要早做准备。

【春雨落满田,夏雨隔爿田】

春天细雨蒙蒙往往满天阴云,而夏天常常是小范围短时间的急雨、阵雨,有时甚至出现"东边日出西边雨"的景象,即所谓的"隔爿田"看落雨。古人称这种雨为"分龙雨",以农历五月二十日为"分龙日"。民间认为此日后,常出现同一区域内一处下雨一处不下的情况,甚至只隔一块田,故称"分龙"。分龙日后雨,则有利水稻种植。顾禄《清嘉录》:"二十日为分龙,俗以分龙之次日雨,谓之'分龙雨'。主雨旸调顺,岁必有秋,有'二十分龙廿一雨,水车搁拉弄堂里'之谚。又云'二十分龙廿一雨,石头缝里都是米'。"

【小暑一声雷,黄梅倒转来】

"黄梅"即黄梅天,指梅雨季节。长江中下游地区每年六七月份都会出现持续的天阴有雨的气候现象,此时正值江南梅子黄熟,故称"梅雨"。因持续阴沉多雨天气,家中器物易霉,故也称"霉雨"。

每年梅雨期开始有迟有早，梅雨开始和结束的时间，分别称为"入梅"（或"立梅""交黄梅"）和"出梅"（或"断梅"）。顾禄《清嘉录》："芒种后遇壬为入霉……又以其时忽晴忽雨，谚有云'黄梅天，十八变'。又谓天寒主旱，谚云'黄梅寒，井底干'。夏至后遇庚为出霉。小暑日为断霉。过此，则无蒸湿之患……农人又以入霉日雨，主旱。谚云'高田只怕迎霉雨'。又以入霉日雨，主阴；出霉日雨，主旱。谚云'雨打黄霉头，四十五日无日头。雨打黄霉脚，四十五日赤晒晒'。又以入霉日雨，主水。谚云'迎梅一寸，送梅一尺'。"黄梅天气候多变，时晴时雨，故也常以此词喻人喜怒无常、性情多变。冯梦龙《挂枝儿·识破》："俏冤家，你好似黄梅天行径。一霎时风，一霎时雨，一霎时又晴。"

梅雨持续时间有长有短，有的年份梅雨非常不明显，大概只有十来天，而且这段时间里雨量也不大，这种情况称为"短梅"。更有甚者，有的年份从初夏开始，一直没有出现连续的阴雨天气，多数日子白天晴朗暖和，早晚凉爽，本来经常要出现的衣服发霉现象也未发生，这称为"空梅"。有的年份，会出现梅雨带北移后又返回江淮流域再度维持相对稳定的现象，称为"倒黄梅"。特别是如果小暑这天下雨打雷，梅雨季节就可能会延长，故有"小暑一声雷，黄梅倒转来"或"小暑一声雷，四十五日倒黄梅"的谚语。

也还有"稻黄梅"之称。寒露、霜降时节，进入秋熟，迎来第二个农忙期，割稻、收稻秋收时连续的阴雨天气被称为"稻黄梅"，意与夏收时的"水黄梅"相区别。

【乌头风,白头雨】

一般是指夏天起"阵头"（雷雨）时云头的颜色，如果是乌黑色，那么可能只有阵阵凉风，而不会下雨；假使云头是灰白色，则可能马上就下雨。

【乌云接日头】

指日落时如有乌云，可据此预测阴晴。王有光《吴下谚联》卷四："至落日时阴气渐臻，此而有乌云横亘，与日接连，乃雨征也。若一接之后，日光复亮，俗谓之打穿，又名赤脚下泥，来日必晴。"

【东霍霍,西霍霍,明朝依旧干卜卜】

苏州人把闪电叫作"霍现"。闪电打雷往往意味着会下雨，但闪电太多反而没有雨下。

【东鲎日头西鲎雨】

鲎，虹。虹出现在东边预示天晴，出现在西边会有雨。朱骏声《说文通训定声·丰部》"蝀"："暮则见东，朝则见西，雨气与日相照而成光。东者常在雨前，西者常在雨后。故吾苏俗谚云'东吼日头西吼雨'。虹，音转如'哢'也。"

【九月十三晴，钉靴挂断绳】

民间以农历九月十三日为"钉靴生日"，在这一天祭祀钉靴（旧时雨靴，用皮或布作鞋帮，鞋帮较高，木质鞋底，鞋底钉上一排排圆锥状的铁钉用来隔水和防滑），认为此日晴，则一冬无雨，利于收获。顾禄《清嘉录》："十三日，俗祭钉靴，占一冬晴雨。晴则冬无雨雪。谚云'九月十三晴，钉靴挂断绳'。"民间也还有"九月十三落，皮匠家婆要吃肉""重阳无雨一冬晴""九月初一难得晴，皮匠娘子要嫁人"等谚语。早先人们在下雨天穿"钉靴"走路，尤其天冷之后更无法打赤脚。一般的布鞋自己会做，而制作钉靴非专业皮匠莫属。但如果整个冬天无雨，人们不必买钉靴，皮匠自己都饿肚子，哪能养活娘子？只能另嫁他人。反之，如果一冬多雨，则皮匠生意兴隆，自然日子好过。

【东南风，暖烘烘；东北风，雨淞淞；西南风，阴洞洞；西北风，落雪像牵砻】

这是对冬日天气现象的规律性总结：如吹东南风，一定是暖融融的晴天；如吹东北风，就会是绵绵阴雨；如吹西南风，则会干燥而阴冷；如是西北风阵阵，则就要满天纷纷扬扬下雪了。

【两春夹一冬，吭被暖烘烘】

立春通常在每年的二月四日前后，如果立春出现在传统中国新年之前，则这一年的年头和年末都遇立春，叫作"一年两头春"，预测这年会是一个暖冬。

此外，类似的谚语还有"东北风，雨太公""对日鲎不到昼""雾露不收就是雨""清明断雪，谷雨断霜""觋吃端午粽，棉衣弗入笼；吃仔端午粽，还要冻三冻""早立秋，凉飕飕；晏立秋，热吼吼""处暑十八盆，白露身弗露""八月十五云遮月，来岁元宵雨打灯""三朝迷露发西风""头九暖，九九寒""雨雪连绵四九天""冬前弗结冰，冬后冻杀人""干净冬至邋遢年，邋遢冬至干净年""春寒冻杀老黄牛"，等等。

天气谚语基本上是农业社会的产物，人们凭经验来预测天气，虽是假设气象情境，且只是对现象作出描写，而没有解释，但这些谚语是经过反复观察与实践所得，具有较强的可信度，在没有科学的天气预报的时期，对农事活动的开展具有积极作用。

2. 传授耕作经验

由于千百年来重视农业的传统，我们的先民对于农业生产活动中有关耕种的季节、耕作技术、耕作注意事项等内容都进行了总结，这些宝贵的耕作经验依靠口耳相传一代一代传承下来。

农作物要有好的收成，首先绝不能误了农时。各类农作物的种植时间必须把握好，这类谚语有"谷雨浸谷，立夏落秧""立夏落谷芒种插秧""大雪整苗床，秧苗壮又壮""小麦出穗，正好落谷""莳秧一日迟，十日也赶不上""早种半天秧，多吃半年粮""宁愿田等秧，不愿秧等田""三麦不过立冬关，油菜不过小雪关""立冬种完麦子，小雪种完菜籽""清明种棉早，小满种棉迟，谷雨立夏正当时""头伏芝麻二伏豆，三伏天里种绿豆""霜降蚕豆立冬麦，过了时节都不发""寒露种蚕豆"，等等。庄稼成熟，及时收割也非常重要。"油菜籽，七成熟，十成收；十成熟，七成收""寒露到，斫籼稻；霜降到，斫糯稻""早稻白露起收，晚稻留一步收""芒种忙割大麦，小麦夏至无一棵""年老一岁，麦老一朝"，这些谚语都强调了收割要趁早。

其次，选种、灌溉、施肥是农业生产的基础事项，传授这方面经验的农谚也不少，如"十成收粮，九成靠秧""种菜不拣苗，到大长不好""炒熟黄豆弗做种""两头出水是金田，一头出水是银田，呒处出水是死田""处暑里的水，谷仓里的米，千车万车（指车水），不及处暑一车""秧长三寸，浇担水粪""处暑不浇苗，到老无好稻""年里施肥浇条线，春里施肥浇个遍""养仔三年蚀本猪，田里饱滋滋""人靠吃饭，菜靠浇水"，等等。

俗话说"三分种，七分管"，种是基础，管是关键，田间管理对于农业生产至关重要。关于田间管理、耕作技巧的农谚很多。如"芽长一粒米，落谷最相宜""稻田要干耕，胜过浇趟粪""松土深一寸，等于上趟粪""谷雨西南多浸种，立夏西南少下秧""梅里莳秧，一夜生根""混水插秧，浅水耘田""小暑补棵一斗米，大暑补棵一升米，立秋补棵补个屁""三耥九耘田，砻糠变白米""花靠锄头稻靠耥""种田弗拔草，到老啃野草""秋前不捣稻田,秋后就叫懊恼""麦田多敲敲,胜如下肥料""雨过种豆晴种棉,种菜最好连阴天""莳里锄头,胜过垩头",等等,这些谚语对耕种的每一个环节都做了细致的总结。

在长期的生产劳动中,人们逐渐认识和熟悉了农作物的生长习性,部分农谚就反映了农作物的生长规律。如"做天难做四月天,秧要日头麻要雨,蚕要温和麦要寒""小暑发棵,大暑发粗,立秋长穗""麦怕锈,稻怕瘟""稻秀只怕风来摆,麦秀只怕雨来淋""麦怕清明连夜雨,稻怕寒露一朝霜""春分春分,麦苗起身""谷雨麦挺直,立夏麦秀齐""霜降蚕豆立冬麦,麦到小满日夜黄""寒露开花弗结子""霜打雪压青菜甜",等等。

再次,在长期农业生产实践中,人们不仅总结了丰富的经验,产生了像"歇田当一熟"(一熟:一茬庄稼的收成。谓让田地休息一季,可保养地力,再种可大大增产)"秋前拔稗,强如放债""耘耥拔草,胜过还债""秧田多拔一次稗,大田少弯百次腰""冬发长产量,春发长看相"等谚语,有的农谚还由农事而及人事,如"一锄头动土,两锄头也动土",以松土为例,喻指干了某件事,索性就不管三七二十一干下去;甚至进而总结"立身处世"的人生经验,如"荒田一熟稻",字面意思是荒田种稻,可收成一茬熟稻,此谚语在使用中既告诫人们不可以自弃,因为荒田尚有一熟稻,亦不能自恃,因为荒田只有一熟稻。

3. 预判丰歉情况

由于农业是关系民生的头等大事,劳动人民对于重要节令的天气情况与农作物收获之间的关系都有预先判断的习俗,并凝结为谚语传诵。这些谚语一般具有地域性,也并不一定可靠,但其中也包含着一定的科学道理,长期以来一直对农事活动起着指导作用。

【岁朝东北,五谷大熟】

【岁朝西北风,大水害农功】

"岁朝"即大年初一,这天如吹偏东风,则今年的收成会好;如果吹西北风,则可能会发大水,不利农事。

【参星参拉月背浪,鲤鱼跳拉镬盖浪,参星参拉月口里,种田种拉石臼里】

正月初八夜通过参星来占卜。顾禄《清嘉录》:"八日昏时看参星,占岁中之水旱……《昆新合志》并云'初八夜,参星在月西北角上,则主大稔'。"民间有"参星参拉月背浪,鲤鱼跳拉镬盖浪,参星参拉月口里,种田种拉石臼里"的谚语,说的是农历正月初八黄昏时要看"参星"与月亮的位置,以占岁中之水旱。初八是新月,故有"月背""月口"之说,其实就是看参星出现在月亮的东边还是西边,前者意味着有洪灾,所以鲤鱼跳到锅盖上,后者意味着丰收,田里种的全是石臼里的白米。人们不仅以正月初八日参星位置占卜一年中之水旱和丰歉,还以此日参星之隐见,来卜上元日之晴雨。故又有"上八不见参星,月半不见华灯"的谚语,说的是如果正月初八夜看不见参星,那么上元日就会下雨。

【惊蛰闻雷米似泥,未蛰先蛰,人吃狗食】

惊蛰,意味着天气转暖,冬眠的蛇虫百脚之类都将醒来。这天要是响起第一声春雷,那么今年丰收有望,粮食多了自然不值钱;假如惊蛰之前就打雷,水旱灾害就多,造成歉收甚至荒年。

【田鸡叫拉午时前,大年在高田;田鸡叫拉午时后,低田弗要愁】

顾禄《清嘉录》:"三日,农民听蛙声于午前后,以卜丰稔,谓之'田鸡报'。谚云'田鸡叫拉午时前,大年在高田;田鸡叫拉午时后,低田弗要愁'。"并说江南九县志都有"午前鸣,高田熟;午后鸣,低田熟"的占谚记载。所谓"高田"就是地势稍高的旱田,"低田"则是地势较低的水田,人们急切盼望三月三日的上巳能听到蛙鸣,则今年丰收在望了。

范成大《四时田园杂兴》有诗曰:"薄暮蛙声连晓闹,今年田稻十分秋。"农历三月上旬,惊蛰已过,冬眠的青蛙苏醒,它们开始大声鸣叫,召唤自己的配偶,这是一种自然规律和现象,但古代的农民从蛙鸣中听到了另一种信息。褚人获《坚瓠续集·上巳》云:"吴中以上巳蛙鸣,则无水患。故谚曰'三月三个虾蟆,禁口难开'。"

青蛙在江南一带被叫作"田鸡",大概是其生长在田间而味美如鸡的缘故。李时珍《本草纲目·蛙》:"蛙好鸣,其声自呼。南人食之,呼为田鸡,云肉味如鸡也。又曰坐鱼,其性好坐也。"可见,南方人喜食蛙在当时极为出名,而上巳前后又是青蛙刚长成的时节,三月三食青蛙也成为岁时风俗。

【端阳有雨是丰年】

只要端阳节下雨,就利于禾苗下种,预示着风调雨顺的丰收年。王有光《吴下谚联》卷四:"端阳天地正中,得纯阳之气,真火当头,此而一雨,谓之时雨,水火既济。前此或不雨,至此田禾已得下种矣。后此或不雨，于此田禾已见下种矣。故卜是丰年。"

【秋毂碌，收秕谷】

言立秋日打雷，主秋收减产。顾禄《清嘉录》："立秋日雷鸣，主稻秀不实。谚云'秋毂碌，收秕谷'。""秋毂碌"也作"秋孛鹿"。《清嘉录》："案，卢《志》'立秋日忌雷声'，谚云'秋孛鹿，损万斛'。"

【腊雪弗烊，种田人饭粮；春雪弗烊，饿断肚肠】

烊，也作"炀"，融化。腊雪，即腊月里的雪，如多日不化，表明天气寒冷，害虫冻死，开春后就不必担心农作物遭遇虫害，夏天收成就会增加；立春后的雪称为"春雪"，春雪不化，则意味着气温过低，农作物会受冻害，以致夏收作物减产歉收。

这类谚语也很多，再如"立春天气晴，一年好收成""有利无利看三个十二""三月沟底白，莎草变成麦""清明晒得沟底白，青草会变麦""有谷冇谷，但看四月十六；四月十六，天上有云，地上有谷""六月弗热，五谷弗结""伏里雨多，囤里米多""白露三朝露，好稻满大路""秋分晴到底，砻糠变成米""霜降见霜，米烂陈仓""小雪就见雪，蚕豆少结荚""若要麦丰收，腊前三场雪""六月大，瓜茄笋来坐"，等等。

为了正确掌握农时，几千年来劳动人民总结了丰富的经验，也经历了足够的教训；在小农经济时代，旱、涝、风、寒等自然灾害更是无法克服的莫大威胁，因此以时令为中心的农谚和企图掌握自然灾害规律的农谚数量极多。

第二节　渔业

苏州渔业历史悠久，水域资源丰富，是典型的江南"鱼米之乡"。在老苏州口中，"鱼"和"吴"同音（在"吴门桥""吴江"等地名中"吴"与"鱼"发音相同），"蘇"字由"鱼"和"禾"组成，渔业本身就是吴文化最重要的因子之一。太湖流域，曾是古代越人生活的地方。古代越人断发纹身，自称"龙子"。王鏊《姑苏志·风俗》云："吴俗善渔，以其生长江湖，尽得水族之性。"考古学家根据三山岛上一处旧石器时代的古文化遗址，发现当时的居民以渔猎经济为主。而在以后的年代中，此地居民不间断地维持着异常发达的渔业生产，以捕鱼作为重要的生活手段之一。在新石器时代遗址中，如吴江梅堰，出土文物有石网坠、黑陶网坠、红陶网坠、骨鱼标，还有鼋、龟的骨骼和很多鱼骨，说明渔猎经济在当时占有相当重要的地位。春秋战国时期，据范成大《吴郡志·古迹》载："鱼城，在越来溪西，吴王游姑苏，筑此城以养鱼。"吴王阖闾特建造"鱼城"来养鱼，可见鱼事之盛。隋唐时期，特别是唐代，苏州籍诗人陆龟蒙与长期在苏为官的皮日休二人有关于渔具的唱和诗，在陆龟蒙的《渔具诗》和皮日休的《奉和渔具十五咏》中，反映太湖地区有网、罩、罳、钓筒、钓车、鱼梁、叉鱼、射鱼、沪、椮等许多渔具渔法，这些诗对当时太湖流域的捕捞技术和捕捞器具作了详尽的描述。宋代，因为罗盘针的使用和航海技术的进步，太湖出现了大型捕鱼船只，著有《吴江渔具》的张达明在《帆罛》诗中描述的就是一种大型渔船。明代，太湖流域的渔船有边江船、厂稍船、小鲜船、剪网船、丝网船、掣网船、江网船、赶网船、逐网船、罩网船、鸬鹚船等。郑若曾的《江南经略》就详尽地描述了太湖中大小不同种类的渔船。明清时期，太湖地区渔业捕捞有了更大发展，据乾隆《震泽县志·形胜》记载，乾隆时，太湖中"商艘民船往来如织，其中有千斛渔舟，风帆六道，远若浮鸥，近如山涌。又有轻舠似叶，冲风驾浪，出没深波"。

除了太湖中的大渔船，一般河港中普通渔民所驾的是小渔舟，用网截流而渔，俗呼"网船""丝网船"，故而用"网船浪人"称呼渔民。过去还常常见到用鸬鹚捕鱼，苏州人称鸬鹚为"水老鸦"，分立在渔船的舷舱边，经渔翁驯化后用以捕鱼，事先在喉部系绳，捕到后使其强行吐出。

苏州的养鱼业也是历史悠久，从吴王阖闾的"鱼城"就开始了。苏州人一般称鱼池为"荡"，有"家荡""野荡"之分。顾禄《清嘉录》："畜鱼以为贩鬻者，名池为荡，谓之'家荡'。有所谓'野荡'者，荡面必种菱芡，为鱼所喜而聚也。"至今，岸边植着垂柳、水中种着菱藕的鱼池，仍是苏州乡村常见之景。鱼苗在鱼池放养两三年后，可以"起荡"食用，一般在农历十一二月间，将池水放干，"竭泽而渔"，是谓"起荡鱼"。

进入新世纪以来，苏州的渔业建设逐步形成了环境保护、高效产出的双赢格局，走出了一条生态优先绿色发展的现代渔业发展之路。

一、渔船、渔具、渔法等

如上所述，在苏州方言中有很多直接反映渔业生产内容的词汇，包括渔船名、渔具、渔法等。下面再简单列举一二。

【丝网船】

用一种网眼较小的围网捕鱼的小渔船，船舱上一般有棚。顾禄《桐桥倚棹录》卷十二："每出操小舟，以丝结网，截流而渔，俗称'丝网船'。大率多鲤鱼、鲂鱼之属。"简称"网船"。天然痴叟《石点头》第八卷："便是打渔的网船经过，少不得也要抽些虾鱼鳅鳝来嘎饭案酒。"

【揨兜】

用来捞鱼的网兜。翟灏《通俗编·杂字》："揨，《集韵》'柯开切，触也'。吕种玉《言鲭》'俗以网兜物曰揨兜'，即此。"顾张思《土风录》卷五："捞鱼具曰揨兜，见章黼《韵学集成》，鹆揨，网也。俗云揨兜，音'海'平声。"揨兜用网制成，有网眼，捞鱼时水好滴漏。若以皮制，则滴水不漏，故"皮揨兜"比喻点滴不漏地搜刮占便宜的小气鬼或守财奴。"揨"与"海"音近，也写作"皮海兜"。弹词《合欢图》第五十一回："他是恶名传遍在苏州，有名剔顶大头囚，吃白食，吃白酒，水泄勿漏个皮海兜。"

【篾丝退笼】

竹编的捕鱼工具，笼内有倒刺，鱼进去后就无法游出，一般置于近河的排水沟口。也用来比喻某人吝啬，只进不出。

【蟹籪】

"籪"是置于水中捕鱼蟹的栅栏。顾张思《土风录》卷三："编竹湖中以取鱼蟹，名曰蟹籪。按，字书无'籪'字，吴梅村《涂松晚发》诗'籪响若鸣滩'。《吴江县志》引陆鲁望《渔具诗·序》'列竹海澨，曰沪，今谓之籪'。考陶九成引鲁望《蟹志》'渔者纬萧，承其流而障之，名曰蟹断，断其江之道焉尔'。则当为'断'字，《姑苏志》亦作'断'。"可见，该词因截断鱼蟹之路而得名，最早写作"断"，即动词衍生为名词，因主要以竹子编制，后加形旁分化为"籪"。因形似竹帘，故又称"断帘"。冯梦龙《山歌·瞒夫之一》："急水滩头下断帘，又张蟹了又张鳗。"

"籪"的出现可以追溯到南朝刘宋时期。《太平广记》卷三二三引任昉《述异记》："宋元嘉初，富阳人姓王，于穷渎中作蟹籪。"唐代苏州诗人陆龟蒙持相同说法，但文献另有出处。高似孙《蟹略》卷二引陆龟蒙《蟹志》："《广五行记》曰'元嘉中富阳民作蟹籪'。"历代有不少江南诗人吟咏籪蟹，如陆放翁《水落枯萍粘蟹根疏寮》诗："籪头蟹大须都买，篘下醪香且竟酣。"朱彝尊《曝书亭集》附录有一首《普天乐·中吕》："村村籪蟹肥，日日湖菱贱。""籪蟹"既可作动词，表示用籪捕捉蟹；也可作名词，指用籪捉来的蟹。

《阳澄湖镇志》记载，螃蟹具有趋光性，20世纪六七十年代，渔民经常夜晚在籪口挂灯，吸引螃蟹上来。随着社会的发展，天然资源急剧减少，天然水域已无蟹可捕，因此籪等许多捕捞螃蟹的渔具渔法逐渐销声匿迹。尽管江浙沪不少地方志提到"蟹籪"，历代不少江南文人笔下也多有吟咏，但在日常生活当中，我们已经很难听到这个说法。籪蟹一词其来有自，在南方分布较为广泛，目前在网络上影响比较大的是江北泰州溱潼的籪蟹，该地发展旅游经济，宣传比较充分，实际上籪也退出了实用场合。

【荡浦】

【摇江】

捕蟹的方式。傅肱《蟹谱·荡浦摇江》："吴人于港浦间，用篙引小舟，沉铁脚网以取之，谓之荡浦。于江侧相对引两舟，中间施网，摇小舟徐行，谓之摇江。"

【㧬】

顾野王《玉篇·手部》："㧬，他浪切，推。"故向前推动、滑动都可说"㧬"，既可用于以稻耙向前推动来除去稻田的杂草，也可用以指捕捉鱼虾螺蛳，特指在竹竿上装上小网，在水中平推网罗的方式。冯梦龙《山歌·后庭》："使得枪儿也弄得钯，乩得鲥鱼也㧬得虾。"

二、水产

水乡鱼多、虾多、蟹多（表 2-3），菱角、莲藕等水产丰富，苏州方言中与此有关的俚词俗语也特别多。

表 2-3　苏州本地常见水产名称一览表

鱼类			甲壳类	
鮰鱼	白鱼	穿条鱼	虾	螺蛳
鲫鱼	鲢鱼	黄鳝	糠虾	田螺
鳊鱼	银鱼	河豚	白腻虾	海蛳
草鱼	梅鲚鱼	鮡斯鱼	水晶虾	蚌
青鱼	鳑鲏鱼	鳗鲡	蟹	蚬子
鲈鱼	鳜鱼	鲇鱼	大闸蟹	甲鱼
鲥鱼	鲞鱼	泥鳅	螃蜞	乌龟
黑鱼	鯆鳢鱼	鲃鱼		

【鯆鳢鱼】

一种大口、头略扁、细鳞、灰黑色的鱼，常伏于河边浅滩，大者不过五六寸，味极鲜美，尤其在油菜花盛开之时最佳，故有"菜花鯆鳢鱼"之说。张揖《广雅·释鱼》："鯆，鯷也。"许慎《说文·鱼部》："鯷，哆口鱼也。"意即口大的鱼。又，《说文·鱼部》："鳢，鳡也。"李时珍《本草纲目·鯸鱼》："鳡，即今之鮰鱼。"鮰鱼也是一种似鲇而大口的鱼。所以命名为"鯆鳢鱼"，主要据其"大口"的特征。苏州人还称其为"土附鱼""吐哺鱼"或"塘哺鱼"。民国《吴县志·物产二》："土附鱼……此鱼吾乡人谓之荡婆，春时用鲜笋煮食之，肥鲜异常……一名吐哺鱼，似吹沙而大，黑皮，细鳞如粟，无鬣，俗呼主簿鱼。盖以杜父而讹主簿而讹吐哺，辗转相传遂为土部。今吴中通称菜花荡里鱼，以其三月入市者佳，与菜花同时入馔也。"张南庄《何典》第七回："活死人看时，却是五簋一汤：一样是笋敲肉，一样是乌龟炒老虫，一样是白土鲋……"潘慎注："鲋，读婆。"《盛湖志补·物产》："吐哺鱼，一名土鲋，好伏水底，附土而行，状似松江之鲈。春间菜花开时，逐队出游。庖人煮莼菜加吐哺作羹，价廉味俊，非其时则不佳也。"苏州方音"哺"与"鲋"同音。盖"吐哺"本字当作"土鲋"，据其附土而行，不似他鱼浮水之特性而命名。

【黑鱼精】

黑鱼生性凶猛，是一种肉食性鱼类，常以池塘里的其他鱼类为食，甚至不放过自己的幼鱼，这对养鱼者来说是捣乱。故"黑鱼精"常比喻捣乱者。"金鲫鱼缸里出仔黑鱼精"一语是说出了捣乱分子。

【穿条钓白条】

穿条，一种体形小而细长的鱼。张自烈《正字通·鱼部》："鯈，易求切，音由。小白鱼俗称鰲鱼，亦曰参条鱼，小而长，时浮水面，性好游，故名。"白条，指白鱼，一般家常食用者长约30厘米，以小鱼为食。"穿条钓白条"字面意思是长不大的小穿条鱼钓来一条大白鱼，比喻以较小的代价换取较大的好处。

【慢橹摇船捉醉鱼】

比喻利用对方喝醉之际，从容地实施计策，稳步达到目的。凌濛初《拍案惊奇》第六卷："从古道'慢橹摇船捉醉鱼'。除非弄醉了他，凭你施为，你道好么？"

【无洞掘蟹】

螃蟹喜穴居，螃蟹洞里能抓到螃蟹。"无洞掘蟹"比喻无事生非，故意找碴。凌濛初《二刻拍案惊奇》第十卷："在城棍徒无风起浪，无洞掘蟹，亏得当时立地就认了。这些人还道放了空箭，未肯住手，致有今日之告。"也作"无洞蹲蟹"。张南庄《何典》第一回："搬出菜来，一样是血灌猪头，一样是斗昏鸡，一样是腌瘪雌狗卵，还有无洞蹲蟹，笔管里煨鳅，捱弗杀鸭。"潘慎注："无洞蹲蟹，硬找岔子，无孔不入。"

【死蟹一只】

活的螃蟹，其活动能力极强，虽横行，但十分迅速，两螯有力，甚是凶猛。蟹一旦死去，因病菌繁殖很快，无法食用，毫无用处。故"死蟹一只"常用来形容办事走投无路，求亲不成，求友无望，无计可施。有时也用以形容人疲惫不堪，不能动弹，甚至失去自由。王安忆《本次列车终点》二："三十几岁还没有朋友，死蟹一只，僵掉了。"俗语有"吃死蟹"，即欺负无能力之人。胡朴安《上海俗语大辞典》："又欺凌懦弱，亦曰吃死蟹，盖喻死蟹无力可以抵抗也。"

【教化子吃死蟹——只只好】

比喻没有优劣的评价标准，认为什么都好。也可引申指不辨是非、不明事理。徐珂《清稗类钞·苏州方言》："教化子吃死蟹，蟹为动物食味之鲜者，死则鲜味大减。乞丐不常得食，遇之，则更饕餮无厌，虽死蟹，亦甘如饴，喻人之不择精粗美恶而一例视之也。""教化子"，也写作"叫化子""叫花子"等，即乞丐。漱六山房《九尾龟》第一百六回："'耐格人阿，真真是苏州人打话，叫声叫化子吃死蟹——只只好。'秋谷听了不觉也好笑起来。"陆士谔《十尾龟》第四回："阿根却又动了叫化吃死蟹只只好的旧病，嘻开着嘴再也合不拢来，恨不得把这许多野鸡一个个吞下肚去。"值得一提的是，螃蟹死后会迅速变质，体内产生大量毒素，人误食后极易中毒，因此"吃死蟹"也被解读为贪得无厌到极点，连死蟹也不舍丢弃。胡朴安《上海俗语大辞典》："吃死蟹，言人贪念，无孔不入也。"

【捉死蟹】

活螃蟹很难捉，而死的螃蟹肯定手到擒来，直接捡拾就行。比喻做事按部就班，不知变通，不敢创新。落魄道人《常言道》第十三回："买腌鱼放生，不知死活。捉死蟹过日，岂无漏网？涉此境，风吹浪打。到此地，经风经浪。"

【软脚蟹】

指蟹肉不结实或者品质不太好的蟹。吴地有"秋风起，蟹脚痒"的谚语，是说进入了秋天，螃蟹经过多次蜕壳逐渐长成，蟹脚肉多且硬，可供食用了。人们在购买螃蟹时挑选好蟹的门道之一就是"捏蟹脚"，成熟的螃蟹肉质厚实，蟹脚较硬，如果捏得动，说明蟹肉太嫩或者品质不好。"软脚蟹"常用来比喻软弱无能、胆小怕事之人。

【无脚蟹】

螃蟹靠脚来横行，如果失去了脚，则寸步难行，只能任人宰割，因而用以比喻无法动弹的人或孤立无援、无依无靠的弱者。冯梦龙《醒世恒言》第三卷："你是个孤身女儿，无脚蟹。"也说成"无脚蟹图""无脚蟹肚肚"。弹词《合欢图》第三十六回："勿瞒你说，我是无脚蟹图，一干子来个。"弹词《林冲·野猪林》："兄弟脚坏，勿好走路，还好让他们搀扶搀扶，假使敲坏了他们的腿，我一个人弄了三个无脚蟹肚肚，我也吃勿消。""图""肚"即"陏"，方言同音，"陏"有底、蒂之义。胡文英《吴下方言考》卷七："陏（音惰上声），柿陏，即干柿也。"也写作"没脚蟹"。陆士谔《十尾龟》第十四回："我是个没脚蟹，那里去找帮手。"曹去晶《姑妄言》第十五回："他母亲是个没脚蟹，无门可告，真是苦恼。"

【螺蛳壳里做道场】

螺蛳是苏州常见的水生动物，不大，成年螺蛳长约3厘米。人们吃掉螺蛳肉后，将壳丢掉。螺蛳壳，比喻狭小的地方；做道场，旧时延请僧道做法事。徐珂《清稗类钞·苏州方言》："螺蛳壳中做道场，启建道场，必于广大之地，螺蛳则甚隘，喻地方之局促也。"指在狭窄的空间来做复杂的场面和事情，比喻做事绞尽脑汁、费尽心思。

【寻螺蛳羹饭吃】

螺蛳，极言小而有限。羹饭，祭祀祖先和亡者的饭食，用以指给活人吃的饭时，有戏谑或诅咒的意味。比喻零零碎碎地觅取财物。梁同书《直语补证》："螺蛳羹饭，猥鄙之食也。俗以人琐屑觅取财物，曰'寻螺蛳羹饭吃'。"

【螺蛳壳打泥墙】

王有光《吴下谚联》卷二："夫螺蛳非砖石材质，仅存其壳，质薄体空，但取轻便，打成一片泥墙，非不自夸崇墉。一遭风雨，索郎一声响，邻比共惊，即而视之，一堆螺蛳壳也。墙不知何往矣。"比喻不可能成功。落魄道人《常言道》第十六回："打几个急水里桩头，砌几垛螺蛳壳打墙。墨线弹弗准，倒会牵钻眼。"

【钉清捉螺蛳】

螺蛳常栖息于底土柔软、饵料丰富的湖泊、池塘、水田即河溪的底部，捉螺蛳肯定会泛起浑水。"钉清"就是澄清，故"钉清捉螺蛳"比喻过于一本正经。佚名《一片情》第十四回:"你若和同水面,大家混混。你若钉清捉螺蛳,我就说出你的故事来,连你也在这里安身不牢!"

【螺蛳脑里弯】

螺蛳有一个右旋的螺形外壳,呈圆锥形或塔圆锥形。用以比喻曲折的内情。金木散人《鼓掌绝尘》第九回:"诸进士那里晓得有个螺蛳脑里弯的缘故?"

【夹忙头里炒螺蛳】

夹忙头里,意为紧要关头、关键时刻。螺蛳,肉味鲜美,苏州人喜食,但外壳坚硬,烹制时须在油锅内炒热,炒螺蛳声响很大,十分闹杂。因以"夹忙头里炒螺蛳"来比喻在正常做某事的紧要关头,突然被另一件事打岔,使得本来就紧张的事情越加忙乱。夹忙头里,忙碌的时候。

此俗语当由"夹忙炒螺蛳"演变而来,而"夹忙炒螺蛳"实为"夹蚌炒螺蛳""蛤蚌炒螺蛳"之讹变。"夹蚌"即河蚌,因左右两片外壳相对且有钳夹功能,故称。大小不一、形状不同的蛤蜊、河蚌、螺蛳放在一锅内翻炒,且皆有外壳,十分混杂。张南庄《何典》第六回:"一日,那醋八姐忽然想吃起蛤蚌炒螺蛳来,买了些螺蛳蚌蚬,自己上灶,却教活死人烧火。"所以"蛤蚌炒螺蛳"形象地比喻把东西乱七八糟混在一起,杂乱无章,纠缠不清。佚名《金台全传》第五回:"那间有个叫张温吞,就温温吞吞说出几句温吞话来了,'你们勿要夹蚌炒螺蛳,这种事务勿是如此办法的'。"这里张温吞就是在指责众人胡搅蛮缠,导致无法辨明事情原委。苏州话中还有"夹蚌炒螺蛳——缠不清""夹蚌炒螺蛳——弗看场合"等歇后语。

【床底下摸蚌】

蚌生长在水中,到床底下摸,岂非摸错地方?比喻一心想不劳而获,不切实际地梦想。语出王有光《吴下谚联》卷三:"最妙者,当吾熟睡三竿,其蚌竟如蟋蟀,入吾床下。醒来不必抽身,止似一摸鱼儿,便是吾掌中物,呵呵!是为自在法门。"

【落汤虾】

汤,开水。掉进开水的虾岂有活路?比喻处境狼狈之人。弹词《十五贯》第三回:"犹如腹内肝肠断,翻身跌倒地尘埃,满地乱扒扒不起,滚来滚去象落汤虾。"

【虾荒蟹乱】

谓虾、蟹过多而成灾。旧时以为兵荒马乱和灾荒的预兆。傅肱《蟹谱·兵证》:"吴俗有虾荒蟹乱之语,盖取其被坚执锐,岁或暴至,则乡人用以为兵证也。"高德基《平江记事》:"大德丁未,吴中蟹厄如蝗,平田皆满,稻谷荡尽。吴谚有'虾荒蟹乱'之说,正谓此也。"

【虾夹夹蟹钳钳】

比喻不加选择地随意和人交往。朱瘦菊《歇浦潮》第三十二回:"试看一班公馆中的太太小姐们,有几个没有外遇,何况我们堂子出身的人?也是我们自己不喜欢虾夹夹蟹钳钳罢了。"

【笪箩大的水花,扫帚大的尾巴,捞起来一只糠虾】

河虾本已极小,而糠虾更是一种壳厚色黑的小虾。此谚语用以讽刺做事只讲究排场,不讲求实效的人。张国良著长篇评话《三国·群英会》第十九回:"曹操对他已经丧失了信心。心想,你老是'笪箩大的水花,扫帚大的尾巴,捞起来一只糠虾'。"或说成"栲栳大个水花,扇子大个尾巴,撩起来一只糠虾",也简单说成"蛮大个水花,撩起来一只糠虾"。

【菱角燥】

在江南除了"秋老虎"天气,每年中秋后,气温亦常有偏高现象,空气过于干燥,此时正是水红菱、馄饨菱、和尚菱、老乌菱等各种菱角上市之际,苏州人就将这种秋燥天气,称为"菱角燥"。

【七菱八落】

菱是一年生浮水水生草本植物,夏末秋初开花,一般在开花后一个月即可采收嫩菱,而再过一个月菱成熟老化时,萼片脱落,尖角出现,若不采摘,老菱会自动落水,沉入河底,待明年再次生长。民谚"七菱八落"指的就是菱角在农历七月成熟、八月落柄的现象。梁绍壬《两般秋雨盦随笔·菱落》:"菱角最易落,故谚曰'七菱八落'。前人以对'十榛九空',工切无比。"

【敲菱壳】

徐珂《清稗类钞·苏州方言》:"敲菱壳,喻房屋既售于人,再向需索也,与敲竹杠意同。"刘半农《瓦釜集》第十三歌:"我勿敲他菱壳末,也要找找价。"原注:"以地产卖于人,越若干时复要求加价曰找价;屡找不已,曰'敲菱壳'。"在使用中,不仅限于房屋买卖场合,也用来指其他情况下敲诈钱财。或写作"敲菱角"。孙家振《续海上繁华梦》三集第三回："醉月楼那里敲出来的菱角，已向惺惺处取出，作为开办费用。"

此外，此类俚词俗语还如："大鱼吃弗起，小鱼嫌腥气"，比喻做事挑精拣肥，什么也不愿意做；"打清水网"，比喻空手欺骗；"水统蟹"，指没有长足肉，体内充满水的螃蟹，比喻软弱无能者；"蟹手蟹脚"，意谓手脚不灵活，动作配合不协调，像蟹脚有伸有缩一样，样子难看；"一蟹弗如一蟹"，比喻一个不如一个，越来越差；"一蟹吃一蟹"，用来形容一物降一物，互相钳制；"小洞里爬出大蟹来"，比喻小地方也能出大人物；"虾有虾路，蟹有蟹路"，说的是每个人都有自己的生存方式，各有各的解决问题的方法和途径，不必盲目相信别人；"逃走鳗鲡臂膊粗"，比喻失去的事物总是特别美好；"一个螺蛳顶个壳"，说的是人人都有自己要干的事，人手紧；"鳝洞里赤链蛇——阴险"；"三只指头扪田螺——稳拿"；"荷叶包弗住菱角——迟早要戳穿"；等等。

三、其他

渔民在渔业生产中创作的渔谣、渔谚体现了渔业经济的真实状况。捕鱼必须把握鱼汛，开捕、休渔的合适时间都需要丰富的实践经验才能作出准确判断。关于鱼汛的谣谚有"七月七，梅鲚齐""蟹多少，看水草，菊花黄，蟹肥壮""秋风起，蟹脚痒""蟹立冬，影无踪"等。也有渔民对各类鱼的特性的把握，如"梅鲚头上七道篷"是说其游速之快，因此捕捉梅鲚鱼也要扯足风帆全速前进。渔民在长期的捕捞实践中总结出很多经验，如"农民牵三日三夜砻，弗及渔民一枷风""春宵一刻值千金，一网鱼虾一网银""顺风张，鱼满仓"，等等。也有反映渔民生活困苦的谚语和歌谣，如"冰有寸把厚，赤脚上船头""橹银头摇得雪雪亮，到老无件新衣裳""天是棺材盖，地是棺材底，太湖八百里，摇来摇去还在棺材里""太湖茫茫跨九州，竹叶小船无路走，亲爷亲娘眼泪流，我唱山歌解解愁"，等等。这些歌谣语言通俗，尽管没有诗歌典雅，但却是渔民生活忠实、率真和自发的表现形式，具有浓郁的乡土气息和渔乡特色。

源远流长的渔文化在苏州众多的地名中也被折射出来。水是渔业经济发展的重要物质基础，与水有关的地名遍布城乡。如：浦，水边或河流入江海之处，以浦命名的有胜浦、浦庄、张浦等。泽，聚水的洼地，以泽命名的有盛泽、震泽等。泾，沟渠，以泾命名的有璜泾、北河泾、横泾等。塘，沿河的堤岸，以塘命名的有横塘、渭塘、支塘、斜塘、跨塘等。有以溪命名的，如越溪、沙溪、锦溪等。有以浜命名的，如沙家浜、董浜等。有些镇直接以湖命名，如镇湖、汾湖、尚湖、临湖、淀山湖等。还有浏河、木渎、陆渡、白洋湾、东渚、张家港等。在水陆相交处，都建造了桥梁，有以桥命名的，如枫桥、浮桥等。而市镇内的街巷里弄及村庄以塘、河、港、浜、湾、池、濠、荡为地名的，更是比比皆是。从这些与水有关的地名中，不难想见渔文化根基的深厚。

第三节 养殖业

在苏州地区,由于地理环境的影响,养殖业基本不存在牲畜饲牧的方式,虽然一般的农区畜禽饲养历史都很悠久,但养殖历史最悠久、规模最大、最富地方特色的产业当数养蚕业。

一、养蚕业

苏州不仅是"鱼米之乡",也是"丝绸之府"。它地处太湖流域,气候温暖湿润,适桑宜蚕,这一带的农村中较早地形成了种桑养蚕的习俗。苏州周边地区的考古发掘均能证实苏州历来就是我国蚕桑丝绸的重要基地。在吴江梅堰曾出土带有丝绞花纹和蚕形纹的黑陶,经鉴定它们的历史在4 000年以上。在距今6 000多年的唯亭草鞋山文化遗址中出土了已炭化的纬花绞纱罗织物,以及陶制纺轮、骨制梭形器、木制绞纱棒等纺织工具和缝纫工具。4 000多年前,人类从驯化家蚕,进而开始了养蚕、缫丝、织绸的原始生产。相传到春秋苏州成为吴国的国都时,这里的丝织品种类多样,生产制造已具规模。吴国国势渐盛,吴王在苏州城里设织里,辟锦帆泾。据《左传·襄公二十九年》记载,吴国公子季札"聘于郑,见子产,如旧相识,与之缟带",季札把吴国地产的素色生绢织品"缟带"当作重礼赠与郑相国子产。到三国东吴时期,江东丝绸业进一步发展,陈寿《三国志·华覈传》称当时吴国普通的"兵民之家""出有绫绮之服"。又据《三国志·孙权传》记载,在赤乌三年春正月,孙权曾下诏:"当农桑时,以役事扰民者,举正以闻。"可见,孙权高度重视国家的桑蚕生产。西晋左思在《吴都赋》中曾云"乡贡八蚕之绵",一年内可以育蚕并收获八次,说明吴都的植桑养蚕技术先进,桑蚕生产已经具有相当规模,并在经济中占有重要地位。舍人亲王《日本书纪》卷十记载,在应神天皇三十七年(399)"遣阿知使主、都加使主于吴，令求缝工女……吴王于是与工女兄媛、弟媛、吴织、穴织四妇女"，并载在应神天皇四十一年（403），四名江南缝织女工到达日本，在各地传授技艺。可见，东晋时吴地的丝绸技术已开始传向国外。据范成大《吴郡志·土贡》，在唐时吴地所贡丝织品质地精良，种类繁多，有丝绵、八蚕丝、绯绫布、红纶巾、丝布、朱绫、丝绢、绫绢、乌眼绫衫、段罗等多种。晚唐罗隐的《市赋》中有"蜀桑万亩，吴蚕万机"之语，给我们描绘了当时吴蜀两地蚕桑纺织业的盛况。宋元时代，随着皇室的南渡和全国经济中心的南移，苏州的丝绸业开始进入一个崭新的繁荣时期，苏州丝绸中的典型产品宋锦盛行一时，其织造技艺一直流传到今天。20世纪50年代中叶和70年代末，在虎丘塔和瑞光塔内，先后发现北宋和五代的经卷，其包覆物和经卷缥头，均为不同色泽和花纹的绢、绫和锦等织物。嘉靖《吴邑志·土产物货谷菽蔬果上》载："绫锦纻丝纱罗绸绢，皆出郡城机房，产兼两邑而东城为盛，比屋皆工织作。"乾隆《长洲县志·物产》也载，苏州"织作在东城，比户习织，专其业者不啻万家"。到了明清时期，不仅苏州古城内丝绸业一派繁华，周边的农村也相继形成了盛泽、震泽等丝绸集市。乾隆《吴江县志·镇市村》称盛泽在"明初以村名，居民止五六十家，嘉靖间倍之，以绫绸为业，始称为市"，而到乾隆时"居民百倍于昔，绫绸之聚亦且十倍。四方大贾辇金至者无虚日……盖其繁阜喧盛，实为邑中诸镇之第一"。正如费孝通为盛泽丝绸市场题写的赞词那样，明清苏州丝绸业呈现出"日出万绸，衣被天下"的盛况。苏州成了名副其实的"丝绸之府"，同时也为苏州的刺绣、戏衣、服装、制扇行业提供了优质的原料，带动了其他吴门技艺的发达、繁荣。清末民初，由于受西方工业革命的影响，几千年来苏州传统的蚕桑丝绸业生产受到极大的冲击，最终传统土丝业彻底退出市场，苏州的蚕桑丝绸业从此进入近代工业的发展时代。

丝织手工业的繁荣以种桑养蚕业为基础。宋元以来，在北方大规模弃桑植棉的进程中，太湖流域地势低洼，土壤黏重，不利植棉而有利种桑，种桑养蚕甚至比种稻米收益高，这促使农民选择种桑养蚕作为谋生途径。明清诗人所写的"只种桑麻不种花""柔桑蚕户同""十里桑麻迷客路""桑柘重重映绿门"等诗句展示了苏州境内郁郁葱葱、桑麻蔽野的图景。乾隆《吴江县志·物产》云："春夏之交，绿阴弥望，通计一邑，无虑（桑）数十万株云。"苏州农村"桑柘遍野,无人不习蚕",女未及笄,即习育蚕。女儿出阁,更把技艺带到婆家。因之,苏州周边农村重男轻女观念要比其他地区淡薄。饲养家蚕,有"头蚕"和"二蚕"两个季节,即春蚕和夏蚕。春蚕季节称作"上忙",稻作季节称作"下忙",蚕稻两作对于农民而言都至关重要,民间有"春茧半年粮"之说。谚语"蚕箔落地,有钱栽秧"同样说的是蚕稻两作相连,而鬻绸卖丝所得是稻作的农本,农民们不仅把蚕稻等量齐观,甚或养蚕犹过种稻,"蚕事胜耕田"。苏州人称蚕为"蚕宝宝",或直接叫"宝宝",一般不单称"蚕",这一爱称也足见蚕农对养蚕的重视。

　　苏州民间有许多养蚕习俗。开始养蚕,蚕妇们要在蚕房门上插上桃枝,或在大门上贴上马明皇像(相传是蚕的保护神)以避邪。清顾禄《清嘉录》云:"三四月为蚕月。红纸黏门,不相往来,多所禁忌。"蚕妇鬓边插上红纸花或绢花,以增添蚕期气氛,称为"戴蚕花";或在蚕筐里放一朵玫瑰之类的红花。因幼蚕也叫"蚕花",故蚕花是养蚕人家的标识,也是吉利的象征。过去蚕农把丰收的希望寄托在神灵身上,要拜蚕神,以祈求神灵保佑蚕事顺利。吴江盛泽有先蚕祠遗址,当地人称之为"蚕花殿"。养蚕过程中有许多规矩,陌生人不得进蚕房,停止探亲访友,甚至连官府也尊重这些规矩,暂停到蚕农家征讨赋税。乾隆《盛湖志·风俗》记载,蚕月"乡村各家闭户,官府停征收,里闾往来庆吊皆罢,谓之'蚕关门'"。养蚕之事又称"看蚕",期间须倍加看护。蚕房附近不准割草、不准春捣谷米、不准敲门窗;蚕房内不准有污秽、不准有烟酒味、不准油漆等;蚕房还不能当日临风、不能有西晒日照,这些做法都是为了防止空气污染、防止蚕病传染蔓延,让蚕房保持洁净和适宜的温度湿度。所有这些规矩以蚕事禁忌的形式表现出来,其实是养蚕的宝贵经验总结。

　　养蚕期间,还有许多与蚕病有关的禁忌语言。如:不说"死",这是语言大忌,死蚕只能偷偷捡掉;不能说"姜",因联想到僵蚕;忌说"油",避油蚕之嫌;盐叫"咸塌塌"或"咸头"、糖叫"甜头"、酱油叫"黑塌塌",这些都与烂死病有关,所以也忌"腐",吃豆腐叫"吃白肉",等等。

　　养蚕纺织有许多农谚,如:"清明获种,谷雨担蚕""谷雨三朝蚕白头""小满见新丝""小满动三车(指油车、水车、丝车)"等,都是指养蚕的节气特征。清明获种,即清明前孵蚕蚁。蚕农把蚕种焐在胸口,靠体温使之孵化,故称"暖种",也称"窝种"。不过,暖种、照料幼蚕是极辛苦的事,顾禄《清嘉录》载:"或有畏护种、出火辛苦,往往于立夏后,买现成三眠蚕于湖以南之诸乡村。谚云'立夏三朝开蚕党'。"即开船至太湖南去购买现成的成蚕。一般清明一过,蚕事就开始了,所以清明时桑叶的长势是蚕农关心的事,有谚语"清明一粒谷,看蚕娘娘朝俚哭;清明雀口,看蚕娘娘拍手",说的是清明时节如果桑叶才发芽,只有谷粒那般大,蚕农就要急哭;如果桑叶有"雀口"那么大,则预示长势良好,蚕农当然高兴得拍手。民间还有"官船要让叶船"之说,说的是桑叶供应对养蚕的重要性。而谚语"呒骨头的虫,吃得下三间房""呒不牙齿,吃脱三间房子"则说的是蚕农甚至卖房典地来采买桑叶。"纺车头上出黄金"则告诉人们只要辛勤劳动就可以致富。"吃仔桑叶吐弗出丝来"比喻得了好处却拿不出成果。还有民歌云:"做天难做四月天,蚕要温和麦要寒。种菜哥儿要落雨,采桑娘子要晴干。"唱的是四月之际,正值麦秀时节,有经验的农民都知道:麦宜寒,蚕宜温,而油菜宜雨,而此时江南天气忽寒乍暖,晴雨不定,农民们只能倍加辛劳,故而"四月里来养蚕忙,酒酿再甜无人尝"。也有歇后语"隔年蚕做茧——无新丝(心思)"。

蚕一生要蜕四次皮,依次是头眠(眠指蚕在蜕皮时不吃也不动的状态)、二眠、三眠(三眠又叫"出火",即蚕房内撤去火盆)、大眠(不说"四眠",因"四"与"死"音近),然后是"上山",即蚕爬上稻草扎成的"蔟"上吐丝结茧。三眠时,蚕农把眠蚕捉来称重,蚕茧结成后再称一次,看能收到几分"蚕花",如一斤蚕收到二斤茧叫"二分",收到三斤叫"三分",能收到"十分蚕花"以上者,已是养蚕能手了,而二十四分是蚕农希望的最高数字,所以蚕农们采桑叶时会互道"廿四分蚕花",以祝吉利。

蚕结茧后,家家门户洞开,乡间邻里恢复串门,称为"蚕开门"。此时种田大忙还未到,而蚕茧收成已有一定把握,因此有一系列庆祝风俗。亲朋好友携礼走访,互相探望,预祝蚕花丰收,俗谓之"望山头"。特别是女儿出嫁后的第一个养蚕季,父母一定要携礼前去,看看女儿能收到几分蚕花。而亲友来访,蚕农要办酒招待,称之为"饮落山酒"。乾隆《吴江县志·风俗一》载:"七日而采茧为落山矣,方其初收也,亲宾俱绝往来。及落山,乃具牲醴飨神,而速亲宾以观之,名'落山酒'。"蚕茧丰收,还有

"敲蚕花鼓"活动,以酬谢蚕神。

在蚕乡,养蚕已与人们的生活习俗紧密相连。如嫁女时,嫁妆上要系上一缕红丝绵,带上两枝桑树苗。婚后第二天,新娘要"扫蚕花地"。蚕三眠后,要用米粉做汤圆,叫作"蚕圆",供奉蚕花娘娘。丧俗中也有"扯蚕花""盘蚕花"一类的仪式。

不可否认,蚕桑生产习俗中也夹杂着一些迷信色彩,随着植桑养蚕科学知识的普及,迷信的做法自然会淘汰。

历史上苏州地区蚕桑丝绸业的发展和繁荣,对苏州城市和社会的发展产生了很大的影响。仅就地名而言,据苏州丝绸博物馆2003年的调查,在苏州市区还保留有28处与古代丝绸生产有关的地名。其中,较早的要数织里,织里相传是春秋时吴王所设织造锦绸的场所,范成大《吴郡志·考证》记载:"织里桥,今讹为吉利桥。"遗址就在司前街北的吉利桥附近。其他有关的新旧地名,如:北局、巾子巷、孙织纱巷、打线弄、桑园巷、新罗巷、锦帆路、养蚕里、蚕丝弄、蚕桑地、桑叶巷、桑园里,等等。

二、畜禽养殖

苏州的畜禽养殖业生产同样历史悠久,最早可追溯到春秋战国时期。经过2 500多年的自然淘汰和人工保育,保存下来的地方畜禽品种具有优质特性。目前苏州保有的地方畜禽品种比较丰富,国家级地方畜禽遗传资源品种有太湖猪、湖羊、鹿苑鸡和太湖鹅,省级地方畜禽遗传资源品种有娄门鸭和昆山麻鸭等。

苏州作为水网城市,市内外河湖连通,为保障生态环境的质量与安全,前些年政府对于环境污染型产业以关停政策为主,畜禽养殖业规模逐年降低。近年来,苏州对规模化养殖场扶持力度有所提升,也加大了畜禽养殖业的治理力度。在综合整治中,关停了养殖效益低、生产设施差、环境污染严重的一些小型养殖场。目前,苏州畜禽养殖业已基本实现由千家万户饲养向规模化生产的转变,并且大中型养殖场规模逐渐提升。随之,畜产品加工业也得到发展,具有较强竞争力的特色品牌主要有:"苏太"猪肉、藏书羊肉、常熟叫花鸡、太仓肉松、昆山万三酥蹄、八坼咸鸭蛋等。

家畜、家禽与人们的关系非常密切,长期以来,形成了不少与之相关的俚词俗语、谚语和歇后语。

【牛㹀马跔】

㹀，牛不听使唤，违拗。胡文英《吴下方言考》卷九："㹀，牛倔强不行也。吴中谓牛倔强而去曰'㹀'。小儿发悖而去亦曰'㹀'。"丁度等《集韵》去声霰韵轻甸切："㹀，《博雅》'佷也'。"顾野王《玉篇·人部》："佷，戾也，本作'很'。"许慎《说文·彳部》："很，不听从也。一曰行难也。"跔，马腿跛，行动不便。许慎《说文·足部》："跔，曲胫马也。"牛㹀马跔，在方言中常引申指人不听使唤，行动拖拉迟缓，有时也引申表示做事费时费力，勉强完成。

【揿牛头吃草】

揿，按，压。比喻强迫某人做事。落魄道人《常言道》第十回："牯牛身上拔根毛，本来易事，此牛一毛不拔；揿牛豆（头）不肯吃草，原难勉强，此牛不吃好草。"天然痴叟《石点头》第十四卷："众友不道文子一诺无辞，一发不忿，毕竟揿牛头吃不得草，无可奈何。"

【六月里冻杀绵羊】

喻说来话长。六月天一般不可能冻死羊，更何况是毛深秾缛的绵羊，其中必有原因。王有光《吴下谚联》卷四作"六月内冻杀湖羊，话也情长"（湖羊，绵羊的一种）："羊有温毛，故剪之。剪之多于六月，诚虑其冻也。而冻即因此。盖六月中疾风暴雨，固所时有……羊甫被剪，踯躅铤走，奔避莫及，通体尽鞯，毫无遮盖，中寒而毙，往往有之。"确实此事复杂，不是三言两语就能说清。弹词《珍珠塔》第十三回："（问白）啥事体到间檣襄阳来杀？（答白）故件事叫做六月里冻杀了绵羊，说也话长。"同时，此谚语反映的是生活经验，也告诫大家凡事要考虑周全。

【牛吃粪浇，羊吃火烧】

指草经牛吃后生长茂盛，经羊吃后就枯萎。这种说法由来已久，明朝博物著作《蠡海集》与郎瑛的《七修类稿》等古书均有记载，认为这种现象和阴阳五行有关。牛属土，土能生养万物；而羊属金，金主杀伐，牛和羊禀性相反，因而它们的口水对草木也有生和杀的区别，此种说法未免牵强。王有光《吴下谚联》卷二曰："牛效犁锄灌溉，一切禾麻菽麦，叨牛之功……若乃羊，平时一无功于种作。"因此植物对牛羊啖之的反应也截然不同，这种解释则过于唯心。其实，农人在长期养殖和放牧牛羊的过程中发现，牛和羊产生的粪便大不相同。牛的粪便可以帮助土地增加营养，使土地变得肥沃，因此"牛吃如粪浇"。而羊的粪便比较干燥，会吸收土壤的水分，土地的含水量不足，不利于草木生长。正因为这样，百姓在使用羊粪时，会及时灌溉土地，这样才能保证土地肥沃。否则，土壤会越来越旱，于是就有了"羊吃火烧"的说法。

【白狗赶羊骗里】

骗，群，伙伴。白狗比喻害群之马。隐指对集体造成危害。王有光《吴下谚联》卷一："羊食草，狗食屎，岂可入骗？奈有一种白狗，易于混杂……狗一挨进，始则慕羊而入群，渐且噬羊而败群。"此语反映了物以类聚的生活经验，否则可能吉凶难卜。

【羊去吃草鹅去赶】

王有光《吴下谚联》卷二："羊与鹅皆善食草，羊吃于前，鹅赶于后，鹅羊相继，而草危矣。鹅见羊之先己而吃也，必求过乎羊；羊见鹅将夺己之草也，且放量而吃，鹅羊相忌，而草益危矣。于是鹅专食草，何暇以赶羊为事；羊知鹅意，亦不以赶己为虞，鹅羊相济，而草之为草，不至于濯濯不止也。"羊在前，鹅随后，表面看似乎在赶羊，其实各自吃草。比喻目的相同，但各自进行，互不干扰。此语表达的是利益相关的双方须和平相处的人生哲理。

【扁毛众生】

众生，原指一切有生命的东西，也专指人和动物。《礼记·祭义》："众生必死，死必归土。"因人是万物之长，与其他动物有别，所以后来"众生"一词含义窄化，专指畜生。乾隆《长洲县志·风俗》："六畜总曰众（平声）生。"韩邦庆《海上花列传》第二十回："比及硬撑起来，那猫已一跳窜去。漱芳切齿骂道，'短命众生，敲杀俚'。"蘧园《负曝闲谈》第十七回："媛媛道'耐格种人呀……'又用手指头指着子文道'真正是只众生'。"俗以为禽鸟的羽毛不似畜类的毛竖起，故称禽鸟为"扁毛众生"，鸡鸭鹅等有羽家禽皆可称"扁毛众生"。张南庄《何典》第十回："只见阶前一个拽马鬼，牵只异兽，生得身高六尺，有头无尾，周身毛羽，像是扁毛众生，却又四脚着实。"吴歌《五姑娘·开笼放鸟》："水面上野鸭双双、双双野鸭配成对，配对格扁毛众牲追来逐去多自在。"

【哺退】

哺，孵，孵化。顾张思《土风录》卷六："老母鸡抱鸡子曰哺鸡。"翟灏《通俗编·禽鱼》："衢州民家，里胥至督租，无以为餐，只有哺鸡一只，拟烹之……按，闾里有以'鸡讨哺'之字问者，愚据文谓即此'哺'字。"母鸡欲孵小鸡的生理反应称"讨哺"。孵不出幼雏的蛋称"哺退蛋"，实则是坏掉的蛋，故有歇后语"二十一天孵不出鸡——坏蛋"，而民间为求雅求吉，又称"喜蛋"。"哺退"也隐喻失去权势。张南庄《何典》第九回："他们不过是哺退乡绅，怎敢日清日白便把人打死？"潘慎注："哺退乡绅，没有权势的富人。"

【黄狼躲在鸡棚浪】

黄狼，即黄鼠狼。躲，多指鸟类停在某物上，这里指动物停留在高处。黄鼠狼爬到鸡窝上，不偷也是偷。比喻即使没做坏事，也会被怀疑做坏事。徐珂《清稗类钞·苏州方言》："黄狼躲在鸡棚浪，畜鸡之具为棚，黄狼既至鸡棚，自必就而食之，喻事之不做不休也。浪即上。"王有光《吴下谚联》卷一作"黄狼踞鸡棚上"，踞，爬到高处。

【鸭孵卵】

比喻人不学无术，不懂装懂，言行可笑。还有"鸭孵卵冒充金刚钻"一语，说的就是明明不行，还冒充高手装作很行的样子。鱼米之乡，不仅养鸡，也多养鸭。老母鸡能孵小鸡，但家鸭经过长期的人工选育已经退化，失去了孵蛋的本能。从前要养小鸭，就让母鸡代孵，或者是专门的孵坊人工孵化。所以，鸭子孵卵，那就是不懂装懂，无能而逞能了。

【鸭屎臭】

做了丢脸、不光彩的事，可称"鸭屎臭"。漱六山房《九尾龟》第一百四回："耐自家勿要面孔！拉牢仔客人勿放，再要说别人鸭屎臭！"也可指把事情搞砸，难以处理，或闹矛盾，闹别扭。二春居士《海天鸿雪记》第十回："唔笃嫁人难，倪讨人也勿容易。我说总要脾气对末第一，勿然末弄到后首来鸭屎臭。"也指言行出格。评话《包公·包拯击宫门》："戆胚李义对张龙说，格根打皇鞭，倷就送拨我吧，俚弄弄就要鸭屎臭。"

禽畜的粪便总是臭的，为什么独独说鸭屎臭？因为水乡饲养鸭子（一般都是水鸭）很普遍。由于鸭子在水里寻觅食物，吞进的水肯定比其他家禽、家畜多，鸭屎含水量高，非常稀薄。而鸭子又是奔跑着拉屎的，速度快，拉的屎又稀薄，撒下的面积较大，故而臭屎四溅，臭味也浓。加之鸭子喜食水里的小鱼、小虾、螺蛳等"荤腥"活物，这些食物经消化后，粪便比"素菜"渣留下的粪便气味要恶臭得多。不过，徐珂《清稗类钞·上海方言》提出另一种解释："或谓鸭矢臭，乃'阿是丑'之谐声，其说颇能与假借之义相吻合，亦一别解也。""阿是丑"即问人"是不是丑"，也就是出丑丢脸的意思。

【鸭背上水——有来有去】

因鸭子背上的毛有油脂，水到鸭背上就滚下来了，但鸭子常在水里游，所以水滚落马上又有。比喻钱财等去了还来。张南庄《何典》第三回："老话头，铜钱银子是人身上的垢，鸭背上的水，去了又来。"

【鸭吃砻糠鸡吃谷,各人头上各人福】

指人生在世该享什么样的福，是命中注定的。金声伯口述《白玉堂·义归开封府》："老三，'鸭吃砻糠鸡吃谷，各人头上各人福。'我蒋平何尝不想争这个功劳？可是我蒋平自病自得知，凭着这块料就能逮住花冲了吗？"也说成"鸭吃田螺鸡吃谷"。龙公《江左十年目睹记》第十回："这也用不着发牢骚，'鸭吃田螺鸡吃谷，各自修来的福'，究竟讲实际，是要能受听讲者欢迎的，方为真有光采。"也说成"牛吃稻柴鸭吃谷"，表达的意思相同。

【白乌龟】

指白鹅。"龟"发音如"居"，是古音遗存。但白鹅为何吴语中称"白乌龟"，历来众说纷纭。一说鹅行动起来颇似乌龟，但鹅是鸿雁驯化，属鸭科，素食，乌龟是爬行动物，属龟科，肉食；且外形上，鹅与乌龟相差甚大。此说不可信。一说"白乌龟"之称是把鹅与鸬鹚相比附而得。杜甫《戏作俳谐体遣闷》诗有"家家养乌鬼，顿顿食黄鱼"句，沈括《梦溪笔谈·艺文三》云："克（刘克）乃按《夔州图经》，称峡中人谓鸬鹚为乌鬼。"鸬鹚帮渔民捉鱼，而鹅帮着看家，见陌生人会叫唤。二者外形也相似，鸬鹚黑色，既称"乌鬼"，故白鹅就称"白乌龟"。然而，把鸬鹚称为"乌鬼"，盖巴蜀楚地习俗，江南人唤鸬鹚为"水老鸦"，所以，此说似也不足为凭。又有一说，吴语"鹅""我"同音，"杀鹅"听起来像"杀我"，因忌讳而改称"白乌龟"。但此说也只点到"我""鹅"之讳，仍然没能解释为什么把鹅叫作"白乌龟"而不是别的。

与畜禽相关的谚语，还如"猪困长肉，人困卖屋"，指人若像猪一样贪吃懒做，必定败家败业；"鸡来讨债鸭来愁"，比喻讨债者气势汹汹，接踵而至；"雌鸡雄鸭短头布"，喻给予者吝啬，而受之者犹辱；"鹅食盆里鸭插嘴"，比喻手伸得太长，侵犯他人利益；"羊头上抓抓，狗头上拉拉"，比喻不专注做好某一件事，东游西荡，结果什么事情都没有做好；"眼睛一霎，老孵鸡变鸭"，形容变化速度之快。还有歇后语，如"鸭吃砻糠——空欢喜"，形容不明真相之人上了空口许诺者的当，空欢喜一场；"鸭吃螺蛳——囫囵吞"；"羊妈妈千跟斗——角（各）别"，羊妈妈指山羊，千跟斗就是翻跟斗，角别是指角被卡住或折断，苏州话"各"与"角"谐音，此语用以指某人打扮或生活处事方式与众不同。

第四节　种植业

苏州地处江南，气候温润，四季分明，雨量充沛，河网交错，这样的自然条件使得这里植物繁茂，果树多样，花事滋荣。果树种植是苏州农业传统产业之一，诸多具有地方特色的果品都是驰名国内外的名优产品。而茶、果间种是苏州茶树种植的特色，吴中东西洞庭山出产的碧螺春茶是中国十大名茶之一。苏州花卉栽培历史悠久，是全国有名的"花木之乡"，早在明清时期虎丘山塘一带就以花业而闻名。在中国的盆景中，苏州也是起源较早、发展较快的地区，苏派盆景构思精细，取法自然，极富艺术情趣。

一、果树

吴中区是苏州果树最集中的栽培区，其中洞庭东西山以太湖山水优美、果树资源丰富、效益较高而闻名。苏州栽培的果树种类有20多种，其中白沙枇杷、乌紫杨梅、洞庭红橘等是苏州著名的优质农产品名片。枇杷因其果肉柔软多汁，味道甜美，被誉为"果中之王"，西山青种、东山白玉、东山白沙都是佳品。洞庭东西山都产杨梅，"夏至杨梅半山红"，相比较而言，东山的杨梅普遍优于西山，东山杨梅的极品就是乌紫杨梅。洞庭枣子也久负盛名，不过实际栽植并不多，多与其他果树混植，以白蒲枣、马眼枣为佳。东山桃子不是水蜜桃，却比水蜜桃更有清脆的口感。东西山的石榴，个大皮薄，浆果饱满，味道甘甜爽口。老苏州人都视石榴为吉祥物，象征多子多福。金友理《太湖备考·物产》说："栗，出东西两山，东山西坞者尤佳。"不过，洞庭西山的"九家种板栗"是现今更为著名的优质品种。东西山栗子肉都呈淡黄色，故有"蛋黄板栗"之称。白果，是银杏树的果实，苏州是全国产白果的大户，产地也主要集中在洞庭东西山。李时珍《本草纲目·柑》记载："洞庭柑，种出洞庭山，皮细味美，其熟最早也。"洞庭红橘皮红瓤黄、汁多味美。果树产业为苏州市场提供了优质的果品，而栽培区优美的生态，也为市民来太湖休闲度假以及农业旅游提供了重要的内容和环境。

果树种植在当地语言中也留下了自己的身影，产生了一些富有特色的口语词和俗语。

【黄落】

靠不住，不可靠。徐珂《清稗类钞·苏州方言》："黄落，谓事之终成画饼，如木叶之黄落也。"这个词体现了苏州人说话含蓄文雅。亦引申指事情办不成，计划好的事情无法实现。苏州人说"该桩事体么黄落哉"，就是说"这事儿黄了"。也有写同音字"黄陆"的，如俞达《青楼梦》第五十三回："挹香就在本城请黄陆两医，医而姓黄姓陆，可见其医亦必黄陆矣。"

【枇杷叶面孔】

枇杷叶革质，长椭圆形，其正面光滑碧绿，反面则粗糙多毛，故用枇杷叶比喻人的面孔，意为翻脸不认人，苏州人常说"枇杷叶面孔，翻转来就毛"或"翻转枇杷叶"。张国良著长篇评话《三国·草船借箭》第六回："他是枇杷叶面孔，毛得很，一旦他恼羞成怒，那就收不了场了。"另，因枇杷叶边缘有疏锯齿，摸着刺人，也常以"枇杷叶"喻指讽刺、挖苦人。

【白果眼】

指白眼或鼓出的眼睛，似白果而得名。冯梦龙《挂枝儿·假相思》："齇鼻头吹了个清清的箫韵，白果眼儿把秋波来卖俏。"

在长期的果树苗木种植实践中，农民们也总结了不少谚语，有些谚语折射出深刻的人生哲理，具有极强的教育功能。如："吃仔橘子，弗好忘记洞庭"，比喻饮水思源，不能忘本；或告诫人们知恩要图报。"不结子花休要种"，以开花结果比喻收获，没有收获的劳动，自然没有意义。"有意种花花不发"，告诫人们不要有执念，放下功利心，顺其自然，凡事不可强求。

二、茶树

这里，还不得不提一下苏州的茶，苏州是享有盛名的古茶区之一。民国《吴县志·物产二》载:"茶,出吴县西山,以谷雨前采焙极细者为贵……宋时洞庭茶尝入贡,水月院僧所制尤美,号'水月茶',载《图经续记》。近时,东山有一种名碧螺春,最佳,俗呼'吓杀人香',味殊绝,人矜贵之,然所产无多,市者多伪。又虎邱金粟山房旧产茶叶,微带黑,不甚苍翠,点之,色白如玉,而作豌豆香,性不能耐久,宋人呼为'白云茶',明时有司用馈大吏,骚扰不堪,守僧剃除殆尽。"由此可知,在碧螺春名声显赫之前,苏州还有水月茶、白云茶等名茶。但是,因权势者频繁索茶,虎丘寺僧不堪重负,为求永久清静砍光了茶树,从此虎丘白云茶泯灭于世间。

洞庭碧螺春生长环境独特,茶树与果树相间相邻,茶树往往和梅、橘、桃、李、柿、白果、石榴等果木交错种植,它们枝丫相连,根脉相通,茶吸果香,花窨茶味,所以碧螺春茶具有特殊的花香果味。据记载,碧螺春茶迄今已有千余年历史,原名"吓杀人香",传说清康熙皇帝南巡苏州时赐名为"碧螺春"。

【吓杀人香】

指苏州名茶碧螺春。顾禄《清嘉录》引王应奎《柳南随笔》云:"洞庭东山碧螺峰石壁,产野茶数株……康熙某年,按候采者如故,而其叶较多,筐不胜贮,因置怀间,茶得热气,异香忽发,采茶者争呼'吓杀人香'。'吓杀人'者,吴中方言也,因遂以名是茶云……康熙己卯,车驾南巡,幸太湖,巡抚宋荦购此茶以进。上以其名不雅驯,题之曰'碧螺春'。"从此碧螺春年年进贡,也名扬四海,成为中国名茶珍品。

【不迁】

指茶树。郎瑛《七修类稿·未见得吃茶》曰:"种茶下子,不可移植,移植则不复生也,故女子受聘谓之吃茶。又聘以茶为礼者,见其从一之义。"曹廷栋的《种茶子歌》:"百凡卉木移根种,独有茶树宜种子。茁芽安土不耐迁,天生胶固性如此。"古时人们认为茶树不宜移栽,这应该是个误解,主要还是由于种茶技术水平的限制。但这一误解却使茶具有了"从一"的象征意味,也使茶叶成了联姻定亲之物。我国各地婚礼中,尤其在南方产茶地区,都有应用茶叶的习俗。苏州人定亲时,茶叶是最重要的礼品之一,因之,定亲礼又称"茶定",男子向女子求婚的聘礼,称"下茶"或"定茶",而女方受聘茶礼,则称"受茶"或"吃茶"。如女子再受聘他人,"吃两家茶",则为世俗所不齿,故民间还有"一家不吃两家茶"之说。

三、花卉

苏州人素有种花、爱花的习俗。普通人家的院落里,往往砌有花坛,置着花盆。苏州的种花业,相传从宋代的虎丘开始兴起。据乾隆《元和县志·风俗》云:"虎邱人善以盘松、古梅、时花、嘉卉植之磁盆,为几案之玩,一花一木皆有可观。人家苑囿中有欲栽培花果,编葺竹屏草篱者,非其人不为工。相传宋朱勔以花石纲误国,子孙屏斥,不与四民之列,因业种花,今其遗风也。"明清时期,虎丘一带的百姓不事耕田纺织,以种花为生,更是蔚成风习。顾禄《桐桥倚棹录》记载,花农们种花养花后,就拿到附近山塘街集市售卖,形成了独具特色的花市。如今,苏州城区较大的花市有苏南花卉交易中心、艺都古玩花鸟市场、皮市街花鸟市场、养育巷花店等,周边还有吴中区藏书花卉苗木市场、甪直东方花博园、胥口采香泾花木市场、通安虹越园艺家以及位于吴江区平望的苏州玫瑰园花卉市场等。

【百花生日】

百花生日在农历二月,具体日子各地略有不同,苏州民间是在二月十二日。顾禄《清嘉录》:"十二日为百花生日,闺中女郎剪五色彩缯,黏花枝上,谓之'赏红'。虎丘花神庙,击牲献乐,以祝仙诞,谓之'花朝'。"蔡云有《吴歈》诗:"百花生日是良辰,未到花朝一半春。红紫万千披锦绣,尚劳点缀贺花神。"即吟咏了当时人们给花树赏红、贺花神生日的习俗。

明清时期,在山塘虎丘一带形成了独特而浓郁的花神崇拜。据顾禄《桐桥倚棹录》、顾震涛《吴门表隐》记载,苏州先后建起了多座花神庙,最有名的一座即虎丘花神庙。《桐桥倚棹录》卷三所引《花神庙记》云:"乾隆庚子春,高宗南巡……郡人陈维秀善植花木,得众卉性,乃仿燕京窨窨熏花法为之,花乃大盛。"后乾隆第六次下江南时,陈维秀的熏花技巧已十分熟练,"繁葩异艳,四时花果,靡不争奇吐馥,群效灵于一月之前,以奉宸游。郡人神之,乃度地立庙"。可见,虎丘花神庙所祀花神乃清代园艺师陈维秀。

除了二月十二日花朝节，一年四季，山塘虎丘一带赏花节俗繁多。仅袁景澜《吴郡岁华纪丽》所载，就有农历三月"谷雨三朝看牡丹"（因之牡丹花，俗呼"谷雨花"），六月二十日观荷赏莲，中秋八月十五"桂花节"，九月虎丘花农担菊入市堆叠"菊花山"，等等。

【窨花】

采用窨窨熏花法在暖房中催开的非当季的花。顾禄《清嘉录》："冬末春初，虎丘花肆能发非时之品，如牡丹、碧桃、玉兰、梅花、水仙之类，供居人新年陈设，谓之'窨花'。"

【花头】

称赞某人有本领，处事有手段，苏州人经常说："你真有花头。"反之则谓："你呒没花头。"此词即源于虎丘一带，与虎丘种花业、山塘街花市有关。花农在花市上卖花，每株花树或盆花的价格，均以花头多少论定：花头多，价格就贵；花头少，价格亦低。"花头"即花朵、花苞，如苏辙《次迟韵千叶牡丹二首》之一："溴上名园似洛滨，花头种种斗尖新……老人发少花头重，起舞敧斜酒力匀。"在花市上，买方常因花头的多少与卖方讨价还价："有多少花头""你的花头少，他的花头多""呒啥花头"，这些话语都是在问价，或意在杀降花价。由于花农们种花本领大小各异，所以所植之花花头的多少亦不一。本领大，种出来的花头多；本领小，种出来的花头也少。后来，"花头"一词就有了双关的意义，既指花树上的花朵、花苞，又隐指花农种花技艺水平的高低。这个词也由买花人从花市传到城里，成为苏州百姓日常生活中的口语，后又广传吴地，其意义亦从原先仅指种花技艺而扩展为工作能力、处事本领的大小。如韩邦庆《海上花列传》第三十五回："别人看见仔也讨厌；俚陪仔我，再要想出点花头，要我快活。"直到现在，仍在日常生活中频繁使用。

在这一"花头"的引申义上，"花头"又称"花头经"。现也作为满脑歪点子、馊主意、鬼花样的隐喻词，带有贬义。另外，表示"花头经多"，也常用"棚"这个形容词，花头棚，即花头多。从字形结构看，形声字"棚"从"禾"，原本是用来形容植物的稠密。钱乃荣《当代吴语研究》释"棚"为"密，拥挤"，并举例："草生得密密棚棚。"由此，也可窥见"花头"一词实来源于种花卖花业。

【木犀蒸】

木犀,即"木樨",就是桂花,是苏州的市花。木犀蒸是指八月桂花将开时重又出现的暑热天气,即所谓"秋老虎"。顾禄《清嘉录》:"俗呼岩桂为木犀……将花之时,必有数日鏖热如溽暑,谓之'木犀蒸',言蒸郁而始花也。"民间有俗语:"火烧七月半,八月木樨蒸。""木犀蒸"之名贴切风雅,也隐含着来自民间的温润而坚韧的乐观心态。也有直接称"桂花蒸"的,如张爱玲有篇小说,叫《桂花蒸·阿小悲秋》。

【荷花大少爷】

比喻夏时衣着华美,冬季却无力置办价昂冬装的游玩子弟。王浚卿《冷眼观》第十四回:"你不晓得他们那班荷花大少的利害呢!到堂子里来白相,身边是奉旨不带分文的。"陈明远《那时的大学·从南洋公学到交通大学》:"那些只有一套夏天西装的学生,均称之为'荷花大少'。"

苏州百姓爱植果树花木由来已久,品种丰富,顾禄《桐桥倚棹录》卷十二所举花卉树木名目就多达百余种,梅、杏、李、桃、枇杷、柑橘、樱桃、葡萄、石榴、玉兰、山茶、海棠、栀子、蔷薇……应有尽有,大抵为本地所产花木。如今,我们从地名中也可见一斑,带"花"的地名有"梅花墅""木杏桥""丁香巷""桂花弄""水仙弄""荷花场""采莲路""莲花斗""百花洲""蜡梅里""花萼里""杏花里""桃花坞""花木桥村""东百花巷""桑叶巷""蔷薇弄"等,也是不胜枚举。

四、盆景

苏州人不仅喜欢种花,还喜欢栽种盆景。苏派盆景成于唐宋,兴于明清,盛于当代。南宋著名诗人范成大隐居石湖时,曾以英石、灵璧石、太湖石制成盆景。王鏊《姑苏志·风俗》载:"虎丘人善于盆中植奇花异卉,盘松古梅。置之几案间,清雅可爱,谓之盆景。"故苏派盆景有水石盆景和树桩盆景之分。苏派盆景的布局构思精细入微,取法自然,以其独特的造型结构和艺术风格,成为中国盆景的主要流派之一。

【领盆】

【服盆】

服帖,佩服。原都是栽种盆景的术语。顾禄《桐桥倚棹录》卷十二云:"盆景则蓄短松、矮柏、古桧、榆桩、黄杨、洋枫、冬青、洋松,并有所谓'疙瘩梅'者,咸以错节盘根、苍劲古致为胜。"一个树桩盆景,从栽下到成形,常常要耗费几年的心思。花树栽在盆内,有领养、领受之义,这称为"领盆"。之后,要使花树,尤其是那些老树桩适应盆内水土,使其"服盆",一般都须耗费数年才能成活并成形。后来这两个词被运用到日常生活中,有了接受、听从、服从的意思。二春居士《海天鸿雪记》第十一回:"钱老爷,耐倄事体勿动手介?耐搭我拿该个断命房间打完仔,我服耐格盆。"又十四回:"金寓格脾气,是吃软勿吃硬格。耐要想糟蹋俚。俚那哼肯领盆?"日常口语中也常用否定形式"弗领盆""弗服盆",表示不服气、不认错。

第五节　传统手工业和商业

苏州枕江倚湖，居运河之枢纽，民殷物繁，自古就是工艺品的重要生产基地。自石器时代苏州就开始了工艺品的制造，精美的玉器、骨器等时有发现，吴越青铜铸造业更是雄冠天下。优越的经济条件，不仅促使一些重体力行当极为发达，如"香山帮"就是这样一个群体，被誉为中国历史上最后的大工，也催生了广阔的艺术品消费市场，培育了大量的艺术门类。清代苏州城阊门内的专诸巷是江南手工业者的聚集地，大量的手工匠人世代于此谋生。纳兰常安《受宜堂宦游笔记·匠役之巧》载："苏州专诸巷，自琢玉、雕金、镂木、刻竹，与夫髹漆、装潢、像生、针绣，咸类聚而列肆焉。其曰鬼工者，以显微镜烛之，方施刀错。其曰水盘者，以沙水涤滤，泯其痕纹。凡金银、琉璃、绮彩、锦绣之属，无不极其精巧，概之曰苏作。"乾隆《元和县志·风俗》记载："吴中男子多工艺事，各有专家，虽寻常器物，出其手制，精工必倍于他所。女子善操作，织纴刺绣，工巧百出，他处效之者莫能及也。"据地方志资料不完全统计，苏州工艺品的种类达50余种，并都有各自的专业化分工，经过长期的生产实践，逐渐形成了以细腻精巧著称的苏式工艺风格。

2014年11月，联合国教科文组织正式宣布苏州成为"联合国教科文组织全球创意城市网络"体系中的一员，成为"手工艺与民间艺术之都"。这进一步确立了苏州手工艺和民间艺术在世界文化中的地位。苏州地区的传统手工业中影响较大的有刺绣、缂丝、灯彩、苏式家具、玉雕、核雕等，然而，随着经济的发展带来的各种现代工业化商品的普及以及人们生活方式的改变，很多传统手工业逐渐式微，甚至消亡，有些行业也只留存在很小区域内或作为旅游景区的观赏项目。因此，苏州传统手工艺的继承和发展，需要政府和全社会的参与和努力，在继承的基础上进行文化创新和技艺创造，让苏州传统手工艺焕发生机。

一、传统手工业

随着工业化的进程，在现代生活中，虽然大多数传统手工业本身已走向衰微，但在方言中依然留下了它们的身影，很多词汇、俗语、谚语和歇后语等皆来自各行各业，至今仍活跃在人们口头，并产生了新的意义和用法。

1. 匠人

苏州话中，一般从事重体力行当的，都可称之为"匠"，如木匠、泥水匠、石匠、箍桶匠、篾匠、藤匠、雕花匠、锡匠、银匠、铜匠、铁匠、漆匠、皮匠等，其中，木匠和泥水匠主要工作是造房子，统称为"匠人"，或尊称为"匠人师傅"。而从事刺绣、缂丝、玉雕、核雕等精细行业的人一般不会被称为匠人，有的称"师傅"。

【香山帮】

位于太湖之滨的香山自古出能工巧匠，尤擅长复杂精细的传统建筑技术，人称"香山帮匠人"，史书曾有"江南木工巧匠皆出于香山"的记载。他们曾经代表了苏式建筑的最高峰，将苏式建筑工艺带到了全国乃至全球。生于明代洪武年间的蒯祥是吴县香山人，他不仅木匠、泥匠、石匠、漆匠、竹匠五匠全能，还参与建造了天安门，午门，太和、中和、保和三大殿等一批皇宫建筑，被尊为"香山帮"的鼻祖。以拙政园为代表的苏州古建筑和古典园林大多出于香山帮之手，苏州园林是历代香山帮匠人造园技艺传承的缩影。

【箍桶匠】

又称圆作木匠，旧时民间专门制作和修理木桶、木盆的工匠。木匠手艺分"方作"和"圆作"，圆作木匠擅长制作水桶、脚桶、马桶、洗澡桶等圆形的木质生活用品，方作木匠是造房子和制作床、桌椅等家具的。箍桶也分等次，有竹箍、铁箍、铜箍之别。箍桶匠最忙的季节是夏季，除了要制作各种木桶外，每家每户闲置的洗澡桶通常也要修理一番。旧时在苏州，女儿的陪嫁中马桶和脚桶必不可少，这也是箍桶匠的主要生计。随着普通百姓生活水平的提高和家庭卫生间的革命，箍桶匠已从日常生活中逐渐隐退。

【篾匠】

用竹篾制作各种竹器（如米筛、蒸笼、竹匾、簸箕、篮等）的手艺人。其基本功是劈篾，把一根完整的竹子劈成篾条。青篾柔韧，适合编织细密精致的篾器；黄篾柔韧性差，多用来编制大型竹制品。由于塑料、金属制品的冲击，竹制品几乎被淘汰。近年，随着人们环保意识的增强，竹篾制品又有了一席之地。

【雕花匠】

属于木匠的一种。传统建筑的梁柱和古典家具上都有繁复的花纹雕刻，于是木作中就细分出一个专门的雕花行当。雕花匠尽管手艺高超，但表面看与一般木匠无异，故有俗语"看俚不像样，倒是个雕花匠"。《缀白裘·烂柯山》："我个光景，哊看我弗像样，倒是个雕花匠嘘。"好的雕花匠不仅仅被看作匠人、手工艺人，更被看作艺术家。"雕花匠"也被用来比喻心灵手巧或身怀绝技的人。

【铜匠】

是指以黄铜、紫铜为原材料铸造和修理铜质用品的手艺人。从事化铜浇铸的"生铜匠"很少，而加工、修理小型铜件的"熟铜匠"多见，故而铜匠作业称之为"打"，铜匠一般并不炼铜，只是以铜板、铜片为材料，用锤子之类的工具，敲打出铜壶、铜瓢、铜铲、铜锣、铜锁之类的器具，以焊接、修补、打磨等技术活为主，最常见的是走街串巷修理钥匙的铜匠。旧时铜匠担上一串串铜片发出的撞击声也就成了匠人招揽生意的天然"吆喝声"。

【漆匠】

是指旧时对木器、竹器、藤器等进行油漆的工匠。俗语"木匠怕漆匠，漆匠怕亮光"，说的是木匠刨得是否光洁，油漆后就一览无余；漆匠漆得是否匀调，亮光一照就纤毫毕露。油漆时"生漆打底，熟漆盖面"，反复匀漆，越漆越亮。刷漆工序烦琐，有混料、刮底、打磨、上底漆、补灰、二次底漆、抛光、面漆等工序。好的漆器外表光亮平整，漆质不易掉裂，油漆又有防腐蚀、虫蛀的功效，因之可留存数百年甚至千年之久。如今，机械化喷涂逐渐取代了漆匠的刷漆工艺。

2. 木作

中国古代木工制作，特别是苏式家具制作，无须用铁钉钉牢，而是合理地使用榫卯、楔丁，充分依靠榫头之间的紧密咬合，所以制作出来的家具相当牢固，沿用数百年而不会脱榫毁坏。苏式家具常见的榫楔种类非常多，主要有明榫、暗榫、通榫、半榫、格角榫、综角榫、托角榫、抱肩榫、燕尾榫、皮带榫、楔丁榫以及穿楔、挂楔、走马楔、破头楔，等等。其结构非常紧密，接缝处能做到"三角如尖"。其中用于圆件的楔丁榫，据说如果把工件用力掷于地上，即使板面伤裂，而榫卯依然一拍胭缝，不会脱开。纪录片《天工苏作》对明式家具及其制作有详细的介绍。

【斗笋】

"笋"的本字为"榫"。榫卯，传统古建筑构件间的结构形式。榫，构件上的突出部分；卯，构件上的凹陷部分，又称卯眼。榫插入卯中，联结成一体，使木结构坚固稳定。"斗"有拼合的意思，是"鬭"的简化字。许慎《说文·鬥部》："鬭，遇也。"段注："凡今人云鬭接者，是遇之理也。《周语》'谷洛鬭，将毁王宫'，谓二水本异道而忽相接合为一也。古凡鬭接用'鬭'字，鬥争用'鬥'字，俗皆用鬭为争竞，而鬥废矣。"王重民等编校《敦煌变文集·维摩诘经讲经文》："白玉鬭成龙凤巧，黄金缕出象牙边。"此例中"鬭"即用遇合义。今"鬭""鬥"皆简化为"斗"。郭沫若《归去来·浪花十日》："（钓竿）是两截木棍逗成的，下截粗，上截细。"此例中"逗"当为记音字。"斗笋"指把榫头纳入卯眼里。钱大昕《恒言录》卷五："今木工筑室作器，两相合处，谓之斗笋。"比喻双方一拍即合。朱瘦菊《歇浦潮》第四十七回："今见仪芙讲的话，愈说愈斗笋，心中好生欢喜。"也说成"斗笋合缝"。弹词《珍珠塔》第七回："席上老爷与夫人并不言语，惟老爷与小姐讲话，夫人与小姐言谈，小姐两边牵扯，总不能斗笋合缝，这也无可如何。"

【合笋】

即"合榫"，谓木制建筑、器具的榫卯结构联结紧密，严丝合缝。李渔《闲情偶寄·居室部》："木之为器，凡合笋使就者，皆顺其性以为之者也。"进一步引申，在苏州话中，情况两相符合、没有纰漏亦称"合笋"。朱瘦菊《歇浦潮》第七十五回："一听晰子的话，觉两头颇为合笋，料非虚言。"

【脱笋】

即"脱榫"，谓榫头从卯眼脱出。民国《定海县志·方俗志》："脱卯曰脱榫，接卯曰斗榫。"可喻身体部位之间的创伤脱节。朱瘦菊《歇浦潮》第六十一回："仿佛拔牙齿一般，这金牙顿时脱笋而出，鲜血满口直淌，染得阿木林半条袖子殷红。"亦可比喻事情脱节或有疏漏。曾朴《孽海花》第三十回："我想读书的看到这里，一定说我叙事脱了笋了，彩云跟了张夫人出京，路上如何情形，没有叙过。"

【一拍胭缝】

"胭"是个冷门字，原义为嘴唇，现通作"吻"。张自烈《正字通·肉部》："胭，武粉切……又轸韵音敏。"苏州话此字方言音读正是保存了古音，所以又写作"一拍抿缝"，有时又作"一拍一胭缝"。原指木工在木器拍合榫头时，正巧合缝。比喻一拍即合，指事物正合适、正匹配的意思。弹词《孟丽君·相府招亲》："闲人对孟丽君说，相国千金招亲，倷去正好，十八岁，一榜解元爷，勷娶亲，真是一拍一胭缝，无有勿成功。"张南庄《何典》第六回："忽有个精胖小伙子来做他口里食，真是矮子爬楼梯，巴弗能够的，自然一拍一胭缝。"《缀白裘·寻亲记》："极妙个哉，就拿个心事说得上去，一拍一抿缝哉。"吴歌《小青青·成亲》："一拍抿缝就是留仔一条痕，就此钟离宝扇头浪有仔弯凹形。"

【斧头弗敲，凿子弗紧】

凿子依靠斧头敲击而工作。比喻人不自觉，别人不催促，不会主动干活儿。

【斧打凿，凿入木】

比喻一级盯一级追究责任，即一物降一物。陆人龙《型世言》第二十一回："我好端端一个人嫁你，你好端要还我个人，我只问你要！斧打凿，凿入木！"也说成"斧头吃凿子，凿子吃木头"，也有"斧头吃凿子——一木吃一木"的歇后语。

【硬装斧头柄】

比喻把不匹配、不合适的东西强加于人，或比喻给人家硬装把柄，近似于栽赃诬陷的意思。有时也说成"硬装榫头"。袁小良《老话讲得好》："老苏州讲闲话欢喜引用老话……的确，老话引用得恰当，可以起到画龙点睛的作用；但是如果'硬装斧头柄'，反而会弄巧成拙。"

【敲钉转脚】

原是木匠的一种具体的工作做法。随着近代工业的发达，钉子在木作中开始大量使用,这种木匠也被称为"洋钉木匠"。木匠用钉子将两根木料拼接或固定在一起时,为了固定得牢固,有效防止钉子脱落导致部件分离,不但用榔头将钉子全部钉入木料,而且会特意使用较长的钉子,使其尖头在木料反面露出来,并用榔头把尖头部分敲弯,这就是所谓的"敲钉转脚"。现用来比喻办事踏实牢靠,周密细致。弹词《罗汉钱·登记》:"啊呀,年纪虽轻,做事倒着实,还要敲钉转脚啦。"有时也用来比喻对某事紧追不放。《许寿裳家藏书信集·许寿裳致戴君仁(一九三七年七月五日)》:"应付特殊情形,不能不为敲钉转脚事也。"或写作"敲钉钻脚"。弹词《西厢记·拷红》:"我想含糊一句带过算数,俚板要敲钉钻脚着着实实说我错。"

【钉头碰着铁头】

形容双方都很厉害,态度都非常强硬,棋逢对手。张南庄《何典》第二回:"这是前村催命鬼的酒肉兄弟,叫做破面鬼,正诈酒三分醉的在戏场上耀武扬威,横冲直撞的骂海骂山,不知撞了荒山里的黑漆大头鬼,恰正钉头碰着铁头,两个牛头高马头高,长洲弗让吴县的就打起来了。"

【敲横档】

一件木制家具竖向的木条称竖档,主要用来承重;横向的木条称横档,主要起稳固作用。相对而言,横档没有竖档重要,故敲去横档,此家具不至于即刻散架。"敲横档"比喻找准时机强行索取不正当的钱财,贪别人便宜。叶辛《蹉跎岁月》:"钱倒是赢的,被'强盗'和'侠客'硬敲横档敲了去!"

3. 苏绣

苏绣是中国四大名绣之冠,以前苏州的女子几乎个个都是绣娘,因此苏绣是苏城内外一项群众性的家庭副业。刘熙《释名·释彩帛》曰:"绣,脩也,文脩脩然也。"刺绣,是用彩色丝线、绒线、棉线或发丝等,在绸缎、布帛等织物上,通过针的穿刺运动来构成各种图案花纹,使图文修饰完美的一种工艺。古代也称"针黹""女工"。

【绷子】

刺绣用的主要工具,或称"绷架""花绷",由两根横木、两根竖木构成,用来绷紧刺绣的绸布并把其固定在上面,这个过程称之为"上绷"。"绷"有一异体字作"繃"。丁度等《集韵》平声耕韵悲萌切:"繃,《说文》束也……或作绷。"许慎《说文·束部》："束，缚也。"固定刺绣的绸布最初就是用绳子或带子缚在绷架上的，可见，绷紧义是由"束"义引申而来。西湖逸史《山水情》第二十一回："春桃听了吩咐，去取出绸来，上了绷子，复将绒线配匀了颜色，与素琼对坐窗前，双双刺绣。"

如果是绣制较小的图案，则用"绷圈"，即用竹圈固定绸布。刺绣的主要工具还有："绷凳"，左右两个三脚凳，凳面较窄，比一般凳子高，用来放置绷架；"搁手板"，或叫"擎手板"，是搁在绷架上的一块光滑长木板，刺绣时胳膊搁在上面，既省力又不会压住刺绣的布面；"引线"，即绣花针；"针箍"，即顶针儿，苏州话"箍""裹"音近，朱骏声《说文通训定声·临部》"揸"字条中作"针裹"。

【做生活】

虽然此词可泛指各类生产活动，但多数情况下特指刺绣，有时也说成"做绷子"。"刺绣"这个词在口语中一般不用。广义的"生活"可指劳作的对象，也特指绣品。西湖逸史《山水情》第十六回："说罢，仔细一看，乃道：'这幅生活是那里的？'"刺绣完成后，把刺绣成品送回厂家以换取工钱，称为"担生活"，"担"有主动送的意思。

【绷绷】

"绷"即指上绷，把绸布绷紧在绷架上，现一般横向是卷在横木上，用粗绳把绸布两端嵌入横木的槽线内，以更好地固定，竖向用"绷线"吊紧在竖木上，这样，绷面四方均平整。而说"绷绷"则是简易为之，往往不用绷线，只是把绸布卷在两根横木上绷紧而已，绷面不完全平整，一般绷面的活儿不多或简单修补时如此处理。故此词常用来比喻将就或勉强应付某事。

【穿绷】

本义是刺绣时绷子穿了，能看到反面。一般非双面绣，正面是精美图案，而反面则是乱七八糟的针脚。引申为秘密暴露或骗局戳穿。弹词《西厢记·莺莺操琴》："（红娘）'我要到外头去看格嘘'。（莺莺）'（表）去一看是要看穿绷的'。"有以为本字是"穿帮"的，苏州话"绷""帮"音近，并不同音，写作"穿帮"盖"绷"的方言音与普通话"帮"发音相同。

【出花样】

花样，本是图案的意思。刺绣首先要有底稿，底稿可以是专为苏绣而设计的画稿,也可以是选自名家的国画、油画、照片等作品,再将底稿上的图案通过专业喷绘印制到丝绸布上,它是绣品的模板。每绣制一件新的绣品,都要拿出一个新的花样。这是"出花样"的本意。后来此词运用广泛,在日常生活中,凡是做事变换出新的样式、想出新办法,都可以说"出花样"。它是个中性词,褒贬的语境皆可使用。

【棉花里引线】

比喻外表看似绵软、内里刚硬之人。弹词《明珠奇案》第八回:"他看到我依头顺脑,防备就会松一些,然后再见机行事。她以退为进,以屈求伸,也是棉花里的'引线'(针)呀!"有时也用贬义,贬斥暗地里伤人者。中篇弹词《老子·孝子》:"真是棉花里的引线,刁。看她笑嘻嘻,自己倒不能板面孔,笑不出也只好笑。"

4. 苏灯

苏州灯彩,是具有实用性和艺术性的传统民间工艺品,史称"苏灯",它始于南北朝,盛于唐宋。周密在《武林旧事》卷二记载元夕禁中张灯,曰"以苏灯为最"。范成大《灯市行》诗云:"吴台今古繁华地,偏爱元宵影灯戏。春前腊后天好晴,已向街头作灯市。"上元赏灯风俗的盛行,以及苏州众多的园林、官邸、私宅陈设布置的需要,促进了苏州灯彩工艺的发展。苏灯以亭、台、楼、阁为主要造型,结合中国画山水、花鸟、人物等,融扎糊、剪纸、绘画、装饰等多种艺术为一体。苏州花灯品种繁多,有罗帛、琉璃、鱼鲵、麦丝、竹篓、夹纱、料丝、鳌山等。其中最具巧思的是走马灯,它的造型犹如苏州古典园林中的亭台,灯壁使用双层暗花,画上人物、走兽飞禽等图案,待灯内燃起蜡烛,因冷热空气对流,图案即走马似的循环往复,饶有趣味,苏州人称这种走马灯为"亦来哉"。明清时苏州的灯节更盛,吴趋坊、西中市、吊桥、南濠街一带,灯市兴旺,蜿蜒十数里。苏灯工艺精巧、造型优美、品种千奇百出,2008 年,苏州灯彩入选第二批国家级非物质文化遗产名录。

【黑漆皮灯笼】

制作灯笼时如用黑漆皮蒙覆,则一片黑暗,什么也看不见。比喻无知的人。王有光《吴下谚联》卷一:"灯,放光夜照,使人不迷于所往者也。笼之必以清纱,或薄纸,取其不蔽明也。乃有不用纱不用纸而用皮者。皮之不足,加之以漆;漆之不足,又施之以黑。其为灯笼也不亦难乎?"康熙

《昆山县志·风俗》："无知曰黑漆皮灯笼。"光绪《娄县续志·方言》："元季民歌曰官吏黑漆皮灯笼。"

【灯笼壳子——外头好看里厢空】

灯笼既大又漂亮，但如果只有外壳，里面没有蜡烛灯油，则徒有其表。比喻外表好看，而本源不足。还有"灯笼壳子泥菩萨"一语，则强调不堪一击。也可单用"灯笼壳子"，常比喻个头大、身体空虚的人。

【乡下人弗识走马灯——又来了】

比喻事情重复。徐珂《清稗类钞·苏州方言》："乡下人弗识走马灯，乡人见走马灯旋转，不知何名，惟见其人物之来而复来，故称其名曰'又来了'，喻事之重复也。"

5. 其他

类似的源自于各行各业的方言词语还有不少。

【商量北寺塔】

讨论、商量很长时间后仍没有结果或不采取行动。这句俗语的产生，传说与香山匠人重修北寺塔相关。北寺塔原名报恩寺塔，范成大《吴郡志·府郭寺》："报恩寺在长洲县西北，即吴先主母吴夫人舍宅所建通元寺基也……有塔十一级。兵烬后，有行者金大圆募众复建，仅能九级。"而民间却广泛流传着这样的传说：北寺塔本是要造11层的高塔，但由于选址所在地土质疏松，造这么高的塔，塔基要压沉，塔也有倒下的危险，所以最终只造到9层就结顶了。到了清朝光绪年间，这座宝塔历经沧桑，摇摇欲坠，眼看就要倒塌。苏州府台领了圣旨，贴出皇榜，要在百日内寻找修塔的把作师傅。这事闹得满城风雨，大街小巷都在议论如何修塔。大家各说各的，也没有一个好办法。于是就产生了"商量北寺塔"这句俗语，并且广泛运用开来。最后，一个叫金胜祥的巧匠用鲁班传下来的"堆土造屋"的方法，即把塔全埋在泥里，然后从顶上开始，刨一层泥修一层塔，把塔修好了。潘君明编著的《苏州历代工匠传说》中就采录有"金胜祥巧修北寺塔"的故事。

"商量北寺塔"强调的并不是商量这一动作，而是侧重商量却迟迟无果的意思。与其意思相对的又有"香山匠人一斧头"句，是说香山匠人技术高超，做事干净利落。一般人办事干脆爽快，也用这句话来形容。

如今，"商量北寺塔"这个俗语也可指人聊天或悄悄地交谈某事，故意把闲聊形容成一本正经的商量某事，显示了苏州人的语言幽默。

【搭界】
【弗搭界】

这两个词与泥瓦匠有关。界，即界牌，俗称"界桩"。泥瓦匠造房子，要替主人在房屋的地块边上竖一块界牌，上刻"某界"或"某某堂界"，作为地界的标志。此后，如果邻居家建房造过了地界，就称为"搭界"，反之则"弗搭界"。在日常生活中，这两个词运用非常广泛，只要事情与你相关，就称"搭界"；不相关，就是"弗搭界"。近些年，"弗搭界"进一步引申，可作礼貌用语，相当于"没关系"。

【造屋请仔箍桶匠】

比喻所托非人，叫人帮忙找错了对象，请了外行人。因为造房子需要"大木作"来上梁立柱，箍桶匠只会制作木桶，干不了这活儿。铁汉《临镜妆》第八回："松鸣笑道'请刘伯翁出个令吧'。大众都说很好。伯如听了，笑道'这分明是造屋请了箍桶匠了。俗话说得好，山东人吃麦冬，一懂都没懂。我真是一些儿没懂，怎样会出什么酒令呢？'"

【掼榔头】

掼，用力扔、摔。榔头，是铁匠必不可少的工具。根据锻打对象和部位的不同，有时是用榔头敲，有时则要用榔头掼。敲榔头时，只须一人，一手掌钳，另一手敲打；而掼榔头，则须两人，一人掌钳，另一人双手拿住大榔头的长柄，双臂伸直，从背后抡一个圆圈，猛力捶打下去。这就是"掼榔头"，其强度和气势不可与敲榔头同日而语。以此来比喻虚张声势，自我炫耀，以震慑他人的举止行为，则非常形象、贴切。

【江西人钉碗——自顾自】

居家过日子，离不开锅碗瓢盆。江西景德镇是瓷器之都，日常所用瓷器大都出自景德镇。在使用过程中，这些锅碗难免磕碰或打碎，旧时经济不富裕，打碎的瓷器用品不舍得扔掉，于是就产生了一门民间手艺——锔瓷，即在打碎的瓷器的碎缝边上钻上细眼，用铜钉（铜钉厚约1毫米，中间较宽，形如细长的菱形，尖形的两头弯下成直角，像正在吸血的蚂蟥，故又称"蚂蟥襻"）搭牢并拼拢修复的技艺。瓷质的盆碗要打孔，非得用金刚钻不可，俗语"没有金刚钻，别揽瓷器活"说的就是这事。锔瓷也是江西人的专业，碗在日常使用中最是易耗，用金刚钻在碗上钻眼时，会发出

"嗞咕嗞咕"的声音,"嗞咕嗞"与苏州话"自顾自"谐音,这样就产生了"江西人钉碗——自顾自"这句歇后语,"钉碗",就是补碗。随着社会的进步,钉碗虽已成为历史,然而这句歇后语至今仍活跃在苏州人口中。

【吃楦头】
【吃排头】

挨批评,受指责。这两个词和鞋匠工作有关。修鞋匠,也称皮匠,在旧时,这也是和百姓生活密切相关的一个行业,钉鞋掌、修补窟窿是主要工作,有时也会帮人绱鞋。绱鞋就是把事先做好的鞋底、鞋帮缝合在一起。新鞋绱好后,并不服帖,还得用鞋楦来定型。鞋楦,又称楦排,因为除首尾鞋模外,中间有一排木片供增减尺寸。楦鞋子时,先在鞋头和鞋跟处塞进楦头,中间再将楦头由厚到薄排进去,排到最后,要用榔头使劲敲进去。这个把楦头一个个生敲活钉楔进去的过程,叫"排楦"。鞋楦把鞋子撑满,放置一段时间,鞋子就定型了。排楦后的鞋子,既挺括又服帖,穿着合脚舒服。皮匠大多沿街设摊来干活,百姓对此极为熟悉,就用"吃楦头"或"吃排头"来形容一个人受到领导或长辈劈头盖脸的训斥,有冤也说不出;相应地,"排楦"同样用来形容凶狠地把人责骂一通。

【裁缝弗落布,屋里死脱家主婆】

裁缝虽也是手艺匠人,但活计轻松,不受日晒雨淋。旧时苏州人家屋里的墙门间,就常被人租来用作裁缝铺。这种做法很受欢迎,其中有个原因是裁缝谐音"财逢"。以前做衣服都是自己备好布料,裁缝铺一般不卖布料和成衣,他们就赚加工费。在苏州,还流行这样一种说法,叫"裁缝弗落布,屋里死脱家主婆",意思是顾客来料加工,裁缝在裁剪时要想方设法揩油贪小便宜,"落"(偷偷地私自留下)一点零头布下来。若说裁缝不贪小留布,除非其妻亡故。这似乎成了行业的潜规则。

【撬边模子】

"撬边"就是"缲边",做衣服边或带子时把毛边儿往里头折叠,然后藏着针脚缝住,以防散头。修饰毛边的作用是为了"藏拙"。商人为招揽生意,雇人佯装顾客,一边吹嘘商品,一边抢购,引诱不知情的顾客购买。这种被雇佣来的人所进行的欺骗活动与撬边作用类似,被称为"撬边模子",类似于今天所谓的"托儿"。

【扇小扇子】

苏扇制作历史悠久，也是传统手工艺品之一，最负盛名的有檀香扇、绢宫扇和折扇，制作精巧，风雅娟秀，世称"雅扇"。然扇子也是日常生活用品，主要功能是扇风纳凉，也可用来煽风点火。风小则火小，风大则火大，扇得急，火势就旺。"扇小扇子"比喻在背后说人坏话，混淆是非，挑拨离间，或是给人出坏主意进行撺掇。

【板板六十四】

板，指铸钱的模子。徐珂《清稗类钞·苏州方言》："板板六十四，铸造制钱之模，范土为之，必有六十四孔，即一板也。每板必有六十四钱，此以喻人之不苟言笑，不轻举，不妄动也。"清代，苏州阊门内同仁街东角墙有官府设立的宝苏局制造钱币。钱币用铜水浇铸，其大小、重量都有严格规定。制钱用模板，有土范，后也有铜模锌板，每块模板横竖皆八行八格，能铸出铜钱六十四枚，个个一模一样，不差毫厘。故用"板板六十四"比喻做事死板，不知变通或按章办事，不能通融。

【染缸里拉弗出白布】

染缸是用来染布的，从里面出来的布自然不会是白色的。此语强调环境对人的影响，比喻坏的环境中造就不出好的人。

二、商贸活动

强劲的生产力为消费创造了动力和源泉。历史上，苏州早就是南方的经济文化中心。明清之际，更是成为水陆冲要之区，商贾辐辏，百货骈阗，尤其阊门内外，列肆招牌灿若云锦。在语言上，也形成了一批与商贸活动相关的带有地方特色的词汇、俗语。

【定头货】

凡是商店没有现货，样式特殊，需要定做的货物，称为"定头货"。而需要这样货物的主顾往往脾气固执，行事怪异，因之也称他们为"定头货"，后来此词用得越来越广，那些性情异常、脾气倔强、不好对付的人，皆可称"定头货"。

【趁木排船】

木排船，实非船。王有光《吴下谚联》卷一："商人买木，下山入水，以篾缴捆成木排。本商从人,分段搭棚,为食息之所,与圈航相似,谓之木排船。其行难以道里计,行人未有趁此者。"商人为了从林场外运的方便,把木材编结成木排,放到江河里使顺流而下,并不载送行人货物。因之,趁木排船,比喻想占便宜反而吃亏,也形容做事不圆滑。还有"趁木排船带信——极不牢靠"的歇后语,因为木排运行速度很慢,不能及时。也有"甩脱木排撩门闩"之语,意谓丢了西瓜捡芝麻。

【弗是生意经】

"生意经",做生意的门路或方法。做生意时,让买卖双方都感到尴尬、棘手,叫作"弗是生意经"。引申指不是办法、不靠谱或是没有协商余地。

在商品买卖时,把全部商品一起买下,叫"仄倒";把剩余的货物全部买下,叫"包梢",也可引申指做某事时担当全部责任;缺货,叫"断档"。货物卖得起价格,称"吃价",也比喻某人能干,本领过硬,或神气。骗人的买卖,是"噱头生意"。做买卖,离不开算账,核算账目叫"轧账";发现吃亏上当后,重新跟人算账,是"倒扳账";营私舞弊造假账,糊弄人的是"私弊夹账",也引申为干见不得人的事;算总账时不亏不盈,则形象地称"撸撸算盘珠"。既无资本,又无商店,专以口头说合买卖,从中赚取佣金的商人,称为"掮客"。像这样有关经营、交易、账目的词汇非常多,不胜枚举。还有,诸如"开店容易守店难""千卖万卖,折本不卖""人直不富,港直不深""吃力弗赚钱,赚钱弗吃力""闻得鸡好卖,连夜磨得鸭嘴尖"等谚语,总结了经商和生活的经验。

三、相关地名

有一些地名反映了历史上苏州传统手工业和商贸经营的内容。

【席场弄】

坐落于虎丘山麓西南侧,南起七里山塘西端,北至城北公路,因盛产草席而得名。"苏席"自古名扬四海,隋唐时,苏州的草席编织业即已兴旺,至宋明清,苏席一直被列为贡品。尤其是虎丘一带出产的"虎须席"更是赢取了"织席从来夸虎丘"的美誉,席场弄就是当年虎丘席场的遗迹。王鏊《姑苏志·土产》记载:"席,出虎丘者佳,其次出浒墅。或杂色相间，织成花草人物，为帘或坐席。"顾禄《桐桥倚棹录》卷十一也载："席，出虎邱者为佳，见《姑苏志》。山塘只一二店而已。别有蒲席、篾席两种。昔年环山居民多种茹草，织席为业，四方称'虎须席'，极为工致，他处所不及也。今种茹草织席者，浒关为甚，然虎邱地名尚有号席场弄者。"可见，虽有后起之秀——浒关的"关席"，然虎丘是苏席的发祥地。

【紫兰巷】

这条小巷名称极雅，在干将路拓宽改造时并入大路了，然其原名纸廊巷。历史上，苏州的造纸工艺也很有名，范成大《吴郡志·土物上》记载："彩笺，吴中所造，名闻四方。以诸色粉和胶刷纸，隐以罗纹，然后砑花。"

【宋仙洲巷】

这条巷名也是利用同音字而改的雅称，原来叫宋筅帚巷。筅帚，是用竹子做成的刷洗锅、碗的用具。民国《吴县志·物产二》："筅帚，缕竹为之，用以溉濯，今以业名地者，有筅帚巷。"冠以宋字，肯定是因为这位宋姓师傅在当时制作筅帚最为在行。

从街巷名可以看出曾是手工作坊集中地的，还如：苏绣里、吴绣弄、打线巷、绣线巷、绣花弄应是刺绣集中地，邵磨针巷是磨针作坊所在地，金银巷是金银匠集中地，乐器集中在乐鼓巷，制帽业集中在巾子巷，草鞋湾是编织、出售草鞋的集市，修船集中在长船湾……另外，像这样以行业为街巷名的还有很多：西美巷（原名西米巷，是米市所在）、仓米巷、谷市桥、炒米浜、米店弄、蒲帆巷、前橹巷湾、醋库巷、盐仓巷、皮市街、枣市街、石匠弄、打铁弄、铁局弄、酱园弄、磨坊弄、油车场、粉坊湾、剪刀弄、笔店弄、皮匠浜、网船浜、猪行河头、鸭行里、大窑场等。百业各有聚处，顾名而知。

因行业集中在一地，形成地方特色，由此也产生了相关的俗语、歇后语。

【着杀旧学前】

明清时期，旧学前是苏州的一条商业繁华街。除了茶馆、书场和赌场之外，最多的还是旧衣庄和估衣店，人们无论买新换旧，都喜欢到旧学前去选择衣服，于是"着杀旧学前"的说法就流传开了。"着"就是"穿"。

【陆慕火着——窑烟(谣言)】

御窑金砖是中国传统窑砖烧制业中的珍品,明清以来受到历代帝王的青睐,成为皇宫建筑的专用产品。永乐年间,明成祖朱棣迁都北京,大兴土木建造紫禁城。经香山帮工匠的推荐,陆墓砖窑被工部看中,由于所制方砖质量优良,博得永乐皇帝的赞誉,赐名窑场为"御窑"。王鏊《姑苏志·土产》:"窑作,出齐门陆墓,坚细异他处。工部兴作,多于此烧造。"钱思元《吴门补乘·乡都补》说:"陆墓窑户如鳞,凿土烧砖,终岁不绝。"据记载,金砖是专为皇宫烧制的细料方砖,颗粒细腻,质地密实,敲之作金石之声。又因金砖制成后要运送至京城,故又称"京砖"。苏州话前后鼻音不分,"京砖""金砖"同音。嘉靖时,金砖烧制进入全盛期。清朝末年以后,因战争连年,金砖的生产时断时续,直至1984年才完全恢复生产。金砖御窑现位于相城区陆慕(原名"陆墓",因陆宣公墓而得名,后求吉雅化为陆慕)御窑村,御窑村原名余窑村,陆慕附近许多村庄都以烧窑而命名,如砖场、北窑、南窑、乌窑里、俞窑、御窑头等。如今,御窑金砖的制作工艺被列入首批国家级非物质文化遗产名录,其不仅肩负文化传承的使命,同时也仍具备实用功能,故宫等皇家古建筑的维护修缮工作依然离不开金砖。

烧制金砖的工艺极为复杂,从装窑点火到熄火出窑,须耗时两月有余。据统计,明代陆慕的窑户多达六十余家,当地窑户日日烧窑,远远望去,窑烟弥漫,如乌云遮日。"窑烟"和"谣言"苏州话同音,于是,苏州人不说"谣言",而是隐晦地说一句歇后语"陆慕火着","火着"就是"着火",火灾的意思。

【专诸巷配眼镜——各人眼光不同】

苏州眼镜,在眼镜发展史上有重要的地位。明末清初,苏州眼镜制造者以孙云球最为出名,他对光学仪器很有研究,曾撰科技著作《镜史》。清朝前期是苏州眼镜生产迅速发展之时,不但国内闻名,而且还远销日本。后来苏州"褚三山眼镜"更是驰名商品。刚开始,生产眼镜的作坊主要在苏州市郊新郭一带,随着虎丘、山塘街的繁荣,眼镜业也迁至这里。清末民初,阊门一带崛起,眼镜业由阊门外转移至专诸巷、石塔头一带,这里成为眼镜业的集中地,前店后坊,大家买眼镜都要到专诸巷。各人视力深浅不同,购买的眼镜当然也不一样,于是就有了"专诸巷配眼镜——各人眼光不同"的歇后语。现用来指每人对某一事物看法不同，各持己见。而配眼镜要验光，所以还有"专诸巷配眼镜——对光"之语。

历史上，"苏作"为人瞩目，为世所尚，工艺之巧之精体现在各个方面，并且生产与消费互相促进，尤其是在明后期到清中期将近三百年间苏州在经济上引领的潮流，无论在当地还是外地，甚至海外，都产生了深远影响。直至今天，苏州仍是全国经济最强地级市。

第三章 日常生活类民俗语汇

所谓日常生活，可大致概括为衣、食、住、行等方面内容。其作为物质文化，是自然条件、经济基础、社会结构和思想文化等要素在人们生活中的综合反映，最能体现地域文化和民众气质，也是民俗语汇的重要来源之一。从语言角度回望苏州人民日常生活的点滴，除须指明语汇的具体所指和真实意义外，更为关键之处在于揭示其背后所蕴含的观念意识与生活哲学，从而真正听懂苏州话，认识苏州人，理解苏州城。

第一节 服饰

苏州地区的服装配饰风貌在历史上曾有很大的变化，这与当地政治、经济、文化等因素的变化息息相关。先秦时期，政治经济中心在中原地区，长江流域的吴越荆楚等地被认为是落后未开化的蛮夷之地，居民也多为古百越等少数民族。此时吴地的服饰便是史书上记载的"披发左衽"，与同时代的中原地区，特别是西周之后形成的高度文明的衣冠制度形成鲜明对比。之后随着经济重心的南移，苏州地区得到迅速发展。宋明至今，苏州俨然成为中国经济文化最发达的地区之一。这样的转变体现在服饰上，便是苏州人逐渐对衣着繁复精致的追求。此外，当人类文明发展到一定程度时，服饰的功能就不局限于蔽体保暖的生理属性，更会具有区别人群阶层的社会属性。正基于这样的历史事实，当我们在讨论苏州人"衣食住行"中的"衣"时，必须有对时代、人群进行区分的基本观念。

说到苏州服饰，就不得不谈苏州传统的丝织与刺绣。关于苏州的丝织，正如第一章中所述，考古研究已经证实，太湖流域留存有新、旧石器时代的先民养蚕纺丝遗迹。纵观数千年中国历史，苏州始终是丝绸纺织的中心，丝绸珍品绵延不绝：从春秋时期的吴缟，三国两晋时的吴绫，隋唐时期的八蚕丝、绯绫到宋锦、缂丝，等等。宋以后特别是明清时期，中央于苏州设置官府织造局，另据张瀚《松窗梦语·商贾纪》所载："大都东南之利，莫大于罗绮绢纻，而三吴为最。即余先世亦以机杼起，而今三吴之以机杼致富者尤众。"这些均足见苏州丝绸业之鼎盛。与丝织业交相辉映的是苏州的刺绣工艺。苏州刺绣源远流长，技艺精湛，位列中国四大名绣（苏绣、湘绣、蜀绣、粤绣）之首，享有"古今中华第一绣"之誉。苏绣的种类、题材丰富，还能表现出不同形象的质感和内在结构。苏绣的表现题材涉及鸟兽、花草、风物、吉祥图案等，绣工精细，色彩雅致匀细光亮，施针整齐细密。苏绣的针法有齐针、套针、施针、乱针等数十种，不同的针法用来表现不同的对象，使其达到"平、齐、细、密、匀、顺、和、光"的艺术效果。

除去较为名贵的丝绸、刺绣服饰，传统的水乡劳作服饰也是苏州服饰的另一代表，其中尤以水乡妇女服饰独具特色。苏州甪直、胜浦、唯亭、车坊、陆慕一带的农村妇女一直保留着传统的民俗服饰，她们以扎包头巾，穿拼接衫、腰兜、绣裙，裹卷髈，着绣花鞋等为主要特征，学界认为这种服饰是古代吴地百越族服饰的遗留。这种服饰因地制宜，是实用性与观赏性的巧妙结合。妇女在田间劳作时，为避免动植物的伤害，便将衣袖和裤脚口缩窄；由于肩肘部和袖口等部位最易破损，便发明出包头、裙、束腰、拼接衫等加强防护部件。尽管是日常劳作服装，但在用料、裁剪、装饰等方面却也一定讲究，运用拼接、绲边、纽襻和绣花等工艺，服装色彩也讲求多种颜色的鲜明对比。

近现代以来，随着对外交流日益频繁，伴随着人民群众日常着装的逐渐西化，一大批与服饰相关的新词（如高丽布、罗宋帽、派克大衣等）也进入苏州方言之中，这些词汇也见证了人们服饰的新变化。详见表3-1。

表 3-1　苏州本地常见服饰名称一览表

衣裤		鞋	帽	首饰	其他
长衫	短衫	蚌壳棉鞋	铜盆帽	镯头	绢头
裥	短打	单鞋	罗宋帽	金丝圈	围瀸
罩衫	开裆裤	跑鞋	凉帽	锡杖	围身
司惠套	球裤	蒲鞋	箬帽	香抄	作裙
汗衫	单裤	草鞋	鸭舌头	压发	束腰
毛衫	夹裤	套鞋	小滴粒帽	轧钗	饭单
绒线衫	衬裤	钉鞋	和尚帽	如意	卷髈
卫生衫	罩裤	趿拉板	乌兜帽	项圈	包头布

【拼接衫裤】

采用拼接布料的方法制成的衣裤。上衣以花布、土布、士林布为主，在肩、袖部用不同颜色的布料拼接。裤子多用蓝底白印花或白底蓝印花布，而在裆部用蓝或黑士林布拼接。因为肩、袖、裆部是最容易磨损的部位，缝补时不一定能找到同色的布料，所以裁新衣时就采用拼接的方式，便于重补，久之就形成了独特的特色。这种服饰的形制是为适应稻作生产而发展出来的，上衣一般腰宽袖口窄，裤子臀围肥大、裤管较短、脚口小，便于水田劳作。

【短衫】

内衬的单上衣。孙家振《海上繁华梦》初集第十七回："见他身上穿的是元色铁线纱长衫，内衬黑拷绸短衫，下身黑拷绸裤子。"弹词《再生缘》（秦纪文演出本）第十二回："好不容易寻到一把剪刀，拿布条绕好，然后往贴身短衫口袋里藏好。"

【短打】

短装，是劳动人民的日常服装，便于活动劳作。网蛛生《人海潮》第二十一回："那几位不比吃双台的短打客人，身上大家非常漂亮，不是狐皮，定是灰背。"朱瘦菊《歇浦潮》第八十五回："平时着长衣惯了，此时穿了短打，走到马路上，羞得他置身无地，洒开大步拼命跑走。"

【毛衫】

指初生婴儿所穿的内衣。初生婴孩皮肤娇嫩，内衣多用绒布或柔软棉布制作，且缝制时不缉边，而采用毛边形式，故称。西周生《醒世姻缘传》第六十六回："我当自家外甥似的看待，与你送粥米，替你孩子做毛衫。"讷音居士《三续金瓶梅》第三十四回："预备了小儿的毛衫、被褥无有？"

【绒线衫】

指毛衣。苏州话称毛线为"绒线"或"绒头绳""头绳"，"绒线衫"也叫"绒头绳衫""头绳衫"。张爱玲《半生缘》："总是看见她在那里织绒线，做一件大红绒线衫。"

【湿布衫】

布衫潮湿后会紧贴身体，穿着十分难受，喻指难以摆脱的麻烦人或事。佚名《生绡剪》第四回："别了大儿二年，讨不得一些实信。今又从新穿着这个湿布衫，好不耐烦。"网蛛生《人海潮》第二十四回："空冀心想，今天醋海兴波起来，一定没趣，这一件湿布衫，还是我自己披一披吧。"

【一口钟】

即斗篷。斗篷无袖，外形似钟，故名。方以智《通雅·衣服》："假钟,今之一口钟也。周弘正著绣'假钟',盖今之一口钟也。凡衣掖下安摆,襞积杀缝,两后裾加之。世有取暖者或取冰纱映素者皆略去,安摆之上襞直,令四围衣边与后裾之缝相连如钟然。"由此可见,至少在明代,一口钟已是常用的词语并一直沿用至后世。吴承恩《西游记》第三十六回:"那众和尚,真个齐齐整整,摆班出门迎接。有的披了袈裟;有的着了偏衫;无的穿着个一口钟直裰;十分穷的,没有长衣服,就把腰裙接起两条披在身上。"李伯元《官场现形记》卷四十三:"却不知从那里拖到一件又破又旧的一口钟,围在身上,拥抱而卧。"朱瘦菊《歇浦潮》第九十五回:"她早有存心,所以值钱的衣服,都预先搬回娘家,此时只披一件狐嵌一口钟。"又写作"一口忪"。胡文英《吴下方言考》卷一:"忪(音中)……吴中谓不穿袴曰'一口忪'。"

【海虎绒】

即长毛绒,用两种经纱(毛经纱和地经纱)和纬纱交织而成,表面有1厘米左右厚度的毛绒。又称海勃龙,均为 hypalon(氯磺酰化聚乙烯合成橡胶)译名。该种织物是近代以来才掌握的裘皮仿制技术的产物,开创了机器织造人造毛皮的先例。由于保暖性佳,常用于冬季大衣、衣领、冬帽等。虽然被当作皮衣的平价替代品,但在相当一段时期内海虎绒制品仍非寻常百姓所穿戴。姬文《市声》第二十九回:"穿着宁绸袍子,海虎绒马褂,脸上戴着金丝边眼镜,手上套着两个金戒指,满面笑容。"孙景贤《轰天雷》第七回:"三人迎上去看时,一个穿着海虎绒一口钟,年约二十余岁,英姿飒爽。"

【襕】

袍子,一般指棉的或皮的夹袄。梦花馆主江阴香《九尾狐》第三十七回:"见那人已到楼上,身穿着水灰布的夹襕,外罩天青缎对胸大袖马褂。"赵元任《现代吴语的研究·苏州话"北风跟太阳"的故事》:"啥人能先叫葛葛走路葛人脱脱俚葛襕啊,就算啥人葛本事大。"

【卫生衫】

一种由机器织造,一面起绒的衣服。其舒适保暖佳,起初不贴身穿,但后来常作内衣使用,也有外穿者。同理,裤装也有卫生裤。"卫生"的得名由来,据学者考证,与洋泾浜语现象有关。薛理勇《卫生衫、运动衫与卫衣》一文中说:"这种衣裤轻质保暖,当然有利于'卫生',译做'卫生衣裤'合情合理。实际上，'卫生衫'是'洋泾浜语'。棉毛绒布的英文是'wincey'，与上海话的'卫生'的发音十分接近，'卫生衣裤'就是洋泾浜语（现在，这种衣衫也被叫做'卫衣'）。"

【霍血】

又可写作"壑血"。指短衫，是一种隐语的用法。孟兆臣《老上海俗语图说大全·霍血》："光棍们对于霍血，非常重视，要面子的人，不肯当去外面的'大蓬'，往往先当去里面的霍血，外面还是穿着'大蓬'，招摇过市。""大蓬"即指穿在外面的长衫、披风、袍子一类。至于为何称短衫为"霍血"，已不十分清楚。"霍"在吴语中有"紧贴"的意思。冯梦龙《山歌·陈妈妈》："骨棱层，瘦乖乖,霍在肉上个样东西在上缴了缴，再惹得我介脍腌。"所谓"霍血"，或许是以"血"代"肉"，紧贴肉的就是穿在里面的短衫。

【衬里】

原指将布料、衣物等衬在里面、贴身的意思，本身是一个动作状态。坐花散人《风流悟》第六回："（何敬山）头上带一顶京骚玄缎帽，身上穿一领黑油绿绸直身，拖出了蜜令绫绸绵袄，绵绸衫子衬里，脚上漂白绵袜，玄色辽鞋，白面，三牙须，甚是齐整。"后常作定语，与"布衫""衣服""裤子"等搭配成名词，指贴身衣物。冯梦龙《山歌·困得来》："弗贪吃着弗贪财，且喜我里情郎困得来。衬里布衫那了能着肉，早蚕蛾飘紧子弗分开。"守朴翁《醒梦骈言》第七回："黄氏见了害怕，便推开儿子，仍旧自己来执役，庹姑又换下那衬里衣服，来叫黄氏与他浆洗。"此外，"衬里"还可以特指缝制衣服时衬在里面的布。如洪深《香稻米》第一幕："冯先生身上这件袍子，做起来价钱一定不便宜，你看那'衬里'都这样的讲究呢！"这一意义，苏州话中也叫"夹里"。

【领头】

苏州话称上衣衣领为领头。"头"与"领子"的"子"都可以看作是词缀。凌濛初《二刻拍案惊奇》第六卷："刚拆得领头，果然一张小小字纸缝在里面，却是一首诗。"

【宽紧带】

即松紧带，有弹性可伸缩的带子，通常由橡胶制成，在服装中起固定作用。比如在裤腰处内嵌宽紧带，即可替代外部的腰带，使裤子不下坠。

【作裙】

一种用粗布制成的长度齐膝的裙，劳作时围束在上衣外。一般用两幅蓝士林布或单色棉布前后叠压缝制而成，上窄下宽，两侧腰部多褶裥，便于劳作。柴小梵《梵天庐丛录·作裙》："江浙劳动之男女至冬着之，一以御寒，一以障秽。"也写作"襕裙"。

【饭单】

指做菜时围在身前保护衣服免遭油污的围裙，亦可泛指生产劳动时防污的各类围裙。与床单、被单的"单"相同，这里的"单"指用单层布帛制成的衣物。陆士谔《十尾龟》第十八回："恰好白玫瑰打扮完毕，黑布薄棉袄，黑布棉裤，罩着个月白竹布饭单，上面搭着个银搭纽。"程乃珊《摇摇摇，摇到外婆桥》："逢旧历新年，秀珍阿姨织锦缎棉袄一穿，白饭单一扎，谁也想不到她是保姆。"

【围身】

【束腰】

围束在腰间用以防污的及膝粗布小围裙。通常用两种颜色的布分三块拼成，有的还在上面缝制口袋，其上端两角穿有五彩丝线流苏带子，以便系在腰间。有的地方也叫"束腰"。与"作裙"围住整个身子不同，"围身"一般只挡住身前部分，不及身后；也与"饭单"从脖子处挂下，还兼及胸前部分有别，"围身"只挡腰下膝上的身前部位。弹词《文武香球》第二十四回："厨子无生意，皆因手口低。尖刀铁锈起，围身好像百脚旗。"陈彭年等《广韵》"围"字雨非切，今苏州话中白读音仍保留古声母发音。也写作"牖身"，"牖"当是记音字。范寅《越谚·服饰》："牖身，雇工人外裳，蓝布为之，御秽浊者。""牖"字生僻，本不宜以此字记音，或为取譬之故。许慎《说文·片部》："牖，筑墙短版也。"筑墙时需先用牖围挡，于其中填注湿土后夯实，墙垣乃成。束腰即如牖版围挡身体，故记作"牖身"。抑或学者误"牖"为本字。司马迁《史记·万石张叔列传》："建为郎中令，每五日洗沐归谒亲。入子舍，窃问侍者取亲中裙厕牖，身自浣涤。"这是说石建极孝，每隔五天探望父亲，问仆人索要父亲的"中裙"和"厕牖"，亲自浣洗。中裙即贴身裤装，厕牖一般解为便器。一说厕牖为内衣，班固《汉书》颜师古注："中裙若今言中衣也。厕牖者，近身之小衫，若今汗衫也。"若依后说，则"牖"亦可作服饰解，非必为版筑之物。此外，若此句断作"窃问侍者取亲中裙厕牏身，自浣涤"，则或误以"牏身"为古词，乃"围身"之本字。

【围湤】

即围嘴。喂饭、喂奶时常系于儿童脖子周围以保持衣服的干净。湤，湤唾，口水。朱骏声《说文通训定声·需部》"襦"："《方言》四'繄袼谓之襦'。注'即小儿次衣也'。苏俗谓之围湤，着小儿头颈肩，以受次者，其制圆。"也写作"牏馋"。胡祖德《沪谚外编·看潮歌》："绒线帽子畚箕头，荷花牏馋六瓣头。"

【行头】

原指戏曲演员演出时所用的服装道具。李斗《扬州画舫录·新城北录下》："戏具谓之行头，行头分衣、盔、杂、把四箱。"曹雪芹《红楼梦》第二十三回："因贾蔷又管理着文官等十二个女戏子并行头等事，不大得便，因此贾珍又将贾菖、贾菱、贾萍唤来监工。"亦可泛指日常服装。梦花馆主江阴香《九尾狐》第十五回："宝玉清早起身，梳洗打扮，又换了一付行头。"朱瘦菊《歇浦潮》第八十回："红珏看筱山身上，也换了全新行头，衬着海上其特别改良的器具，沙法上白洋布凳套，渲染几搭乌云斑驳，大约令坐的人恍如腾云驾雾一般。"值得注意的是，当日常生活中把衣物说成"行头"时，往往带有调侃的意味，因为作为演出服的"行头"通常比较华丽隆重。当某人来回改换衣着服饰时，苏州话中称之为"翻行头"，翻即反复改变之义。

【脚手】

指鞋袜。乾隆《长洲县志·风俗》："首饰曰头面，鞋袜曰脚手。"从文献材料看，脚手与鞋常共同出现，同义并列。兰陵笑笑生《金瓶梅》第七十一回："是家中做的两双鞋脚手。"佚名《生绡剪》第七回："去冬晚稻倍收，新正人上还闲，家家要缉理些鞋儿脚手，年年是有生意的，到关蚕门才懈哩！"

【蒲鞋】

蒲草编织的鞋子，在改革开放前一般为穷苦百姓所穿。据《甪直镇志》记载，在旧时的农村，甪直家家户户的农村妇女都会编制蒲鞋，并且不分男女老幼皆穿蒲鞋。它与甪直水乡妇女服饰一样，都是稻作农耕文化的产物。在甪直有句俚语："甪直蒲鞋甪直着，走出甪直就赤脚"，以示甪直之大。随着生活方式的改变，蒲鞋已经很少作为基本生活用品，而是作为工艺品、旅游纪念品销售了。

蒲鞋与草鞋略有差别。草鞋可选用稻草、茅草等材料，非必蒲草。除此以外，蒲鞋的制作工艺较草鞋来得考究。蒲鞋的编结质地更为紧实，通常还有鞋帮鞋面。草鞋则可无鞋帮鞋面，仅用绑带固定足部。

历史上，吴地盛产蒲鞋，史书、方志多有记载。如欧阳修等《新唐书·五行志》："文宗时，吴、越间织高头草履，纤如绫縠，前代所无。履，下物也，织草为之，又非正服，而被以文饰，盖阴斜阘茸泰侈之象。"《吴县志》《苏州府志》中也都把蒲鞋作为当地特产。在蒲鞋刚兴起时，吴地蒲鞋一般制作精良，虽蒲草所编，但堪比绫罗，是穿着轻便的高档鞋。范濂《云间据目抄》卷二载："鞋制，初尚南京轿夫营者，郡中绝无鞋店与蒲鞋店。万历以来，始有男人制鞋，后渐轻俏精美，遂广设诸肆于郡治东，而轿夫营鞋始为松之敝屣矣……宕口蒲鞋，旧云陈桥，俱尚滑头，初亦珍异之。结者皆用稻柴心，亦绝无黄草。自宜兴史姓者客于松，以黄草结宕口鞋甚精，贵公子争以重价购之，谓之史大蒲鞋……近又有凉宕口鞋，而蒲鞋滥觞极矣。"可见，陈桥蒲鞋是当时贵公子争相高价购买的轻俏精美鞋子。兰陵笑笑生《金瓶梅》第二回中西门庆首次亮相，即着一双"细结底陈桥鞋儿"。明代将领谭纶在《报父》家书中曾提到"寄回陈金盘露酒二樽，白鲞四拾斤，广葛一匹，陈桥鞋一双"，陈桥鞋确为时人所珍异，当属高价日用品，是赠亲之佳选。在清初吴语小说中，"宕口鞋""浅脸黄草鞋儿"等仍是有钱男子所穿蒲鞋的时兴式样。

【芦花蒲鞋】

在普通蒲鞋的基础上，于鞋底复加芦花而编成的一种蒲鞋，主要在寒冷时节穿着。制作芦花蒲鞋时，需要将芦花晒干后搓成绳，然后与蒲草绳、茅草绳等一般材料混合编织。如此制成的芦花蒲鞋较一般蒲鞋穿着更为舒适保暖。若将鞋帮进一步做深，则具备了如靴子式的形制，可称"芦花靴"。彭养鸥《黑籍冤魂》第二十三回："先一个捕快推门进去，一看是一个乡村小烟馆，烟客尚未散尽，吃烟的人，都是烂毡帽、破棉袄、芦花蒲鞋。"周振鹤《苏州风俗·衣饰》："贫家则穿屦及芦花蒲鞋。"

【蒲鞋出租苏】

比喻事情没有好结果，预期落空。徐珂《清稗类钞·苏州方言》："蒲鞋出租苏，一场吼结果。吼，无也。蒲鞋破，则如人之有须，俗呼'髭须'二字之音为'租苏'，破则不能着矣，喻事之无好结果也。""租苏"，即胡须。《缀白裘·琵琶记》："无子衣裳还犹可，那得出租苏，倒做光下耙阿胡子也啰！"

【拾蒲鞋配对】

捡拾别人遗弃的蒲鞋与自己原有的一只凑成一双将就着穿。比喻无论好坏，随意凑合。实际上，这句俗语的产生与蒲鞋本身的特点相关。蒲鞋宽大，无左右之分，故而能够随捡随配对。张南庄《何典·序》："一路顺手牵羊，恰似拾蒲鞋配对；到处搜须捉虱，赛过搋迷露做饼。"

【穿钉鞋,撑拐杖——稳浪加稳】

此歇后语用来比喻人做事极其稳妥谨慎。钉鞋，非指现在的田径运动跑鞋，而是指旧时雨天所穿的鞋底钉有铁钉的防滑雨鞋。雨天路滑，不仅穿上钉鞋，而且还拄上拐杖，走路当然稳上加稳。

【蚌壳棉鞋】

中式布底棉鞋。无系带，鞋面由两部分拼合，两片鞋帮如蚌壳形，故称。琦君《我的蚌壳棉鞋》："冬天在寒冷的宿舍里，穿上蚌壳棉鞋，心头感到无限温暖。"

【鞋子不做落个样】

鞋样，指做鞋的纸样。此俗语是说鞋子尚未做成而鞋样却已为他人所得，比喻事情未做成反落下了痕迹，授人以柄，多为贬义。孙家振《海上繁华梦》初集第二十七回："早知他一口回绝，真是俗话说的'鞋子不做，落甚样儿？'说来令人好不懊恼。"张爱玲《半生缘》："从前他嫂嫂替他和翠芝做媒碰了个钉子，他嫂嫂觉得非常对不起她的表妹，'鞋子不做倒落了个样'。"还有将"做"作"着"（穿着）的形式，意义相同。徐珂《清稗类钞·苏州方言》："鞋子未着落一样，鞋未着而鞋样已为人所得，喻事未成而反着痕迹也。"

【鞋面布做帽子】

歇后语，歇"高升"。本是做鞋子的布料，现在改做帽子，从脚上变到头上，当然是高升了。如：俚现在是局长，鞋面布做帽子——高升哉！

【卷髈】

吴地妇女裹在小腿上的布制服饰，类似于绑腿布。苏州话称腿为

"髈",多讹作"膀"。卷髈即将布围卷裹在小腿上。布围呈正方形或梯形,裹好后上下两端均有系带或纽扣固定。卷髈是典型的劳动人民服饰,能够防寒保暖,防止蚊虫叮咬,有效弥补裤子较短的劣势。朱骏声《说文通训定声·屯部》"縳":"薆貉中,女子无绔,以帛为胫,空用絮补核,名曰縳衣,状如襜褕……按,如今苏俗妇人所用之卷髈也。"可见卷髈还能制作得更为讲究,在中间填充棉絮等物,加强保暖效果。

【袜统】

即袜筒,"统""筒"音近。因袜子在人脚腕以上的部分,直筒型,故而得名。网蛛生《人海潮》第三十二回:"(凌菊芬)鞋子也脱掉,穿双黑丝袜,袜统上面,露出一段小膀,香肌雪白粉嫩,像敷着白玉霜似的。"西周生《醒世姻缘传》第二十二回:"袖里取出汗巾,打开银包,从袜筒抽出戥子来,高高的秤子二钱银子,递到傅惠手里。"苏州话中有"一只袜统管""一只裤脚管"之语,意谓两人站在同一阵营,进退一致。

【袜船】

没有袜筒的袜子。袜子无筒,仅剩下部包裹足部的部分,其形似船,因而得名。梁同书《直语补证》:"袜船,今人称袜下缘曰船。杜诗'天子呼来不上船'。一云,船领缘也。施之于袜,形更近似。"另,周振鹤《苏州风俗·衣饰》:"袜内衬竹布制成鞋形为袜船,以裹足。"按照周振鹤说,袜船是袜子内再以布制成的似鞋形的物品。

【戴仔箬帽亲嘴】

"仔",助词,相当于"了""着",在动词后,表示动作的完成、持续的状态。"箬帽"即箬笠,用箬竹叶及篾编成的宽边帽,常用来挡雨、遮阳。由于是宽边,所以戴着箬帽的两人无法非常靠近彼此,也就无法接吻。比喻事情有困难阻碍,不能如愿。徐珂《清稗类钞·苏州方言》:"戴仔箬帽亲嘴,喻事有阻隔,不能如愿也。仔,语助辞。"

【天无箬帽大】

天空还不如箬帽大,比喻坐井观天,狂妄自大,不知天高地厚。落魄道人《常言道》第四回:"原来是只井底蛙,拾在手中,抬头一看,竟是天无箬帽大了。"又作"天公箬帽大",意义相同。佚名《生绡剪》第四回:"他经书已完,行文通透。就看得天公箬帽大,在磨子侧边做个书房起来。"心远主人《二刻醒世恒言》下函第八回:"若是个恃着聪明用事的少年科甲，几句歪文字，都是记诵别人的，一时侥幸了去，就看得天公箬帽大，一切民情风俗也不晓得，凭着自己聪明（做）去，威权任意，小事做坏，也就暗损阴骘了。"

【铜盆帽】

即西式礼帽。这种帽子有一圈阔帽边，外形极似倒扣的铜盆，故而得名。因从英国传入，又称"大英帽"。

【罗宋帽】

一种冬季暖帽，因由俄罗斯传入，故称罗宋帽（与罗宋汤中的罗宋一样，均为 Russia 的音译）。此帽用骆驼绒制作而成，暖和、柔软且轻便。其最大的特点在于三段折叠式的设计。将帽子拉下一半，可遮挡住耳朵；全部拉下则可将整个头颈部包裹，仅露出部分前脸，保暖效果十分出众。

【包头布】

即头巾。一般农村妇女在劳作时用来包住额头和头部，同时裹住头发，便于劳作，也起到遮阳防风、护发保洁的作用。简单的包头是用一块长方形毛巾包住头部后在发髻下打结。胜浦、唯亭、甪直一带的妇女则用青色、深蓝色、黑色布拼角而成，边沿用花布或绒布镶绲，有的绣有图案，整体呈三角形，称"三角包头"。

【刨花水】

用特殊木材的刨花浸泡而制成的带有黏性的水，类似于发胶，对头发有润泽定型的作用，是旧时妇女的日常护发用品。漱六山房《九尾龟》第四十六回："编好之后，又用刨花水刷了又刷，直把秋谷的一条辫发刷得没有一根乱丝，黑漆漆的宝光如镜，方才完事。"朱瘦菊《歇浦潮》第九十四回："幸她不是小脚姑娘，出门有许多摸索，兼之昨儿一夜未睡，头也不必再梳，用刨花水掠一掠，便见光滑。"刨花水的原料多为油胶质的松柏、榆、桃、枣等，刨花便是从这些树干木质部分刨取呈卷片状的薄片。刨花水的使用历史相当长，唐代是其发展完善的时期，此后一直沿用至民国时期。随着国外化学洗护用品的传入，刨花水逐渐退出历史舞台。不过在某些传统行当，仍然能看见其身影。比如京剧旦角在额头盘发和面颊勒鬓（水鬓）时仍用刨花水达到固定作用。

【抿子】

用来蘸取润发油、刨花水等液体刷头发的刷子。"抿"指蘸刷的动作。

沈榜《宛署杂记·殿试》："剪子四把，抿子四把，青布门帘四十个。"韩邦庆《海上花列传》第十回："双玉方才丢开，起身对镜，照见两边鬓脚稍微松了些，随取抿子轻轻刷了几刷，已自熨贴。"

【油面榻】

梳头时用来蘸取润发油的梳妆用具，一般用绸布做成，圆形，双层，正面绣以吉祥寓意的图案。榻，当是"搨"的记音字，搨，搽、抹的意思。《吴歌新集·啥个圆圆圆上天》："洋钿圆圆郎手里用，油面榻圆圆在姐身边。"

【编筐】

筐子。许慎《说文·竹部》："筐，取虮比也。"段注："比、筐古今字。比，密也。引伸为栉发之比……虮者，虱子。云取虮比者，比之至密者也。今江浙皆呼筐筐。"齿稀疏为"梳"，齿细密为"篦"，齿密者方可捉取虱子。又作"编笲"。朱骏声《说文通训定声·颐部》"筐"："苏俗谓之编笲是也。"冯梦龙《山歌·木梳》："吃个镜子来里做眼，编筐着弗得个篷尘。牙刷子只等你开口，绊头带来里缝筋。"

【健人】

一种用金银丝制成的女性发饰，在端午节佩戴，有祛除邪祟的作用。顾禄《清嘉录》："（五月五日）市人以金银丝制为繁缨、钟铃诸状，骑人于虎，极精细。缀小钗，贯为串，或有用铜丝、金箔为之者，供妇女插鬓。又互相献赉，名曰'健人'。"其案语云：蔡铁翁《吴歈》注谓"即古步摇"。"健人"即使人康健之义，并非普通的头饰，而是具有特殊的时节性意义。秦荣光《上海县竹枝词·岁时》："儿童争买雄黄酒，妇髻玲珑插健人。"

【钏臂】

臂镯。许慎《说文·金部》新附："钏，臂环也。"钏的具体所指在历史上有迁移变化。浑言之，凡戴于手臂之上的环状饰品均可称"钏"。析言之，为了表述指称的清晰，手腕上的环状饰品称腕钏、手镯，而前后臂上的环状饰品称钏、臂钏、钏臂。除了佩戴部位上的区别，形制上两者也有差异。前者是单环，而后者往往是在手臂上旋转缠绕数圈。在古代诗文作品中，两者时常混同，韩邦庆《海上花列传》中多次出现"钏臂"，材质各异，第六十四回："二宝不伏气，臂上脱下一只金钏臂，令朴斋速去典质。"第五十六回:"原来翠凤浑身缟素,清爽异常,插戴首饰,也甚寥寥;但手腕上一副乌金钏臂,从东洋赛珍会上购来,价值千金。"陆士谔《十尾龟》第十七回:"耕心弟,你臂膊上戴着金钏臂么?退下来我们瞧瞧。"从以上例子来看,吴语中的"钏臂"似佩戴于手腕或手臂处均可。随着饰品佩戴风潮与习惯的改变,今天已很少见到真正佩戴于手臂的"钏"了。

【镯头】

即镯子,手镯和脚镯的统称。质地多为玉石或金银等,其形为环状,一般女子佩戴,象征和谐圆满。小儿无论男女皆可佩戴,通常是银质手镯和脚镯,苏州话"银""人"同音,蕴含有祝福成长之意,而戴手镯、脚镯又有套住、圈住的意思,这里又包含有压邪保育的意味。

【绢头】

手帕,丝巾。"头"是词缀。所谓"绢",本当是一种生丝织物,"绢头"即是丝质手帕。不过在实际使用中,"绢头"也可泛指手帕一类的物品,非必须是丝织品。苏庵主人《归莲梦》第三回:"当夜上了床,两个颠鸾倒凤,不知揩抹了多少绢头,方得休息。"弹词《玉蜻蜓·厅堂夺子》:"今朝试试看,啥人格眼泪厉害?就拿块绢头往鼻头上一揿,眼泪下来哉。"

第二节　饮食

"民以食为天",饮食是人们日常生活的重要组成部分。当某一地域的饮食习惯、风俗、追求等形成了自身独特而稳定的区别性特征,便出现了所谓的饮食文化。毫无疑问,苏州是有饮食文化的,这种文化的根则深植于这一方水土。不同的气候、土壤、水资源等自然条件决定了人们获取食物的不同模式。苏州地区自古气候温暖湿润,雨量充沛,土壤肥沃,是发展农业耕种,特别是种植水稻的理想之地。无论是考古发现抑或是文献记载,均可以证明稻米始终是长江流域,自然也包括苏州地区人民的主食。此外,由于稻谷种类的不断培育增多,人们在主食以外,小食也往往由稻谷,特别是由糯米制成。吴地将以糯米及其屑粉制作的熟食称为小食,方为糕,圆为团,扁为饼,尖为粽,形成了糕点文化。司马迁《史记》曾描述长江中下游地区饮食状况为"饭稻羹鱼",这也是对苏州饮食文化的准确概括,苏州素以水产作为肉食的主要来源。苏州湖泊众多、河网密布,有水乡之称。所倚三万六千顷太湖,为我国四大淡水湖之一,渔业资源丰富。苏州喜食且善食各种鱼类及螺蚌、虾蟹等水产,方言中也常有以此作譬者。此外,"水八仙"(茭白、莲藕、水芹、芡实、慈姑、荸荠、莼菜、菱八种水生植物的可食部分)、枇杷、杨梅等蔬菜瓜果也体现出强烈的水乡特色。总之,苏州的饮食文化远非稻鱼可囊括,实际上经过长期的发展,苏式船菜、苏式水果、苏式糕点、苏式糖果蜜饯等均声名远播。

在饮食习俗与追求上,苏州饮食文化不以珍奇为重,但极为注重时令,烹饪技艺上讲究精致。"不时不食"是苏州人饮食的准则与信条。苏州四季分明,各个季节物产不同,饮食也因时制宜,讲究春尝时鲜、夏尚清淡、秋品风味、冬讲滋补。比如春天吃野菜讲究"七头一脑"(枸杞头、马兰头、小蒜头、草头、荠菜头、豌豆头、香椿头、菊花脑等八种初生的野菜),清明时节讲究吃"明前螺蛳"、采摘碧螺春等;夏季食用金银花茶、白菊花茶、凉粥、糟卤食品等,起到清热、刺激食欲的效果;大闸蟹则必食在秋季,且有"九雌十雄"的区别;冬季时兴吃羊肉、喝羊汤,等等。仅就鱼馔而言也应时而变,有谚云:正月塘鳢鱼肉头细,二月桃花鳜鱼肥,三月甲鱼补身体,四月鲥鱼加葱须,五月白鱼吃肚皮,六月鳊鱼鲜如鸡,七月鳗鱼酱油焖,八月鲃鱼要吃肺,九月鲫鱼要塞肉,十月草鱼打牙祭,十一月鲢鱼汤吃头,十二月青鱼只吃尾。苏式糕点更有春"饼"、夏"糕"、秋"酥"、冬"糖"的季节性产售周期。"食不厌精,脍不厌细"是苏州饮食烹调技艺的体现。苏州菜对食材、调料的选择不要求名贵,但讲究新鲜、搭配。著名的"太湖三白"(白鱼、白虾、银鱼)就极为注重食材的新鲜程度,因其出水极易死亡,故适合在水边或船上烹制。因此,"太湖三白"也就成了"太湖船菜"的招牌食材。苏州菜的菜品呈现追求色香味形俱全,色泽美、香味美、味道美、造型美四者融为一体,这也是苏式食品的传统风格。

苏帮菜的另一特色便是人文性。苏州自古人杰地灵,许多菜品典故或传说多与名人相关,如专诸炙鱼,张翰"莼鲈之思",陆龟蒙"甫里鸭羹",等等。《金瓶梅》《红楼梦》《随园食单》等著作文献中也保留了大量对苏菜的记载。凡此种种,无不加深了苏菜的内涵底蕴与文化气息。各类时令食品详见表 3-2。

表 3-2　苏州本地时令食品一览表

农历月	农蔬类	肉鱼类	瓜果类	糕点茶酒类
正月	冬笋	鯆鳢鱼	—	春饼
二月	"七头一脑"、水芹	鳜鱼、酱汁肉	—	撑腰糕
三月	苋菜	甲鱼、刀鱼、河豚	樱桃	碧螺春、酒酿饼、青团
四月	蚕豆、莼菜、菜薹	鲥鱼、螺蛳、黄鱼	梅子、枇杷	五色大方糕、乌米饭、青梅酒
五月	丝瓜	白鱼、白虾	杨梅、桑葚	粽子、绿豆糕
六月	苦瓜	鳊鱼、荷叶粉蒸肉	西瓜、翠冠梨	薄荷糕、三虾面

续表

农历月	农蔬类	肉鱼类	瓜果类	糕点茶酒类
七月	冬瓜	鳗鲡	白蒲枣、桃	双花茶、绿豆汤、炒肉馅团子
八月	菱角、芡实、藕	鲃鱼、银鱼、扣肉	板栗	荤素月饼、桂花糖芋艿
九月	茭白	鲫鱼、鲈鱼、大闸蟹	柑橘	重阳糕
十月	白菜	草鱼、羊肉	白果	芝麻交切片
十一月	荸荠	鲢鱼、酱方	石榴	冬酿酒、冬至团
十二月	慈姑	青鱼	草莓	腊八粥、鸭血糯、咸肉菜饭、糖年糕

【开火仓】

指生火做饭。"火仓",亦写作"火舱",原指船尾掌舵兼作厨房之处,因而后来将做饭叫作"开火仓"。捧花生《画舫馀谈》:"舟子烹调,亦皆适口,无论大小船皆谙之。火舱之地,仅容一人,踞蹲而焐鸭、烧鱼、焖羹、炊饭,不闻声息,以次而陈。"李伯元《官场现形记》卷六:"这几天就叫这外国人不必开火仓,统通在我们这里做好,叫打杂的替他送去。""开火仓"不必指亲自做饭烹饪,可仅指承担伙食的费用。弹词《合欢图》第五十一回:"叫我拿去当介十两银子得来开火舱哉。"

【煨行灶】

指烧行灶来煮饭做菜。"煨",即点火,但火势不大。"煨"可以表示文火慢炖,也可以表示把生的食物放在带火的灰里使烤熟,甚至可以表示无火暗烧。总之,"煨"多种用法的核心意义是"火小"。"行灶",一种可以移动的简易炉灶。"行灶"造价低,取材制作容易,但烹饪容量有限且没有烟囱,使用时烟从灶门排出,便利程度上不及土灶乃至煤炉。"行灶"火小,故称"煨行灶"。这显然是贫困生活的代表,故而"煨行灶"在苏州话中特指生活窘迫拮据。落魄道人《常言道》第七回:"那里晓得命里注定煨行灶,砌了烟囱不出烟,头在灶里,脚在灶里。"这是调侃自身摆脱不了贫穷。苏州还有句俗语:"东山望到西山好,西山也勒煨行灶。"意思是东山人觉得西山人生活富足,却不知道西山百姓也在"煨行灶"(即忍受贫穷），这是劝讽不要徒然羡慕他人，须知各家自有各家苦。冯梦龙《笑府·望烟囱》："一富儿才当饮啖，闲汉毕集。怪问曰'汝辈何以知之？'对曰'遥望灶头出烟，知是动火，故来耳'。曰'我明日煨个行灶，看你如何？'对曰'你若到煨行灶时，我等自然不来了'。怕煨行灶时还要来，问来做甚么，曰'讨债'。"这则笑话正好涉及行灶无烟囱及"煨行灶"这两个方面的情况。

【阿弥饭】

即乌米饭。用乌饭树的叶汁浸泡糯米蒸煮而成的饭，煮熟后饭色青绿，气味清香。唐慎微《重修政和经史证类备用本草》卷十四曾介绍乌饭做法："取（南烛木）茎叶捣碎渍汁，浸粳米，九浸九蒸九暴，米粒紧小，正黑如瑿珠。"南烛即乌饭树，其茎叶有止泄除睡、强筋益气力之效。杜甫在《赠李白》诗中有"岂无青精饭，使我颜色好"的佳句，青精饭也就是乌米饭。初为道家斋日的饵食，后佛家也将乌米饭作为斋食，尤其是在四月八日浴佛节，佛教徒多以乌米饭供佛。李时珍《本草纲目·青精乾石䭈饭》说："此饭乃仙家服食之法，而今之释家多于四月八日造之，以供佛耳。"在江南一带，人们至今保留着农历四月吃乌米饭这一古老的习俗。苏州话中"乌米"与"阿弥"同音，因而附会成"阿弥饭"。顾禄《清嘉录》："市肆煮青精饭为糕式，居人买以供佛，名曰'阿弥饭'，亦名'乌米糕'。"

【铲饭滞】

饭滞，即锅巴。用烧灶的大锅煮饭，紧黏锅底的一层饭粒更易结焦成块而产生"饭滞"。冯梦龙《山歌·镴子》："过日子你搭多烧子介一把了烧子个饭滞，倒说我馋痨了要吃。""滞"的本字盖"糃"。顾野王《玉篇·米部》："糃，时翅切，糃黏也。"陈彭年等《广韵》去声寘韵是义切："糃，黏貌。""糃"的标音与方音相合，不过，今苏州方言中不单说。

锅巴有一股焦香味，有的人喜欢吃，也有人专门用锅巴来煮"饭滞粥"。在盛饭时，把锅巴也一并铲起，意谓彻底铲除。因而口语中"铲饭滞"常用来比喻事情全部完蛋、一锅端，或彻底破产，多用于负面情况。

【冷粥面孔】

粥冷却以后，粥的表面会结一层"衣"。"冷粥面孔"用以形容绷着的脸，犹言冷面孔。张南庄《何典》第一回："下首是苦恼天尊，信准那个冷粥面孔，两道火烧眉毛上打着几个捉狗结。"

【吃杀馒头当不得饭】

杀，用在动词后，表示程度深。南方人爱吃大米，把馒头只看作点心，不当作正餐。此俗语用来比喻替代品虽多，但终究抵不上最想要得到的东西。多用于两性关系。凌濛初《拍案惊奇》第二十六卷："虽然有个把行童解馋，俗语道'吃杀馒头当不得饭'。"也作"吃杀点心当不得饭"。俞万春《荡寇志》第七十三回："我没处消遣，只好把家里的这几个来熄火，却又可厌，正是吃杀点心当不得饭！"

【浇头】

浇置于面饭之上，与主食搭配食用的菜肴，"头"为后缀。顾禄《清嘉录》："早晚卖者，则有臊子面，以猪肉切成小方块为浇头，又谓之卤子肉面。"网蛛生《人海潮》第六回："怎么去年在渡口初见一面，便叠连对我做了个双料迷眼，外加微微一笑，好似一碗面添上个浇头，这倒要请问你，甚么意思？"此外，"浇头"也可指做菜时搭配的辅料。曹雪芹《红楼梦》第六十一回："通共留下这几个，预备菜上的浇头。姑娘们不要，还不肯做上去呢，预备接急的。"不难看出，"浇头"有"附加"义，故而在实际语言使用中，也可以表示在主体事物之外的附加事物。云间天赘生《商界现形记》第一回："'而且我那老婆不光是这一门儿哩，还有个浇头哩。'黑牡丹诧异道，'什么说？还有怎样的浇头呢'？"这里说的便是人物（"我那老婆"）除了众人已知的特性，还有其他的性格特征。

【盖浇】

将浇头盖于面饭之上，故也称"面浇"，这是最常见的浇头食用方法。这样的吃法既有利于保存浇头本身的风味，又可以按照食客的喜好，与主食搅拌混合后食用。苏州面食文化深厚，有一整套围绕浇头而存在的术语，盖浇便是其一。又可作"盖交"。除此以外，还有"底浇""过浇""飞浇"等。"底浇"与"盖浇"正相对，是将浇头置于面底。这种方法适合天气寒冷时，利用面汤的温度将现成常温的浇头迅速升温使之软烂。"过浇"也称"过桥"，是另用一碗碟盛放浇头，浇头与面不直接接触。所谓"飞浇"，取浇头"飞"走之义，即指没有浇头，仅吃面，这实际上是一种幽默诙谐的说法。通常吃"飞浇面"者，多是囊中羞涩吃不起浇头，故而此种称呼可以在某种程度上化解尴尬。

【索粉】

以各类粮食所磨之粉制成的细条状食物。也称粉丝、线粉。因外形细长如绳索，故名"索粉"。该名称由来已有，古籍中多有记载。孟元老《东京梦华录·宰执亲王宗室百官入内上寿》："下酒檑，禽子骨头，索粉，白肉胡饼。"陆游《老学庵笔记》卷一："集英殿宴金国人使，九盏，第一肉咸豉……第七柰花索粉。"可见在当时，索粉还算是较为高端的食物，能作为大型宴会的菜肴。当然，后来索粉就逐渐成为日常普通的食物。《吴歌乙集·道士先生》："早晨吃粥，腌菜过顿。午时吃饭，酱油索粉。下昼点心，菜心馄饨。"

【索面】

细直条的干面，也称挂面、坠面。"索"，亦如"索粉"之"索"，取其细长如索之义。吴敬梓《儒林外史》第十八回："劝了一回，不买馒头了，买了些索面去下了吃。"索面全手工制作，选材精良，技艺复杂，外形细匀白净，口感鲜美，要胜过一般的面条。吴地有多个地区以制作索面闻名，甚至索面的制作技艺也入选了当地市区级非物质文化遗产名录。

【定胜糕】

一种由米粉制成的糕点，谐音"定升""鼎盛"，寓意吉祥。一说，是由于形如银锭而得名。制作时，使用木料雕刻成各种图案形状的、口大底小的花模具，再于拌米粉的水里调和多种食用颜色，蒸熟后趁热盖上红印即成。民间有关定胜糕的传说很多，其真实起源已难以考证。总之，定胜糕除去食用的基本功能外，主要作用在于逢节庆喜事时讨个好口彩。褚人获《坚瓠二集·俗谶》："又无锡呼'中'字如'粽'音。凡大试，亲友则赠笔及定胜糕、米粽各一盒。祝曰'笔定糕粽'。"

【撑腰糕】

一种糕点，通常在农历二月初二食用，被认为有强健体魄的功能，故得名"撑腰"，也作"掌腰糕"。顾禄《清嘉录》："是日，以隔年糕油煎食之，谓之'掌腰糕'。蔡云《吴歈》云'二月二日春正饶，掌腰相劝啖花糕。支持柴米凭身健，莫惜终年筋骨劳'。又徐士铉《吴中竹枝词》云'片切年糕作短条，碧油煎出嫩黄娇。年年掌得风难摆，怪道吴娘少细腰'。"由此可知，撑腰糕是将春节后剩余的年糕切成短条油煎后烹调而成的，本质上是对食物的珍惜。撑腰糕之所以与身体健康产生关联，原因在于二月二是传统的春耕节,又称"春龙节""青龙节"。传说这一天是龙抬头的日子,而龙又主司降雨,全国各地以多种方式庆祝,以示敬龙祈雨、乞求风调雨顺之意。一年之计在于春,农耕需要补充体力,此时食用油煎年糕恰有此效,如同为人"撑腰",以应对繁重的劳作。

【空心汤团】

汤团本应有馅,无馅的就不是汤团了。答应给人家吃汤团,结果又没有馅。比喻无法兑现的许诺,往往指故意欺骗。漱六山房《九尾龟》第七十五回:"你的说话自然不差,但不瞒你说,我多吃几杯酒儿倒还没有什么,实是吃了你的空心汤团,所以心上觉得有些不快。"孙家振《海上繁华梦》后集第二十回:"既然他自愿寻些苦吃,何不给他个空心汤团,索性显些手段他看,怕他不整千整百的花几个钱?"此外,"空心汤团"还可指本当获取之利益最终失去。徐珂《清稗类钞·苏州方言》:"空心汤团,本可获有利益,而意外失之,犹所食之汤团,中空无馅也。"也作"空心汤圆"。叶圣陶《外国旗》:"他等了半天,末了吃个空心汤圆。"

【搓熟的汤团】

比喻身不由己,反受他人驱使摆布的人。汤团也称元宵,是由糯米粉制成的球形食品,有馅,用水煮食。苏州的汤团既有豆沙馅、芝麻馅的甜口,也有肉馅、荠菜馅的咸口。还有一种实心无馅的小圆子,可分别与酒酿、豆沙、桂花、蜂蜜等同煮食用,较有特色。俞万春《荡寇志》第八十一回:"唤过刘二来,顺了口供。此时刘二已是搓熟的汤团,不由他不依。"

【搓得团挛捏得扁】

形容被人任意指使摆布而无可奈何。"团挛",亦作"团圞",圆貌,如曾朴《孽海花》第二回:"见尚有一客,坐在那里,体雄伟而不高,面团圞而发亮,十分和气。"这是将人比作汤圆一类,任人搓圆或捏扁而毫无自主能力。李渔《无声戏》第一回:"况且何小姐进门之后,屡事小心,教举杯就举杯,教吃酒就吃酒,只说是个搓得圆捏得匾的了,到如今忽然发起威来,处女变做脱兔,教里侯怎么忍耐得起?"

【西津桥格团子】

歇后语,完整的说法为"西津桥格团子——双档",下句也作"一搭一档",义同,指有搭档,不挂单。西津桥(在苏州城西)的团子远近闻名,不仅粉糯馅美，更特别的是团子的摆放方法。团子黏性很强，不能直接放置在容器上，否则极易粘连。因而售卖团子时，通常于下部垫一箬叶，方便拿取。西津桥的团子则不然，其均为两个团子下共用一箬叶一起售卖，而非"一团一叶"。长此以往，人们习惯了这种特殊的方式，美其名曰"成双成对""一搭一档"，于是便有了这句歇后语。

【骆驼担】

即小吃担，因形似骆驼，故名。旧时，在江浙一带的街头巷尾常见，苏州人也叫它"两间半"。沈复《浮生六记·闲情记趣》中芸娘雇的馄饨担，就是骆驼担。陆文夫的《老苏州：水巷寻梦》一文中有详细描述："这种担子很特别，叫作骆驼担，是因为两头高耸，状如骆驼而得名的。此种骆驼担实在是一间设备完善，可以挑着走的小厨房……人在两座驼峰之间有节奏地行走，那熊熊的火光也在小巷两边的白墙上欢跃地跳动。"骆驼担麻雀虽小，五脏俱全。一边装有风炉、汤锅、水桶，一边装有多层小抽屉，里面盛放碗盏家什、食品佐料。担上的小吃品种繁多，且随着季节的变化而不同，春夏多卖鲜肉小馄饨、豆腐花，秋冬多卖桂花糖芋艿、糖粥、糖年糕、糯米汤圆，等等。

【猪头肉三弗精】

比喻对于任何事都不够精通。苏州话称瘦肉为"精肉"，肥肉为"壮肉"。猪头上可供食用的不外乎猪鼻、猪耳及猪脸三个部位，这些部位的肉质介乎"精"与"壮"之间，既非全然的精肉，也非全然的肥肉，故称"三弗精"。推及日常生活中，人们便把对事情多少了解一些却又无法完全做好的现象称作"猪头肉三弗精"。此时的"精"，就由肉瘦义变成了"精明""精通"的意思。徐珂《清稗类钞·苏州方言》："猪头肉三弗精，精，细也。猪首之肉多肥，喻人之作事不精细也。"包天笑《钏影楼回忆录续编·我与电影（上）》："读之不胜惭愧，但我又不能不承认此'染指'两字。我们苏州人有句俗语，叫做'猪头肉，三弗精'，就是样样要去弄弄，而样样搞不好。"

【羊肉弗吃】

歇后语，后半部分为"惹一身膻（或'臊'）"。比喻做事没得到好处，反而惹上麻烦坏了名声。徐珂《清稗类钞·苏州方言》："羊肉弗吃惹一身膻，羊有腥臊，今未吃而先惹膻气，喻事未成而先受气也。"吴伟业

《秣陵春》第十出:"衣服湿了不妨,只是连那宝镜都跌在水里去了,可惜,可惜!羊肉弗吃得,惹子一身臊。"李伯元《官场现形记》卷十七:"弄得不吃羊肉空惹一身骚,那是要坏名气的!"

【羊肉只当狗肉卖】

比喻贱卖。徐珂《清稗类钞·苏州方言》:"羊肉只当狗肉卖,羊肉价较狗为昂,今与狗同价,喻物之减价求售也。"其义类似苏州话中另一句俗语"三钿不值两钿"。

【只顾羊卵子,不顾羊性命】

为了能吃到美味的羊卵而滥杀羊只,比喻做事贪得无厌无节制,也可比喻只顾眼前利益,不考虑长远,与"杀鸡取卵"义近。王有光《吴下谚联》卷二:"羊味美,而美尤在卵子。昔有嗜食此者,每食必须,晨餐羊卵子,午餐羊卵子,晚餐羊卵子。夫羊味诚美,但通体皮肉可食也,则日杀一羊已足耳。若止取羊之卵子,则每日所杀不下数羊,伤羊性命不亦多乎!而若人弗顾也。吴下人恶其奢,訾其贪,疾其残忍,故有此谚。"苏州人仅在冬季嗜食羊肉,入冬后街巷中羊肉店铺林立,春夏秋三季则不见,时令性颇强。羊汤、羊肉、羊杂、羊糕(即羊肉冻)等,均受到大众的青睐,被认为是冬季温补的佳品。苏州城西的藏书以出产高质量的羊肉闻名,藏书羊肉也成为苏州羊肉的代名词。

【七头一脑】

苏州人初春喜食的若干时令野菜的总称,因菜名中多带"头""脑"而得名。通常指(但不限于)枸杞头、马兰头、荠菜头、香椿头、草头(也称金花菜)、豌豆头(即豆苗,也称寒豆藤)、小蒜头和菊花脑。"头""脑"实际上是指这些野菜初生的枝芽,鲜嫩可口,正合食用。此外,食用野菜还能起到食疗的作用,如枸杞头有清凉明目,马兰头有消炎去热的功效等。人们对野菜的烹饪多用凉拌、清炒等方式,力求保留食材的新鲜本味。

【腌笃鲜】

吴地的一道特色名菜。主要食材是"腌"和"鲜","腌"指经过腌制的咸肉,"鲜"指未经腌制的新鲜肉类(如鸡肉、小排、蹄髈等)和竹笋。除此以外,常有火腿、百叶结、莴苣等配菜。"笃"是烹饪方法,本字当作"爊",长时间的小火慢煮。此菜口味咸鲜,汤白汁浓,肉质酥肥,笋清香脆嫩，鲜味浓厚，各地根据地方文化和口味做法略有差别，食材上各有增减。1982年4月1日《新民晚报》："三角地菜场专辟'腌笃鲜'柜，把鲜肉、咸肉和竹笋三种商品配在一起，每套二元五角。"

【事件】

指鸟兽类（尤指鸡鸭等家禽）的可食内脏。这个用法在宋代就比较常见了。孟元老《东京梦华录·食店》："更有川饭店，则有插肉面、大燠面、大小抹肉、淘煎燠肉、杂煎事件。"吴自牧《梦粱录·天晓诸人出市》："御街铺店，闻钟而起，卖早市点心，如煎白肠、羊鹅事件……"又可写作"时件""什件"等。1982年1月20日《文汇报》："她觉得还是买只活鸡合算，半只红烧烧，半只白斩斩，内脏炒时件，头脚做鸡骨酱，汤可下寿面。"周作人录抄《一岁货声·通年》并注："熏一切猪头、肘子、肥肠、绕肠、粉肠、肝、心、肺、口条、小鸡、螃蟹、鱼、鸡子、宝盖、什件、带片火烧，肩挎小红柜。"

【明前螺，赛过鹅】

指食用螺蛳以清明前风味最佳。"明前"即清明之前，"赛过"在苏州话中则有两种意思。一是按照字面理解为"超过""胜过"义；二是表示"如同""宛如"义，程度上要比前者来得弱一些，如韩邦庆《海上花列传》第五十九回："不过我再来里想，翠凤搭仔罗老爷赛过是一个人，罗老爷个拜匣赛过是翠凤个拜匣。"这里讲的便是翠凤与罗老爷关系亲密，两人如同是一个人一般，并没有谁"胜过"谁的意思。"赛过鹅"，或是说明前螺蛳鲜美，胜过鹅肉；或是说与鹅肉一般不相上下。无论取何种解释，均足以证明人们对"明前螺"的喜爱。螺蛳对于身处江南水乡的吴人来说本是寻常之物，可为何清明前的螺蛳尤受青睐？原因在于此时的螺蛳养了整个冬天，肉质肥美。更重要的是，清明后的螺蛳体内会孕育大量的小螺蛳，对口感影响极大。李时珍《本草纲目·蜗螺》中就曾记载："（螺蛳）清明后其中有虫，不堪用矣。"这里的"虫"实际就是螺蛳幼体。苏州人吃螺蛳，多是采用加酱油油锅爆炒的烹饪方式。

【划水】

指鱼的尾巴，也作"甩水"，是以鱼尾的功能命名。从使用习惯来看，并非所有鱼的尾巴均能称"划水"，唯有大型鱼类的尾巴并鱼鳍部位，特别是以尾巴制成菜肴时，方称"划水"。"红烧划水"是吴地一道名菜，选用的正是大型鱼类——青鱼的尾巴。此部位由于经常摆动，肉质格外紧实嫩滑。据说青鱼是冬肥夏瘦，故而冬天是食用青鱼尾的最佳时节，苏州民谚即云"十二月青鱼只吃尾"。

【鼻子上挂鲞鱼】

歇后语，后面是"嗅鲞"（用鼻子闻鲞鱼的味道），与"休想"谐音。李伯元《官场现形记》卷四十四："'诸位太爷不走等甚么？还想大人再出来送你们吗？倒合了一句俗语，鼻子上挂鲞鱼，叫做休想！'"

"鲞"，通常指腌鱼干，也可泛指其他的腌腊食品，如笋鲞、肉鲞、茄鲞等。"鲞"字的由来，还有一段历史传说。陆广微《吴地记》："吴王回军，会群臣，思海中所食鱼，问所余何在？所司奏云'并曝干'。吴王索之，其味美，因书'美'下着'鱼'，是为鲞字。今从'关'，非也。"苏州地区有一特产，名为虾籽鲞鱼，即用虾卵与鲞鱼制作而成，采芝斋、叶受和等百年老店中均长期有售。胡祖德《沪谚》卷下："三个铜钱买个落头鲞，越看越弗像。"自注："鲞音想，应作鯗，鳓鱼干者谓之鲞，俗称鳓鲞。"虾籽鲞鱼中的鲞鱼，便是鳓鲞。此菜口味偏咸鲜，与一般认为的清淡偏甜的苏州口味不同，因其乃是专门在夏秋炎热时节，用以搭配白粥的。暑气鼎盛时，人们多无胃口，且惧怕生火做饭产生的高温，往往多选择食凉白粥。白粥味寡淡，正好由虾籽鲞鱼的咸鲜味予以调和，刺激食欲。

【吃鲥鱼出骨炖】

比喻不可能做到的事情。顾禄《广杂纂·必弗能》即载有："吃鲥鱼出骨炖。"鲥鱼，季节性洄游鱼类，平时生活在海洋之中，唯有夏季溯回淡水产卵，渔民于此时方可大量捕捞。长江、钱塘江、珠江流域均可见，是极为名贵的食用鱼，与刀鱼、河豚并称长江三鲜，近年来野生鲥鱼几乎绝迹。历史上人们对于鲥鱼的食用价值早有认识，李时珍《本草纲目·鲥鱼》："鲥，形秀而扁，微似鲂而长，白色如银，肉中多细刺如毛，其子甚细腻。故何景明称其银鳞细骨，彭渊材恨其美而多刺也。大者不过三尺，腹下有三角硬鳞如甲，其肪亦在鳞甲中，自甚惜之。其性浮游，渔人以丝网沉水数寸取之，一丝挂鳞，即不复动。才出水即死，最易馁败。"此段对鲥鱼的描述中，已经揭露出鲥鱼的几大特性。其一，鲥鱼多刺，即所谓"彭渊材恨其美而多刺也"，近代文学家张爱玲亦将"鲥鱼多刺"作为人生三大恨之一。这也是鲥鱼无法"出骨炖"的原因。其二，鲥鱼鱼鳞富含脂肪，故食用时切不可去鳞。其三，鲥鱼出水即死，且极易腐败变质。由此可见，品尝鲥鱼，美非独在其肉，鳞、骨亦颇具滋味。兰陵笑笑生《金瓶梅词话》第三十四回："昨日蒙哥送了那两尾好鲥鱼与我。送了一尾与家兄去……落后才是里外青花白地磁盘，盛着一盘红馥馥柳蒸的糟鲥鱼，馨香美味，入口而化，骨刺皆香。"

【鳗鲡落拉汤罐里——曲死】

鳗鲡，即鳗鱼。汤罐，老式灶上利用烧锅的余火温水的铜罐。汤罐容积不大，长长的鳗鱼在里边当然不能伸直，只能弯曲而死。曲死，同"屈死"，用来指称见识少、易被人愚弄而上当受骗的人，苏州话里多指土里土气的乡下人，有瞧不起的意思。

【炒虾等弗及红】

鲜虾下油锅翻炒，立刻就会变红。连这么短的时间也等不及，可见此人之性急。此俗语用来形容人遇事着急，迫不及待。西湖逸史《天凑巧》第一回："弱生道，'好急性子！这还要择日过礼，岂可如此造次？'这余尔陈跳跳的似炒虾儿等不的红，早被温家看作雏儿敲得出来的了。"

【煠蟹】

即湖蟹。"煠"，将食材放入热水或油中烹熟。民国《嘉定县续志·方言》："煠，俗谓熟煮也……俗读如闸。"吴地人通常仅用水煮的简单方法来烹饪湖蟹。顾禄《清嘉录》："湖蟹乘潮上簖，渔者捕得之，担入城市，居人买以相馈贶，或宴客佐酒。有'九雌十雄'之目，谓九月团脐佳，十月尖脐佳也。汤煠而食，故谓之'煠蟹'。"由于"煠"的方法能尽可能保留螃蟹鲜美的本味，久而久之，"煠"竟然成为了湖蟹名称的一部分，"煠蟹"由动作变成了湖蟹的专属名称。"煠""闸"音近，前者生僻，故以后者行世，即今之大闸蟹。

苏州地区盛产湖蟹，其中又以阳澄湖大闸蟹最为著名。当地吃蟹颇有许多讲究，逐渐形成了独特的蟹文化。比如谈及吃蟹的最佳时令，有"九雌十雄""九月团脐、十月尖脐"（螃蟹依靠腹脐部的形状分别雌雄，圆团者为雌，尖锐者为雄。）的说法。农历九月雌蟹蟹黄成熟，金黄浓郁，故九月宜吃雌蟹。待到十月，雄蟹个体长成，体量大蟹肉多，性腺成熟，脂肪渐渐堆积，白色的蟹膏肥美，这是雌蟹所不具备的。此外，吃蟹时还讲究搭配黄酒。传统医学认为螃蟹性寒，多食会导致脾胃虚寒，酒性热，搭配食用对身体有裨益。普通人吃蟹,均为徒手剥壳,但也有用工具的。"蟹八件"是这类工具的统称,并不必然是八件,事实上至多能有数十件。吃蟹工具由少至多,由粗糙至精细,是有一个发展过程的。现在说的"蟹八件"大概包含有锤、镦、钳、铲、匙、叉、刮、剪等,各司其职又相互配合,以处理螃蟹的不同部位。

【拚死吃河豚】

比喻为了达成某种目的而甘冒巨大风险。河豚用于食用的肉和皮极其鲜美,营养丰富,故民间有"吃了河豚,百样无味"的说法。然而其肝脏、生殖腺、肠胃及血液等部位却有致命毒素,若处理不当极易造成人员伤亡。人们对河豚的毒性早就掌握,李时珍《本草纲目·河豚》:"藏器曰'(河豚肝及子)入口烂舌,入腹烂肠,无药可解。惟橄榄木、鱼茗木、芦根、乌蓝草根煮汁可解'。时珍曰'吴人言其血有毒,脂令舌麻,子令腹胀,眼令目花,有"油麻子胀眼睛花"之语。而江阴人盐其子,糟其白,埋过治食,此俚言所谓舍命吃河豚者耶?'"然而,即便风险如此之大,人们为了品尝河豚的鲜美亦不惜以身犯险。

拚死,犹言拼命、舍命。许慎《说文·手部》:"拚,拊手也。"可见,吴方言中"拚"的舍弃不顾义与其字本义无涉,是后世才有的。翁寿元认为其本字是"拌"。陈彭年等《广韵》平声桓韵普官切:"拌,弃也。俗作拚。"《集韵》平声桓韵铺官切:"拌,《方言》'楚人凡挥弃物谓之拌'。俗作拚,非是。"民国《嘉定县续志·方言》:"拌命,俗谓弃身也。《博雅》'拌,捐弃也'。音潘。"

吴地百姓吃河豚历史悠久,已成风俗。王士禛《分甘馀话·马吊牌》:"余尝不解吴俗好尚有三,斗马吊牌、吃河豚鱼、敬畏五通邪神,虽士大夫不能免。""拚死吃河豚"本属饮食行话,后逐步扩展到人们的日常口语中。蘧园《负曝闲谈》第三回:"昨天晚上跟沈金标说的话,原是拚死吃河豚的意思,哪里知道果不其然把他架弄上了。"弹词《林冲·血溅山神庙》:"想我进去末进去,碰到了林冲那是性命交关,真叫为了两个铜钿,拚死吃河豚。"

【笔管煨鳅】

歇后语,后半句是"直死"。煨,用文火慢慢地煮。鳅,指泥鳅。王有光《吴下谚联》卷三:"盖夫鳅之为状也,活活泼泼……为人所得……付之一煨而已。若在瓦罐铁锅等器,或煎或滚,地位尚宽……偏是入于笔管,投之红炉,火势四逼,欲一动弹而不得,渐渐绝其鳅气,断其鳅根,便落下文一句曰'直死'。"张南庄《何典》第一回:"恰好形容鬼也到来拜寿,便大家团团一桌坐下,搬出菜来。一样是血灌猪头,一样是斗昏鸡,一样是腌瘟雌狗卵;还有无洞蹲蟹,笔管里煨鳅,揿弗杀鸭——大碗小盏,摆了一台,欢呼畅饮。"常用来比喻只有死路一条。佚名《生绡剪》第十五回:"可怜昨日金乘活八八的尚在府前指天画地,拖着一身四件素菜,老大人长,太宗师短,霎时间做个笔管煨鳅故事。"

【水菜】

指河蚌。称蚌为水菜的原因,有说法认为是因为蚌生活在水中。然而实际上出自水中的食材,从得名理据上看,均可称"水菜"。香婴居士《麹头陀传》第三十三回:"我晓得鱼是油煎,虾是白煮,蟹是干蒸,螺是断尾……俱是水菜。你们可随我来。"而之所以"水菜"特指河蚌,当是由于河蚌在烹饪时会析出较多水分。光绪《杨舍堡城志稿·风俗》:"蚌曰水菜。"并自注:"谓多水也。"孙家振《续海上繁华梦》二集第十九回:"结末一大碗水菜和肉,那水菜烧得绝嫩,鲜肉煮得绝烂。"苏州为江南水乡,盛产河蚌,以河蚌入菜亦颇常见。食用河蚌的最佳季节在开春,可与金花菜同炒,或与豆腐配合入汤等,俱是典型的烹饪方法。此外,"水菜"还有一种不常用的意思,指经水滴浸而咸味转淡的腌菜。顾禄《清嘉录》"盐菜"条有载。

【暴腌】

暴,刚刚,一开始。常用在动词或形容词前,表示动作、形状发生不久。"暴腌"即指短时间腌制的一种食材预处理方法。将原料洗净改刀,以盐揉搓、抓捏,静置后即成,有时也可用重物压制数天。鱼、肉是暴腌的主要对象。经过暴腌的食材肉质会更加鲜嫩,经烹饪后别具风味。蔬菜亦可暴腌,如萝卜切片或切丝暴腌,能够去除本身的辛辣味。朱彝尊《食宪鸿秘》下卷记载了暴腌糟鱼的做法:"腊月鲤鱼治净,切大块,拭干。每斤用炒盐四两擦过,腌一宿,洗净,晾干。用好糟一斤,炒盐四两拌匀。装鱼入瓮,箬包泥封。"西周生《醒世姻缘传》第四回:"婆子安顿了李成名进去,随即收拾了四碟上菜,一碗豆角干,一碗暴腌肉,一壶热酒,叫昨日开门的那个秃丫头搬出来,与李成名吃。"

【盐菜】

即腌制的咸菜。多在冬日前腌制,蔬菜腌制后可长期保存,以应对寒冷时节蔬菜短缺的情形。陆人龙《型世言》第三十一回:"正说,只见一个丫鬟拿了些盐菜走来道,'亲娘见你日日淡吃,叫我拿这些菜来'。"夏敬渠《野叟曝言》第三回:"素臣在外,鸾吹等在内,都是一碟白煮鸡肉,一碟煎鸡蛋,一碟盐菜,一碟清酱。"又因其腌制时藏于缸瓮之中,故又名"藏菜"。顾禄《清嘉录》:"比户盐藏菘菜于缸瓮,为御冬之旨蓄,皆去其心,呼为'藏菜',亦曰'盐菜'。有经水滴而淡者,名曰'水菜'。"又案云:"长、元、吴《志》皆载'藏菜即箭秆菜,经霜煮食甚美。秋种肥白而长,冬日腌藏,以备岁需'。"用以腌制咸菜的箭秆菜是青菜品种之一,故新鲜的未抽薹的青菜,苏州人也笼统呼为"藏菜"。

【盐钵头出蛆】

比喻不可能发生的事情或不可信的话语。"盐钵头",即旧时家中存放食盐的容器。众所周知,盐罐中盐分浓度极高,这样的环境是不适合蛆虫生存的,长出蛆虫的可能性非常低。梦花馆主江阴香《九尾狐》第五十五回:"倪听信仔贺老格说法,只怕盐钵头要出蛆格。"

【吴江菜心】

詈语歇后语,后半句为"早上甏",意为咒人早亡。"甏"是腌制菜心的容器,吴江地区的菜心早成,因而也会早于其他地区的菜心入甏腌制。此乃以菜喻人,以甏喻棺,暗指人早日入棺,即谓早死。徐珂《清稗类钞·苏州方言》:"吴江菜心早上甏,菜心,薹菜之心也。甏,坛也。吴江之薹菜,收获较早,腌之于坛亦较早,此有詈人夭寿之意,犹短棺材三字之谓不及长成而死也。"

【黄连头】

用黄连树嫩头腌制而成的食品,是苏州地区传统的草头小吃。苏州西郊乡野长有黄连树,农民一般于四五月间摘取其嫩头,用盐拌和,并拌以甘草汁,或撒上甘草粉,与青橄榄一起腌制,入夏之后就可以食用。腌制后的黄连头色泽金黄,清香可口,余味无穷,食后可消湿解热。顾禄《清嘉录》:"献岁,乡农沿门吟卖黄连头、叫鸡,络绎不绝。"又案云:"长、元《志》皆载,黄连树,村落间俱有,极高大,其苗可食。今乡农于四五月间摘取其头,以甘草汁腌之,谓小儿食之,可解内热。"与"盐黄连头"

类似的还有"盐金花菜"，作为街头风味零食，约在半个世纪以前的苏州街巷经常能听到"盐金花菜黄连头"的叫卖声，后渐销声匿迹。如今，在节庆庙会时，偶尔能看到农村妇女售卖，可能是人们在时尚寻觅中返璞归真的缘故。

【搞百页结】

形容做事没有章法，一团糟。百页，又可写作"百叶"，即千张，豆制品，形薄如纸，层叠摆放，故名千张、百页。黄南丁《杨乃武与小白菜》第二回："亏的昨天，制就的豆腐、百页等物，还剩下不少，自己同了品连，随了葛大，也学得些做豆腐的手艺。"百页的烹饪方法很多，比较常见的可以将其打结后与肉一起红烧或作为配菜入汤，比如江南名菜"腌笃鲜"中就少不了百页结的身影。然而，给百页打结看似简单，却要求有一定的技巧，否则容易在炖煮过程中散开。故而称没有相应的技巧章法，把事情办砸为"搞百页结"。

【撑篱竹烧水豆腐】

撑篱竹，即做篱笆的竹子，"撑"为支撑抵挂义。水豆腐，即豆浆初步固化，尚未压制成型的豆腐，水分多而嫩滑。以坚硬之竹烧煮细嫩之豆腐，二者反差对比强烈，以喻事物不均匀貌。徐珂《清稗类钞·苏州方言》："撑篱竹烧水豆腐，撑篱之竹最硬，水豆腐极薄而最软，喻软硬之不匀也。"

【老浜瓜】

浜瓜，一种外形椭圆，状似橄榄的长西瓜品种，江南地区多有种植。旧时贩瓜往往船载沿河浜叫卖，故称"浜瓜"。一说此瓜皮薄极脆，触之则崩裂，本曰"崩瓜"，"崩""浜"音近而讹。吴语中又有"老浜瓜"一词，乃形容男性老者似脱水浜瓜般苍老干瘪（一说男性老者常剃光头，行似浜瓜），多含贬义。

西瓜是苏州人消暑时最常食用的水果，以前常以网兜坠水井中，起到冰镇效果。苏州人吃西瓜尤讲时令，西瓜性寒，天气转凉后不宜多食，故有"立秋之后不吃瓜"之说。不过有意思的是，苏州人在立秋这天偏有吃西瓜的风俗，称为"啃秋"，大概是取惜别之意。

【毛栗子】

生板栗未剥治时有毛刺外壳，故栗子也可称"毛栗子"。在苏州话中，

"毛栗子"特指将食指、中指弯曲起来敲击人头顶的动作，被敲击者则称"吃毛栗子"。评话《三国·孔明探病》："周瑜心里烦躁苦闷，被鲁肃像捏干面似的推摇，更加光火，便以子钻拳头给他一个毛栗子。""毛栗子"文献中亦称栗爆（暴）。无名氏《黄花峪》第四折："我去你秃头上直打五十个栗爆。"施耐庵《水浒传》第二十四回："那婆子揪住郓哥，凿上两个栗暴。"亦称"栗凿"。鲁迅《朝花夕拾·琐记》："坏的是没有药擦，还添几个栗凿和一通骂。"

【冷镬子里热栗子】

比喻突发意外，不可思议。徐珂《清稗类钞·苏州方言》："冷镬子里热栗子，镬，锅也。炒栗须热锅，炒毕则锅冷。冷锅忽有热栗，喻事之突如其来也。"炒栗子需要热锅反复翻炒，断无冷锅中能出热栗子的道理，故而以此作喻。也作"冷灰爆出热栗""冷锅热栗子"等。佚名《生绡剪》第七回："如今更有一件希罕的新文，却在魏阉相隔三四年，又从没要紧戏耍场中，冷灰爆出一个热栗来。"俞达《青楼梦》第十七回："湘妹妹真正缄默，方才不说，如今冷锅中爆一个热栗子出来。快些请教罢。"

苏州人爱吃板栗，故以栗子为譬。本地板栗主要产自东西山和常熟顶山，不以个大见长，讲究的是香甜软糯。范成大《吴郡志·土物下》："顶山栗，出常熟顶山。比常栗甚小，香味胜绝。亦号麝香囊，以其香而软也，微风干之尤美。"板栗的食法除常见的热炒外，还可以煮食，或制成糕饼之类的点心。

【七家茶】

立夏日，左邻右舍将茶叶与青梅、金橘、蚕豆瓣、桃片、玫瑰花、红枣等一并煮制，而后大家一起饮用，以增进邻里关系。这种风俗活动主要流传于江浙一带。田汝成《西湖游览志馀·熙朝乐事》："立夏之日，人家各烹新茶，配以诸色细果，馈送亲戚比邻，谓之'七家茶'。"苏州人更认为饮"七家茶"可免于中暑。顾禄《清嘉录》："俗以入夏眠食不服，曰'注夏'。凡以魇注夏之疾者，则于立夏日取隔岁撑门炭烹茶以饮，茶叶则索诸左右邻舍，谓之'七家茶'。"

【孵茶馆】

指上茶馆喝茶，一种传统的消遣方式。孵，长时间待在某处。在苏州话中，"孵"字的发音仍然保留古音重唇音。包天笑《钏影楼回忆录·吴中公学社》:"与其荡观前,孵茶馆,何不来帮帮忙,尽尽义务呢?"

【吃讲茶】

茶馆是日常喝茶聊天的场所,所以常常被当作调解邻里街坊事务纠纷的地方。旧时闹了纠纷,发生争执的双方到茶馆里请公众来评判是非,叫"吃讲茶"。朱瘦菊《歇浦潮》第六十九回:"列位原谅,今天我们这里乃是开股东茶话会,不是邀小弟兄吃讲茶,请大家放文明些。"包天笑《钏影楼回忆录·适馆授餐》:"约朋友往往在茶馆中,谈交易也往往在茶馆中,谈判曲直亦在茶馆中,名之曰'吃讲茶'。"也作"吃碗茶"。韩邦庆《海上花列传》第三十七回:"月底耐勿拿来末,我自家到耐鼎丰里来请耐去吃碗茶。"

第三节　民居

住宅，从某种意义上可以看作是人的居住需求与自然环境之间的互动，即人通过对住宅的布局、结构、材料等因素的设计、选择来最大限度地适应当地的自然条件，以求得最佳居住体验。因此，一地的房屋建筑风格与特色，必由一地的风土决定。苏州地处太湖平原，地势低平，间以矮丘，总体呈现出平缓疏朗的面貌。苏州地形最大的特点是河流湖泊密布，加之人有逐水而居的天性，久而久之，苏州的民居便呈现出依水而建的布局。正如古建筑学家陈从周在《说桥梁》一文中所说："城濒大河，镇依支流，村傍小溪，几成为不移的规律。"人们临河而居，建筑逐渐聚集，又促生出沿河方向的陆行主干道，这便是著名的水陆并行格局。

小桥、流水、人家，如果说姑苏水乡聚落面貌的形成皆由水而起，那么房屋建筑的具体细节特征则是对当地气候的一种适应。苏州地区属于典型的季风气候，四季分明，冬夏长，春秋短，夏天炎热，冬季湿冷。夏日须避暑，则房屋的营造重点在遮阳、通风。苏州街巷体系中，除去沿河形成的主要街道外，亦有许多垂直于河道的狭窄的巷道弄堂。这些街巷窄而两边建筑外墙高，有垂直拔风的作用，形成天然风道，加快空气流通。人家门前多设矮闼门，传统民居的厅堂进深深而高，二层出挑的腰檐等均是出于通风遮阳的考虑。冬季寒冷的弊端可以通过建筑材料予以解决。常用的砖瓦均有导热慢、蓄热好的特性，有利于白天高温时吸热，夜晚低温时缓慢放热。这样不仅能延迟夏季室外热量的侵入，更能在冬季达到物理保暖的功效。此外，当地雨水丰沛，全年空气湿度相对较大，故而苏州民居采取多种方法来防潮防霉。比如抬高住宅地基，地基内垫入三合土、石灰、河沙等，透气吸潮；屋内木结构上刷涂桐油、生漆，防止木头发霉腐烂；屋顶采取坡顶，配合屋顶外伸挑檐排水，都是为了应对苏州多雨的气候特征。除了充分考虑房屋的实用性外，苏州民居也深受古典园林的影响，在厅堂、庭院等方面的设计上显示出高超的艺术审美与丰富的文化内涵。

房屋住宅的营造离不开匠人，苏州匠人是苏州建筑的一张名片，而"香山帮"即是最负盛名的工匠团体，其技艺入选世界非物质文化遗产名录。苏州香山（今吴中胥口）地区背山面湖，农业耕地少，故而当地人世代以学习建筑营造为生。经年累月，声名渐起，明代后"香山帮"及其技艺竟成为以苏州为中心的整个江南工匠群体乃至传统建筑高超技艺的代名词，其以木匠领衔，集泥水匠、漆匠、堆灰匠、雕塑匠、叠山匠、彩绘匠等工种于一体。明永乐年间，大量江南工匠赴北京参加新国都的建设，在明紫禁城、西苑、长陵等重要建筑的营造过程中，以蒯祥为代表的香山帮均起到关键作用。苏州、无锡、扬州等地的著名私家园林，不少亦成于香山帮之手。

近现代以来，特别是上海开埠之后，西方建筑文化开始影响苏州。短时间内，苏州出现了相当数量的外来建筑，有西方古典式、英美殖民地式、西班牙式、日式等，面貌庞杂。西式建筑的装饰手法与局部构件也被吸收融入传统建筑之中。不过总体而言，苏式建筑善于因地制宜、追求精致典雅、注重空间布局、讲究人文内涵等特征始终明晰且稳定，与建筑相关的词汇、俗语也沿用至今，详见表3-3。

表 3-3　苏式建筑主要营造术语一览表

土方地基类	大木结构类	门窗类	墙屋类	地面石作类
定平	庭柱	库门	山墙	砖墁
定向	梁	矮闼	浑水墙	花街
放线	枋	屏风门	清水墙	石墁
开脚	桁条	长窗	垛头	砷石
垫土	椽子	半窗	月洞	双细
打夯	戗角	漏窗	筑脊	錾细
磉墩	牌科	仰尘	歇山顶	磨砻
阶沿石	榫卯	门罩	庑殿顶	系揽鼻

除了住宅以外，人们的日常起居生活当然离不开日常用具。由于社会生活的变化，日常用具的形制也不断更新换代。苏州本地的传统日常用

具，基本是竹木制品，家具中的衣柜、橱柜、床、桌椅、桶（面桶、脚桶、饭桶、马桶、鞋桶、吊桶）等皆由木匠打制，篮、饭箩、筲箕、簸箕等皆用竹篾编织而成。如今，随着现代工业的发展，这些形制的用具逐渐被淘汰，只有在一些老宅里还有遗存，生产传统日常用具的行业也随之日益衰落。

表 3-4　苏州民居内主要传统日常用具名称一览表

桌椅类		卧室用具		厨房用具	
长台	骨牌凳	五斗橱	床	镬子	筷箸筒
八仙桌	春凳	镜台	铺	汤罐	罩篮
百灵台	杌子	大橱	棕垫	铁铲	筅帚
矮凳	藤榻	夜壶箱	踏板	广勺	饭箩
交椅	竹榻	箱橱	长桶	火夹	筲箕
靠背	懒凳	手柜	把尿桶	脐橱	笊篱

【水墙门】

墙门，墙上为门，苏州话中指大门。顾张思《土风录》卷四："今则大门通呼墙门。"水墙门，即临水的墙门，旧时富贵人家的私人码头。码头与私宅的墙门结合，离船登岸即可直接入户。水墙门反映出水路交通在苏州地区日常出行中的重要地位。弹词《十五贯》第十六回："那一天早至淮安，水墙门上岸，家人跪接老爷。"夏敬渠《野叟曝言》第一百三十七回："到了吴江，船泊水墙门马头，次第登录，正是二十七日。"如今，水墙门在周庄等水乡大族故居中仍得以保留。

【石库门】

用条石做门框（苏州话叫"门膛子"）的大门，比较常见，不过这种门的历史不长，是近代从上海传到苏州的。包天笑《钏影楼回忆录·儿童时代的上海》："东洋车拉进一条弄堂里，在一个石库门前停下。"

【闼】

本义是内门，小门。后泛指门、门户。《诗经·东方之日》："彼姝者子，在我闼兮。"毛传："闼，门内也。"王先谦《诗三家义集疏》卷六："切言之则闼为小门，浑言之则门以内皆为闼，故《毛传》但云'闼，门内也'。"叶适《宜人郑氏墓志铭》："民欲解衣宿，忽冲风骤雨，水暴至，闼启膝没,及雷荡胸,至门已溺死。"洪水突至,民众从屋内向屋外跑的过程中,先后经历闼、雷(屋檐)、门(大门)。由此可见,闼是屋内的小门无疑。

在苏州话中,闼的意义略有不同,通常指在大门外增设的矮门,又称"闼门""矮闼门"。闼门形制各异,繁简不一,共同特点是矮小,仅1米左右。于门外复设闼门,主要的功能是兼顾隐私与通风采光。白天若紧闭大门,家中则无法采光通风,若打开大门,则门外行人可直视屋内,多有不便。于是开大门关闼门,成为一种折中的方法。有些闼门下部不及地,留出空隙,强化通风效果,亦可供家中饲养的猫狗进出。坐花散人《风流悟》第四回:"眼儿看他拿进巷,推着矮闼儿,进去了。"

"闼"在苏州话中除了指矮闼以外,另有两种用法。一是指一种形似小门的大窗,打开时用吊钩挂起,有的地方也指分成两截的门的上半部分,也可撑起,叫"吊闼"。吴连生等《吴方言词典》"闼"字条引沪剧《阿必大回娘家》:"这人家,门关好来闼吊起,里面有位姑娘把条子搓。"二是特指店门的门板。商铺店面较普通民居宽阔,无法如民居般仅设一两扇门,于是往往采用多块门板拼接的方式。店铺门面上下各有凹槽,可嵌插若干门板。营业时,将门板编号搬离;歇业时,再按次序将门板排列,起到"门"的效果。这种特殊形式的门亦称"门闼""排门""栅板门"等。

【落门落槛】

【落槛】

比喻为人光明磊落,说话做事既牢靠又圆融,爽快而大方。该义由木匠行业的专业术语引申而来。旧时安装木门时,门框下端均设有门槛,"落"指安装的动作与状态,"落门落槛"即木门与门槛均安装妥帖牢固。高阳《胡雪岩》第十九章:"听这一说,庞二越觉得胡雪岩'落门落槛',是做生意可以倾心合作的人。"亦可简称为"落槛"。1944年6月4日《社会日报》载《辣椒炒毛豆》:"此种地方,愚不承认为行事'落槛',第自己是穷人,穷人固宜深体苦恼人寒况也。"

【上有横梁下有槛】

横梁,门框上部的横木。槛,即门槛,门框下部的横木。此语喻指人处处受到主客观条件的制约,为人处世须周到全面。王有光《吴下谚联》卷二:"此憎人约束语也,不知极有矩矱处。人生自幼至老,前有尊,后有长,上有君父,下有师友,外有物议,内有谪谪,皆是药石。即后生小子,亲子弟侄,皆可相师,是为有梁有槛。若上空下洞,正似巢居穴处,近于禽兽矣。"

【活络门闩】

喻指圈套、骗局。门闩,即用来插在大门背后使门推不开的插销或横木。活络,不固定,可活动。朱瘦菊《歇浦潮》第五十七回:"如玉此时方明白吴四说的都是真话,并不是活络门闩,敲他竹杠,不由的喜出望外。"

【关门落闩】

旧时的木门,门关而不落闩,则门一推就开。张南庄《何典》第四回:"一路行来,到得鬼庙前,只见两扇庙门关紧;把手去推时,原来是关门弗落闩的,一推就开。"所以若要把门关死,就要在关上门后,还要用门闩闩上。因之,"关门落闩"比喻事情已定,没有转圜的余地。张国良著长篇评话《三国·群英会》第十九回:"心想,周瑜的说话如此斩钉截铁,关门落闩,没有一点商量的余地。"事情没有转圜余地则说明已至极点。蘧园《负曝闲谈》第二十二回:"四盏灯笼,值不了五角钱。加上煤炭柴火,顶多到了四十块钱,那是关门落闩的了。"用于人,则可形容人行事踏实,果断严密。1980年3月16日《文汇报》:"这位贫农出身的中年干部……说话办事,有板有眼,关门落闩,滴水不漏。"在这个意义上,还可说"关门落撑"。一般双扇的大门,还有与门闩配合使用的门撑(俗称"天落撑"或"地落撑")来撑住,故而"关门落闩"也叫"关门落撑"。

【老虎窗】

又称"老虎天窗",指凸出在斜屋面上的形似小屋的一种采光通风窗户。最早出现在上海,后逐渐流传至苏州地区。上海开埠后,相当数量的国际人士来沪定居,同时也带来了本国的建筑式样。欧洲国家纬度较高,气候寒冷多雪,为了避免积雪对建筑物的压力,其房屋多为尖顶陡坡式样。为了增加采光通风,又在屋顶上开设屋顶窗。英文屋顶为roof,其音接近上海话"老虎",故称"老虎窗"。一说,"老虎窗"是因为外形如张大嘴巴的老虎而得名,与英语无涉。20世纪20年代后,随着上海工业人口的增加,住房困难加剧,人们便利用住宅的二楼空间较高及有斜屋顶的特点,在二层与屋顶之间加建阁楼,并开"老虎窗"。1981年6月8日《解放日报》:"他略微抬头,迅速地向纸烟店屋顶上的老虎窗望去。"

【明瓦窗】

所谓"明瓦",实为用贝蚌类的外壳磨成的半透明的薄片。将其嵌于窗格间或顶篷上,可采光,其功能似瓦却能透光,故称明瓦。旧时未有玻璃以前,富贵人家多用此物。文康《儿女英雄传》第二十二回:"那天气又不寒冷,便叫下了外面明瓦窗子。"叶圣陶《四三集·多收了三五斗》:"朝晨的太阳光从破了的明瓦天棚斜射下来,光柱子落在柜台外面晃动着的几顶旧毡帽上。"

明瓦出现在宋代,在北方或内地,一般采用天然云母。而苏州地处江南水乡,水产资源丰富,便就地取材,将蚌壳等贝类,打磨成豆腐干大小、四角略带圆的方形薄片。薄片镶嵌于窗格,或覆盖于屋顶天窗,在兼顾保温遮蔽的基础功能外,还能增加室内采光。这种明瓦,苏州地区也称为"蚌壳窗"或"蛎壳窗"。明瓦的镶嵌工艺极为讲究,须先用薄竹片编织成网格,再将明瓦嵌入其中。镶嵌时要由下往上,一片一片地嵌入竹网,上片必须压住下片,似鱼鳞般叠压,如此则不易漏雨。文震亨的《长物志·室庐》就提到了明瓦:"室高,上可用横窗一扇,下用低槛承之。俱钉明瓦,或以纸糊。"明清时的苏州,人烟稠密,房屋连片,明瓦的需求量大,最盛时当地曾有数十家店铺经营明瓦生意,清道光年间更于阊门外设立明瓦公所。晚清至民国,由于玻璃的使用,明瓦逐渐式微。如今苏州地区保留明瓦的建筑已不多见。

【庭柱】

在屋中支撑大梁的柱子,也泛指所有的柱子。李诩《戒庵老人漫笔·李文安公幼颖》:"常熟李文安公杰,五岁时在堂中围柱戏跳,见者以手围庭柱团团转试之。"也写作"亭柱"。天虚我生《泪珠缘》第三十二回:"灵帏边亭柱上又挂着几陌纸钱。"在口语中常喻指骨干力量。

【出头椽子】

屋檐外露出的房椽。因常年被风雨侵蚀,故极易毁坏。比喻在人群中比较突出或起带头作用的人,往往伴随着消极的后果,与"木秀于林,风必摧之"相仿。兰陵笑笑生《金瓶梅》第八十六回:"自古没个不散的筵席,'出头椽儿先朽烂'。人的名儿,树的影儿。"弹词《玉夔龙》第五十五回:"既是爹爹杀败了,女儿做做出头椽。管教他擒龙捉虎俱身丧,勇将雄兵都杀完。"

【望砖】

铺在椽子上的薄砖，其上再铺瓦片。长安道人国清《警世阴阳梦》第十卷第十回："被那屋上望砖打下来，吃一惊，便跌倒了。"《苏州方言词典》写作"箮砖"。丁度等《集韵》去声宕韵莫浪切："箮，屋簹。"屋簹，指盖在屋顶上的用竹子、芦苇编成的粗席。旧时盖房，在椽子上直接铺瓦，叫"冷摊瓦"，最为简陋。稍好一些的，即在椽子上铺一层屋簹再铺瓦。后来，屋簹用薄砖代替，但其名称仍沿用旧称，称其为"箮砖"。而苏州话中"箮""望"同音，"箮"字生僻，又因椽子上所铺薄砖，人在屋中仰面即可望见，故常写作"望砖"。

【听壁脚】

壁脚，即墙脚、墙根。守朴翁《醒梦骈言》第十二回："却见张管师袖回来那些砖头瓦片都是银子，摊在壁脚下。"在墙根听人说话，是为窃听。网蛛生《人海潮》第二十五回："原来你在前房听壁脚。不差，我们是在这里讲你，那马后桃花最讨厌，莫怪李大人要绝不回顾你了。"

【戳壁脚】

戳，捅、刺。捅刺墙脚，使房屋根基不牢，有坍塌之风险，喻指背后恶意中伤他人，挑拨离间。二春居士《海天鸿雪记》第十六回："质斋就一五一十告诉出来，花寓戳壁脚一层，却没有提起。"也写作"触壁脚""戳瘪脚""拆壁脚"等。弹词《白蛇传·计阻》："虽然我触过壁脚，骎给他'三个白兰花'，许仙吃了软口汤，一声答应，我拆空了。"张南庄《何典》第十回："便叫贼兵爬墙摸壁，在界墙上对壁撞，掘壁洞，拆壁脚，千十六样錾凿，弄得墙坍壁倒，危在旦夕。"

【上梁】

【竖屋】

旧时房屋建造过程中重要仪式之一。当木制建筑即将封顶时，需要将房顶中心的一根"正梁"搁上屋脊，此步骤即所谓"上梁"。正所谓"房顶有梁，家中有粮；房顶无梁，六畜不旺"，此木桁在整体结构中最为关键，也最受重视，因而逐渐由建屋的工序演变成特定的仪式。"上梁"仪式前要完成"选梁""伐梁"等准备工作。堪当正梁的木材须大致笔直且无虫蛀鸟窠等。选定木材后，屋主会对该树作一定标记，如系红带、放爆竹等，以此提醒周围乡邻切勿损坏。"伐梁"即砍树制梁，不用"砍"而用"伐"，可能是由于"伐"谐音"发",取吉祥寓意。屋主须提前选定上梁的吉日,仪式前要放爆竹,供猪头三牲,烧香点烛,叩头祭拜。正梁上要挂发禄袋、米筛,贴"福禄寿喜"或"三星高照"的大红横幅,由工匠大师傅"抛梁"。待仪式结束后往往还要宴请工匠及亲朋好友,谓之"上梁酒"。因上梁必先立柱,也就是将房屋竖立起来了,故上梁也俗称"竖屋"。冯梦龙《醒世恒言》第十八卷:"大凡新竖屋那日,定有个犒劳筵席,利市赏钱。"

【抛梁】

上梁仪式中的重要组成部分。具体做法:上梁完成后,由工匠登上正梁,于梁上往下向四周抛掷馒头、糕点、糖果、水果等。这些物品代表着福运,因而屋下亲友会争相哄抢,整个场面热闹非凡。冯梦龙《醒世恒言》第十八卷里描绘了类似的情景:"众匠人闻言,七手八脚。一会儿便安下柱子,抬梁上去。里边托出一大盘抛梁馒首,分散众人。邻里们都将着果酒来与施复把盏庆贺。"

大梁定位后,工匠大师傅头顶"竖梁盘",沿梯子一步一步登上正梁,同时口诵登高仪式歌,如:"脚踏有宝凤凰地,面对楠木紫金梯。龙飞凤舞鹤来朝,王母娘娘把手抬。东家好比沈万三,金银财宝满箩挑。""手扶金梯步步高,一步高,两步高,芝麻开花节节高。祝贺东家千年富,儿孙满堂红光照。"登上梁后,大师傅将事先准备好的寿桃、元宝、如意等物从上面丢下,东家夫妇展开大红绸子在下面接住,谓之"接宝"。然后便是"抛梁"。工匠抛梁时还要口诵上梁文,乞求祝福屋主房屋建造顺利,生活美好。所谓的上梁文,均为程式化的祝福语。其历史悠久,古籍记载中常见。比如王禹偁的《单州行宫上梁文》文末云:"东,东去金根御六龙,祥云未出参天岳,喜气先生见日峰;西,西来凤盖拂云霓,祈福不劳藏玉牒,礼天须至用金泥;南,瘴海朱方化已覃,愿献江茅藉郿黍,竞夸西鲽与东鹣;北,榆塞黑山兵久息,助祭欢呼郡邸中,荷毡舞抃圜丘侧;上,瑞彩祥烟拥天仗,丹凤黄麟随辇行,万岁三声满山响;下,微雨轻风导仙驾,岩前奇兽纵游嬉,山畔神光生昼夜。伏愿抛梁之后,我皇功格上帝,恩流溥天。邦家兮如松竹之茂,子孙兮如瓜瓞之绵。赫赫兮登三而迈五,巍巍兮君圣而臣贤。同北辰兮居大,等南山兮不骞。庶齐仗于天地,垂万祀兮千年。"这种抛梁文"东西南北上下"的格式,沿用至今,只不过更为口语化而已。如有首苏州地区的《抛梁歌》唱道："抛梁抛到东，东方日出一点红。抛梁抛到南，生个儿子做状元。抛梁抛到西，五谷丰登米铺地。抛梁抛到北，安家乐业增寿福。"随着时代的发展，建筑工艺的进步，现今的建筑已很少采用木结构，不过抛梁的习俗依然得以保留，通常在房屋封顶时进行。

【竖梁盘】

盘，指盛放仪式所用礼物的器具，又可指代礼物本身。苏州话中有"送盘""担盘"（"担"有"送"义）的说法，即指在重要仪式前送礼物。"竖梁盘"，顾名思义，即上梁仪式前所送的礼物，通常包括活鲤鱼（跳龙门）、蹄髈（根深蒂固）、红蛋（代代红）、定胜糕（高升）、馒头（蒸蒸日上）、甘蔗（节节高）、橘子（大吉大利）、发芽豆（发禄）、糖果（甜蜜）、秤杆（称心如意）等寓意吉祥之物。上梁仪式中要"抛梁"，由工匠大师傅将礼物由梁上抛下，供众人争抢。这些礼物即"竖梁盘"，通常不由屋主亲自准备，而是由屋主的近亲在仪式前送来。

【抛梁馒首】

馒首，即馒头。冯梦龙《古今谭概·祭文诒语》："余在娄江时，曾闻荆石公宴一巨室家。庖人进馒首，公方取一枚，值客语酬对，偶以手按而匾之。主人疑是公所好，明日特送馒首一大盒，约百余，皆匾者。""抛梁馒首"即抛梁仪式中抛掷的馒头。冯梦龙《醒世恒言》第十八卷："里边托出一大盘抛梁馒首，分散众人。"王有光《吴下谚联》卷二："又见造房闻鹊噪者，以蒸饼献上，俗名抛梁馒。"

【掮木梢】

以肩扛物曰掮，字又作"揵"，丁度等《集韵》平声仙韵渠焉切："揵，举也。""掮木梢"即用肩膀扛木梢，在苏州话中，喻指上当受骗。朱瘦菊《歇浦潮》第六十六回："横竖老魏是个糊涂蛋，落得请他掮这个木梢。"李涵秋《广陵潮》第七十七回："物聚于所好，以军统这样势位，谁不仰承意旨？是以那些掮木梢的伙友，往来其门，络绎不绝。""掮木梢"为何有上当义，说法不一。一说圆木细端轻者为木头，粗端重者为木梢。二人共扛一木，不明事理或被骗之人才会选择扛木梢。不过粗端更重是常识，一般不会轻易上当去扛粗重的木梢，况且木梢通常指细而轻的一端，故而此说恐不可靠。一说木梢指细端轻者，虽细而轻，但在二人合作过程中，木梢反而不易掌握平衡，看似省力实则费力。正是木梢的这种"欺骗性"引申出了受骗、代人受过之义。

【哺鸡脊】

两端有鸡状装饰物的屋脊，根据鸡的形象有"开口哺鸡"和"闭口哺鸡"之别。屋脊是中国古代建筑的一个重要组成部分，鸱吻脊饰是屋脊上的一种艺术符号。在古人的心目中，鸡是灵禽。自古以来，都有以鸡为吉祥象征的习俗，鸡与"吉"谐音。苏州传统民宅讲究屋脊头上挑，"哺鸡脊"是常见的屋脊造型。吴语文献中通常写作"步鸡""孵鸡""哺鸡脊""孵鸡头"等，如民国《崇明县志·方言》："鸱吻曰步鸡。"胡祖德《沪谚外编·庵堂相会》："孵鸡兽头左右分，香花桥上身穿过。"吴方言中"孵"读双唇音，与"步""哺"同音，母鸡孵化小鸡时会长期蹲在窝里不动，"孵鸡脊"就是形象地说屋脊上蹲着鸡。哺鸡脊饰的吻头后部常堆塑牡丹花及蔓草纹，象征富贵万代。此外另有制成龙头状者，曰"哺龙脊"。

【庭心】

庭院。苏式传统民居大门与厅堂之间的院子称"庭心"。"心"有中心、中央的意思，所谓"庭心"，即指位置位于整个庭院的中心，后代指整个庭院。弹词《描金凤》第一回："只见大厅外面大庭心，一个白老虫跳来跳去勿曾停。"

【备弄】

大宅内部供备用的长夹弄。属于弄堂的一种，是明清江南地区传统民居建筑内部常见的交通空间，在旧时主要供女眷及下人行走而不影响厅堂的活动，同时也起到防火和疏散作用。文震亨《长物志·室庐》说："忌傍无避弄。"避弄即指备弄，他认为一个大宅不能没有备弄，而"避弄"之名也反映出至少在士绅阶层的认知中，备弄还具有维护社会等级思想的作用。长篇弹词《珍珠塔》第十回名为"备弄冲突"，讲述了发生在备弄里的一场奴仆与主人的智斗。包天笑《钏影楼回忆录·自刘家浜至桃花坞》："桃花坞的房子，我们住最后一进，到大门外去，要走过一条黑暗而潮湿的长长的备弄。"

【蟹眼天井】

"天井"原指四周高、中间低的地形。《孙子·行军》："凡地有绝涧、天井、天牢、天罗、天隙，必亟去之，勿近也。"作为一种建筑空间形态，它通常指两进房屋之间或房屋与围墙之间的露天空地。顾张思《土风录》卷四："后人以庭空而方，状如井形，因号天井。"天井的设置，主要是为了雨水下泄和通风采光，其普遍存在于明清至今的中国传统民居中。而苏州人通常把成对出现的、面积只有一二平方米的天井，形象地称为"蟹眼天井"，也称"眉毛天井"，这也是苏州民居的一个特色。为了避免造景单调，有的人家会在其间种植花草盆景。

【客堂】

【坐起】

即客厅。一般房屋间数取奇数，正房三或五间，普通民居三开间比较常见。中间无隔断，用以待客、吃饭、活动的场所即为客堂。包天笑《钏影楼回忆录·苏沪往来》："最使人赏识的，就是开饭开在客堂里。"因是主人起居活动的主要场所，故也叫"坐起"。西湖渔隐主人《欢喜冤家》第八回："福来寻了一间平屋，倒有两进，门前好做坐起，后边安歇。又有一间小披做厨房。"亦写作"坐启"。冯梦龙《警世通言》第二十二卷："那刘有才是宋敦最契之友。听得是他声音，连忙趋出坐启，彼此不须作揖，拱手相见，分坐看茶，自不必说。"

【披屋】

披屋，是倚靠正房一侧的屋墙另行搭建的简易房。披屋的屋顶只有一个斜坡，而没有屋脊。旧时在居住空间有限、人多屋少的客观条件下采取的应对措施。披屋可由砖头、竹木等材料建成，由于借用了正房的一面墙，可省去部分建筑成本。覆盖或搭衣于肩称"披"，"披屋"依附于正房又明显矮于正房，如同披在了人（正房）肩膀上，因而得名。韩邦庆《海上花列传》第二十八回："众人始放下心，忽又见对过楼上开出两扇玻璃窗，有一个人钻出来，爬到阳台上，要跨过间壁披屋逃走。"李伯元《官场现形记》卷二十："跨进店来，胡镜孙把他一领，领到店后头一间披屋，只容得三四个人。"也简称"披"。

【灶披】

【灶披间】

利用披屋充当的厨房。人们一般称屋内有老式灶头的专设厨房间为"灶头间""灶屋""灶屋间"等。若居住空间有限，则不专辟厨房间，而是选择搭建披屋作为厨房，故称"灶披"。有些人家还会特意将家中的灶头间改成房间出租以赚取收入，自己则另外在屋外搭建"灶披间"。灶披间十分狭窄简陋，且一个灶披间有可能为数户人家共用。灶披间除去厨房功能外，实际上也能供人勉强居住。网蛛生《人海潮》第十九回："扬州姆妈一权，亲好婆一权，隔壁二小姐一权，灶披厢里嫂嫂一权，老三老四老七合一权，唔笃娘一权。"朱瘦菊《歇浦潮》第七十二回："睡在灶披中的底下人，无意之中，仿佛做官一般，得了个绝美的肥缺。"艾煊《摇橹根生》："大门敞开，屋里有刷锅的竹帚声。我循声走进灶披间。"现在新式住房的厨房一般称为"厨房间"。

【家生】

家具、器具的总称。此词古有来源，吴自牧《梦粱录·诸色杂卖》："家生动事，如桌、凳、凉床、交椅……棋盘、面桶、项桶、脚桶、浴桶、大小提桶……凉簟、藁荐、蒲合、席子。"冯梦龙《古今小说》第二十六卷："二人收了，作别回家，便造房屋，买农具家生。"孙家振《海上繁华梦》后集第三回："房间里的器具自然是全红木的，由阿素向家生店租赁。"此外，"家生"由工具义引申出武器义。施耐庵《水浒传》第五回："再说这鲁智深就客店里住了几日，等得两件家生都已完备，做了刀鞘，把戒刀插放鞘内，禅杖却把漆来裹了。"因之，口语中"吃家生"意谓挨打。

【硬头家生】

即"家生"中质地坚硬者，特指木制家具。梦花馆主江阴香《九尾狐》第四十八回："间搭格套硬头家生，好得区大人到浙江去格辰光，交代歇傺格，如果甏用哉，扛到仔广东会馆里去，勿比倪自家买格，倒要等卖脱仔勒好走得来。"亦称"硬头家伙"。朱瘦菊《歇浦潮》第二十八回："他家并不是搬场，乃是回籍，所以连硬头家伙、电灯、自来火等件，都肯贱价出顶。"

【矮凳】

凳子的通称。在苏州话中不一定指比较低矮的凳子，长凳、方凳、交椅等皆可叫"矮凳"。冯梦龙《醒世恒言》第二十卷："走入门来，见母亲正坐在矮凳上，一头绩麻，一边流泪。"

【栲栳盘交椅】

一种有圈形靠背的交椅。凡圆而中空者均可称"栲栳"，两字但记音而已。如：用柳条编成的圆形盛器直接叫"栲栳"；栲栳圈即指圆圈；栲栳湾、栲栳山等地名均指呈圆形环绕的地形；西北地区有一种面食也叫"栲栳"，是莜面做成的筒状食物，亦因其为圆筒状故名。同理，有圈形靠背的交椅称作"栲栳盘交椅"或"栲栳样交椅"。

【踏板】
【跪踏板】

旧式床的一个附件，放在床前的矮脚木板，可供上下床之台阶，亦可睡觉时放置鞋履。《吴歌甲集·佳人姐妮锁眉尖》："只听丈夫昏昏能，背脊呼呼向里眠。三寸金莲登拉踏板上颠。"除去以上常规功能外，踏板还可作为妻子惩罚丈夫的工具（令丈夫跪在踏板上），因而"跪踏板"常状男性惧内貌。漱六山房《九尾龟》第一百回："我倒从没有跪过什么踏板，或者看你面上，给你跪一下子，也不可知。"朱瘦菊《歇浦潮》第九十八回："横竖在你面前，你有什么刑罚，我都愿受得很，就是跪踏板也可以的。"

【踏板上困到床上来】

困，在部分方言中有睡觉义。章太炎《新方言·释言》："今直隶、淮西、江南、浙江皆谓寝曰困，亦取从止之义。"如冯梦龙《山歌·熬》："二十姐儿困弗着在踏床上登，一身白肉冷如冰。"刘鹗《老残游记》卷五："我困在大门旁边南屋里，你老有事，来招呼我罢。"苏州话中，把睡觉叫作"困觉""困告"等。弹词《三笑》第二十五回："倘太太、小姐问起来，说是大爷多吃子几杯酒勒困觉哉。"

"踏板上困到床上来"，意思是说开始睡在床前的踏板上，慢慢就会睡到床上，有得寸进尺之义。王有光《吴下谚联》卷四此条云："绝始祸者，必杜其机；防流弊者，必端其本。"此即提醒人们要防微杜渐。

【立桶】

旧时吴地供孩童站立的桶状器具。木桶高1米有余，下粗上细，呈喇叭形，无底无盖，仅在中部偏下处设一隔板，将立桶内部隔断成上下两个空间。大人劳作无暇照看孩童时，便将孩童置于立桶中（上部空间）。如此，则既可使孩童露出头肩部，时刻能够看见大人而不哭闹，又能有效防止孩童独自玩耍而造成意外。天气寒冷时，立桶隔板下的空间还可放置铜炉等取暖设备，自上而下为孩童供暖。

【新箍马桶三日香】

箍，用竹篾或金属条束紧器物。旧时妇女坐在马桶上生产，由老娘接生，故而新娘出嫁少不了新箍的马桶，且美其名曰"子孙桶"，马桶里还放红蛋、红枣等。在新婚大喜之日，马桶非但不着一点污秽，而且充满了喜庆吉祥之意和美好的祝愿，但新婚日子毕竟短暂，马桶最终还得承担起作为便桶藏污纳垢的功效。"新箍马桶三日香"常用来讽刺某人对新来的人或事物保持不了多久的新鲜劲，也用来形容好景不长。张南庄《何典》第五回："形容鬼也不等断七，就将活死人领了回去。醋八姐看见，也未免新箍马桶三日香，'弟弟宝宝'的甚是亲热。"

【七石缸，门里大】

七石缸，指普通百姓家中容量较大的缸，因可放米七石而得名。石，容积单位，十斗为一石。"七石缸，门里大"，本意是说这缸大，出不了门，缸的直径比门还宽大。然这是仅在屋内而言，一旦搬出门放在场地上就不显得大了。此语常用来喻指某些人只会在家中颐指气使，一旦出了家门则无能了，有"窝里横"的意思。苏州话中关于七石缸的俗语还有，如"七石缸里撩芝麻"（有大海捞针的意思）、"七石缸里打拳"（比喻事情行不通，到处碰壁）、"七石缸落拉碗盏里"（比喻做事颠倒）、"七石缸仄转，痧药瓶塞紧"（比喻做事大处糊涂，小处过于精明），等等。

【六缸水浑】

缸常用来贮水，旧时灶间、屋檐下皆放大水缸。此语以水浑喻指局面混乱，秩序失控。俞达《青楼梦》第三十二回："又往媚红轩、步娇馆琴、素两处大闹，闹得六缸水浑。"苏州话中，"六""落"音同，"江""缸"音同，故也作"六江水浑""落江水浑"等。冯梦龙《山歌·鱼船妇打生人相骂》："便骂道你个乱乱响个乌龟弗要走子去，也搭你搂一个六江水也浑。"《缀白裘·荆钗记》："李成，哑个入娘贼，弗知啰里拾介只鞋子居来，炒得屋里落江水浑。"何言"六缸"，其源未明。或以为本当作"落江水浑"，人落江则搅动江水致浑，音同而讹为"六缸""六江"。

【棒槌接幡竿】

棒槌，捶打用的木棒，在苏州话中，往往特指洗衣时捶打衣物的木棒。接，连接。幡竿，系幡的杆。用棒槌连接幡竿，因棒槌短粗，幡竿细长，喻指不相称，无法匹配。张南庄《何典》第三回："到得头七里，大前头竖起棒槌接幡竿，请了一班火居道士、酒肉和尚，在螺蛳壳里做道场。"

【棒槌敲木鱼】

歇后语，后半句为"记记实笃笃"。记，动量词，击打一次曰一记。棒槌敲击木鱼，每敲击一次（即一记）均实实在在发出笃笃声。比喻为人做事实在。张南庄《何典》第一回："侧首坐着几个歪嘴和尚，把捧（棒）槌敲着木鱼，正在那里念那夹和金刚经。"

【破粪箕对鬈笤帚】

粪箕，收集垃圾秽物的器具，与畚箕、簸箕近似。"鬈笤帚"即光秃的笤帚，与"破粪箕"相对，又常作"折笤帚""乇笤帚""支笤帚""缺笤帚"等，义皆同。两者均被用来比喻地位低的人，多形容地位同样低的人结成婚姻方才般配。《缀白裘·杂剧》："花对花，柳对柳，破粪基对子缺笤帚。今日同你拜一拜，来年养个小娃娃。"天然痴叟《石点头》第六卷："花对花，柳对柳；破畚箕对折笤帚。编席女儿捕鱼郎，配搭无差堪匹偶。"孟称舜《娇红记》第五出："这正是破粪箕，乇笤帚，娶将来和你一对儿相厮像。"佚名《一片情》第二回："古来说得好，'破粪箕对着支笤帚'，再无话说。"其中，关于《娇红记》中的"乇"，黄汕青、张涌泉的《"乇"字考》一文认为"乇"有光秃之义，吴语中读如"株""支"，故而《一片情》中写作"支笤帚"。然"乇"为方言俗字，其本字或为"凡"。许慎《说文·几部》："凡，鸟之短羽飞几几也。"陈彭年等《广韵》平声虞韵市朱切，与方音音近。章太炎《新方言·释言》曰："竖有短义，故《方言》曰'襜褕短者谓之裋褕'。竖犹裋也。在鸟，短羽则为'几几'，音转。《韩非·说林下》曰'鸟有翮翮者，重首而屈尾'，'翮翮'即'几几'。在人则曰侏儒，亦曰焦侥、周饶（《海外南经》：周饶国，其为人短小）。纬书言'冠短周'，周、朱声通（如椆音侏，大可证）。《铙歌》有'朱鹭'，鹭无朱者，朱借为翮。鹭本短尾，近《韩非》所谓'翮翮'矣。"可见，竖、几、翮、侏诸字音近义通，皆有短义。"乇笤帚"就是短秃的扫帚，较硬，故农家多用来扫猪粪。

【饭箩】

竹编的淘米用具。冯梦龙《山歌·无老婆》："别人笑我无老婆，你弗得知我破饭箩淘米外头多。""饭箩"古籍中常见，通常指盛饭的器具。赜藏主《古尊宿语录·舒州龙门佛眼和尚〈示禅人心要〉》："譬如饭箩边坐说食，终不能饱，为不亲下口也。"元好问《学东坡移居八首》有诗云：

"儿啼饭箩空，坚阵为屡却。"苏州话中，饭箩则专事淘米。朱骏声《说文通训定声·孚部》"薁"："漉米籔也……今苏俗谓之饭箩。其盛饭者，反曰溲箕。"

【镬】

【镬子】

吴语称锅为镬。冯梦龙《山歌·敲门》："七月七个夜头你来得正凑子个巧，省得小阿奴奴镬子里无油空自熬。"落魄道人《常言道》第五回："冷镬子里爆个热栗子一盆，盘门柿堕一盆。"不唯吴语，粤语、客家话部分地区也把锅叫作镬，这是古汉语在方言中的遗留。

镬，最早指青铜食器的一种，形制似无足之鼎，用以烹煮肉鱼之类。《周礼·天官冢宰》："亨人掌共鼎镬，以给水火之齐。"孙诒让《周礼正义》："注云'镬所以煮肉及鱼、腊之器'者，《说文·金部》云'镬，鑴也'。《淮南子·说山训》高注云'无足曰镬'。《士冠礼》郑注云'煮于镬曰亨'。又《特牲馈食礼》'亨于门外东方，西面北上'郑彼注云'亨，煮也。煮豕、鱼、腊以镬，各一爨'。《少牢馈食礼》有羊镬、豕镬。是镬为煮肉及鱼、腊之器也。"后来把日常的类似形态的炊具也称作"镬"。梁冬青的《"鼎""镬""锅"的历时演变及其在现代方言中的地理分布》一文认为："鼎""镬""锅"三者在通语中的历时演变呈现依次覆盖的规律。"镬"大致在隋唐时期，已经替代"鼎"成为常用词。这点已被当时的古籍文献，特别是口语性较强的材料所证明。宋以后，"锅"的使用则越来越广泛，"镬"则仅在若干方言中得以保留。潘悟云《汉语历史音韵学》一书中曾提到这个问题："中原古代的炊具历经变化，而且不断地传到边远地区。现在各地的炊具名称越是边远地区越是古老。锅子吴语称镬，那是汉代的炊具，广州叫煲，实即釜字，那是秦汉时代的炊具。福建称鼎，那是先秦时代的炊具。壮族称 rek，实鬲字，显然是新石器时代从华夏传过去的。'鬲'锡部来母，上古音正是 * rek。"

【镬䈞】

锅盖。陈彭年等《广韵》上声感韵古禫切："䈞，方言云'……又云覆头也'。"许慎《说文·冂部》："覆，一曰盖也。"梅膺祚《字汇·匚部》写作"匼"："古坎切，音感。器盖。"民国《崇明县志·方言》："䈞，器物之盖，俗呼镬䈞、缸䈞。""䈞"与"匼"字形稍别，盖小篆隶变导致。有的写作"匭",光绪《盛湖志补·方言》:"盖曰匭。"也有写作"椢"或"匦",顾禄《清嘉录》:"谚云:参星参在月背上,鲤鱼跳在镬椢上;参星参在月口里,种田种在石臼里。"乾隆《长洲县志·风俗》:"盖曰匦。"方言中也说成"镬匭盖",加一"盖"字,可能是由于"匭"字及其他几个字形均生僻,其意义已不易理解,故加上同义的通语"盖"字。

【一只鼎】

鼎初为青铜或陶土所制成的饮食器,后成为关乎宗庙社稷的礼器乃至国家政权的象征,地位崇高。凡言鼎者,多有显赫重要之义。苏州话中称某方面最厉害、地位最高的人为"一只鼎"。网蛛生《人海潮》第十七回:"原来这小红也是南京老太那里一只鼎,娇小身材,丰若有余,柔若无骨,小鹅蛋脸,秀眉媚目,樱唇琼鼻,颊上略有三四点细麻,额上有指甲大小一个疤痕,远望不大觉得,近瞧益增妩媚。"

【汤罐】

灶上砌在两锅之间、靠近灶门洞,利用灶膛余火加热水的容器,多为铜制或铁制,圆柱形,罐身较深。汤,开水、热水之义。冯梦龙《山歌·镬子》:"换子一个汤罐,倒找子渠银子三分。"因为只是利用余温,汤罐里的水通常都烧不开,故而在口语中也用"汤罐"来形容人性子慢。

【汤罐里煠鸭】

歇后语,后半句为"突(独)出一张嘴"。隐指那些能说会道、只说不做的人。也说"汤罐里燘鸭"。煠、燘,都是小火慢煮的意思。汤罐容积不大,比锅小得多,在里面煮鸭,无法放下整只鸭子,长长的鸭脖和鸭嘴只好伸在罐外。叶圣陶《一个青年》:"先生以为我真个能写出什么像样的字来么?不知道我也不过是汤罐里煠鸭罢了。"原注:"汤罐里煠鸭是苏州的谚语,谓独出一张嘴,常用以嘲笑好腾口说的人。"

【抄】

苏州方言中,以调羹取物这一动作及调羹本身均谓"抄"。胡文英《吴下方言考》卷五:"抄,匙举物也。吴中以匕匙类取物曰'抄'。""抄"的这个义项渊源有自。字本作"钞"。许慎《说文·金部》:"钞,叉取也。"徐铉曰:"今俗别作抄。"段注:"叉者,手指相遭也。手指突入其间而取之,是之谓钞。"可见取物的动作最初是由双手来完成,后借助匕匙类工具获取食物也以此称之。杜甫《与鄠县源大少府宴渼陂》诗:"饭抄云子白,瓜嚼水精寒。"这是动词的用法。洪楩《清平山堂话本·快嘴李翠莲记》："两个初煨黄栗子，半抄新炒白芝麻。"以"个"对"抄"，可见这是名词作量词的用法。字又记音作"超"。冯梦龙《醒世恒言》第二十八卷："微微笑了一笑，举起箸两三超，就便了帐，却又不好说得。"梦花馆主江阴香《九尾狐》第七回："那只大衣袖子在桌面上一带，又把自己的杯儿、超儿、碟儿都掉在地下。"或谓本字作"槮""㮞"，此二字皆有本义，与此义无涉，亦仅记音借用字形而已。

【快儿】

即筷子。冯梦龙《山歌·箸》："姐儿生来身小骨头轻，吃郎君捻住像个快儿能。"兰陵笑笑生《金瓶梅词话》第九十四回："那海棠走到厨下，用心用意熬了一小锅粳小米浓浓的粥儿，定了四碟小菜儿，用瓯儿盛着，象牙快儿，热烘烘拿到房中。"在"快"字上加竹字（因制筷多用竹），便成为今天通用的"筷"字。在汉语史上，"快（筷）"的起源、"筷"与"箸（筋）"的替换演变、"快（筷）儿"与"筷子"的地域分布等问题，均受到关注与讨论。长期以来，汉语中用"箸"来指称这种长条状的取食器具，用"筷"是很晚起的事情，时间大概在元明之际。关于该词的起源，最流行的说法是吴地避讳说，以陆容《菽园杂记》为代表："民间俗讳，各处有之，而吴中为甚。如舟行讳'住'，讳'翻'，以'箸'为'快儿'；'幡布'为'抹布'……此皆俚俗可笑处，今士大夫亦有犯俗称'快儿'者。"行舟求"快"忌"住"，于是吴人用"快（筷）"取代了"箸"。此现象最初只发生在较小范围内的部分人群的口语中，后来这种替代不断扩散，"快（筷）"完成了由南方向北方、由舟民向全民、由口语向书面语的地位转变。也有学者认为该词的起源与民俗避讳无关，本字是"籈"。陈彭年等《广韵》去声怪韵苦怪切："籈，箭竹名也。""籈"又写作"䈆"，音如快。李实《蜀语》："箸曰籈。籈音快，竹箭也，可以为箸。俗作快，非。"唐训方《里语徵实·二字徵实》："箸曰快子，快本作'籈'。"箭竹是制作筷子的材料且多产自南方，故南方地区始以"籈"称"箸"亦有一定道理。

【五更鸡】

一种用于夜间少量煮食、烧水的小炉，外有铜铁或竹木制成的罩子，起到保温挡风的作用。内置燃油灯或炭火炉，通常可调节火焰大小，实现烹煮或保温等不同功能。其特点在于小巧易携带，逢夜间或外出欲饮食者，不便生火起大灶，即使用此物。由于常被用来烹煮消夜小食，故以"五更鸡"为名，取夜已五更鸡将鸣之意。江浙、两广地区多有此物。韩邦庆《海上花列传》第五十二回："琪官复寻出一副紫铜五更鸡，亲手舀水烧茶。"

【庪橱】

存放食物和碗碟之类餐具的橱柜，也叫"碗橱"。丁度等《集韵》去声怪韵居拜切："庪，所以庋食器者。"通常分上下两层，上层柜门有栅格，考究的则雕有镂花，内侧蒙以绿纱，以便透气通风，放常用的餐具或盛放吃剩的菜肴。下层则用板门，放置不常用的餐具或干货。有的上下两层中间还设左右两个抽屉。口语中，把偷吃的孩子叫作"庪橱猫"。

【汤婆子】

内盛热水置于被中的取暖器具。呈扁圆壶形，常用铜或锡等材料制成。"汤"，即其中灌入热水（热水古称"汤"），或即"烫"。"婆子"即老婆，此物与人同床共被，与配偶无异，因而得此戏称。冯梦龙《挂枝儿·竹夫人》："汤婆子本是个耐岁寒的情性，一谜里热心肠和你温存。"

汤婆子又叫"锡夫人""汤媪""脚婆""锡奴""烫婆子"等，宋代已非常流行。曾幾《竹奴》诗序云："因读山谷《竹奴脚婆诗戏作》，山谷既以竹夫人为竹奴，余亦名脚婆为锡奴焉。"苏轼《与杨君素二首》之二："辄送暖脚铜缶一枚，每夜热汤注满，密塞其口，仍以布单裹之，可以达旦不冷也。"范成大《戏赠脚婆》："日满东窗照被堆，宿汤犹自暖如煨。尺三汗脚君休笑，曾踏靴霜待漏来。"汤婆子因保暖性能好而广受人们欢迎，至今仍有人使用。

【竹夫人】

藤竹制长圆柱笼状器，供夏季人们抱着睡觉，有消暑的作用。所谓"夫人"，与"汤婆子"的得名理据相通，取似夫人般与人同床共眠之理。冯梦龙《挂枝儿·竹夫人》："冷时节便用汤婆子，热时节便是竹夫人。"顾禄《桐桥倚棹录》卷十一："竹夫人，亦虎邱人为之，有藤、竹两种。"又名"青奴""夹膝"等。赵翼《陔馀丛考·竹夫人汤婆子》："编竹为筒，空其中而窍其外，暑时置床席间，可以憩手足，取其轻凉也，俗谓之竹夫人。按陆龟蒙有《竹夹膝》诗，《天禄识馀》以为即此器也。然曰'夹膝'，则尚未有夫人之称。其名盖起于宋时，东坡诗云'留我同行木上座，赠君无语竹夫人'，又'闻道床头惟竹几，夫人应不解卿卿'。自注云'世以竹几为竹夫人也'。又黄涪翁云'赵子充示竹夫人诗，盖凉寝竹器，憩臂休膝，似非夫人之职，予为名曰青奴'。陆放翁亦有诗云'空床新聘竹夫人'。"

【蚊厨】

即蚊帐。厨，同"幮"。"幮"即形状像橱柜的床帐，故而又可写作"蚊橱"。陈彭年等《广韵》平声虞韵直诛切："幮，帐也；似厨形也。出陆该《字林》。"陆游《夏日》之六："黄葛蚊厨睡欲成，高槐阴转暑风清。"西湖逸史《天凑巧》第二回："当晚，先生到他房中，放下了蚊厨，吹灭了灯。方睡，清风谡谡自帐外来，似有人扇的一般。"俞达《青楼梦》第二十九回："我避蚊橱糊糊涂涂，掀开帐儿清清楚楚。差你倒茶容容易易，听我笑话烦烦难难。"

第四节　交通

　　苏州地处太湖平原，河流纵横，湖泊密布，又有京杭大运河穿越而过，水多、船多、桥多、码头多，是典型的水乡交通景象。水是这座城市的灵魂，水路是自古以来人们出行、运输的首选方式，舟船自然便成为最重要的交通工具。赵晔《吴越春秋》卷十描述吴越之地"以船为车，以楫为马"，顾栋高《春秋大事表》卷三十三也说吴人"不能一日而废舟楫之用"，这种情形延续数千年，直至近代方有改变。从简易无篷、纯靠人力驱动的"赤膊船"到构造复杂精巧、依靠多桅风帆行驶的太湖帆船，船只按照大小、功能的不同而形态各异。苏州人用船也说船，方言中与船相关的话语俯拾即是。更值得注意的是，这类话语往往具有引申比喻的含义，是"以船作譬"，谈论的主题涉及生活的各个方面。比如，称事有着落为"着港"（船入港），称找台阶下为"落篷"（船降下帆），用"船头浪相骂，船艄浪讲话"（船头吵架船尾交谈）形容夫妻间"床头吵架床尾和"，用"顺风背纤，逆风扯篷"比喻事情做反，用"迷露里摇船"形容分不清东南西北，用"顺风篷勿扯足"劝诫人见好就收，等等。诸如此类，不胜枚举。苏州的小巷有很多也直接以船命名，例如：船舫巷、长船湾、摇船头、网船浜等，而从前橹巷湾、蒲帆巷、船场巷等名称中也可见苏州造船业之兴盛。还有的街巷名虽然如今已看不出与"船"的联系，然而细究起来还是离不开"船"。如"三多巷"，有学者考证乃"杉渎"之误，其旁正是船场巷，造船、修船需大量杉木，苏州话中"三多"与"杉渎"音近，而"杉渎"拗口，"三多"通俗。

　　与舟船相应的，桥梁、水埠码头等也是苏州话中常见的话题元素。苏州河桥共生，桥梁数量难以统计，形制上有平梁桥、拱桥、廊桥等，其中不乏屡经文人吟咏的诸多名桥。张继《枫桥夜泊》说的是姑苏城外的枫桥，白居易"乌鹊桥红带夕阳"说的是乌鹊桥，范成大"凡游吴中而不至石湖，不至行春，则与未始游无异"说的是行春桥，文徵明"天外虹飞彩，波心日泻金"说的则是宝带桥。桥在苏州已然成了一种文化，也在苏州话中占据一席之地，如"船到桥，直苗苗"（形容胸有成竹）、"过桥抽板"（比喻忘恩负义）、"过三桥"（民间求福风俗）等。正所谓"南船北马"，苏州人绝少骑马，除了步行、坐船外，还可乘轿。轿子可繁可简，制作考究如官轿、花轿，也有仅用藤条制成的藤轿，以供不同人群在不同场合使用。"八抬八绰"（形容郑重其事）、"观音山轿子——人抬人"（比喻互相吹捧）、"乌龟抬轿子——硬扛"（比喻强行做事）均是与轿子相关的语词。

在近代经济模式转型的历史背景下，伴随着沿海口岸的开放与新交通工具的兴起，苏州地区的交通方式乃至城镇体系均发生了重大改变。海运、陆运不断冲击着内陆水运的地位，陆运成为内地主要交通方式。火车、汽车等强势的陆上交通工具替代了船只，沿水形成商业经济聚落的传统模式一去不复返。这种巨变也体现在了人们的日常语言中，越来越多与陆路交通相关的新词新语产生，甚至部分原先用于水上交通的说法也与时俱进。如苏州话中把晕船称"注（疰）船"，后来把坐汽车晕车也叫"注（疰）车"。时至今日，虽然苏州大部分地区的出行方式已彻底舍弃水运船只，但这份历史的印记却仍然通过苏州方言中一个个生动鲜活的词语得以保留。

【定圆】

太湖流域的渔民制造新渔船流程中的重要步骤之一，也称"定星"。按风俗，在造船过程中，要先后举办三至四次庆典仪式，须宴请工匠亲友等。按顺序分别为"开工""定圆（星）""上利市头""下水"。其中后二者有时可合二为一，同时举办。所谓"定圆（星）"，即上船梁前由船匠和船主长子（渔船最初只传长子，拉线的行为有确认合法继承人的意味）用墨斗在船底弹出中心线。上好船梁后设"定星酒"宴客。

【船老大】

指船主或承担主要责任的船工，如船上掌舵的人，在日常使用中，常径称"老大"。梦花馆主江阴香《九尾狐》第三十三回："怪勿得海船浪做老大格，随便六月里大热天，船开到仔海里，身浪要着老羊皮格。"树棻《姑苏春》第五章："特委已经研究过了，决定把这项护送任务交给陈老大去负责执行。他是我们的老交通,在运河和太湖周围当船工快五十年了。"也有俗语"老大多仔打翻船",说的是一条船上老大只能有一个,多了适得其反,要把船弄翻。比喻众人各持己见,事情很难成功。

【船家长】

义同"船老大"。家中掌事者称家长,舟船之上亦取此义。李诩《戒庵老人漫笔·方言大略》:"船家,梢子也。又为梢公。今皆称家长,或船家长。"冯梦龙《警世通言》第五卷:"吕玉闻说惊慌。急叫家长开船,星夜赶路。"又作"船驾掌"。镜湖逸叟《雪月梅》第七回:"这船驾掌难为他送你来,你也要谢他两数银子。"王有光《吴下谚联》卷一认为"家长"乃"驾掌"之误:"家长,尊亲之词,岂得加之操舟者?坐船之人称摇船之人为家长,有是理乎?按,'家'字乃'驾'字之误,'长'字乃'掌'字之讹,言掌管驾船人也。此为船驾掌。"此可备一说。

【赤膊船】

指没有船棚设施的简易船只,以人赤膊未着衣类比。茅盾《春蚕》:"一条乡下赤膊船赶快拢岸,船上人揪住了泥岸上的茅草,船和人都好像在那里打秋千。"

苏州方言中,赤膊又可说成赤骨碌(落)、赤骨力(立、历)、赤骨肋、赤骨律、赤髑髅等,故赤膊船也叫"赤骨碌船"。民国《嘉定县续志·方言》:"赤骨立,俗言裸体也。"张南庄《何典》第六回:"活死人气力又小,双拳弗抵四手的,那里挣得脱,不免赤骨肋受棒。"民国《崇明县志·方言》:"赤骨律,俗谓赤膊也。"

此词古籍中多见,如朱熹《朱子语类》卷二十九:"子路譬如脱得上面两件麤糙底衣服了,颜子又脱得那近里面底衣服了,圣人则和那里面贴肉底汗衫都脱得赤骨立了。"《大慧普觉禅师语录》第六卷:"霜风刮地来,法身赤骨髅。"《圆悟佛果禅师语录》第五卷:"寸丝不挂犹有赤骨律在,万里无片云处犹有青天在。"敦煌本《王梵志诗》:"自着紫臭翁,余人赤羖𦜝。""赤",即无物遮挡,裸露的意思,如"赤脚"。"骨碌"及其他诸形的来源未确,存有异说。因常出现在佛教文献中,故而有观点认为是外来音译词。另有观点以为此词或与程瑶田《果臝转语记》中所列词语为同源词,非外来词。"果臝"状圆滚光溜,人赤裸时亦然。此外,或以本字作"赤骨立",其余词形皆记音音变。"骨立"状人消瘦,身骨凸显之貌。刘向《说苑·修文》:"(子路)遂自悔,不食七日而骨立焉。"葛洪《抱朴子·祛惑》:"黑瘦而骨立。"如此,则以人脱衣后消瘦之态指代赤膊貌。

【摇杀船】

一种快速的大船,因人力摇橹十分耗费体力而得名。顾禄《桐桥倚棹录》卷十二:"快船之大者即灯船之亚,亦以双橹驾摇,行运甚速,故名曰'快船',俗呼'摇杀船'。"这里的"杀",也可写作"煞",是苏州话中较有特色的助词,用在动词或形容词后充当补语,表示程度深。这种现象起源很早,李咸用《喻道》:"长生客待仙桃饵,月里婵娟笑杀(一本作'煞')人。"凌濛初《拍案惊奇》第二十九卷:"他两个多是娃子家心性,见人如此说,便信杀道是真,私下密自相认。"云封山人《铁花仙史》第七回:"幸兄不去,若去时,还要笑杀惊杀。"苏州名茶碧螺春因香气浓郁,原名"吓杀人香",也是同样的用法。

【两来船】

相向而行的船只。船只在相向交汇时,会给人以速度特别快的感觉。文例中也往往突出这一特点。冯梦龙《笑府·八成银》:"偶舟行,见来船过舟甚速,讶问之。仆以'两来船'对。乃笑曰'造舟者何蠢也!倘尽造两来船,岂不快耶?'"又可作"两来舡""两来舟"。无名氏《刘知远白兔记》第二出:"我把你两枪儿札不死的、两来舡夹不匾的,我和你七八百年的夫妻。"

"两来船"还有一种特殊的用法,即指不区分前后方向,可双向行驶的单一船只。张南庄《何典》第一回:"活鬼便到鬼店里买了些香烛之类,又叫了一只两来船回来,千端百整。"又:"一只两来船,你用了大脚力踏上去,教他怎么不淈?"

从方向不同的两船可以引申出两头投机、见风使舵的意义来,与俗语"脚踏两只船"类似。然而,从可双向行驶的单船引申出相同的含义也是符合逻辑的。艾衲居士《豆棚闲话》第七则:"只怕其中也有身骑两头马、脚踏两来舡的,从中行奸弄巧。"夏敬渠《野叟曝言》第九回:"当日,太医来看,用的是十全大补汤,说的两来船活话。"这里的"两来船活话"指的便是模棱两可的话。

【船头浪跑马】

跑马,骑马。在船上骑马,比喻处境不利,走投无路。徐珂《清稗类钞·苏州方言》:"船头浪跑马,'浪'即'上'。船头跑马,必至堕入水中,喻人所处之境,狭隘已甚,无路可走也。"

【船头浪相骂,船艄浪讲话】

相骂,互相咒骂,即吵架。船艄,船尾。船头吵架,到了船尾又开始交谈,形容有矛盾争执后,又能很快和好,常用于夫妻间,与俗语"床头吵架床尾和"相似。《缀白裘·白罗衫》:"吼虱两个是一条跳板浪人,船头浪相骂,船艄浪说话,那是介船横芦扉枭得起来?""浪"相当于"上",有时即写作"上"。守朴翁《醒梦骈言》第八回:"你们两个到底是夫妻。从来说船头上相骂,船艄上讲话,是拆不开的。"

【前船就是后船眼】

在水上行船要比陆地上更复杂,如果对水的深浅、缓急、潜流、明浪、浅滩、暗礁等不知情,必会影响行船的航程和安全,水上行有更多的不确定性。如果前边有只船开道,则绝对是后船的幸事,前船就好比是后船的眼睛一样。"前船就是后船眼"常用来劝人要吸取前人的经验教训,作为自己行事的借鉴,意同"前车之鉴"。陆人龙《型世言》第五回:"若论前船就是后船眼,他今日薄董文,就是后日薄耿埴的样子,只是与他断绝往来也够了。"王有光《吴下谚联》卷二作"前船就是后船崖":"崖,泊船滩也……前船泊此崖,后船亦泊此崖,坦道不至一时即危,危途不能一时即安。然谚语垂戒,发人深省,危之之意居多。"也简缩成"前船后船"。青心才人《金云翘传》第一回:"前船后船,安知你我不是他再来人?"

【横撑船】

撑船应保持纵向往前,横向撑船不符合惯常操作,因而引申出违拗、从中作梗的意思。文康《儿女英雄传》第三十二回:"忽然不知从那里横撑船儿跑出这么一个邓九公来,大家起先还只认作他也是个事主,及至听他自己道出字号来,才知他是个出来打抱不平儿的。"梁章钜《巧对录》卷八中以"横撑船"对"倒扳桨","倒扳桨"同样是错误的驾船技巧,因而能与"横撑船"相对。胡祖德《沪谚》卷下有"横撑船,大人是"的谚语。原注:"人子事亲,惟以得亲顺亲为主,不可较量是非。或曰'大'应作'渡',撑渡者船必横,乘客不知其故,以为非是。喻老辈思深虑远,作事偶似乖谬,其实皆是也,所谓天下无不是的父母。"从谚语中可以看出,虽然对"大"的理解还存在歧见,不过认为"横撑船"表不合常理的违拗义是一致的。

【夹篙撑】

不相干者横插一篙子。比喻多事、横生枝节，常有故意与人为难的意思。落魄道人《常言道》第二回："我意中要想救这个人，对他说了，他必不肯，怎么夹篙撑，倒同我相骂起来？"《昆山新阳合志·方言》："横逆曰横撑船，多事曰夹篙撑。"

【橹板】

通常即指代船橹，因船橹水下一端薄扁似板而得名。冯梦龙《挂枝儿·船》："橹板儿搭定休颠倒，急摇与慢摇，深篙并浅篙。"实际上，船橹的形制大致可以分成三个部分：水下部分即橹板；中间段宽厚，内侧有凹坑与"橹人"相合；最上端光滑圆滚，适宜手握，并系橹绷。

船只行进主要依靠摇橹。苏州话中有"初一一橹，初二一橹"的俗语，用来比喻做事拖沓，不爽快。张南庄《何典》第一回："这里到孟婆庄有许多路，若这般初一一橹，初二一橹的，几时才到！"

【橹绷】
【橹绷绳】

将船橹系在船身上的绳子。"绷"取"张紧"义，在无人力作用下，船橹重力会将橹绳绷紧，故而得名。胡祖德《沪谚外编·庵堂相会》："我夫做仔摇船人，做妻也要扭扭橹绷绳。"《吴歌乙集·阳山头上一根藤》："阳山头上一根藤，拉来就做橹绷绳。"

【橹人】

通常理解为摇橹之人，即船夫。然而在苏州方言中，橹人却有一个特殊的义项，即嵌在船尾用以支撑固定船橹的柱状铁制品，其顶端往往呈圆球形。柱状似身，球状似首，故而称"橹人"。

架橹时，将橹人与橹上的圆形凹坑相合，如此则橹即可围绕橹人的球顶转动。一般来说，橹上的这种圆形凹坑不止一处，船夫可根据行船时的水位深浅来选择不同的凹坑与橹人相配。这里体现出劳动人民对力学原理科学合理的利用。在苏州方言中，这样的圆形凹坑也有专称，因其似人之肚脐，故称"脐"。"橹人""脐"皆以物比人。若橹从橹人中滑脱，则称"忒（脱）脐"。冯梦龙《山歌·老公小》之一："小船上橹人摇子大船上橹，正要推板忒子脐。"

【枚头】

船只上系结纤绳的棍状部件。可视使用与否进行插拔，并不始终固定在船身。佚名《后西游记》第三十八回："因竖起枚头，寻了两根纤绳，同沙弥没过水，到岸上去扯纤。"冯梦龙《山歌·船》："我替你前长后短个样事务尽丢开子手，且扳起子枚头抹干净子个只船。"

【利市头】

石汝杰等编《明清吴语词典》释"利市头"为"橹上的部件。喻指好兆头"，并举冯梦龙《山歌·船》为例："推个推来扳个扳，掀铃吭郎浪头颠。颠得饭潭里侪是水，利市头上弗曾干。"从文献看，"利市头"当是船只上一部件无疑，然而未必在橹上。周志锋在《〈明清吴语词典〉释义探讨》一文中提出，"利市头"就是支撑船橹的小铁棍，即"橹人"，而"饭潭眼"则是"橹脐"。以上两种观点均未解释"利市头"的得名之由，《明清吴语词典》中所说的"喻指好兆头"亦未详。

事实上，"利市"一词在书面文献及吴方言口语的意思是一致而稳定的。《左传·昭公十六年》："尔有利市宝贿，我勿与知。"这里的"利市"指利润丰厚的生意，后泛指吉祥富足好运等。凌濛初《拍案惊奇》第三十四卷："我家官人正去乡试，要讨采头，揰（撞）将你这一件秃光光不利市的物事来。"冯梦龙《醒世恒言》第十三卷："落得先前受用了一番，且又完名全节，再去别处利市，有何不美？"

此外，与吉祥富足有关的事物均可以"利市"称之。人们因祈求吉利富足而供养的财神可称"利市"，如弹词《合欢图》第二十九回："乱排座位不分明。土地公公中间坐，招财童子配财神，财神肩下关王位，利市旁边观世音。七不搭八来供好，两张桌子做双拼。"祭祀神灵叫作"献利市""斋利市"。祭祀所用的纸符，也称"利市"或"利市纸"。冯梦龙《警世通言》第十一卷："杀倒一口猪，烧利市纸，连翁鼻涕范剥皮都请将来，做庆贺筵席。"祭祀后所食酒饭，叫"利市饭""利市酒"。冯梦龙《警世通言》第十五卷："又过了两日，是正月初五，苏州风俗，是日家家户户，祭献五路大神，谓之烧利市。吃过了利市饭，方才出门做买卖。金满正在家中吃利市饭，忽见老门子陆有恩来拜年，叫道'金阿叔恭喜了！有利市酒，请我吃碗！'"吴地风俗，逢婚姻、开业、建屋上梁等喜庆之日，行祭祀事后要分发食物、喜钱等与众人，这些财物也可称"利市"。

因而船上之"利市头"也必然与祭祀祈求吉祥有关。陈俊才在《太湖七桅渔船》一文中提到新船制造过程中的四次庆典，其中一次叫"扎喜钉"："又称'上利市头'，为新船'点灵'……黎明在船头敬财神。船匠边说吉祥口彩边将四颗八角锤形的装饰钉等距钉在船头挡浪板正中，每颗铁钉上扎红绿绸带，并将馒头、定胜糕、铜钱抛入船舱，船东发喜钱。"可见，"利市头"即是新船祭祀时钉在挡浪板上的装饰钉，故又有"利市钉"的说法。因为这是祈求吉祥的仪式，故得名"利市"。上举《山歌》例中提到浪大船颠，故而船头挡浪板上的利市头上才始终未干。

【扭绷】

【扎绷】

指摇船时推拉橹绷的动作。"绷"有时写作"浜"。俞达《青楼梦》第九回："其橄榄核船雕刻精致，中舱客四人。二人在后，一摇橹，一扭浜，窗棂皆可开合。"船夫驾船摇橹时，应一手扶橹，一手握橹绷，两手配合一推一拉，使橹能够在水中左右划水呈"之"字形摆动，从而产生推力。一人同时摇橹扭绷，对体能、技巧有较高要求，且船速缓慢。故而常如上文所言，二人分工协作完成。也作"扎绷"。《吴歌甲集·摇船扎绷》："摇船扎绷，断子橹绷，跌杀一个小聋聋。"由于摇橹和扎绷的工作常由二人协作完成，因而"扎绷"逐渐引申出帮助他人、为他人说话，互相照应等意思。吴汉痴《切口大词典·流氓之切口》："扎绷，照应也。"

【推艄】

【扳艄】

指摇船时，将船橹向外推，如此则船头向左，这一动作叫"推艄"。"艄"同"梢"，本义为树木的末端，因人摇橹时所施力处乃橹的末端，因而亦称"梢"，加"舟"旁为特指分化字，亦可泛指船后部。柳宗元《游朝阳岩遂登西亭二十韵》："所赖山水客，扁舟柱长梢。"《百家详注柳集》引童宗说曰："梢，船尾木。"反之，将船橹向内拉则称"扳艄"，船头向右。"扳"，即向内拉。陈彭年等《广韵》平声删韵布还切："扳，挽也。"韩邦庆《海上花列传》第二十三回："一个客人拉住仔个手，一个客人扳牢仔个脚，俚哚两家头来剥我裤子。"船只正是通过一推一扳产生左右推力，呈"之"字形前行。光绪《常昭合志稿·风俗》："方言'推''扳'二字相对，如行船者云'推艄''扳艄'是也。亦为活动之词，如购物论价曰'要推板些'。"

【推扳】

亦作"推板""推班"。在吴方言中有多个义项。首先，是"推艄""扳艄"的合称，即摇橹的动作。弹词《三笑》第五回："米田共，真要好，他就推扳急急向西摇。"其次，用作动词，表示"相差"的意思。梦花馆主《九尾狐》江阴香第三十三回："外头搭里向，要推扳两三个月天气笃。"颐琐《黄绣球》第二十回："你们庄上往来多年，上下就推班几千，也查不到。"也可以作形容词，形容人或事物差劲、逊色。李伯元《官场现形记》卷六："办这个差使，无论如何推板，体制所关，总得有个分寸才好。"还有马虎、将就的意思，常用于劝人让步、吃点亏。蘧园《负曝闲谈》第三回："老弟兄，推扳点吧。咱们是一块土上的人，谁欺的了谁？"

关于"推扳"的来源，大致有两种看法。一种观点认为，"推扳"的所有义项均是由摇橹动作引申而来。摇橹时，推扳的动作不仅为船只提供动力，还控制船只前行的方向，需要驾船者精准地操作，不可偏差。如果推和扳相差一点，船的方向就会把握不准，就可能撞船或触礁搁浅。由此则自然引申出相差、差劲、让步等义项。

另一种观点则认为核心义素为"相差"的这一系列义项的来源较古，本字当作"媻媗"，与驾船的"推扳"并无关涉，仅是读音相近而已。胡文英《吴下方言考》卷五："《玉篇》'媻媗，无宜适也'。案，媻媗，散置也。吴中谓物散置者曰'媻媗落爿'。"丁度等《集韵》去声换韵他案切："媻，媻媗，无仪适貌。"《玉篇》中的"无宜适"是指不恰当、不适宜，《集韵》中则写作了"无仪适"，《汉语大字典》据《集韵》将"媻媗"释为"仪容不加修饰"。《集韵》改"宜适"作"仪适"，大概是受到了字形从"女"的影响。总之，从"不恰当"引申出相差、差劲的义项，也是符合引申逻辑的。

【船底下无水怎推扳】

指船下无水则无法摇橹前进，比喻缺少基本的条件。"推扳"，指摇橹的动作。王有光《吴下谚联》卷四："行船之法，一推扳而已，遇迤进发，攸往皆利也。操舟者，自矜己力，不知半属天功。何则？以其有水也。"

【趁水推船】

借水势来推船，可达到事半功倍之效，表顺水推舟之义。趁，即趁便、趁机。张南庄《何典》第一回："但见来往船只，也有随风转舵的，也有趁水推船的，尽在那里颠篷掉抢。"亦作"趁势推船""趁水推落"。梦花馆主江阴香《九尾狐》第十七回："今他自己讨差，我落得趁势推船去托他。"张南庄《何典》第一回："鬼囡拿起撑篙，用尽平生之力，望岸上一撑；不道趁水推落，船便望着对岸直掼转去。"

【趁水踏沉船】

借水势将船踩沉，比喻乘人之危，落井下石。踏，苏州方言中谓"踩"为"踏"。徐珂《清稗类钞·苏州方言》："趁水踏沉船，船将沉而踏之，若惟恐其不沉者，喻人之助人为恶也。"亦作"趁势踏沉船""踏沉船""踏趁船"。张南庄《何典》第一回："形容鬼伸着后脚，跨上船去，只见那只船直洸转来，几乎做了踏沉船。"潘慎注："踏沉船，整句为'趁势踏沉船'，即落井下石。"弹词《描金凤》第八回："众人们，沸喧喧，俗语称为踏趁船。犹如强盗浑无二，打得他家实可怜。"

【船横芦箯器】

谓风浪大，吹得船只横逸，芦席翻起。其中"芦箯器"又记音作"芦扉枭""芦飞嚣"。张南庄《何典》第三回："忽然昏天黑地，起来一阵勃来风，吹得那阳沟河水涨三分，霎时间船横芦箯器起来。"常比喻事态不受控制，有扩大激化的趋势。《缀白裘·白罗衫》："吼乩两个是一条跳板浪人，船头浪相骂，船艄浪说话，那是介船横芦扉枭得起来？"落魄道人《常言道》第二回："船通个水，人通个理。你们不要船横芦飞嚣。"

"箯""飞""扉"仅记音，均非表芦席义的本字。本字当作"籡"。扬雄《方言》卷五："簟……其粗者谓之籧篨。"郭璞注："江东呼籧篨为籡。音废。"籧篨即粗竹席。许慎《说文·竹部》："籧，籧篨，粗竹席也。"后也用以指芦苇编的粗席。陈彭年等《广韵》去声废韵方肺切："籡，芦籡。"梁同书《直语补证》："今人呼芦席曰芦蘮。"乾隆《长洲县志·风俗》："谓苇席曰芦蘮。宋琅琊王敬彻遗命以一芦蘮藉下。""蘮"同"籡"，丁度等《集韵》去声废韵放吠切："籡，籧篨也，或作蘮。"

"器""枭"记音，本字未明，表示"掀""揭"义。冯梦龙《山歌·荷包》："只没要无钱空把布裙器。""把布裙器"即将布裙掀起。李伯元《官场现形记》卷六十："众人一齐吃了一惊，赶紧枭开帐子一看，只见病人已经挣扎着爬起来了。"这里的"枭"，也是挑起、掀开的意思。张慎仪《蜀方言》卷下："揭盖曰撠。"原注："《智镫难字》：'音枵'。"有学者认为本字当作"枵"，不确。胡文英《吴下方言考》卷五："枵，《田家五行》'日落乌云半夜枵'。案，枵，起而去也。吴中谓揭去其物曰'枵'。"许慎《说文·木部》："枵，木根也。从木号声。《春秋传》曰'岁在玄枵'。玄枵，虚也。"段注本为"木貌"，并曰："大徐本作'木根'，非也。木根则当厕于'本''柢''根''株'四篆处矣。枵，木大貌。《庄子》所云'呺然大也'，木大则多空穴。""枵"的核心义素是空疏，故而腹空饥饿称"腹枵"。材质空疏轻薄亦可称"枵"。宋应星《天工开物·夏服》："又有蕉纱，乃闽中取芭蕉皮析缉为之，轻细之甚，值贱而质枵，不可为衣也。"苏州方言中也称物品单薄为"薄嚣嚣""薄枭枭"，本字即当为此"枵"字。

【摇半日船，缆弗曾解】

摇了半天的船，实际上系在岸上的缆绳都没有解开，自然无法前行。比喻做无用功。《缀白裘·玉簪记》："阿呀，摇子个半日船，缆弗曾解来，等我去解子缆介。"

"弗"是苏州方言中常用的否定词，主要用来否定动词、形容词等谓词。与之相关的有"弗曾"，即对已发生过的事情的否定。"缆弗曾解"所针对的就是已过去了的摇船半天的这个时间段。"弗曾"还有一个后期的合音字"艜（䑦）"，音同"分"。现今苏州口语中，"艜"已经完全替代了"弗曾"，后者只在某些苏州地方曲艺的唱念中得以保存。此俗语也说成"摇仔半日橹，缆也䑦解"。

【唐伯虎叫船——叫到哪里就哪里】

唐寅，字伯虎，明苏州府吴县（今江苏苏州）人，杰出的书画家、文学家。有关唐寅的故事传说很多，最有名的当属唐伯虎点秋香，苏州长篇弹词《三笑》即以此为主线，讲述了唐伯虎在虎丘对无锡华鸿山太师夫人的丫鬟秋香一见倾心，并一路追随、隐瞒身份入华府，最终携秋香返苏的故事。《三笑》情节曲折，喜剧色彩浓厚，在苏州民间影响颇大。"唐伯虎叫船——叫到哪里就哪里"这一歇后语，便出自《三笑》。秋香随华夫人登船返程，唐伯虎亦招呼一舟跟随，船家问其何往，他便说"叫你到哪里就到哪里"。后苏州方言即以此语比况做事随意，缺乏计划目标。

【注船】

【注车】

晕船称"注船",晕车可称"注车"。夏日因天气炎热而不适可称"注夏"。厌恶某人或某事物亦称"注"。顾禄《清嘉录》:"盖疰夏之说,已见《元池说林》'立夏日,俗尚啖李,则不蛀夏'。家治斋云'疰与注,当作蛀。入夏不健,如树木之为虫蛀也'。《西溪丛话》'南人不善乘船,曰苦船。北人曰苦车。苦音库'。吴下人语音如'注'。又谓所厌恶之人,亦曰注,皆苦之讹。患苦之也。今谓入夏眠食不服,曰'注夏',犹是意尔。"

《清嘉录》谓"注"为"苦"之讹,不确,亦非如《元池说林》作"蛀"。本字当为"疰"。张揖《广雅·释诂一》:"疰,病也。"王念孙疏证:"《释名》'注病,一人死,一人复得,气相灌注也'。'注'与'疰'通。"王氏这里指的是传染性的疾病,他以为"疰"是取"注"的"注入"义而造。或谓慢性病亦可称"疰",与"蛀虫"之"蛀"同取"久住"之义。王肯堂《证治准绳六种·幼科证治准绳集》:"巢氏云'疰之言住也,谓其风邪鬼气留人身内也'。人无问大小,若血气虚衰,则阴阳失守,风邪鬼气因而客之,留住肌肉之间,连滞脏腑之内,或皮肤掣动,游易无常,或心腹刺痛,或体热皮肿,沉滞至死,死又疰易傍人,故为疰也。"

【抢】

【抢风】

【折抢】

【掉抢】

"枪",许慎《说文·木部》云:"歫也。"段注:"枪有相迎斗争之意。""歫"即"拒",两相抵触义。"抢"《说文》未收,实与"枪"同源(从"手"之字早期多从"木"),其核心义均为迎抵。"枪"字后来多用作名词表长兵器,盖取此义。由此义则自然引申出冲撞、逆顶诸义。《庄子·逍遥游》有"决起而飞,抢(有版本作'枪')榆枋"语,"抢榆枋"即"冲撞到榆树枋树"。"抢风"即指逆风、顶风。庾阐《扬都赋》:"艇子抢风,榜人逆浪。"此外,今苏州方言中的"枪毛"(皮毛上逆突的倒毛为枪毛)、"枪篱"(将竹篱冲抵插入地面为枪篱)中的"枪"均同源。宋濂《篇海类编·竹部》收"簽"字:"七亮切,音抢去声。竹簽。"在口语中,"簽"一般指竹编的箩筐等底部所插的起固定支撑作用的竹片,也可以作动词用,指把竹片斜插进去这一动作。这个"籤"字也是"抢""枪"在"迎抵"义上的后造同源字。

舟船逆风则缓慢且费力,于是驾船者逆风时调整船帆方向,使船身倾斜以借风势。这一技巧称"折抢","折"是弯转、变向的意思。胡文英《吴下方言考》卷八:"抢风,逆风挂帆,因斜舟以受风使行也。吴中谓之'折抢'。"若能熟练掌握此技术,则能有效化解逆风对行船带来的不利影响。文康《儿女英雄传》第二十一回:"因他善于使船,专能抢上风,趸顺水,水面交起锋来,他那只船使的如快马一般。"又称"掉抢"。杨慎《俗言·掉抢》:"吴楚谓帆上风曰抢。谓借左右使向前也……今舟人曰掉抢是也。"张南庄《何典》第一回:"但见来往船只,也有随风转舵的,也有趁水推船的,尽在那里颠篷掉抢。"

【掉抢花】

【掉枪花】

指耍花招迷惑、欺骗他人,含贬义。关于此词的来源出处,有多种说法。一种观点认为"掉抢花"即"掉抢风",谓船只逆风时调整风帆位置方向以借力前进。柴小梵《梵天庐丛录·掉抢花》:"吴、楚谓帆上风曰抢,谓借左右使向前也。《扬都赋》'艇子抢风,榜人逸浪'。今舟人曰'掉抢'是也。又作'舱'、作'枪',见杨慎《俗言》。今谓以诡计欺人者,曰'掉抢花',本此。"依此说,则耍花招的意义是从因风调帆所含的"灵活""善应对"的因素引申而来。

第二种观点认为字形当作"掉枪花""掉花枪"。漱六山房《九尾龟》第三十二回的回目是《吊膀子小丑帮忙,掉枪花秋娘中计》。王浚卿《冷眼观》第二十九回:"他只配想出法子来同他掉花枪。你若要用真心去待他,倒反要吃他的苦了。"枪花、花枪指现实武术或者戏剧舞台上的一种枪术。掉,舞弄的意思。通过舞枪可以使对方产生错觉。由此则自然引申出迷惑欺骗的含义。故而柴小梵《梵天庐丛录·掉抢花》又云:"或曰,'掉抢花'者,实'掉花枪'之倒。掉,使弄也;花枪者,使弄枪子,身手灵捷,使人观之眼花,不测其进退,以喻黠者欺人,而人不之觉,其说亦通。"此词若源自驾船术语,则内部结构当为"掉抢"+"花",这个"花"字不好解释。若依后解,则内部结构为"掉"+"枪花",这符合实际的语例,"枪花"在口语和文献中常单独出现。如孙家振《续海上繁华梦》三集第三十六回:"当真嫁了怀策,此人枪花一等,料来下半世不致不能度日。""掉枪花"也常处于离合状态。漱六山房《九尾龟》第一百四十回:"嘴里向枪花掉得蛮好,倪陆里晓得俚是滑头呀。"朱瘦菊《歇浦潮》第一回:"那时我恐与她意见不合、话不投机,所以掉了个枪花,说了一大篇鬼话,把她哄得服服帖帖。"赵元任在《语言问题》中引用过这个词:"其实,这是从德国的故事翻译过来的,只是为求得使这个故事说得活灵活现的,所以我就给它有点儿上海人所谓的'调枪花',给它改编了。"由此可见,"调枪花"是吴语中的惯用语。也说成"出枪花"。周天籁《亭子间嫂嫂》:"人是活的,嘴是两爿皮的,不会出枪花的吗?"

还有一种说法,即"掉花枪"中的"花枪"实际是"花腔",即花言巧语。"掉"也可写作"调",当读为"誂",许慎《说文·言部》:"誂,相呼诱也。"顾野王《玉篇·言部》:"誂,弄也。""誂"有诱骗戏弄的意思。按此说,则"枪花"即"腔花",然"腔花"鲜见用例。

【落篷】

【收篷】

【趁风收篷】

吴地和舟船相关的"篷"有两种含义。张盖船上,用以遮蔽日光风雨的设备可以称篷,例如乌篷船就是指黑色船篷的船只。除此之外,因"帆""翻"谐音,不吉利,故以"篷"称"帆"。朱熹《水口行舟二首》之一:"今朝试卷孤篷看,依旧青山绿树多。"李渔《玉搔头·飞舸》:"才说要顺风,这风就掉转来了。家婆在那里?快帮我扯起篷来。"这两例中能卷能扯的"篷"便是船帆而非船篷。

"落篷""收篷"顾名思义,便是收落船帆。在苏州方言中,常以此喻事件收场终结,多有缓解尴尬、找台阶下的意味。弹词《珍珠塔》第十八回:"老爷有意来唤你,你落得好落篷时就落篷。"李伯元《官场现形记》卷四十:"马老爷见瞿太太一面已经软了下来,不至生变,便也趁势收篷。"类似的说法还有"趁风收篷",朱瘦菊《歇浦潮》第九十四回:"这样算得扳足了面子,也可以就此趁风收篷,仍旧言归于好。"

【扯满篷】

"扯"有拉扯、牵引义,在这里指将船帆扬起张开。所谓"满篷",即扬起全部风帆,使其发挥最大功用。冯梦龙《警世通言》第三卷:"危滩急浪中,趁着这刻儿顺风,扯了满蓬(篷),望前只顾使去,好不畅快。"这本是一个与舟船驾驶相关的特定术语,在苏州方言中却进一步引申,可比喻志得意满、趾高气扬的神态。弹词《玉蜻龙》第五十二回:"太师听说连摇手,海瑞似狼似虎凶。一些情面全无有,只好凭他扯满篷。"

【一篷风】

篷,这里指船帆。指吹足船帆的一阵风。常用来形容速度快。罗懋登《三宝太监西洋记》第七十四回:"纽(扭)转身子来,一篷风,早已到了飞龙寺,坐在方丈里面。"有俗语"两只船合使一篷风",比喻混同一气,成群结伙。王浚卿《冷眼观》第十七回:"我们老兄同金坛冯煦,都是出在翁师傅门下。俗语有句话,叫'两只船合使一篷风',怎么能不认得呢?"胡祖德《沪谚》卷上:"相打一篷风,有难各西东。"意谓与人争斗时看似团结,有难时却各奔东西。

【说着风就扯篷】

【得风使篷】

一谈起风就立刻要扬帆。比喻说干就干,通常含有贬义,调侃讽刺为人处世莽撞性急,与俗语"说着风就是雨"类似。梦花馆主江阴香《九尾狐》第三十六回:"大先生,倷真真变仔说着风就扯篷哉。"程瞻庐《唐祝文周四杰传》第四十回:"呆公子听了,说着风,便扯篷,立逼着唐寅提笔就绘。"也有"得风使篷"的说法。曾朴《孽海花》第十二回:"阿福老是这样冒冒失失得风使篷的。"

【扯顺风旗】

旗,指船帆。"扯顺风旗"即顺风扬帆。陈端生《再生缘全传》第二十六回:"将军见说微微笑,喝令回舟快似风。探过番军遥与近,登时扯动顺风旗。"可比喻事情顺利遂愿。张南庄《何典》第十回:"活死人谢恩领受,陛辞起身,扯足顺风旗,鸦飞鹊乱,望阴阳界进发。"此外,亦可表示顺势迎合、顺水推舟之义。李伯元《官场现形记》卷三十五:"每到一处,先替他向人报名,说这位就是唐观察。有些扯顺风旗的,亦就一口一声的'观察'。"

【远桥三里就落篷】

"三里"虚指路程远,意思是距离桥梁尚远时便开始降下船帆,以便顺利通过。降下船帆一方面减少船只体积,以免碰触桥梁;另一方面防止风向的不确定性导致船只过桥路径出现偏差。通常降下船帆后，船家以长竹篙支撑这种更易掌控的方式来提供动力和把握方向。张南庄《何典》第一回："我们行船的老秘诀，须要远桥三里就落篷，方能船到桥，直苗苗。"苏州方言中，用来比喻做事有计划，未雨绸缪。

【船到桥，直苗苗】

直苗苗，笔直貌。船过桥时，船体行进方向保持笔直。《吴歌新集·船到桥来直苗苗》："船到桥来直苗苗，姐妮勒桥面浪摇面条。"可以用来比喻事到临头终有解决的办法，意同"车到山前必有路"。落魄道人《常言道》第二回："你不要慌，'船到桥，直苗苗'，我自有个道理。"也常说成"船到桥头自直来""船到桥门柱直来"等，"柱直"，即"竖直"。

【着港】

【入港】

【进港】

指经过求索而得到某样物品或钱财，也指达成意愿或目标。此词本义指舟船克服水流的冲击停泊在河道码头上，而舟船进入河道停靠码头，是要有一定技巧的，只有停泊到位才能方便上货下人。如果船只没有泊好，自然就没有达到目标，也就是"弗着港"。蒋礼鸿《义府续貂》曰："嘉兴谓求而有获曰著港，言若舟船得所驻泊也……但存于口语，未见著之文字者。"他也认为"着港"一词的经过索求而得到的意义是由舟船靠岸经努力泊在码头的本义引申而来，但他称此词不见于文字记录，只存在于口语，实有不察。其实，"着港"在明清时期的吴语文献中常写作"着杠"，如韩邦庆《海上花列传》第十五回："水烟末吃仔，三块洋钱勿着杠哩！"

"着港"即"入港""进港"，"着"有"在""着落"的意思。船只进港则安稳无忧，故"着港"可谓事物得手、落实。民国《川沙县志·方俗志》引黄炎培《川沙方言述》："物已到手谓之'着港'，亦谓之'进港'，疑是从事海上生涯者所用之名词。"然"港"在吴语中非仅指海港，更常用的意义是"河"。冯梦龙《山歌·伯姆》："啰哩村东头村西头顽皮后生家在我中间过一夜，分明是狭港里撑船搠两边。"这里"狭港"指狭窄的河道，因而"着港"一词不必认为只有"从事海上生涯者"才使用，只要是以舟船为主要交通工具的水乡都有可能产生这个词，并广泛使用。

这几个词在文献使用中，"入港"的词义比"着港"更丰富，可引申指人际关系的有着落、和谐，谈话投机，如冯梦龙《警世通言·杜十娘怒沉百宝箱》里，孙富和李甲"二人赏雪饮酒，先说些斯文中套话，渐渐引入花柳之事。二人都是过来之人，志同道合，说得入港，一发成相知了。"若这种意气相投的关系发生于男女之间，则特指不正当的勾搭。曹雪芹《红楼梦》第八十回就有一段写道："至午后，金桂故意出去，让个空儿与他二人。薛蟠便拉拉扯扯的起来。宝蟾心里也知八九，也就半推半就，正要入港。谁知金桂是有心等候的……"这里的"入港"，就是形象地来描述男女欢合之事。再如心远主人《二刻醒世恒言》上函第十二回："一日有人说笑话，说起那吉顺吾怎生样的故事，王羽娘怎生样的美容，他就生心，要去入港。"

【船多不碍港】

船只数量虽多，却不会阻碍影响河道的使用。比喻人虽多，各做各事，互相之间并不妨碍；也可指人交际广泛，互帮互助。兰陵笑笑生《金瓶梅词话》第七十四回："姐姐们，这般却不好！你主子既爱你，常言船多不碍港，车多不碍路。那好做恶人？你只不犯着我，我管你怎的？我这里还多着个影儿哩。"东鲁古狂生《醉醒石》第十二回："哥，船多不碍港。若咱得了好处，不忘你老人家。"

【一跳板】

【一条跳板】

跳板，一头搭在船边便于人上下的长板。船靠岸时，即使有缆绳系于驳岸，船只仍难免出现晃动，为了方便上下船，会在船与岸之间临时铺设木板。也作"跳版"。俞樾《茶香室丛钞·木脚道》："（宋）赵溍《养疴漫笔》载'……船前独设一木脚道，煜徘徊不能进'，按此即今所谓跳版也。"也可简称"跳"。冯梦龙《挂枝儿·船》："新打的船儿其实妙。下了篙，搭上了跳，把客招。"走在同一块跳板上，引申为同伙同道之义。夏敬渠《野叟曝言》第一百九回："又全是靳直一跳板人，更没疑忌。"孙家振《续海上繁华梦》一集第十四回："怀策见小陈进来，他是一条跳板的人，面色不应这样不对，并要招祖诒至外房说话，愈疑别有什么紧要事情。"

【拔跳】

抽撤掉登船所用的跳板。也作"抽跳板"。孙家振《海上繁华梦》初集第九回："然后各人陆续登舟。船家解缆拔跳，摇到小轮船上，带好了缆，放过气筒,生火开行。"引申为失信毁约,意同"过河拆桥"。颐琐《黄绣球》第四回:"我有家有室,总不能抽跳板的。万一其中有别人抅起后脚来,我却不管,就凭你说话了。"

【过桥拔桥】

过桥以后,抽撤桥板,拆毁桥梁。比喻达成目标后便舍弃此过程中曾帮助过自己的人或事。与"过河拆桥"意同。徐珂《清稗类钞·苏州方言》:"过桥拔桥,己已过桥而即将桥拔去,喻人之专顾己不顾人也。"又作"过桥拆(坼)桥""过桥抽板""抽桥板"等。李伯元《官场现形记》卷十七:"现在的人都是过桥拆桥的,到了那时候,你去朝他张口,他理都不理你呢。"曾朴《孽海花》第三十一回:"只要你不要过桥抽板,我马上去找他们,一定有个办法,明天来回复你。"李渔《连城璧外编》卷二:"菩萨的话原说得不差,是我抽他的桥板,怎么怪得他拔我的短梯?"

【水脚】

货物水路运输的费用。这里的"脚"是将舟船水行类比为人徒步行走。此义来源较早,脱脱等《宋史·食货志》便载:"尽取木炭铜铅本钱及官吏阙额衣粮水脚之属,凑为年计。"冯梦龙《警世通言》第二十二卷:"那刘顺泉双名有才,积祖驾一只大船,揽载客货,往各省交卸。趁得好些水脚银两,一个十全的家业,团团都做在船上。"也可指人坐船的费用。李伯元《文明小史》第五十一回:"一看都用不着,原来公司船上的房舱,窗上挂着丝绒的帘子,地下铺着织花的毯子……饶鸿生心里暗想,怪不得他要收千把块钱的水脚,原来这样讲究?"实际上,由于江南地区水上交通发达,即使陆路运输的费用,往往也能用"水脚"表示。李伯元《官场现形记》卷十:"办好的机器,如果能退,就是贴点水脚,再罚上几个都还有限。"

"水脚"的另一常用义为剩余或沉淀下的水分。这里的"脚"以足部在人体最下方取譬。韩奕《易牙遗意·香雪酒》:"乘热用原浸米水澄去水脚。"朱彝尊《食宪鸿秘》上卷:"将菜头十字劈裂,莱菔取紧小者切作两半。俱晒去水脚,薄切小方寸片。"

【踏渡】

河边供人上岸下船的石头台阶,同时也方便居民浣洗。有的靠河的民居常在自家后门沿河砌一个"踏渡"。苏州人还常把"踏渡"称之为"踏渡琴""踏跺径"。《苏州方言词典》记作"踏渡级",不过给"级"字特别标音,因为在苏州话中此处读如"琴"或"径",故也常写"琴"或"径"字来记音。有学者认为这个[dʑin]或[tɕiŋ]音即"级儿",是"级"的儿化。由于"儿"在中古音和吴方言中读[ɲi],儿化后就剩一个[ŋ],与吴方言中"女儿"称"囡[ŋ]"、"筷子"称"筷[ŋ]"类似,都是儿化的例子。不过,如今这样的语例并不多见,经笔者考察发现多保留在使用频率极高的口语词中,还如称"小孩"为"小干[ŋ]"、称"小姑娘"为"小娘[ŋ]"等,而且,由于受普通话儿化音音感的影响,人们对这样的[ŋ]已不觉察其是儿化音了。

【三关六码头】

现泛指各处地方。关于"三关六码头"的具体所指,尤其是"三关",历来说法很多,较流行的是浒墅关、铁铃关和金阊关,也有人说是铁铃关、白虎关和浒墅关,更有人说是铁铃关、木渎关和葑门关。苏州城外的不少关口主要为防寇入侵而筑,至今铁铃关的关楼上还高悬"御寇安民"的匾额。明洪武年间,倭寇常到我国沿海一带骚扰,苏州是我国沿海最繁荣的城市之一,阊门又是苏州的富贵风流之地,倭寇常把这里作为袭击和抢掠的目标。《金阊区志·交通运输》记载:"'三关'是指明代设置防御倭寇入侵的三个关口,即铁铃关、白虎关和青龙关,均在阊门外。"这三个"关"都在一条线上,是阻止外寇进入内城的三道防线,此说比较靠谱。而"六码头"是指阊门一带的南码头、北码头、太子码头、万人码头、丹阳码头和盛泽码头。南码头和北码头,是以地理方位命名,分别在阊门吊桥之南北。太子码头在北码头南侧,传说因有某皇太子曾在此登岸,故名。万人码头原名"犯人码头",在清代,专门押解犯人之用,后押解犯人由水路改为陆路,变成了商用码头,为避讳,将"犯"改成苏州话中同音的"万"字。盛泽码头是旧时盛泽绸商集资建造的转运丝绸产品的专用船埠。丹阳码头是以客商的籍贯命名,丹阳人在此聚集很多。如今阊门外很多古码头已毁,但我们从留存在语言中的这些词,可以想见当年繁荣之景。

【八抬八绰】

八个人抬扶某物(常为轿子或棺材)。形容场面大,郑重其事。该词文献中常见,且形式多样,又可作"八抬八扱""八抬八插""八抬八擦"等。

张南庄《何典》第三回："把棺材生好牛头扛，八抬八绰的扛出门去。"翟灏《通俗编·杂字》："俗以手异物他徙曰扱，有八抬八扱之谚。"孙锦标《南通方言疏证·释凭具》："今俗以高官坐轿者，谓之八抬八插。"陈端生《再生缘全传》第三十九回："八抬八擦直显贵，绿纱隐隐坐夫人。"

"绰""扱""插""擦"皆音近义同的记音字。这一系列的字形表示的是"扶持"的意义。本字或为"策"。《汉语大字典》（第二版）"绰"条义项九："用同'策'。扶着人或轿。""策"有手杖义，继而引申为扶持、架起。李东阳《灵寿杖歌》："左扶右策夹以二童子，下可涉园径，上可凌坡陁。"文献中不乏"扶策"连用之例，表"搀扶""支撑"义，是为同义并列的复合词。孙光宪《北梦琐言》卷十六："泛鹢舟于池上，忽闻倾侧，上堕于池中，官嫔并内侍从官并跃入池，扶策登岸，移时方安。"孟汉卿《魔合罗》第三折："玉娘听言，慌速雇了头口，直至城南庙中，扶策到家，入门气绝。"梁逍、周志锋《"八抬八绰"及相关词语考辨》一文所辨甚详，可资参考。

【观音山轿子——人抬人】

观音山，即苏州西南的支硎山，是晋朝高士支遁隐居之所，因山中寺庙供奉观音，故俗称观音山。朝拜香客常选择简易竹轿作为上山的交通工具，因而时逢观音生日等重大时节，都会出现轿子满山的景观。顾禄《清嘉录》："观音诞日，有至支硎山朝拜者。望前后，已联缀于途。马铺桥迤西，乃到山路也。人多赁坐竹舆，资以代步，不帷不盖，两人肩之以行，俗呼'观音山篼（轿）子'。"轿子由轿夫抬，自然是"人抬人"。后用于歇后语，将"抬"的"托举"义引申虚化为"提高身价"的意思，比喻人与人保持默契，相互捧场抬举。《缀白裘·白罗衫》："观音山轿子人抬人，吪叫子我马大爷，我自然叫吪李二爷哉耶。"

"轿"也常写作"篼"。"篼"本为乐器名，《尔雅·释乐》："大管谓之篼。"郝懿行《尔雅义疏》引舍人曰："大管声高大，故曰篼。篼者，高也。""篼"用来指轿子，是借字。张端义《贵耳集》卷上："自渡江以前，无今之篼，只是乘马。"

【乌龟抬轿子】

歇后语，歇"硬扛"。比喻强行做某事。徐珂《清稗类钞·苏州方言》："乌龟抬轿，龟有硬甲，轿亦硬物，喻事之硬做也。硬做者，不能为而强为之也。”沈起凤《文星榜》第三十出：“道老爷，我俚奉贺子呧，就奉扰子呧，赛过乌龟抬轿子，硬扛扛哉。”

【弹石路】

又称“弹街路”“片弹石路”“弹硌路”。许慎《说文·弓部》：“弹，行丸也。”古时硬质球状物皆可称“弹”。由卵石、碎石铺筑的路面叫“弹街路”，因碎石块状如弹，故称。其已经有几百年的历史，是老苏州最常见的一种路面。然而，随着旧城区改造的全面启动，苏州市区弹石路越来越少，除了极少数景观路面和古镇路面，弹石路几近绝迹。

第四章 岁时节令类民俗语汇

古代中国经过对天文气候的不断认识，形成了结合月相变化、黄道轮回的阴阳合历，我们称为夏历或农历。与此同时，我们也形成了基于太阳历的二十四节气，并孕育出许多富有内涵的传统节日。

有的节日与气候相关，如"二分二至"中的冬至，是一年中日照最短的日子，远古也用它作为年节。有的节日在日历上的数字特别，如一月初一、二月初二、三月初三、五月初五、七月初七、九月初九，都是节日。"重日"在中国古代被认为是"天地交感""天人相通"的日子，由此，不难看出古人对数字的崇拜。有的节日与宗教相关，如腊八节、中元节、观音生日。有的节日则与农业生产有关，如稻生日、祭猛将等。

苏州的岁时节令民俗，总体上来说与其他地区具有大同小异的特点，所谓大同，是节日同、主要精神同，而小异体现在文献记载较多、民谣谚语众多、饮食文化发达等方面。例如，有首童谣这样唱道："正月十五闹元宵，上灯圆子落灯糕。二月二，龙抬头，老人要吃撑腰糕。三月三，是清明，祭祖青团豆沙包。四月十四轧神仙，大家来抢神仙糕。五月端午划龙船，灰汤粽子糖油浇。六月里，要谢灶，谢灶团子味道好。七月天气热弗过，吃块薄荷豇豆糕。八月中秋收早稻，新米糍团糯得不得了。九月重阳要登高，重阳糕，敬二老。小阳春引来十月朝，老卜丝饼吃出虾味道。十一月冬至大如年，九九图从今朝描。十二月里备年糕，蒸一笼玫瑰薄荷猪油糕。"仅就童谣中所唱及的糕团一类食物，即明显反映了苏州人"不时不食"的个性。相对来说，苏州岁时节令民俗与上海、无锡、常州以及杭嘉湖地区具有较高的相似性，从浙东至福建，也有递减的近似关系，与民系分布及其历史变迁具有一致性。

通过岁时节令民俗，我们可以看出，苏州自古以来作为区域文化中心，两千多年来未发生覆盖式变更，民俗一脉相承。纷繁复杂的岁时节令民俗背后，也需要苏州繁荣的经济作为支撑，若饘粥之不继，则礼俗又何暇为！

中国现有六大传统节日习俗（春节、清明节、端午节、七夕节、中秋节、重阳节）被列入首批国家级非物质文化遗产名录，下面我们在此基础上再选取一些具有苏州地方特色的岁时节令民俗，以主要节日为纲，对相关民俗语汇进行解说。有些语汇与节令有关，而其反映的主要民俗内涵又与生产劳动、民间信仰等有密切联系，我们把这些语汇归入相应的生产类、民间信仰类语汇等章节，此章不再重复。

第一节 年俗

春节原叫元旦。元,首也,有开始的意思;旦,太阳从地平线上升起。农历正月初一,是一年的日升之始,元旦之名因此而得。这一天,也叫"元日"。王安石《元日》:"爆竹声中一岁除,春风送暖入屠苏。千门万户曈曈日,总把新桃换旧符。"描写了元旦风情。辛亥革命后,我国改用公历纪年,公历的1月1日被叫作"元旦",农历正月初一就改称"春节"了,不过,苏州人习惯称"过年"。

许慎《说文·禾部》:"季,谷孰也。从禾千声。《春秋传》曰'大有年'。"段注:"《尔雅》曰'夏曰岁,商曰祀,周曰年,唐虞曰载',年者,取禾一孰也……《穀梁传》曰'五谷皆孰为有年,五谷皆大孰为大有年'。"《说文》把"年"字放禾部,字作"季",以示风调雨顺,五谷丰登。古时,禾谷一般一年一熟,于是"年"便被引申为岁名了。

吴自牧《梦粱录·除夜》:"十二月尽,俗云'月穷岁尽之日',谓之'除夜'。士庶家不以大小,家俱洒扫门闾,去尘秽,净庭户,换门神,挂钟馗,钉桃符,贴春牌,祭祀祖宗。遇夜则备迎神香花供物,以祈新岁之安。"可见,民间极重视此节。届时,家家十分忙碌,妇女下厨备年饭,男人贴春联、挂年画。除夜吃团圆饭,饭菜丰盛。饭前,燃放鞭炮;饭后,全家守岁,长辈给晚辈分发压岁钱,等等。

苏州的春节习俗与我国其他地区类似,从时间来看,过年的气氛从腊月初八就开始了,所谓"过了腊八就是年",一直要持续到正月十五以后。内容也很丰富,主要包括腊月初八喝腊八粥;腊月廿三廿四送灶,并掸檐尘,即大扫除;然后是祭祖、祭神,大年夜吃团圆饭,全家守岁,大人要在孩子枕边放压岁钱;近子时,开始更换门神、贴春联,放封门爆仗;年初一放开门爆仗;年初二起到正月十五走亲访友;年初五迎"路头";正月十五闹元宵,看花灯。可见,苏州人的春节,既有全国人民过年习俗的共性，也有地方特性。

不过，与全国其他地区一样，苏州的春节习俗也在发生变化，我们认为优秀的传统民俗项目应当传承，不应简单禁止。正是有了春联、年画、团圆饭、拜年、压岁钱、龙灯、庙会等年俗，年才更有"年味儿"。

【腊八粥（佛粥）】

腊八，即农历十二月初八。佛家以是日为佛祖释迦牟尼成道之日，为了不忘佛祖成道之前所受的苦难，也为了纪念佛祖悟道成佛，便在这一天以吃杂拌粥作为纪念。自佛教传入中国，各寺院也用果子杂拌煮粥，分食僧众，这种粥叫作腊八粥或佛粥。到了宋代，民间亦相沿成俗。孟元老《东京梦华录·十二月》："初八日……诸大寺作浴佛会，并送七宝五味粥与门徒，谓之腊八粥。都人是日各家亦以果子杂料煮粥而食也。"陆游《十二月八日步至西村》："今朝佛粥更相馈，更觉江村节物新。"曹雪芹《红楼梦》第十九回："明日乃是腊八，世上人都熬腊八粥。"

腊八粥的食材，因各地物产而有不同。为配合初八日，常以八样东西混合煮食。通常多用糯米、红豆、枣、栗、花生、白果、莲子、百合等煮成甜粥，也有加入桂圆、蜜饯等同煮的。清代苏州文人李福曾有诗云："腊月八日粥，传自梵王国，七宝美调和，五味香掺入。"

【打埃尘】

【掸埃尘】

【掸檐尘】

指旧时腊月年节将近时，打扫室内外尘埃的习俗，有祛除灾晦、除旧布新之意。又称"除残""掸尘"。周振鹤《苏州风俗·岁月》："于过年祀神之前，必择日扎草帚，大粪除，曰掸埃尘。谚云'掸掸埃尘好过年'。"旧时儿歌也唱道："掸过尘，送过灶，穿新衣、戴新帽，吃鱼吃肉的日子到。"

据顾禄《清嘉录》载，百姓掸尘常常选择的日子是腊月的二十三日、二十四日和二十七日这三天。苏州民间有"掸三不掸四"之说。蔡云《吴歈》："茅舍春回事事欢，屋尘收拾号除残。太平甲子非容易，新历颁来仔细看。"可见，年前的除尘是件极重要的事，要翻皇历挑日子。

农历十二月底家家户户都要进行的这次大扫除，也称为"掸檐尘"，而其主要工作是清除屋内外杂物、灰尘，又为何独独突出"檐尘"？这大概与

"灶王大战三尸神"的民间传说有关。传说人的身上都附有一个三尸神，他经常到玉帝那儿搬弄是非。一次，三尸神密报人间要谋反天庭。玉帝大怒，降旨查明此事，将犯乱之人的罪行书于屋檐墙壁之上，并让蜘蛛结网遮掩以做记号。玉帝又命王灵官除夕下界，凡见到做了记号的人家，就满门抄斩。于是，三尸神将每户人家的墙上都做了记号，好让王灵官斩尽杀绝，自己独占美好人间。灶君发现了三尸神的阴谋，找来各家灶王爷商量对策：从送灶之日起，在除夕前家家必须清扫尘土，掸去蛛网。等王灵官下界察看，发现家家户户安分守己，辛勤劳作，人间一派祥和。玉帝从王灵官和灶王嘴里得知真相，遂将三尸神永押天牢。在这个传说中，"檐尘"是关键，务必要除。同时，为了感激灶王爷为人们避难消灾、赐福吉祥，还有"送灶"习俗。

其实，掸檐尘的本意仍当与古代的民间信仰有关。古人认为扫除尘秽的行为，具有被除灾晦之气的巫术意义。同时，过年即"除旧迎新"，而"除尘"的"尘"字，和"陈旧"的"陈"谐音，这样，"除尘"也就有了和"过年"同样的含义。

【灶界】

【灶界老爷】

【灶家菩萨】

灶神亦称"灶君""灶王"，是民间供奉于灶头的神。苏州人有"灶界老爷""灶家菩萨"的称呼，所谓"灶界"可能是"灶家"之讹。民间传说，灶神职司一户之祸福，随时录人功过。灶神每年要上天一次，向玉皇大帝如实汇报他所在那户人家的善恶，故有"灶家老爷上天——有一句，说一句""灶家老爷上天——直奏"的歇后语。送灶就是在他上天"述职"之时给他饯行。送了灶神，可以毫无顾忌地宰杀家畜家禽忙着过年。送灶的时间在腊月将尽之际，因此也是年俗的一个重要组成部分。

《论语》中王孙贾问孔子曰："与其媚于奥，宁媚于灶，何谓也？"可知祀灶周代即有。周处《阳羡风土记》："腊月廿四日夜祀灶，谓灶神翌日上天，白一岁事，故先一日祀之。"又罗隐有《送灶》诗云："一盏清茶一缕烟，灶君皇帝上青天。"

灶神究属何人，其说不一。一说是火神。刘安《淮南子·氾论训》："炎帝于火，而死为灶。"高诱注："炎帝神农，以火德王天下，死托祀于灶神。"而《淮南子·时则训》:"孟夏之月……其祀灶,祭先肺。"高诱又注:"祝融吴回为高辛氏火正,死为火神,托祀于灶。"应劭《风俗通义·灶神》引《周礼》说:"颛顼氏有子曰黎,为祝融,祀以为灶神。"文献中关于祝融的记载纷繁复杂,有一种说法是祝融是个官职名称,主掌火正之职。可见,最初灶神和火神混而为一。在远古时期,人类发现火、利用火之后,火就成了人类的保护神,而且连同与火有关的事物也成为祭拜的对象。灶与火的联系不言自明。一说灶神是女性。《庄子·达生》"灶有髻"成玄英疏云:"灶神,其状如美女,著赤衣,名髻也。"许慎《五经异义》曾谓:"祝融为灶神,姓苏名吉利,妇姓王名抟颊。"灶神有妻,许慎以为灶神是男性。而郑玄在《驳五经异义》中反驳道:"祝融乃古火官之长,犹后稷为尧司马,其尊如是,王者祭之,但就灶陉,一何陋也!祝融乃是五祀之神,祀于四郊。而祭火神于灶陉,于礼乖也。"郑玄认为祝融是火正之官,位列三公,而灶者卑小,意下否定灶神是祝融,但他在《驳五经异义·补遗》中又说:"灶神祝融,是老妇。"且不谈灶神是否为祝融,郑玄肯定了灶神是老妇的身份。范晔《后汉书·阴识传》:"腊日晨炊而灶神形见。"李贤注引《杂五行书》曰:"灶神名禅,字子郭",而不言姓,并有"衣黄衣,夜被发从灶中出,知其名呼之,可除凶恶。宜市猪肝泥灶,令妇孝"之说。段成式《酉阳杂俎·诺皋记》曰:"灶神名隗,状如美女……一曰灶神名壤子。"从这些记载中,我们似乎也可窥见母系氏族的影子。在母系氏族社会,火种的保存是非常重要的事情,一般由年长的女性来承担,以致传说中灶神是个女神。可见,灶神信仰十分古老。

【送灶】

苏州民间在岁末举行祭灶仪式,给灶神上天述职饯行的习俗。

范成大《祭灶词》:"古传腊月二十四,灶君朝天欲言事。"宋代以十二月二十四日为交年节,谓旧年和新年在这一天交接。苏州民间送灶一般在二十三或二十四,有"官三民四"之说,又有"廿五送灶,七颠八倒"的说法,因为旧时妓院在腊月二十三、二十四还要接客,无暇送灶,要到二十五才行送灶仪式,普通人家当然不愿与之为伍。

应劭《风俗通义·祀典·灶神》:"南阳阴子方,积恩好施,喜祀灶。腊日晨炊而灶神见,再拜受神。时有黄羊,因以祀之。其孙识执金吾,封原鹿侯……其后子孙常以腊日祀灶以黄羊。"因之,早先送灶皆以黄羊。然黄羊对于普通人家太过奢侈，故而后来用饧糖和糯米团子，分别称为"糖元宝"和"谢灶团"或"廿四团"，本意皆为粘住灶君的牙，使其不能调嘴学舌，在玉帝面前只能说好话。刘侗、于奕正《帝京景物略·春场》："（十二月）廿四日，以糖剂饼、黍糕、枣栗、胡桃、炒豆祀灶君，以糟草秣灶君马，谓灶君翌日朝天去，白家间一岁事。祝曰'好多说，不好少说'。"

祭祀时，妇女不能参与。祭祀之前，僧人和尼姑分别向各家各户赠送灶经，在灶经上填写一家人的名字，在祭拜中焚烧，祈求神灵保佑，消除灾难。把灶马糊在灯笼上，用竹筷子穿过灯笼，作为抬神的轿子，抬着灶神升上天去。祭拜结束，将灶神纸马及轿子连同灶锭送到门外与竹节柏茨一起焚化，口中高喊："灶界老爷上天哉。"拨开灰烬，把烧剩的竹节柏茨、灯笼的残片及未燃尽的香烛送至灶膛，叫作"接元宝"，用糖元宝涂灶门，以示"封库"。还要将切碎的稻草和青豆当作供神喂马的饲料，撒到屋顶上，民间叫"马料豆"。把祭祀剩下的青豆吃掉，据说能使眼睛明亮。到除夕夜，也有迟至元宵夜的，再把灶神从天上接回，将灶神纸马安放于灶神龛内并祭祀。

鲁迅《彷徨·祝福》："接着一声钝响，是送灶的爆竹；近处燃放的可就更加强烈了。"现在居民家中一般已没有土灶了，但有的人家也还是会祭祀灶神、送灶神，不过仪式已简化，而腊月二十四日吃汤团（称"安乐团"）的习俗还保留着。

【廿四夜】

农历十二月二十四日晚，民间有送灶的习俗。顾张思《土风录》卷一："腊月二十四，家设馄饨素羞祀灶。夏祀灶以昼，是日则以夜，谓之廿四夜。"又顾禄《清嘉录》："俗呼腊月二十四夜为'念四夜'。是夜送灶，谓之'送灶界'。"

【灶马】

指木刻印刷在纸上的灶神像，也叫纸马、神马，又俗呼"灶界"。顾禄《清嘉录》："冯应京《月令广义》'燕俗，镌灶神于木，以纸印之，曰灶马'。吴俗呼为'灶界'，以红纸销金为之，一年一换。"也可以指灶神的坐骑。人们画灶君（灶王爷）骑在马上的画像，是灶马的来源，灶马尺寸大者约二尺，小的不过五寸。送灶时灶马必不可少。

祭灶使用灶马的习俗最早记载于《辇下岁时记》，唐代末年就有了"贴灶马于灶上"的习俗。据后人记载，当时的灶君像上都画着一匹翻毛大马，是灶王爷的坐骑，被称为纸马。可见"灶马"在当时是灶神骑马图，或者是对灶王像中的纸马的简称。后世的灶王爷神像，很难找到骑马的形象，"灶马"也成了祭灶时的专门用品。很多地方的百姓在每年祭灶的时候，会事先准备好一匹用纸糊成的马，祭拜结束后和灶神像一块焚烧，好让灶王爷骑着上天，省些脚力。孟元老《东京梦华录·十二月》："二十四日交年，都人至夜请僧道看经，备酒果送神，烧合家替代钱纸，帖灶马于灶上。"沈榜《宛署杂记·土俗》："坊民刻马形印之为灶马，每年十二月二十四日，农民鬻以焚之灶前，谓为送灶君上天。"

【饧糖】

本地人用麦芽熬米做成糖，叫作"饧糖"，常在寒夜敲锣担卖。蔡云在《吴歙》里说："昏昏迷露已三朝，准备西风入夜骄。深巷卖饧寒意到，敲钲浑不似吹箫。"顾禄《清嘉录》："《楚词》注'饧，谓之饴。即古之餦餭也'。吴人呼为糖。盖冬时风燥糖脆，利人牙齿。"吴人年终送灶常用以祀灶神，做成元宝形状。顾禄《清嘉录》："是夜送灶，谓之'送灶界'。比户以胶牙饧祀之，俗称'糖元宝'。"因为在廿四夜祭灶时用，所以也叫作"廿四糖"。鲁迅《华盖集续编·送灶日漫笔》也说："灶君升天的那日，街上还卖着一种糖，有柑子那么大小，在我们那里也有这东西，然而扁的，像一个厚厚的小烙饼。那就是所谓'胶牙饧'了。本意是在请灶君吃了，粘住他的牙，使他不能调嘴学舌，对玉皇说坏话。"

【谢灶团】

年终腊月二十四送灶祭祀用的糯米团子，也称"廿四团"。祭灶除了用胶牙糖、糖元宝之外，还要用到以米粉裹豆沙馅为饵的谢灶团，团子和元宝糖都是黏性的，目的是使灶君上天言事时，替屋主说好话。正如范成大《祭灶词》所说："古传腊月二十四，灶君朝天欲言事。云车风马小留连，家有杯盘丰典祀。猪头烂熟双鱼鲜，豆沙甘松粉饵圆。男儿酌献女儿避，酹酒烧钱灶君喜。婢子斗争君莫闻，猫犬触秽君莫嗔，送君醉饱登天门。杓长杓短勿复云，乞取利市归来分。"

【送灶柴】

苏州送灶神，民间摘松柏枝，附以石楠、冬青，扎成小把，沿门叫卖，谓之"送灶柴"，借为送神马之需，在送灶的时候一起焚烧。

【接灶】

除夕夜（部分地区也有在上元夜）迎接灶神回家的重要风俗。柴小梵《梵天庐丛录·祀灶》："而今则或以正月望日接灶，或以腊月晦日接灶。"苏州人接灶多在除夕，把灶神接回，祈求来年继续保佑全家安康。顾禄《清嘉录》："安灶神马于灶陉之龛，祭以酒、果、糕、饵，谓之'接灶'。谓自念四夜上天，至是始下降也。或有迟至上元夜接者。"

所谓接灶，其具体仪式一般是：把新的灶神像贴在锅灶后面的墙上，或贴在灶房墙上神龛里，然后上供、烧香、叩头，表示把灶王爷迎接回来了。此时，作为一家之主的灶君又回到了人间。新的灶神像贴好之后，两旁还要贴上一副对联，如"奏去人间事，带来天上春"，或"一家司命主，万载降福神"，横批是"一家之主"或"司命主"。新迎回的灶王爷，直到下一年的腊月二十四才能再被送走。各地接灶的形式也不完全相同，吴地除夕接灶时要在神龛的两角悬灯挂锭，作为来年获利之兆，故俗有"一事无成，先买挂锭"之谑语。

【肚痛怨灶君】

灶君，即灶神。比喻出了问题就毫无道理地埋怨他人。伏雏教主《醋葫芦》第四回："都氏再不怨着自己感冒，只道有人暗算着我，不是咒诅，定是下毒，正叫做肚痛怨灶君，吃跌怨泥神。"

【照田蚕】

又称烧田蚕、点田蚕、点田财、烧田财、照田财，等等，是流行于江南一带的传统祈年习俗，一般在腊月二十五日当夜，将绑缚火炬的长竿立在田野中，用火焰来祈祷占卜来年稻谷和茧丝的收成。火焰旺则预兆来年丰收，顾禄《清嘉录》说"焰高者稔，谓之'照田财'"；也通过火焰的颜色占卜来年有无水旱，嘉靖《昆山县志·风俗》谓"视火色赤白，以占水旱"，又曰"争取余烬置床头，谓宜蚕"，"照田蚕"之名也由此而得。

照田蚕的习俗至晚在宋代就已经产生。范成大《照田蚕行》诗序说，腊月二十五日夜，吴中"村落则以秃帚若麻䕸竹枝辈燃火炬，缚长竿之杪以照田，烂然遍野，以祈丝谷"。其诗更为形象："乡村腊月二十五，长竿燃炬照南亩。近似云开森列星，远如风起飘流萤。今春雨雹茧丝少，秋日雷鸣稻堆小。侬家今夜火最明，的知新岁田蚕好。夜阑风焰复西东，此占最吉余难同。不惟桑贱谷芃芃，仍更苎麻无节菜无虫。"历代文人作品中多有歌咏。王鸣盛《练祁杂咏六十首》其一:"新春爱嚼米花甘,听闹元宵兴倍酣。高点彩灯千百盏,年年此夕照田蚕。"

至今,苏州常熟白茆山歌中还有几首是反映此俗的。"点田财"方言谐音"点点赚",其中一首山歌唱道:"点点赚,赚赚赚,开仔新年大发财。稻棵长得茭白大,谷粒绽得要爆开。点点赚,赚赚赚,开仔新年大发财。棉萁长得树干粗,棉花堆得像银山。点点赚,赚赚赚,开仔新年大发财。六畜兴旺圈里满,合家安康消灾难。"也有儿歌唱道:"点田财,赚!赚!赚!三石一亩稳个哉!"吴江同里,过年前有"炱炱田角落"的习俗,当是此俗的遗留和变形。

关于照田蚕习俗的形成,有人认为源于用火焚烧田间的残稿宿草,以利化草为肥和杀除害虫并提高田地翻耕效率。明清时期,照田蚕主要流行于江浙一带,其他地区也有,如道光《永州府志》、光绪《荆州府志》均有"照田蚕"的记载。或直接针对害虫,如弘治《上海志·疆域志》说:"乡人秉高炬,谓照麻虫。"照田蚕的时间除腊月二十五日外,还有除夕、元旦和上元日。照田蚕的活动也被扩大,除立竿焚烧火把外,还要供奉刘猛将、田祖、蚕花诸神,甚至请巫师颂赞神歌。还有一种说法是正月十五是蚕神嫘祖的生日,因此这一天便成了百姓祭祀蚕神的日子。祭蚕神用白粥加上肉脂为供品,同时用一根竹竿挑着灯烛插在田间,谓之"照田蚕"。这项古老的传统民俗活动逐渐成了后代元宵节观灯习俗的一种源头。

【送年盘】

馈岁习俗,指年前互赠礼物。顾禄《清嘉录》:"岁晚,亲朋互以豚蹄、青鱼、果品之属相馈问,谓之'送年盘'。"到了农历年底,苏州人把互相馈赠的物品叫作"年盘"。过去,送的东西一般是刚从鱼塘里起出的大青鱼,或者是活鸡、整只连后臀的猪蹄以及橘子、花生、冬笋、糕团等;如今,则有各式各样的大礼包。林琛《送年盘》诗中写道:"吴趋盛文彦,为礼翻以货。土宜随处有,贫小而富大。蹄豚路常携,启槛青鱼卧。"描述的就是过去苏州过年前无论贫富普遍互送年盘的情景。

送年盘习俗由来已久,苏轼有《馈岁》诗曰:"寘盘巨鲤横,发笼双兔卧。"周密《武林旧事·岁晚节物》记载:"馈岁盘合、酒担、羊腔,充斥道路。"当然,馈岁讲究的是诚,礼的厚薄在其次,关键是情重意浓。

【过年】

【过节】

年终祭神,称"过年"。大致在腊月二十到除夕之间的某一天,一般以二十六七日为多。当是由上古之时在年终举行的报谢万物之神的腊祭演化而来。其具体仪式,顾禄《清嘉录》载:"择日悬神轴,供佛马,具牲醴、糕果之属,以祭百神。神前开炉炽炭,俗呼'圆炉炭'。锣鼓敲动,街巷相闻。送神之时,多放爆仗,有单响、双响、一本万利等名。或有买编成百千小爆焠之连声不绝者,名曰'报旺鞭'。谓之'过年'……蔡云《吴歈》云'三牲三果赛神虔,不说赛神说过年。一样过年分早晚,声声听取霸王鞭'。"

而今,苏州人"过年"依然大致保持旧俗,在客厅墙壁中央挂上神轴或纸马,神轴前长条桌上放十碟素斋,并"仙茶仙酒"。八仙桌上放最重要的供品——猪头三牲,一般民间用猪头、鸡和鱼,有的用三根肋骨的肋条肉代替猪头,烧至半生不熟,两头微微翘起,形似元宝。鱼,一般用鲤鱼,鱼眼用红纸贴上。鸡,一般选用雄鸡,也烧得半熟,将鸡脚和翅膀弯好夹住鸡头,也成元宝状。鸡嘴里衔两根葱,鸡肚里放五个蛋。办好供品,然后焚香点烛。祭祀结束,燃放爆竹(现改用电子爆竹),对天地神灵表示欢送。

年终除了祭神的"过年"仪式,还有祭祀祖先的"过节",一般在年三十这天的黄昏进行。一年中对祖先的祭祀虽有多次,但年底的祭祖最隆重。所用供品和生人吃年夜饭相同,酒菜俱全。

【寿字猪头】

指除夕祭神所用的猪头。顾禄《清嘉录》"冷肉"之按语引吴榖人《新年杂咏》小序云:"杭俗,岁终祀神尚猪首,至年外犹足充馔。定买猪头,在冬至前,选皱纹如寿字者,谓之'寿字猪头'。"苏州地区的农民养猪多养本地种的黑毛猪。这种猪的头上,皱纹多而稠密,凹凸不平,看上去像个繁体的"寿"字。旧时,苏州人家在祭神时,也如杭州,选用头上皱纹多、像"寿"字的猪头,谓之寿头寿脑,以讨吉利的口彩。

【寿头】

即猪头,源自"寿字猪头",苏州方言中指人傻、憨,有点拎不清,不懂人情。弹词《西厢记·惊艳》:"呒不这种寿头和尚自己讨吃生活。"范小青《瑞云》："哟，说好今天去领结婚证的，怎么人跑掉了呀，哎呀呀，这个寿头，拎不清的……"也可单用形容词"寿"。范小青《光圈》："大家心里就怪蒋骏声发寿，怎么可以这样讲话，这样猪头三。"也说成"寿头寿脑"。漱六山房《九尾龟》第五十八回："怎会输这许多，不要你寿头寿脑的去上了别人的当罢。"还有"寿头码子""寿头模子"之称。徐珂《清稗类钞·苏州方言》："瓦老爷，呆子也。吴人谓瓦老爷与寿头码子同一意义，即京语之傻子也。"李伯元《文明小史》第五十五回："有个寿头模子，要买一只钻石戒指，一只金打簧表，你可有些路道？"

　　猪或猪头常用以形容人傻憨、粗笨，但在日常人际交往中，若将头脑不灵活的人直接说成"猪头"，不免显得粗俗，又有侮辱人的味道。而婉转地用"寿头"来代称，则比较含蓄隐晦，且文雅得多，又带个吉祥味甚浓的"寿"字，容易使人接受。鲁迅在《准风月谈·"抄靶子"》一文中也说："'寿头码子'虽然已经是'猪'的隐语，然而究竟还是隐语，含有宁'雅'而不'达'的高谊。"

　　虽然"寿头"常作为骂词，有时，也略显中性。如苏州人常说"好男人常带三分寿"；亲朋之间讲话，对方有点拎不清、搞不懂，也可以说"你不要寿头寿脑""你不要寿搭搭"，甚至称呼一声"寿兄"，这种表达带有一种亲昵的感情色彩。有的人自己做了笨事，也会自怨自艾地说："这一回我做了寿头了。"

【盘龙馒头】

　　过年时祀神用的大馒头。其制作方法是：将面粉揉成龙的形状，蜿蜒盘绕在馒头上，在龙的周围添加宝瓶、方天画戟、夜明珠、金元宝等做装饰，以图吉利。这样的馒头叫作"盘龙馒头"。

　　据说此"盘龙馒头"与吴地的一位秀才——施锷有关。今苏州观前街北侧、玄妙观西面，有一条直通乔司空巷的弄堂，名施相公弄，因旧时弄内有施相公庙而得名。"相公"是古代对读书人的尊称。关于这位施相公，一说是浙江湖州人，一说是华亭人（今属上海，旧时隶属苏州）。顾震涛《吴门表隐》卷二："施相公庙在圆妙观西弄内，宋咸淳三年建。神姓施，名锷，宋湖州名诸生，有化蛇异迹。吴民尸祝，有镇海侯之封，俗以蟠龙馒头祀焉。""化蛇异迹"之事，顾禄《清嘉录》所引《华亭县志》记载详尽，曰："施相公讳锷，宋时诸生，山间拾一小卵，后得一蛇，渐长，迁入筒。一日，施赴省试，蛇私出乘凉，众见金甲神在施寓，惊呼有怪，持锋刃来攻，无以敌。闻于大僚，命总兵殪之，亦不敌。施出闱知之，曰'此吾蛇也，毋患'。叱之，奄然缩小，俯而入筒。大僚惊曰'如是，则何不可为？'奏闻，施立斩。蛇怒为施索命，伤人数十，莫能治。不得已，请封施为护国镇海侯。侯嗜馒首，造巨馒祀之。蛇蜿蜒其上以死。至今祀者，盘蛇象于馒首，称侯曰'相公'云云。"民国《吴县志·舆地考》："施相公庙……清咸丰十年毁，光绪初里人施升荣建屋三楹，以居神像，余仍废。"不过，后来苏州人家过年必做大馒头，并在馒头上盘有蛇形，后又演变为龙形，用"盘龙馒头"祀神的习俗却一直流传了下来。

【大年夜】
【小年夜】

俗以夏历腊月三十为大年夜，也叫"年三十"，前一日二十九为小年夜，故有的年份可能没有大年夜，只有小年夜。顾禄《清嘉录》："祀先之礼，相沿用昏，俗呼'大年夜'。或有用除夕前一夕者，谓之'小年夜'，又曰'小除夕'。俗又总呼之为'大年小夜'。"除夕，也还称"年夜头"。如弹词《玉夔龙》第一回："本来别人子满打算年夜头讨得拢来，还债赎当头，买柴籴米个。"腊月二十以后直到除夕，临近春节的日子，年底，也叫"年根""年夜脚边""年夜岁边""年夜脚跟""煞（杀）年夜"。

【封井】

除夕祭祀井神的习俗。顾禄《清嘉录》："置井泉童子马于竹筛内，祀以糕、果、茶、酒，庋井阑上掩之，谓之'封井'。至新正三日或五日，焚送神马。初汲水时，指蘸拭目，令目不昏。"井泉童子，即井神。除了祭祀，人们用红纸条将柏枝、冬青扎成三脚架，立于井上。既封之后，不再汲水，要待新年后再开封取水。《海虞风俗竹枝词》云："除夕家家祭井泉，先将清水备三天。束薪三脚中央立，等到开封已隔年。"

【画米囤】

除夕，农村人家在场院里用石灰画出圆形的米囤，有的画成戟、箭、元宝的形状，用来祈祷丰收，消除灾祸，叫作"画米囤"。顾禄《清嘉录》引《吴县志》云："象犀角、米囤、元宝之类。"画米囤、元宝形，用以祝祷来年丰足；画戟、弓箭、犀角等形，是用来禳灾除祟。杨循吉《除夜杂咏》就有对此俗的描绘，云："井上皆封草，门当尽画弓。"

此种风俗又见于胶辽等地，谓之"画粮食囤子""画折子"。"折子"者，用竹篾或芦苇编织，用以圈储粮食的长席。吴敬梓《儒林外史》第二十二回："第二日清早，卜诚起来，扫了客堂里的地，把囤米的折子搬在窗外廊檐下。"

【撑门炭】

除夕夜在门旁靠以长炭的习俗。顾禄《清嘉录》引《昆新合志》云："除夕，每门必倚长炭，名'把门炭'，俗称'炭将军'。"有支撑门户之寓意。一般，人们将连根青葱和细长木炭用红纸封束，倚门枢间。如无炭条，只将连根大葱去泥后，用红条纸上下封住，支撑在门角，或倚在门枢间和窗门角里，又名"支撑门葱"，以祈家道葱郁旺盛。

【烧松盆】

除夕驱邪祈吉的焚岁传统民俗活动。顾禄《清嘉录》："是夜，乡农人家，各于门首架松柴成井字形，齐屋，举火焚之，烟焰烛天，烂如霞布，谓之'烧松盆'。"南宋时也叫"烧火盆"。范成大《烧火盆行》曰："春前五日初更后，排门燃火如晴昼。大家薪干胜豆萁，小家带叶烧生柴。青烟满城天半白，栖鸟惊啼飞格磔。儿孙围坐犬鸡忙，邻曲欢笑遥相望。黄宫气应才两月，岁阴犹骄风栗烈。将迎阳艳作好春，政要火盆生暖热。"诗中称此民俗活动在腊月二十五日晚进行。

此俗也流行于南北各地，亦称"粺盆"。宋代的临安(今杭州)也有此俗。周密《武林旧事·岁晚节物》："(除夕)至夜賫烛粺盆，红映霄汉。"賫，大麻或大麻的子实。粺，被榨干油后的大麻渣滓。吕希哲《岁时杂记》亦载："除夕作賫烛，以麻粺浓油如庭燎。律有元日油粺之文，今粺盆是也。"卢翰《月令通考·十二月》曰："除日……及夕，具香烛于各神前，焚楮币以送旧神毕，架松柴于门外焚之，谓之粺盆。"田汝成《西湖游览志馀·熙朝乐事》亦有记载。若火焰高则喜，俗信火暖热长为吉祥之兆。北京亦有此俗。刘侗、于奕正《帝京景物略·春场》："(除夕)夜以松柏枝杂柴燎院中，曰烧松盆，熰岁也。"

【老虎花】

旧时，除夕夜用来装饰点缀的一种绒花。卖假花的铺子把柏树叶子染成铜绿色，并把彩色的绒布剪成老虎的形状，扎成花朵，叫作"老虎花"。有在老虎花旁边连缀小老虎的，叫作"子孙老虎"。也有把彩色绒布做成寿星、和合神、招财进宝、麒麟送子等式样，多取吉祥的名字，扎成花，叫作"柏子花"。妇女买来相互馈赠，供小孩子们打扮。

【富贵弗断头】

指除夕店家用来求吉求利的一种装饰品。店家把黄纸剪成串，用来模拟金条，与财神像、纸糊的金银元宝等，一起挂在招牌上，以为贸易获利之兆，并取吉祥名称，谓之"富贵弗断头"，寓意好运不断，利润滚滚，生意兴隆。见顾禄《清嘉录》。

【年饭】

指除夕特意多煮的饭。旧俗农历正月初五才得以生米为炊，称为破五。除夕煮较多的饭，供破五之前食用。顾禄《清嘉录》："煮饭盛新竹箩中，置红橘、乌菱、荸荠诸果及糕元宝，并插松柏枝于上，陈列中堂。至新年蒸食之，取有余粮之意，名曰'年饭'。"

除了"年饭"，另有"万年粮米"。顾禄《清嘉录》："又预淘数日之米，于新年可支许时，亦供案头，名曰'万年粮米'。"笔者家中在"过年"祭神时，一个"万年粮"米桶（用红纸把盛满米的淘米箩包好，上插柏枝、秤杆，挂红纸剪的梯子，以讨"长青""称心如意""节节高"等吉利之意）也是必不可少的供品。

【冬青柏枝】

除夕，人们将松柏、冬青枝扎在一起，用红纸封好，插在年饭、年糕、米囤或灶头、门窗以及小孩子帽子上，以"松柏长青"之意，讨长命百岁、万年长青之吉；也有插冬青、柏枝、芝麻秆于檐端，名曰"节节高"，有讨吉利之意。当用于送灶焚化之需时，又叫"送灶柴"。顾禄《清嘉录》有载，并注曰："枝，俗读作'茨'。"

【年夜饭】

指除夕吃的团圆饭。除夕所最重视者，为"年夜饭"，地无分南北，人无分贫富，是夕必举家共食年夜饭，以示团圆欢乐。顾禄《清嘉录》云："除夜，家庭举宴，长幼咸集，多作吉利语，名曰'年夜饭'，俗呼'合家欢'。"年三十晚上，各家先祭祀祖先。祭毕，合家围坐一桌，吃年夜饭。

年夜饭的菜肴有诸多讲究，都要有吉利的寓意。肉圆、蛋饺必不可少，肉圆象征团圆，蛋饺色黄形似元宝，寓有招财进宝之意。整条红烧鱼（一般不将鱼吃光）寓意"年年有余"，还有象征家道兴旺发达的"暖锅"，寓意勤劳、勤俭的芹菜。这一天吃的菜都有讨口彩的叫法，青菜因为梗长，所以叫"长庚菜"，以祈延年益寿，"梗""庚"同音；黄豆芽形似如意，叫"如意菜"。粉丝被叫作"金链条"，因形长，也寓意长寿，等等。点心中必有"春卷"，寓意迎新春。年夜饭要特意多备，吃后有剩余；饭中还放少许黄豆或若干荸荠，吃到称"掘横财""掘元宝"。吃年夜饭时，有的人家还要放一盆炭火，称"旺盆"，取兴旺之意。除夕晚上喝的酒，称"团年酒"。

旧时，年夜饭也称"分岁筵"。因除夕乃送旧岁、迎新岁之际。范成大《分岁词》序曰："除夜祭其先，竣事，长幼聚饮，祝颂而散，谓之分岁。"

【年糕】

年糕，用糯米或黏性较大的米加水磨成粉蒸制而成，因是过农历年用来祀神、祭祖、馈赠亲友必不可少的食品，故称。又称"水磨年糕"。冬腊月制成，可存贮数月之久。顾禄《清嘉录》："黍粉和糖为糕，曰'年糕'。有黄、白之别。大径尺而形方，俗称'方头糕'。为元宝式者，曰'糕元宝'。黄白磊砢，俱以备年夜祀神，岁朝供先，及馈贻亲朋之需。其赏赉仆婢者，则形狭而长，俗称'条头糕'。稍阔者，曰'条半糕'。富家或雇糕工至家磨粉自蒸，若就简之家，皆买诸市。春前一二十日，糕肆门市如云。"可见，年糕的形状多种多样。苏州人最常食用的年糕因和糖制成，故又称"糖年糕"。黄色的使用黄糖，代表黄金；白色的使用白糖，代表白银。有时年糕上撒上桂花，更为香甜。做好的年糕上还要打上红印，以增添喜庆。

以前过年，家家都要蒸年糕。现在，人家自制年糕已不多见，一般是去糕团店购买现成的。不过，童谣里还留存着这一习俗的记忆，唱道："新年到，忙蒸糕。年到弗蒸糕，赛过年勿到。"

【安乐菜】

民间除夕传统菜肴名，流行于长江中下游地区。虽此道菜各地食材不同，但皆名"安乐菜"者，取安乐吉祥之意。顾禄《清嘉录》载，苏州的安乐菜是以风干的茄蒂（因茄子又名落苏，吴语中"落""乐"同音），杂以果蔬而成。除夕举行家宴时，待家人入席后，下筷必先夹此菜。笔者所居苏州吴中区长桥地区，除夕年夜饭中所吃青菜也叫"安乐菜"，因青菜色绿,"绿""乐"同音。

【守岁】

除夕之夜点燃灯火,彻夜不熄,合家欢聚,猜谜语,讲故事,叙旧话新,互相祝福,常常通宵达旦。孟元老《东京梦华录·除夕》:"是夜禁中爆竹山呼,声闻于外。士庶之家,围炉团坐,达旦不寐,谓之守岁。"因除夕"一夜连双岁,五更分二年",人们"守岁、熬年",灯烛通宵不灭,认为通过如此"照岁"之后,可以把一切邪瘟病疫赶跑驱走,使来年家中财富充实。

守岁之俗古已有之,周处《阳羡风土记》中就有"至除夕达旦不眠"的记载,后代文人也多有守岁诗词加以描述。据陈元靓《岁时广记·岁除》载:"《岁时杂记》'痴儿呆女多达旦不寐'。俗语云'守冬爷长命,守岁娘长命'。"席振起有《守岁诗》:"相邀守岁阿咸家,蜡炬传红映碧纱。三十六旬都浪过,偏从此夜惜年华。"可见,守岁也有"珍惜光阴"之意,继而人们希望能够长命百岁。如今,迎新和娱乐成了守岁的主题。

守岁过程中,家人会一起用糯米粉搓小圆子,这是年初一早上必备的点心,小圆子与年糕片一起煮,寓意"高高兴兴,团团圆圆"。

【压岁盘】

指除夕家人长幼、亲友邻里之间互相赠送的各种果品食物,既用以消夜,又以避邪求吉、祝贺新年。送的东西如:福橘(取"福")、桂圆(取"贵")、橘红糕(取"高")、花生(取"长生")、糖(取"甜"),等等。吴自牧《梦粱录·除夜》:"是日内司意思局进呈精巧消夜果子合,合内簇诸般细果、时果、蜜煎、糖煎及市食。"记述的就是此种风习。

【压岁钿】

除夕晚上,各地都有家长或亲友长辈给孩子压岁钱的习俗,目的是给孩子们消灾免祸。岁,指太岁,古代方士认为太岁所在为凶方。给压岁钱的心理大概和送灶时用糖粘住灶君嘴的心理一样,一年将过,为了保护孩子在新的一年平安顺遂,人们用钱来拉拢一下太岁。而"岁"与"祟"又谐音,压岁即"压祟",这更突显了"压岁钿"压惊除祟之义。后来,压岁钱的用意转为吉庆祝祷,甚而成为一种纯粹的金钱上的人情往来。如今,新时代新风尚,已有经济独立权的晚辈也会给长辈送上一份压岁钱,以表孝敬之心,习俗的最初本意弱化了。

【打灰堆】

旧俗，指除夕夜清晨，也即正月初一日天快亮时，敲打家里成堆的灰尘以求吉利的活动。顾禄《清嘉录》："鸡且鸣，持杖击灰积，致词以献利市，名曰'打灰堆'。"

打灰堆乞如愿的风俗活动大概在南北朝时兴起，在唐宋时期十分盛行。范成大《打灰堆词》序云："除夜将晓，鸡且鸣，婢获持杖击粪壤致词，以祈利市，谓之'打灰堆'。"其诗对这一习俗的描述极为详细："除夜将阑晓星烂，粪扫堆头打如愿。杖敲灰起飞扑篱，不嫌灰涴新节衣。老媪当前再三祝，只要我家长富足。轻舟作商重船归，大牸引犊鸡哺儿。野茧可缲麦两歧，短袄换着长衫衣。当年婢子挽不住，有耳犹能闻我语。但如我愿不汝呼，一任汝归彭蠡湖。"诗中不仅形象地描述了老大娘打灰堆的场面，还具体记录了活动过程中老大娘的祝祷之词，其中提到的那位"婢子"名叫如愿，是位神女。关于这位神女，宗懔《荆楚岁时记》"又以钱贯系杖脚，回以投粪扫上，云令如愿"的按语引《录异记》云："有商人区明者，过彭泽湖，有车马出，自称青湖君，要明过家，厚礼之，问何所须？有人教明'但乞如愿'。及问，以此言答。青湖君甚惜如愿，不得已许之。乃是一少婢也。青湖君语明曰'君领取至家，如要物，但就如愿，所须皆得'。自尔，商人或有所求，如愿并为即得，数年遂大富。后至正旦，如愿起晚，商人以杖打之，如愿以头钻入粪中，渐没失所。后商人家渐渐贫。今北人正旦夜立于粪扫边，令人执杖打粪堆，以答假痛。又以细绳系偶人，投粪扫中，云令如愿意者，亦为如愿故事耳。"据说，从此以后，人们每到除夕或是元旦，就用一根细线拴着一个扎成的锦人，投入灰土堆中，举杖痛打，祈求新年生活美满，万事如意。

【年朝】

正月初一。李玉《清忠谱》第四折："正月初一，才知新岁年朝；腊月三十，方晓年夜节到。"又称"大年朝""岁朝"。因是新年的第一天，人们都希望一年的开始百事遂意，有个好兆头，因此，这一天禁忌很多。顾禄《清嘉录》载："元旦为岁朝，比户悬神轴于堂中，陈设几案，具香蜡以祈一岁之安。俗忌扫地、乞火、汲水并针黹。又禁倾秽、瀽粪。讳啜粥及汤茶淘饭。天明未起，戒促唤。男子出门，必迎喜神方位而行。妇女簪松虎、彩胜。男女必曳新衣洁履。"很多习俗至今留存。

正月初三为"小年朝"。其禁忌与大年朝相同。弹词《描金凤》第九回:"阿晓今朝乃是小年朝个?小年朝勿肯行房事,今夜行房要天火烧。"

【爆仗】

即爆竹。大年初一早上开门,燃放三通爆仗,说是能避瘟疫,称为"开门爆仗"(除夕夜关门时放的爆仗,叫"封门爆仗")。一般是先放一串小爆仗(小爆仗又叫"鞭炮"或"百子爆仗"),取"消除邪恶,除旧迎新"的吉兆,然后再放三个大爆仗(大爆仗又叫"高升"),取"节节高升"的好兆。

爆竹亦称"爆竿""爆仗""爆杖""炮仗""炮张"等。相传源于"庭燎",古代以火燃竹,燃烧后竹腔爆裂发出噼啪之声,故名。宗懔《荆楚岁时记》:"正月一日是三元之日也,谓之端月。鸡鸣而起,先于庭前爆竹,以辟山臊恶鬼。"来鹄《早春》:"新历才将半纸开,小庭犹聚爆竿灰。"孟元老《东京梦华录·驾登宝津楼诸军呈百戏》:"忽作一声如霹雳,谓之爆仗。"朱熹《朱子语类》卷二:"雷如今之爆杖,盖郁积之极而迸散者也。"翟灏《通俗编·俳优》:"古皆以真竹着火爆之,故唐人诗亦称爆竿。后人卷纸为之,称曰爆仗。"随着火药的发明,人们把火药装进竹筒,点燃后能发出巨响。北宋时使用多层纸张密裹火药,接以药线,点燃引起火药爆炸发声。这种爆炸物,仍沿称"爆竹",亦称"爆仗"。顾张思《土风录》卷二:"纸裹硫黄,谓之爆杖,除夕岁朝放之。"因响声如炮,亦称"炮仗"。

范成大的《爆竹行》即生动刻画了燃放爆竹的场面:"岁朝爆竹传自昔,吴侬政用前五日。食残豆粥扫罢尘,截筒五尺煨以薪。节间汗流火力透,健仆取将仍疾走。儿童却立避其锋,当阶击地雷霆吼。一声两声百鬼惊,三声四声鬼巢倾。十声百声神道宁,八方上下皆和平。却拾焦头叠床底,犹有余威可驱疠。屏除药裹添酒杯,昼日嬉游夜浓睡。"从诗中可得知,当时用纸裹火药的爆竹还不普及,民间仍以燃烧竹筒为爆竹。民间俗信爆竹可以驱鬼,即便烧剩的"焦头"也可以驱疠。

【对联】

苏州话中常特指春联。贴春联的习俗由古代春节在门上挂桃符演变而来。古人相信桃树有驱鬼避邪的功能。《礼记·檀弓下》记载:"君临臣丧,以巫祝桃茢执戈,恶之也。"陈澔《礼记集说》:"桃性辟恶,鬼神畏之。""茢,苕帚也,所以除秽。巫执桃,祝执茢,小臣执戈。盖为其有凶邪之气可恶，故以此三物辟袚之也。"后来，在元日，人们用桃木削成人形，将它立在门首，以压邪驱鬼。但是削刻"桃人"很费事，于是人们干脆在桃木板上画上神像悬挂在门旁，再简化，连神像也不画了，只在桃木板上写上神灵的名字，连带写上两句趋吉避邪的话语。这样，就演化出了桃符。再往后，纸张代替了桃木板，"桃符"也就空有"桃"名了。这种桃符向两个方向发展，或专画神像，或专写字句。这样，桃符也就演变成了门神、年画和春联。如今，春联驱鬼避邪的原始意味已经弱化，成了人们新年祈求吉祥的一种风俗。

【花纸】
【画张】

年画，是中华民族祈福迎新的一种民间工艺品，含有祝福新年吉祥喜庆之意。它始于古代的"门神画"。顾禄《清嘉录》载："夜分（指除夕夜半）易门神。俗画秦叔宝、尉迟敬德之象，彩印于纸，小户贴之。"又引《吴县志》谓："门神彩画五色，多写温、岳二神之象。远方客多贩去，今其市在北寺、桃花坞一带。"可见，作为中国民间四大木刻年画之一的苏州桃花坞木刻年画在当时即广受欢迎。

各地对年画的称谓不一，北京称"画片"，天津称"卫画"，四川叫"斗方"，福建叫"神符"，苏州叫"画张""花纸"。阿英《年画的叫卖》："这位卖年画的是苏州人，'唔道做舍事务，原来苏州人，来里卖花纸'。他卖的是苏州桃花坞年画……在旧抄本《三百六十行》宣卷里，也曾记录过卖《杨家将》年画的唱词，说'……拿出花纸无其数，单子摊开卖画张'。"也称"画画张"。尤玉淇《三清殿里看"画画张"》："我小时候，经常要到三清殿去玩，因为它有一种特殊的魅力吸引着我。在殿内可以看'画画张'……这是一个特殊的画廊，他们把裱好的画轴，印刷的年画，像挂帘子一般的一幅幅悬挂着。""画画张"也可通称图片。民歌《姐妮姐妮俫想煞我》："姐妮姐妮俫想煞我，困觉我拿画画张带上铺，朝里困我对俫笑眯眯，朝外困俫小嘴嘻嘻对准我。"这里"画画张"即是小伙所爱慕对象的一幅画像。

【拜节】

节日里向尊长或亲友祝贺。亦特指拜年。吴自牧《梦粱录·正月》："正月朔日谓之元旦，俗呼为新年……士夫皆交相贺，细民男女亦皆鲜服

（一本作'衣'）往来拜节。"顾禄《清嘉录》："男女以次拜家长毕，主者率卑幼出谒邻族戚友，或止遣子弟代贺，谓之'拜年'。"可见，拜年不仅是民间普通百姓祝贺新年、增强家族团结的一种形式，也是上层社会联络感情、扩大人际关系的一种礼节性的交往，并且旧时士大夫已有用名帖互相投贺的习俗。文徵明在《元日书事效刘后村（其二）》诗中即描述："不求见面惟通谒，名刺朝来满敝庐。我亦随人投数纸，世情嫌简不嫌虚。"旧时这种拜年不亲自上门，而派遣仆人投名帖于亲友家的做法，称为"飞帖"，类似今之寄张贺卡，互致祝愿。

关于拜年的时间，顾禄《清嘉录》云："薄暮至人家者，谓之'拜夜节'。初十日外，谓之'拜灯节'。故俗有'有心拜节，寒食未迟'之谑。"如今拜年一般为大年初一至初五这新年头几天，当然也有腊八之后即走亲访友的拜早年，以及初五之后、元宵之前的拜晚年，也有"有心拜年，十五不晚"的谚语。

【开口果子】

正月初一，无论大人、小孩、街坊邻里、亲朋好友相见，都以各种百果蜜饯小吃食相授送。同时互祝吉祥话语，如："恭喜发财""身体健康""万事如意"等。因此人们将这种吃食称之"开口果子"。这些吃食，皆寓意吉祥。如橘子，意为"开口吉利""开口吉祥"；寸心糖（一寸长的芝麻糖，也称"寸金糖"），寓意"称心如意"。这一天，即便是平时有矛盾、互不理睬的人见面，也会自然地互相道贺，不然双方都会觉得今年不吉利。

【元宝茶】

春节期间客人来家拜年，主人家常以"元宝茶"奉客，茶里另加的所谓"元宝"，实则是两颗形似元宝的青橄榄。此时茶不泡在茶杯里，一般用盖碗。"元宝茶"，又与"原泡茶"相谐音，以此讨口彩和吉利。橄榄入口先涩后甜，寓意生活要先苦后甜。

【烧头香】

【烧十庙香】

年初一进庙烧香是重要的年节内容，在苏州，烧头香的香客集中于西园寺、寒山寺、伽蓝寺、重元寺、玄妙观、城隍庙、神仙庙、玉皇宫等，各寺观在除夕晚上就开庙迎客，不限香客。在江南，历来有"头炷香"和

"头炉香"的分别。"烧头香"严格讲是"头炷香"——第一炷香，全年唯一，然求者无数，庙方和信徒只得放宽定义，把新年的"头炉香"——第一炉香，都算作"头香"，更宽泛来说，只要是初一烧的香，都可以叫作头香。但也有人要抢绝对意义的头香，于是除夕半夜十二点候在寺庙，有的甚至不惜重金。

除了烧头香，某些地方的民众还有烧十庙香的习俗。即在年初一早晨，提着香篮或挎着香包，连续烧满周围十座庙。回家之后，还要在家堂前燃"回头香"。

【兜喜神方】

除夕之夜或年初一清晨，人们穿戴整齐，按照当年历书所指喜神的方位，出门游逛一圈，以求新年喜、财临门，称为"兜喜神方"。兜，走，游逛。巴金《家》："到了街上，向着本年的'喜神方'走去，算是干了一年一度的'出行'的把戏。"滑稽小戏《王小二过年》第一幕："今朝搭俫一淘吃年夜饭，等歇伲去兜喜神方。"

有的人家要先在家焚烧吉方喜神纸，向喜神方礼拜，然后才出门。如在路上遇见花轿、喜鹊之类，则以为吉祥之兆；如遇不祥之兆，则设法破解。习俗以为所走方向上有喜神，如能迎得喜神，则在新的一年里会交好运。然后绕道而回，不可走回头路。有的地方以为喜神的方位变化莫测，干脆随意行走。

【年节酒】

正月初一过后，亲戚朋友间相互邀约宴饮，一直到正月十五才结束，俗称"年节酒"。吴縠人《新年杂咏》小序云："新年，家设酒肴延客，三五行即辞出。亦有尽醉而归者。"赴"年节酒"的本意并不是为了品味佳肴，而是属于礼数应酬，况且要去的亲友家很多，所以一般只是稍稍吃几杯，即告辞出门。

【路头】

吴地称财神为"路头菩萨"，简称"路头"。亦称"路头神""路头菩萨""五路"。吴歌《沈七哥·七哥受苦》："烧路头、念灶经，七哥听仔只当耳边风一阵。"关于财神之起源，说法不一。有人认为其原型是五通神，也有人认为起源于东南西北中五方的"五路神"。

【烧路头】

祭财神。腊月送过灶神之后的"烧路头",又称"谢年终",表示一年到头,托庇路头菩萨的福,年终斋供,略表谢意。民间有"路头菩萨——得罪不起""得罪仔路头菩萨——一世穷"之说。漱六山房《九尾龟》第九十一回:"好在薛金莲有的是钱,便在福致里租了一处三楼三底的房子,铺起房间,拣了一个日子烧路头进场,邀了那一班做野鸡时候的老客人来吃了几台酒,倒也十分热闹。"薛冰《晚清洋相百出·活路头》:"当年各行业都有接'路头'的规矩。而妓家'烧路头'的花样最多,凡遇祖师诞日及年节喜庆之事,都要举行仪式,让嫖客摆'路头酒',实则成为掏嫖客腰包的一种手段。"也用来指得罪了他人后被迫送礼求情。张南庄《何典》第三回:"活鬼那里肯放?说道'明日还要把小炒肉烧烧路头'。"吴趼人《二十年目睹之怪现状》第七十七回:"那魔头虽然凶横,一见了外国人,便吓得屁也不敢放了。于是乎一班人做好做歹,要他点香烛赔礼,还要他烧路头。"自注:"吴下风俗……烧路头,祀财神也,亦祓除不祥之意。"

【接路头】

农历正月初五迎财神。俗传年初五是财神的生日,苏州民间素有在这一天"接路头"的习俗。年初五,也称"路头日"。顾禄《清嘉录》:"五日,为路头神诞辰。金锣爆竹,牲醴毕陈,以争先为利市,必早起迎之,谓之'接路头'。"

这一天清晨家家户户必须挂上财神像,供上"猪头三牲"、糕点、蜜饯堆盘等,以及五路财神的算盘、银锭、天平等物。在供桌上还要放一把刀,刀上撒一撮盐,用手指蘸而食盐,这"盐、刀、手"三样,苏州话谐音"现到手",寓意银锭、钱粮可以"现到手"。到中午还须换上丰盛的酒菜,全家跪拜。

有些人家怕路头菩萨被别人先接走,干脆将接路头的仪式提前至年初四深夜进行,在仪式进行的过程中进入初五的凌晨,这样就不愁路头被别人抢走了。在初四接路头的仪式称之为"抢路头"。若初五迎财神仪式偏晚,则会自嘲说,接到了"跷脚路头"。跷脚即瘸腿,走路慢,故可以晚些时候迎接。接路头时不能放大爆仗,以免吓跑路头。

祭财神、接财神是随着中国城市经济和商品经济的发展而形成的岁时行事,因此商人最为看重。明代中后期,苏州成为我国产生资本主义萌芽最早的地区之一。新的生产关系的萌芽，必然导致新的社会阶层的产生，以及与之相应的新习俗的涌现。财神信仰的热情，正是人们迫切需求资本的求利心理的反映。

接路头，也称为"烧利市"。冯梦龙《警世通言》第十五卷："又过了两日，是正月初五，苏州风俗，是日家家户户，祭献五路大神，谓之烧利市。"此语也用来表示庆贺。冯梦龙《醒世恒言》第三卷："若得他回心转意，大大的烧个利市。"

【路头酒】

祭祀财神后的酒席。韩邦庆《海上花列传》第二十八回："为仔该两日路头酒多勿过：初七末周双珠搭，初八末黄翠凤搭，才是路头酒。"也叫"五路酒"。茅盾《林家铺子》："初四那天晚上，林先生勉强筹措了三块钱，办一席酒请铺子里的'相好'吃照例的'五路酒'，商量明天开市的办法。"老板要请员工喝路头酒，希望一年财路亨通。在筵席上斟酒必要斟满，意寓财气满满。

祭财神后吃的饭，称为"利市饭"。冯梦龙《警世通言》第十五卷："吃过了利市饭，方才出门做买卖。"苏州人在初五早晨接了财神后，还有吃路头糕、路头面之俗。路头糕是荠菜炒年糕，意寓年年高兴；路头面是长寿面，祝路头神长寿。

【归账路头】

【开账路头】

旧时，做生意的人逢年节要收账，苏州话叫"归账"，收账时接的财神，称"归账路头"。"账"字，旧时常写作"帐"。韩邦庆《海上花列传》第二十八回："李鹤汀至东合兴里张蕙贞家赴宴，系王莲生请的，正为烧归帐路头。"也可指收账。韩邦庆《海上花列传》第二十七回："该两日还算好，难下去归帐路头，家家有点台面哉。"

新年开始营业祭祀的财神，叫"开账路头"。孙家振《海上繁华梦》初集第四回："（阿素）因这日院中烧开帐路头没人吃酒……必须寻个客人点几出戏，故到升平楼来。"

【元宝鱼】

农历正月初五接财神时供奉的活鲤鱼。一般于前一日初四即备好，初五放于水盆中祭祀财神，仪式结束后放生。因"鲤"音谐"利"，"鱼"音谐"余",寓意"利有余";又有用红丝扣鱼鳍互相赠送,称"送元宝"。

【正月半】

农历正月十五。苏州人俗称元宵节为"正月半"。元宵节是繁忙的春节达到的最后的高潮,也是大众娱乐的狂欢节,故有"闹元宵"之说。人们燃放爆竹焰火、敲锣打鼓、猜灯谜、掉龙灯、踩高跷、划旱船、吃汤圆,等等。顾禄《清嘉录》:"元宵前后,比户以锣鼓铙钹敲击成文,谓之闹元宵,有跑马、雨夹雪、七五三、跳财神、下西风诸名。或三五成群,各执一器,儿童围绕以行,且行且击,满街鼎沸,俗呼'走马锣鼓'。"

在所有娱乐节目中,张灯观灯是重头戏,因而元宵节也称"灯节"。南宋时,在苏州就有繁华的"灯市"。范成大在《灯市行》中写道:"吴台今古繁华地,偏爱元宵影灯戏。春前腊后天好晴,已向街头作灯市。叠玉千丝似鬼工,剪罗万眼人力穷。两品争新最先出,不待三五迎东风。"顾禄《清嘉录》中也记述了元宵灯市的盛况:"元夕前后,各采松枝、竹叶,结棚于通衢,昼则悬彩,杂引流苏,夜则燃灯,辉煌火树。朱门宴赏,衍鱼龙,列膏烛,金鼓达旦,名曰'镫市'。凡阊门以内,大街通路,镫彩遍张,不见天日。"

【迎灯】

【出灯】

元宵节人们提着灯笼上街游行,灯的种类繁多,有龙灯、狮灯、花灯、马灯等。后来发展成有组织地结成舞队游街表演,往往以几十人为一组,配有锣鼓丝竹伴奏,并伴有踩高跷、划旱船等民间歌舞形式,热闹异常,称为"迎灯"或"出灯"。元宵迎灯游行的目的在于驱瘟神,祈求风调雨顺,五谷丰登。

【掉龙灯】

即舞龙灯。一说源于元宵灯节,由提灯扩展到舞蹈、杂技领域就是舞龙灯。也有说"舞龙"的习俗,最初是一种祭祀活动,承继殷周"祭天"的遗风,有"祈年"的意思。总之,后来,舞龙灯成了节日的助庆娱乐活动,尤以元宵节"闹龙灯"为甚。舞龙之时,以旌旗、锣鼓、号角为前导,将龙身请出,接上龙头龙尾,举行点睛仪式。龙身用竹扎成圆筒状,节节相连,外面覆罩画有龙鳞的巨幅红布,每隔五六尺有一人持竿,首尾相距数十丈。龙首前由一人持竿领前,竿顶竖一巨球,作为引导。巨球前后左右四周摇摆，龙首作抢球状，引起龙身游走飞动。因龙灯长且重，锣鼓声中昂首摆尾，蜿蜒游走，非数十壮汉，举竿来回奔走，不足以操御。许慎《说文·手部》："掉，摇也。"苏州话中"掉龙灯"的"掉"沿用"摇摆、摇动"之古义，这里有舞弄、舞动的意思。因"调"与"掉"同音，也写作"调龙灯"。

【弹壁灯】

指旧时元宵节猜灯谜。灯节之时，好事者作隐语，令人揣测，谓之灯谜。王鏊《姑苏志·风俗》云："上元作灯市……藏谜者曰'弹壁灯'。"所谓壁灯，因灯一面覆壁，三面贴题，故称。所谓弹，盖意同射、猜。周密《齐东野语·隐语》："古之所谓廋词，即今之隐语，而俗所谓谜。"顾禄《清嘉录》曰："吴人元夕多以此为猜灯。"并载："谜头皆经传诗文、诸子百家、传奇小说及谚语什物、羽鳞虫介、花草蔬药，随意出之……城中有谜之处，远近辐辏，连肩挨背，夜夜汗漫。"足见当时苏州元宵猜灯谜之盛。如今，苏州话称猜谜为"猜枚枚子"，它依然是元宵节的一项重要娱乐活动。

【南濠彩子北濠灯，城门洞里轧杀人】

濠是古代军事设施，具有防御功能。苏州的护城河，正是这种防御濠，以阊门吊桥为界，分南濠、北濠两段。濠边的路也随之称为"南濠街""北濠弄"。后讹"濠"为"浩"。南宋时，这里已是非常热闹的苏州小巷，特别是元宵佳节期间，十三日试灯，十八日落灯，阊门内外灯彩遍张，到这里观花灯、猜灯谜的人实在太多，人流如潮，把阊门的城门洞都堵塞了。于是就有了"南濠彩子北濠灯，城门洞里轧杀人"的俗谚。苏州人称"挤"为"轧"，"彩子"就是花灯。

【走三桥】

吴地旧俗，妇女于元宵或正月十六夜相率盛装出游，历三桥而止，以祛疾病，谓之"走三桥"，亦称"走百病"。顾禄《清嘉录》："元夕，妇女相率宵行，以却疾病，必历三桥而止，谓之'走三桥'。案，长、元《志》皆载'上元，妇女走历三桥，谓可免百病'。（明）陆伸《走三桥词》'细娘分付后庭鸡，不到天明莫浪啼。走遍三桥灯已落，却嫌罗袜污春泥'。"至今，仍有苏州童谣反映这一习俗："月亮圆，月亮亮，兔子灯笼走月亮。兔子灯，真漂亮，走东走西兜白相。"兜白相，走着玩，游逛。传说月亮里有玉兔捣药，所以"走月亮"时还会提一个兔子灯。

其俗或由"水祓"演变而来。水祓，古代民俗，上巳日（三月初三）宴乐于水边，祓除不祥，免疫病。另外，过桥即"渡河"，苏州话中，"渡河"与"渡祸"谐音，因此过桥更有了克服灾祸的寓意。走过三桥，也就渡过了一年中的众多灾厄。

【岁忏】

旧时民间岁首习俗，流行于江苏苏州一带。新年正月，人们纷纷前往佛寺，或会亲，或庆贺，或慰问，或议亲（相女婿、相媳妇）等，以遂心愿。范成大《吴郡志·风俗》载："岁首即会于佛寺，谓岁忏。士女阗咽，殆无行路。"即便亲友之间有一年之内不相往来的，也多于此时相见聚会。如今，虽不相会于佛寺，但新年里仍有会聚亲友之习，相亲、结亲也多在此时。

【节账】

旧时习俗，店家为招揽生意，大都赊账，一年分端午、中秋、除夕三节催讨债款，谓之"三节账"。然而，赊账容易收账难。为了收回债款，顾禄《清嘉录》记载："除夕一节，自昏达旦，虽东方既白，犹络绎道塗，不嫌笼镫入索也。"由此，民间有"端午节看一看，八月半算一算，大年夜还一半"之语，来形容那些还债不爽之人。

第二节　其他重要节俗

苏州的节令民俗及其文化内涵十分丰富，一般都会有相关的历史渊源和民间传说，并附有相应的传统节日娱乐活动和节令风味小吃。中国现有七大传统节日习俗被列入国家级非物质文化遗产名录，上一节我们介绍了春节，此外，还有清明、端午、七夕、中元、中秋、重阳六个节日。除了这些重大节日外，苏州人还非常注重冬至节，另有众多富有地方特色的节日及其习俗。如：二月十二百花生日虎丘花朝，三月谷雨三朝看牡丹，四月十四轧神仙，立夏日挂蛋称人，六月初六晒书晒经，六月廿四赏荷观莲，七月十五中元节祀祖、放河灯，七月三十烧狗屎香，十月初一山塘看出会、虎丘祭无祀，等等。其中，有的与节令相关的民俗语汇，我们根据其反映的主要民俗内涵归入了其他章节，此处不再赘述。

一、清明

清明是一个节气，也是民间的一个节日。汉代流传下来的《孝经纬》曰"万物至此皆洁齐而清明矣"，"清明"之名由此而得。这一时节正是春光烂漫、柳绿桃红之际，清明节一大早，家家户户门框上要插柳，人们去郊外踏青游春。清明节在全国各地都是祭祖的节日之一，祭奠亲人，上坟扫墓的习俗都是一致的。清明对于农民而言，也是农活开始的一个标志性节气，故有民谚"清明谷雨紧相连，浸种春耕莫迟延"。清明节，苏州还有吃青团子、炙熟藕，烧野火米饭等习俗，这些习俗保留有古代寒食习俗的遗意，只是后来寒食节的观念渐趋衰微，才归入清明，这也可算作一种文化的"活化石"了。

【放断鹞】

清明前放风筝是普遍流行的习俗，清明过后，东风不稳，就不再适合放风筝。光绪《常昭合志稿·风俗》："儿童放纸鸢,以是日(清明)止。"风筝古时叫作"纸鸢"或"纸鹞",苏州人俗呼"鹞子",所以有"清明放断鹞"的说法。清明时节,夜间也有人放风筝,人们在风筝上或风筝拉线上挂上一串串彩色的小灯笼,远看就像闪烁的星星,称为"鹞灯"。还有的把竹子或芦苇做的薄簧片绑在纸鸢的背上,随风发出声响,叫作"鹞鞭"。杨韫华《山塘棹歌》曰:"春衣称体近清明,风急鹞鞭处处鸣。忽听儿童齐拍手,松梢吹落美人筝。"

【插柳】

【戴柳】

清明是杨柳发芽抽绿的时节,民间有插柳、戴柳的习俗。顾禄《清嘉录》:"清明日,满街叫卖杨柳,人家买之,插于门上。"又:"妇女结杨柳球戴鬓畔,云红颜不老。"人们以为柳枝能免除疫病,这大概与上巳节的祓禊之俗相关,上巳节距清明节极近。而贾思勰《齐民要术·种柳》称:"取杨柳枝著户上,百鬼不入家。"清明是鬼节,故而人们借柳枝来避邪驱鬼。另外,杨柳既是春天的标志,也是青春的象征,"柳""留"又同音,戴柳寄寓着人们留住青春的美好心愿,在苏州素有"清明不戴柳,死了变黄狗""清明不戴柳,红颜变皓首"的俗语。如今,我们在初春的郊外还能看到戴柳圈的游人。

【上坟】

即扫墓,是清明重要的活动。上坟并不一定要在清明当天,前后一段时间都可以,但也有一些特殊的讲究,有"新坟不过清明,老坟不过立夏"之说。所谓"新坟"指的是先年或当年新亡故的人,有的地方指三年内新亡故的人。又有俗谚"新坟不过社",则说的是上新坟不要超过春社日,也就是每年的二月初二前后。如家中有新婚夫妇,则必须一同前去祭扫祖坟,表示让新媳妇知道祖先的墓葬所在地和墓葬情况。

【挂钱】

【挂墓】

指清明扫墓时挂纸钱于墓上。本地风俗,家祭、墓祭都要焚烧冥钱纸锭,纸锭用金银纸箔糊成。挂在坟墓上的,还要用彩纸条剪成长条,俗称为"挂钱",也叫"挂墓"。顾张思《土风录·焚纸钱(挂墓)》:"吴俗,纸钱有挂有焚。张南郭《州志·风俗》云'挂墓',盖从方言。"原注:"墓呼如'姆'字音。"挂钱于墓，也叫"标插"。王有光《吴下谚联》卷四："清明前后半月，吴俗皆有标插坟墓者。以纸钱飘挂，古称寓钱。"因而扫墓也称"标墓"。姚廷遴《续历年记》："初五日清明，初七日余同大儿出邑，标墓毕，即至浦东标母亲墓，由周镇而归。"

清明扫墓祭祖宜赶前，不宜落后。王有光《吴下谚联》卷四收有谚语"清明前挂金钱，清明后挂铜钱"，所谓挂金钱铜钱，系指子孙的孝思而言，挂在前，表示子孙殷勤依恋祖先，其孝思比金钱更宝贵；挂在后，表示子孙怠慢不甚依恋祖先，孝思薄而不足贵，故非金钱而是铜钱也。

【炝熟藕】

【青团】

清明时节，市面上卖熟藕和青团，也有家中自制的，作为祭祀祖先的贡品。吴语谓煮食物至熟烂为"炝"，故煮熟的藕段叫"炝熟藕"。先在藕孔内塞上糯米，再放入糖水里煮熟，因之又称"糖藕"；而藕段煮熟后呈红色，故也称"红藕"。

青团，即绿色糯米粉团子。苏州人称绿色为"青"，这种绿色的来源是麦浆草、青蒿、青菜等天然植物中提取的汁液，将绿汁与糯米粉搅拌调和，内置豆沙馅儿及小块猪油，团好入笼蒸熟。这样制成的青团，色泽鲜绿，清香扑鼻，口感软糯。

之所以讲究在清明食用炝熟藕、青团，源于古代禁火遗风。炝熟藕、青团携带方便，可以冷食。相传春秋时期晋文公论功行赏时遗忘了介之推，介之推愤而隐于绵山。文公悔悟，烧山逼令出仕，不料其坚辞不受，终被焚死。百姓同情介之推，于其忌日禁火冷食，以为悼念。后相沿成俗，谓之寒食。寒食在清明前一日或二日。郎瑛《七修类稿·馒头青白团》："古人寒食采桐杨叶染饭青色以祭，资阳气也。今变而为青白团子，乃此义耳。"徐达源《吴门竹枝词》曰："相传百五禁厨烟，红藕青团各荐先。"顾禄《清嘉录》："市上卖青团、炝熟藕，为居人清明祀先之品……卢《志》'寒食祭先，以稠饧、冷粉团'。……今俗用青团、红藕，皆可冷食，犹循禁火遗风……然江、震《志》又皆云'寒食祭先，用角粽、青团。青团，乡人捣糯麦汁搜粉为之'。"可见，寒食、清明两个不同的节俗混同在了一起。

【野火米饭】

过去清明日这天,儿童在村头田间对着鹊巢支灶,敲击火石取火煮的饭称作"野火米饭"。

古人对寒食禁火执行得十分严格,要连续禁三天。寒食三天后,须钻木才有新火。清明这天,钻木取新火还要举行盛大的典礼。韩翃《寒食》:"春城无处不飞花,寒食东风御柳斜。日暮汉宫传蜡烛,轻烟散入五侯家。"诗人以"汉宫"借指"唐宫",写的正是唐朝时寒食禁火后取新火之事。张继在《阊门即事》中写道:"耕夫召募逐楼船,春草青青万顷田。试上吴门窥郡郭,清明几处有新烟。"可见,当时苏州民间也有此俗。顾禄《清嘉录》:"吾乡野火米饭,犹循钻火遗风。"

【眼亮糕】

荠菜与年糕一起油煎,荠菜有平肝明目的功效,故称"眼亮糕"。岁时风俗,三月初三上巳节是"挑菜节",菜即荠菜也。旧时妇女把荠菜花戴在头上,叫作"亮眼花"。人们还把荠菜花放在灶台上,谓能避虫蚁,有"三月三,蚂蚁上灶山"的说法。袁景澜《吴郡岁华纪丽》说:"今俗以荠为野菜。三月三日,闺中妇女皆取野菜花簪髻上,号眼亮花。谚云'三春戴荠花,桃李羞繁华'。或置荠花于灶陉,以厌虫蚁。或以野菜花与年糕油煎食之,亦云能明目,谓之'眼亮糕'。"

二、端午

农历五月初五端午节,是我国重大的传统节日之一。端午亦称"端五"。端,初也,是开始的意思,"端五"即"初五"。"五"又与"午"相通,按地支顺序推算,五月正是"午"月。又因午时为"阳辰",所以端五也叫"端阳"。五月五日,月、日都是五,故又称"重五",也称"重午"。

端午节最重要的民间习俗便是划龙舟,竞渡之习,盛行于吴、越、楚等地。关于这种习俗的起源,历来有多种说法,影响最广的观点是纪念屈原说,但吴越故地却流传着端午习俗源于伍子胥的说法。伍子胥是春秋时期楚人,因避难逃奔吴国,结识了吴公子光,帮助公子光成为吴王阖闾,并相土尝水、象天法地,选定城址,合理规划,建造了阖闾大城。伍子胥为吴国倾尽了心力,可最终也没能逃出作为人臣的悲剧命运,被夫差赐死。五月五日,沉入江涛。为纪念伍子胥,苏州民间后来自发在端午节形成了划龙舟、吃粽子等一系列民俗活动。

在过去,五月被人们视为"毒月""恶月",是不吉祥的月份,而五月五日是最不吉利的一天。禳解端午之毒的方法有很多,例如:家家门前悬挂艾叶菖蒲,家中贴五毒符,人们佩戴香囊和辟瘟丹、饮雄黄酒,孩子穿老虎衣、虎头鞋,甚而至外婆家"躲午",这些都是驱毒习俗。其实联系五月的气象、物候,这些做法部分还是有一定道理的。五月天气开始变得湿热,蛇虫活跃,疫病也容易流行。虎,历来被视为百兽之王,人们希望通过穿老虎衣、虎头鞋等方法来求得安宁。而雄黄酒、艾叶、菖蒲等有杀菌解毒祛湿等作用。可见,这些习俗也包含着古人长期与自然、疾病作斗争的实践经验。

【毒月】

【善月】

俗称农历五月为毒月,百事多禁忌。又称"善月"。顾禄《清嘉录》"修善月斋(毒月)"。原注:"吴俗称善月,盖讳恶为善也。"旧时此月不婚嫁、不盖房、不晒席等,月初要"修善月斋"。袁景澜《吴郡岁华纪丽》:"僧道先期印送文疏于檀越(即施主),填注姓字,至五月朔日,焚化庙庭,谓之修善月斋。其实不修斋也。"

【划龙船】

指端午龙舟竞渡,早先在胥门塘河竞舟以纪念伍子胥,后来在阊门南北两濠及枫桥一带也都盛行。顾张思《土风录》卷一:"端五节有龙舟之戏,相传以吊三闾大夫。本《荆楚岁时记》之说,但于吴地无涉。按,邯郸淳《曹娥碑》云'五月五日迎伍君,逆涛而上,为水所淹'。《吴越春秋》以为起于勾践,盖悯子胥之忠而作。"

苏州将龙舟下水称为"出龙",之前数日,要祭祀神灵、演练一番,称为"下水"。上岸时要举行送神仪式,叫作"拔龙头"。拔,把船拖上河岸。龙头,指龙船的船头。温庭筠《春江花月夜词》:"珠翠丁星复明灭,龙头劈浪哀筇发。"

顾禄《清嘉录》描述了当时赛龙舟的盛况:"交午曼衍,粲如织锦,男女耆稚,倾城出游。高楼邃阁,罗绮如云,山塘七里,几无驻足之地。河中画桡，檝比如鱼鳞，亦无行舟之路。欢呼笑语之声，遐迩振动。"赛龙舟时，游客和龙舟上的划手间还有互动游戏。游客争相购买土罐投到河中，观看龙舟上的人执戈打斗并跳入水中争夺这些土罐。这种游戏活动叫作"磬罐头"，"磬"是方言记音字，扔、投掷的意思。抢到罐头最多者会受到重奖。

划龙船期间，商贩们抓住商机，准备各种食物和玩具售卖，因此形成了特殊的集市——"划龙船市"。各行各业的人也都停业游玩，故百姓又称端午为"白赏节"。吴语"白赏"就是玩耍的意思，也常写作"白相"。到了夜晚，划龙舟之处依然热闹非凡，万盏灯火照亮河道，灯灯相连，波光荡漾，蔚为壮观，民间称这种景象为"灯划龙船"。至今，作为"同乐江苏"系列活动之一的金鸡湖国际龙舟赛也已举办了十余个赛季。

【裹粽子】

端午节吃粽子，也是传统习俗之一。苏州人称包粽子为"裹粽子"，用箬叶、菰叶等叶子包裹糯米等原料，形状有三角、锥形、锤子等很多种。粽子可以有馅儿，也可以无馅儿。馅儿可咸可甜，肉粽是典型的咸粽。无馅儿的又称白水粽，苏州人一般蘸糖吃。

粽子的起源和江南的稻作生产有关。它很可能是古代饮食习俗的一种遗存。粽子，古时又名角黍，在晋代，粽子已成为端午时令食品。《太平御览》引周处《阳羡风土记》："俗以菰叶裹黍米，以淳浓灰汁煮之，令烂熟，于五月五日及夏至啖之。一名粽，一名角黍。"

夏至日包的粽子，另有一特别的名称，叫"健粽"。把捆束粽子的草系于手足，以祈祝健康，故名。范成大《吴郡志·风俗》："夏至复作角黍以祭，以束粽之草系手足而祝之，名健粽，云令人健壮。"

【端午节格粽子——裹（估）杀】

包粽子时，用箬叶包裹糯米，并再用线扎紧。如果扎得松，煮熟的粽子发烂，不好吃。扎紧，苏州话说"裹杀"，"裹"与"估"谐音，"裹杀"读成"估杀"。"估"，陈彭年等《广韵》公户切，也是上声字，丁度等《集韵》才是平声音切。谐音的"估杀"意谓估计得很正确。

与端午节有关的歇后语还如："端午节卖年历——过时哉"，端午已近年中，再卖年历当然不合时宜；"五月初六卖菖蒲""五月底的粽箬"皆歇"过时货"，意思一样。

【端五景】

五月初五这一天，苏州习俗要在瓶中插上蜀葵、石榴、菖蒲、艾草等，妇女在头上戴艾叶、石榴花，这些时令花卉称为"端五景"或"端阳景"。其实皆有驱瘟避灾的本意。明清以来，以端午应季花草、蔬果，以及具有吉祥寓意的端午节物为绘制题材的节令画，也称为"端阳景"。

【蒲剑蓬鞭】

【蒲剑艾旗】

端午习俗，把大蒜头（似锤）、菖蒲（似剑）、艾条（似鞭）、角芒（似刀）捆扎成束，家家悬挂于门旁床头，俗信认为可以避邪驱鬼。民谚说："清明插柳，端午插艾。"悬挂艾叶、菖蒲是端午的重要内容之一，此俗与"毒月"观念有关。顾禄《清嘉录·蒲剑蓬鞭》："截蒲为剑，割蓬作鞭，副以桃梗、蒜头，悬于床户，皆以却鬼。"袁景澜《吴郡岁华纪丽》作"蒲剑艾旗"，曰："吴俗，端五截蒲为剑，悬艾为旗，副以桃梗、蒜头，悬床户间，云以禳毒却鬼。"苏州人称艾草也叫"蓬头"。

端午节还有饮用菖蒲叶浸制的药酒的习俗，认为可以去疾疫。苏轼《元祐三年端午贴子词·皇太后阁六首》之二："万寿菖蒲酒，千金琥珀杯。"所以端午节又称作"菖蒲节"，周密《齐东野语·子固类元章》："庚申岁，客辇下，会菖蒲节，余偕一时好事者邀子固，各携所藏，买舟湖上，相与评赏。"

【老虎衣】

端午节前，外婆或舅舅为新出生的小外甥准备虎头帽、老虎衣、虎头鞋，并送至外甥家。至端午节，家家户户都给小孩子戴上虎头帽，穿上老虎衣、虎头鞋。在传统观念里，虎被当作瑞兽，可以镇邪、驱邪。老虎衣，一般用纯黄色棉布底料，布料上面不仅有显眼的老虎图案，还有毒蛇、蝎子、蜈蚣、壁虎、蟾蜍等五种毒虫的图案。也有的穿五毒肚兜，以毒攻毒，确保孩子健康平安。有的人家甚至让未满周岁的孩子在端午这一天到外婆家去过，称为"躲午"。

民间戴虎头帽、穿老虎衣来躲避五月之邪，此俗由来已久。顾禄《清嘉录》记载："编钱为虎头形，系小儿胸前，以示服猛，谓之'老虎头'。又小儿系赤色裙襕，亦彩绣为虎形，谓之'老虎肚兜'。"

【长寿线】

用五彩线编织而成的丝绳。端午时,系在小孩手臂上,俗信以为可辟邪,确保孩子健康长寿。这一佩饰,不仅寓意吉祥,而且具有审美情趣,屡屡出现在诗词中。如,苏轼《浣溪沙·端午》"彩线轻缠红玉臂,小符斜挂绿云鬟"、陆游《和陈鲁山十诗》之四"尚忆少小时,彩缕系腕玉"、舒頔《小重山·端午》"谁家儿共女,庆端阳,细缠五色臂丝长"等词句,吟咏的都是这一习俗。

古人崇拜五色,以青、赤、黄、白、黑五色为正色、吉祥色,认为五色蕴含非凡神力,能避邪驱瘟,禳解五毒。因而,也有用彩色绒线裹铜钱制成五色符,系在衣襟上的,叫作"裹绒铜钿"。裹,缠绕。

三、七夕

农历七月初七夜为"七夕"。七夕节,由牛郎织女的传说而来。牛郎、织女,原是我国古代天文学中的两颗星名,在《诗经》和《史记》中都有记载,牛郎织女的传说,当时已广为流传。不过,传统七夕最主要的民俗内涵在于祈福许愿、乞求巧艺。织女是心灵手巧的仙女,人们自然希望从她那儿乞得智慧和巧艺,故而七夕节也称"乞巧节"。在苏州民间就有许多乞巧习俗。七夕节以少女拜仙及乞巧、赛巧等为主要节俗活动,故又称"女儿节"。范成大《吴郡志·风俗》则称"小儿节":"七夕有乞巧会,令儿女辈悉预,谓之小儿节。"如今,由于商家的渲染,以及西方情人节的影响,七夕演变成了中国的情人节。

【乞巧】

旧时风俗,农历七月七日夜(或七月六日夜)妇女在庭院供香案,烧香点烛陈瓜果,礼拜牵牛、织女二星,乞求智巧。巧果,是必备的供品。祭祀乞巧是最常见的形式,除此,还有穿针乞巧、浮针乞巧、喜蛛乞巧等方式。宗懔《荆楚岁时记》:"七月七日为牵牛织女聚会之夜。是夕,人家妇女结彩缕,穿七孔针,或以金银鍮石为针,陈几筵酒脯瓜果于庭中以乞巧,有喜子网于瓜上,则以为符应。"王鏊《姑苏志·风俗》所记喜蛛乞巧具体方式稍别:"七月七日为乞巧会,以青竹戴绿荷系于庭,作承露盘,男女罗拜月下。谓之小儿节,饤果皆曰'巧'。又以绵刺针孔辨目力。明日视盘中蜘蛛含丝者,谓之'得巧'。"蜘蛛结网,颇似织女织布,而秋初蜘蛛活跃,乞巧大概率能成功。

【巧果】

一种油炸面粉制品,七夕祭祀时必备的供品,也是苏州本地一种特色食品,今市上日常有售卖,自家也有制作。用面粉加糖拌和揉匀,切成两寸左右长条,扭成结,或简单地制成片状,入油锅氽熟后,松脆香甜,名曰"巧果"。巧,古见母字,苏州话今仍读如"考",保留古音。此俗大概是用"吃巧"来谐音"乞巧"。七夕时吃的糖,也称"巧糖"。蔡云《吴歈》诗云:"几多女伴拜前庭,艳说银河驾鹊翎。巧果堆盘卿负腹,年年乞巧靳双星。"

【磬巧】

七夕前夕,用杯子盛上"鸳鸯水"(舀河水、井水各一半混合而成),放置在庭院露天,等天明日出之后,在太阳底下曝晒,直到水面慢慢生成一层薄膜,捏一枚小针浮在水面之上。这时观察小针在水底的投影,来判断一个人的智愚。若成云龙花草状,为"得巧";如椎似杵者,为"拙兆"。这个仪式叫作"磬巧"。顾禄《清嘉录·磬巧》:"磬,《广韵》'冬毒切',《集韵》'都毒切',并音笃,落石也。吴语谓弃掷曰磬。其义可通。"刘侗、于奕正《帝京景物略·春场》谓之"丢巧针"。这一习俗在苏州至今保留,与苏绣不无关系。

四、中秋

农历八月十五,时值三秋之中,谓之"中秋"。中秋节,又称仲秋节、团圆节。司马迁《史记·孝武本纪》"朝朝日,夕夕月"裴骃集解引应劭曰:"天子春朝日,秋夕月,拜日东门之外,朝日以朝,夕月以夕。"古代帝王春天祭日,秋天祭月,"夕月"仪式大概就是中秋节俗的发端。后来贵族和文人学士也仿效起来,在中秋时节,对着天上一轮皓月,观赏祭拜,寄托情怀,这种习俗流传到民间,形成一个传统的活动。到了唐代,吴刚伐桂、唐明皇游月宫等传说对中秋节俗的最后形成起了极大的推动作用。而据《旧唐书》记载,中秋节的形成又与帝王庆贺生日有关。唐玄宗在开元十七载把自己的生日八月初五定为"千秋节",后改为"天长节"。后唐肃宗登基，效法玄宗，将自己的生日九月初三定为"天平地成节"。由于这两个节靠得比较近，朝廷便有意进行改革，而仲秋八月十五正好处于这两个节的中间，便将两节折中，把庆贺的日期改到八月十五。此后，中秋节在民间慢慢流行开来，成为全国性的固定节日。到了南宋，月饼开始出现，人们又逐渐把中秋赏月与品尝月饼结合在一起。

旧俗，苏州民间在中秋夜家家都要斋月宫、烧斗香，还有"走月亮"夜游习俗。如今，吃月饼习俗仍保留着，传统的苏式月饼制作的正宗技艺保留在苏州稻香村，已被列入第二批江苏省非物质文化遗产名录。桂花糖芋艿，也是苏州人过中秋节的重要传统时令食品。在苏州，中秋赏月的佳处颇多，而石湖行春桥、澹台湖宝带桥自古就是观赏"串月"的两处胜地。

【八月半】

中秋节，俗称"八月半"，这天晚上各家各户多有祭祀、宴会等活动庆祝佳节。全家团聚，分吃月饼，寓意团圆甜蜜。人们又看这一夜的晴雨，来预测第二年元宵节的阴晴，谚语说："八月十五云遮月，来岁元宵雨打灯。"又有："雨打上元灯，云罩中秋月。"

【斋月宫】

中秋祭月习俗。当明月升起，设案于庭院，供以月饼及莲藕、菱角、柿子、银杏、栗子、糖芋艿等时令瓜果食品祭拜月亮，祈求月神降福人间。袁景澜《吴郡岁华纪丽》记载详细："吴俗中秋，人家各设炉香灯烛，供养太阴，纸肆市月光纸，绘月轮桂殿，有兔杵而人立，捣药臼中，极工致。金碧璀灿，为缦亭彩幄，广寒清虚之府，谓之月宫纸。又以纸绢为神，具冠带，列素娥于饼上，谓之月宫人。取藕之生枝者，谓之子孙藕；莲之不空房者，谓之和合莲；瓜之大者，细镂如女墙，谓之荷花瓣瓜。佐以菱芡银杏之属。以纸绢线香，作宝塔形，钉盘杂陈，瓶花樽酒，供献庭中，儿女膜拜月下。拜毕，焚月光纸，撤所供，散家人必遍。嬉戏灯前，谓之'斋月宫'。"现苏州民俗博物馆藏有中秋祭月时民间制作的精美"月宫"。

【烧香斗】

中秋燃烧编成斗状的香。香店把许多股香在外侧攒聚捆扎堆成塔形，内部填充边角料碎香或其他材料，外表可以加贴纸等装饰，因底部是斗状,叫斗香。点着时从顶到下一层层燃烧,香火旺盛。袁景澜《吴郡岁华纪丽》:"市肆以线香编作斗形,纳香屑于中,中插塔香一株,塔级层叠。僧俗咸买之,焚于庭中月下,露香朝礼星斗,谓之'烧香斗'。"顾禄《清嘉录》谓之"烧斗香"。曹雪芹《红楼梦》第一百六回:"(贾母)又命自己院内焚起斗香,用拐拄着出到院中。"今民间也俗称"供香斗"。

【走月亮】

指中秋夜在斋月宫、一家欢聚之后,妇女在月下盛装出游或互相串门。周宗泰有首竹枝词《烧斗香》云:"中秋共把斗香烧,姊妹邻家举手邀。联袂同游明月巷,踏歌还度彩云桥。"旧时,此俗与元宵"走三桥"相似,这一天妇女们可以暂时解除禁忌。蔡云《吴歈》:"木犀毯压鬓丝香,两两三三姊妹行。夜冷不嫌罗袖薄,路遥可恨绣裙长。"正是写出了妇女在中秋夜赏月出游时的欢愉心情。其间还有一个重要而隐秘的活动,就是到田里偷摘南瓜。因为"南""男"同音,摸到南瓜便带回家藏于绣被之中,以为祈男之举。这一夜偷瓜,瓜主是不会嗔怪的。而今,大家干脆在中秋时节互赠南瓜。

【石湖串月】

苏州民间中秋赏月习俗。石湖在苏州城西南,楞伽山下,山水之景绝胜。苏州的中秋之庆一般延至农历八月十八,此时,人们纷至上方山顶五通神庙焚香膜拜,求子求福或"借阴债",同时夜至石湖看行春桥桥洞月成串影之奇观。明末清初诗人邵长蘅《冶游》诗有"十八楞伽山,湖亭待串月"句。道光《苏州府志·杂记三》:"吴中楞伽山,八月十八夜看串月。"沈日霖《晋人麈·串月》:"吴中风俗于八月十八日行春桥看串月。"沈朝初《忆江南》专门写有串月词,词云:"苏州好,串月有长桥。桥面重重湖面阔,月亮片片桂轮高,此夜爱吹箫。"今仍有中秋石湖赏月之习俗。实际上,早在明代,登楞伽山所望或为城东南之宝带桥。崇祯《吴县志·风俗》:"八月十八夜,并登楞伽山,望宝带桥下月影环连洞中,曰'串月'。"宝带桥,在澹台湖上,相传为地方官捐出身上宝带,带头募捐,百姓响应而建成,故名"宝带桥"。此桥有53个桥孔,为江南名桥,中秋节夜,明月皎洁,可见50多个桥孔下皆有月亮倒影,一环一月连成串,蔚为壮观。

五、重阳

农历九月九日，两九相重，故名"重九"；而古人把"九"列为阳数，所以又叫"重阳"。重阳前后，时值深秋，凉风四起，冷雨凄凄。顾禄《清嘉录》云："重阳将至，盲雨满城，凉风四起。"苏州人称之为"秋风盲雨"。季节的变换，常引起人们身体各种不适，重阳节俗的许多内容，大多与防治疫病、驱邪避灾有关，寄寓着人们希望健康长寿的愿望。曹丕在《与钟繇九日送菊书》中写道："岁往月来，忽复九月九日。为阳数，而日月并应，俗嘉其名，以为宜于长久，故以享宴高会。"这道出了重阳节俗的本意，"九"和"久"同音，重阳这天，日月皆是"九"，人们以为能讨得长寿的吉利。民间逢重阳节，历来有登高、插戴茱萸、赏菊、饮菊花酒、吃重阳糕等习俗，苏州和其他地方也一样。

登高是苏州人重要的重阳节俗。旧时，城内北寺塔是人们主要的登高之处，除此之外，虎丘山、灵岩山、东山、阳山、穹窿山、上方山等也是人们多选择的登高之地。申时行有《吴山行》诗："九月九日风色嘉，吴山胜事俗相夸。阊闾城中十万户，争门出郭纷如麻。拍手齐歌太平曲，满头争插茱萸花。横塘迤逦通茶磨，石湖荡漾绕楞伽……"当时吴山重阳的热闹情景，可见一斑。不过，苏州乃江南水乡，地势平坦，有山也不高，人们也用吃糕来代替登高。

菊花，别名"延寿客"，与重阳节关系密切。苏州人又素爱菊，范成大在《菊谱》中称吴下之人"爱者既多，种者日广"。重阳前后，人们不仅饮菊花酒，而且此时湖蟹上市，苏州人更有"持螯赏菊"之俗。因此也称重阳节为"黄花节"。

如今，重阳节被定为老人节，这与重阳节俗驱病避灾、祈求健康长寿的本意是相通的，寄寓着人们对老年人的良好祝愿。

【重阳糕】

重阳节食用的米粉五色糕，糕上可以有糖、肉及各种果子，又称"花糕"。吴自牧《梦粱录·九月》："兼之此日都人店肆以糖面蒸糕，上以猪羊肉鸭子为丝簇钉，插小彩旗，名曰'重阳糕'。"顾张思《土风录》卷一："《吴郡志》'九月九日食重阳糕'。……按，谢在杭《五杂俎》引吕公忌云'九日天明时，以片糕搭儿女额，祝曰愿儿百事俱高'。此古人九日作糕之意。""糕"与"高"谐音，既映衬"登高"，又有祝愿步步登高、高高兴兴的寓意。重阳食糕习俗与古代秋收后的尝新活动也有关系。

【骆驼蹄】

重阳节一种形似骆驼蹄的面食。王鏊《姑苏志·风俗》云："重九……用面裹肉炊之，曰重阳糕，一曰骆驼蹄。"在"饮馔之属"又列有"骆驼蹄"，并注云："蒸面为之，其形如驼蹄。重阳节物。"冯梦龙《笑府》有一个笑话，题为"骆驼蹄"。至清时，又转而成为端午节物，见顾张思《土风录·骆驼蹄》。

【栗粽】

以栗子为主要馅料包的粽子。重阳节苏州有吃栗粽的习俗。范成大《吴郡志·风俗》："重九，以菊花、茱萸尝新酒，食栗粽、花糕。"食栗粽一俗亦见于绍兴、福建等地。嘉泰《会稽志·节序》载："重九亦相约登高，佩萸泛菊，不甚食糕，而多食栗粽，亦以相馈然。"明清时期福建等地九月九日重阳节，家家户户浸粽米裹栗肉，作粽子。谢肇淛《五杂俎·天部二》："九日作糕，自是古制。今江、浙以北尚沿之，闽人乃以是日作粽，与端午同，不知何取也。"

【菊花山】

重阳节前后，堆叠菊花盆景，以供欣赏。吴人爱菊，也种菊。范成大在《菊谱》中自称在范村植菊，得三十六种。明清时，虎丘一带花业繁盛。顾禄《清嘉录》："畦菊乍放，虎阜花侬已千盎百盂担入城市。居人买为瓶洗供赏者……或于广庭大厦，堆叠千百盆为玩者，绉纸为山，号为'菊花山'。"今狮子林、留园、上方山等园林景区每年会在重阳之时将菊花艺术与园林环境相融合举行菊展。

六、冬至

冬至，我国二十四节气之一，冬至日后，数九严冬开始。虽然在列入国家级非物质文化遗产名录的六大传统节日中没有"冬至"，但苏州民间历来非常看重冬至。范成大《吴郡志·风俗》曰："俗重冬至，而略岁节。"顾禄《清嘉录》直谓"冬至大如年"。

苏州人过冬至，很多习俗都和过年相似。王鏊《姑苏志·风俗》云："尤重冬至，三日罢市驰贺等，一如元旦。"冬至前夕，即冬至夜，家家都要挂喜神像祭祖，合家团聚吃团圆饭，喝冬阳酒。苏州人逢冬至有句俗语，叫作"有铜钿吃一夜，呒铜钿冻一夜"。冬至日还要互相"拜冬"。苏州以外的地区，很少见到如此隆重过冬至的现象。

我国古代历法，十分重视岁首，有所谓"月建"的观念。据古籍记载，夏、商、周岁首正月具体时间不同。《尚书·甘誓》："有扈氏威侮五行，怠弃三正。"陆德明释文引马融曰："建子、建丑、建寅，三正也。"杨炯《公卿以下冕服议》："夫改正朔者，谓夏后氏建寅，殷人建丑，周人建子。"夏代建寅，据《大戴礼记·夏小正》篇的记载，一年大概分十月，其正月与今行农历的正月大致相同。周代建子，据《诗经·七月》记载，周代早期也分一年为十月，其正月以太阳由南回归线北移（即冬至日）开始，大致对应今农历的十一月。所以，相比于夏代，周代的历法更注重太阳的运行周期。从农业生产与物候方面来说，冬至并不如立春、春节重要，但却是太阳高度恢复的起点，哲学意味浓厚。至晚到汉代，冬至已经成为一个节日，上下庆贺。蔡邕《独断》谓："冬至，阳气起，君道长，故贺。"邵雍《冬至吟》谓："冬至子之半，天心无改移。一阳初起处，万物未生时。"有意将"冬至"与《周易》的"复"卦相联系。到汉武帝太初时，经历两次改历，在周正与夏正之间徘徊，最终采用了夏正（参张培瑜等《中国古代历法》），并沿用至今。至此，冬至与正月分开。此后，冬至节地位逐渐次于正月的春节，或又称亚岁。

而苏州人"肥冬瘦年"的习俗显然是古代奉行周历的遗风。相传约3000年前泰伯和仲雍南奔，建立勾吴，把周历带到了苏州。苏州人视泰伯、仲雍为自己的老祖宗，不敢数典忘祖，至今仍十分重视他们带来的历法，把冬至日看作一年的开始，冬至前夜为岁末，所以过冬至也就是过年，"冬至本是年"。

中国古代一直以农业为主，人们在生产劳动过程中，总结出很多与自然气候有关的俗谚、歌谣。各地都有《九九歌》，吴江有一首道："头九二九，相拱勿出手；三九四九，冻碎石钵头；五九四十五，穷人街上舞；六九五十四，沿河看柳丝；七九六十三，被衣两头掼；八九七十二，荡里挖河泥；九九加一九，耕牛遍地走。"还有根据"九"里气候预测天气发展变化的谚语，例如："干净冬至邋遢年""头九冷，九九百花香""头九暖，九九寒""冬至不结冰，冬后冻杀人"等，这些都是经验之谈。

【冬至大如年】
【肥冬瘦年】

吴地谚语，说的是吴人重视冬至节，和过春节一样。冬至时家家互送节物，宴饮隆重。冬至夜要祭祖祀先，各种仪式一如过年。顾禄《清嘉录》："郡人最重冬至节……诸凡仪文，加于常节，故有'冬至大如年'之谚。"翟灏《通俗编·时序》引（宋）周遵道《豹隐纪谈》曰："吴门风俗多重至节，谓曰肥冬瘦年，互送节物。"蔡云在《吴歈》中写道："有几人家挂喜神，匆匆拜节趁清晨。冬肥年瘦生分别，尚袭姬家建子春。"这里道出了周朝历法对吴地民俗的影响。即便后来实行夏历，冬至仍有"亚岁"之称。田汝成《西湖游览志馀·熙朝盛事》："冬至，谓之亚岁，官府、民间，各相庆贺，一如元日之仪。吴中最盛，故有'肥冬瘦年'之说。"钱谦益《冬至日感述示孙爱》曰："乡人重亚岁，羔黍荐履长。"

【冬至盘】

指苏州人在冬至前一两天互相馈赠食物的礼盒，里面装着冬酿酒、卤菜、冬至肉、冬至团、鱼鲜等冬至美食，可供一席便筵之用。取名"冬至盘"，是与"春盘"相对，但冬至盘的肴馔较过年时的春盘丰盛，体现出"肥冬瘦年"的民俗风情。

【冬至汛】

冬至节前，家家要祭祖、互送冬至盘、准备冬至夜团圆饭等，人们竞相购物，商店生意兴隆。这种在节前商业繁忙的情景，就像江河湖海定期涨潮一样，故而被称作"冬至汛"。

【冬至夜】

指冬至前一天的夜晚。也称"节夜"。顾禄《清嘉录》："节前一夕，俗呼'冬至夜'。……又江、震《志》皆云：'邑人最重冬至节。前夕，名节夜'。"其他地方"节夜"指除夕，在苏州是指冬至夜。冬至夜是一年中最漫长的一夜，所以民间有句谚语："白相要在夏至日，困觉要在冬至夜。"

【冬至团】

冬至时做的团子，节时用以祭祀、馈赠、宴享的食品，流行于南方稻米生产地区。又名"冬至丸"。崔寔的《四民月令》中有"冬至之日，荐黍羔。先荐玄冥于井，以及祖祢"的记载。后世南方的冬至团，多以糯米粉为面团，以肉、菜、糖、果、豇豆、红豆沙、萝卜丝等为馅，包制而成。无馅而小的，叫作"冬至圆"。苏州人多在冬至日早晨全家聚食此团，取团圆之意。因周历以冬至为岁首，故民间有"吃了冬至团，长一岁"的谚语。

除了冬至团，还有"冬至馄饨夏至面"之说。"馄饨"谐音"混沌"，冬至夜吃"馄饨"，寓意吃掉"混沌世界"，让世界变得神清气爽、更加美好。

【拜冬】

指在冬至日互相拜贺，类似今之拜年。顾禄《清嘉录》："至日为冬至。朝士大夫家，拜贺尊长，又交相出谒。细民男女，亦必更鲜衣以相揖，谓之'拜冬'。"徐士铉《吴中竹枝词》描述了苏州的拜冬习俗："相传冬至大如年，贺节纷纷衣帽鲜。毕竟勾吴风俗美，家家幼小拜尊前。"

【冬酿酒】

一种米酒，与桂花一同酿制而成，口味甘甜，色泽金黄，带桂花的幽香，爽口怡人。老苏州称为"冬阳酒"，盖因冬至过后阳气上升而得名。冬至夜几乎家家必饮，且讲究时令的苏州人喝的是"零拷"的冬阳酒。零拷，拆零买卖的意思。老字号"元大昌"也只有在冬至前几天才有零拷冬阳酒售卖。顾禄《清嘉录》载有"冬酿酒"："乡田人家以草药酿酒，谓之'冬酿酒'。有秋露白、杜茅柴、靠壁清、竹叶清诸名。十月造者，名'十月白'。以白面造曲，用泉水浸白米酿成者，名'三白酒'。其酿而未煮，旋即可饮者，名'生泔酒'。"可见，当时冬酿酒色白而清冽，而今之老苏州所谓"冬阳酒"则为明黄色。这可能是酿酒技艺的变化造成的，也有人认为本就是两种不同的酒，由于受蔡云《吴歈》"冬酿名高十月白"句中"冬酿"二字，而把"冬阳酒"讹为"冬酿酒"了。

【干净冬至邋遢年】

苏州民间俗语，认为冬至前后逢雨雪，则预示年节时天晴，道路干净；反之，若冬至时天晴，则年节时有雨雪，道路泥泞。与俗语"干冬湿年，湿冬干年"意同。

七、其他

由于苏州地区长期经济繁荣，因此文化发达，富有地方特色的节日众多。这些节日，既与自然气候有关，又和民间信仰、文化娱乐、历史事件等有着密切联系，给我们展示了独具江南水乡韵味的民俗风情。

【拜春】

立春日百姓们互相庆贺，这一天要做糕团，祭祀祖先神灵。顾禄《清嘉录》说："撚粉为丸，祀神供先，其仪亚于岁朝，埒于冬至。"可见，当时人们对立春十分重视。我国长期以农业为主，立春是一个重要节令，预示着一年农事的开始，因此古时上至官府下至百姓有一系列迎春活动。

【爆孛娄】

苏州地区习俗，每年农历正月，老幼各自投一粒糯谷放入焦釜中，使谷开花，谓之"爆孛娄"，"孛娄"指糯米花，谐音"卜流"，故俗以占卜流年。范成大《上元纪吴中节物俳谐体三十二韵》有"撚粉团栾意，熬秫腷膊声"句，自注："炒糯谷以卜，俗名孛娄，北人号糯米花。"除此，范成大《吴郡志》、王鏊《姑苏志》、顾禄《清嘉录》皆有载，然具体在正月何日略有差异。李诩《戒庵老人漫笔·爆孛娄诗》："东入吴门十万家，家家爆谷卜年华。就锅抛下黄金粟，转手翻成白玉花。红粉美人占喜事，白头老叟问生涯。晓来妆饰诸儿女，数片梅花插鬓斜。"详录此风。今昆山一带正月十四为之，常熟一带则在上元日仍保留此俗。

【二月二】

农历二月初二，是传统的春耕节、农事节，俗称"春龙节"或"龙头节"。民间有"二月二，龙抬头"的谚语。此时，东风解冻，阳气回升，雨水滋润，最宜耕种。苏州民间有吃"撑腰糕"的习俗。撑腰糕，即把过年吃剩的年糕油煎而成，干农活，腰力很重要。此时吃撑腰糕可以讨个好口彩。蔡云《吴歈》云："二月二日春正饶，撑腰相劝啖花糕。支持柴米凭身健，莫惜终年筋骨劳。"

这一天，还有个习俗就是给小孩子剃头理发，称为"剃龙头"。借龙抬头的吉日，保佑孩子茁壮成长。

【香雪海】

苏州探梅胜地，在光福邓尉山。光福种梅历史悠久，姚希孟在《梅花杂咏》序中写道："梅花之盛不得不推吴中，而必以光福诸山为最。"可见那时已"邓尉梅花甲天下"了。一年一度的邓尉梅花，吸引了无数游客，久而久之，"邓尉探梅"成为岁时风俗，每至花时，寻春者络绎不绝。清康熙年间巡抚大臣宋荦巡游到此，在山崖上题了"香雪海"三个大字，此后"香雪海"更是名扬海内。顾禄《清嘉录》、袁景澜《吴郡岁华纪丽》皆载有"玄墓探梅"之俗。玄墓，即邓尉山，相传东晋青州刺史郁泰玄葬于此，山因以名。

【立夏日】

立夏，是夏季的第一个节气。旧俗立夏日又为民间传统节日，称"立夏节"。明代民间就有尝新风俗，家家必备多种应时食品和鲜果，如樱桃、青梅、元麦等，先祭祀祖先，之后再尝食，这叫作"立夏见三新"。酒酿、海蛳、面筋、芥菜、咸鸭蛋、蚕豆等也都在这天尝新。还有一些有趣的风俗，如：小孩子脖子里要挂蛋，用彩线编织的蛋络套着。圆圆的蛋象征生活圆满，以祈祷夏日平安，经受"疰夏"的考验。这一天大家还都要称体重，俗信称重之后，夏天就不再怕热，因而也不会消瘦。顾禄《清嘉录》："家户以大秤权人轻重，至立秋日又秤之，以验夏中之肥瘠。"

【六月六，狗洗浴】

【猫狗生日】

江南有"六月六，狗洗浴"的民谚。在农历六月初六这天，凡是养狗养猫的人家，一定要给它们洗澡，据说这样可以预防狗和猫生虱子。沈德符《万历野获编·风俗》云："六月六日，本非令节……至于猫犬之属，亦俾浴于河。"清代吴江人郭麐《浴猫犬词》云："六月六，家家猫犬水中浴。不知此语何从来，展转流传竟成俗。"六月初六，也有称作"猫狗生日"的。

【晒书翻经】

每年农历六月初六，苏州民间有晒书习俗，将书籍画册晒于庭中，防虫蛀腐蚀。"贵潘"家族的潘奕隽著有《曝书》一诗："三伏乘朝爽，闲庭散旧编。如游千载上，与结半生缘。读喜年非耋，题惊岁又迁。呼儿勤检点，家世只青毡。"潘家后来成为藏书世家，丰富了苏州古城的文化底蕴。

各寺院庙宇也将所藏经书搬出来曝晒，僧人召集乡村老妇开"翻经会"，动员她们在太阳下翻经，由此伴生出一句俗谚"翻经十遍，再世可转男身"。旧时女性地位低下，佛教转世之说给了她们希望。

【赤脚荷花荡】
【懊恅黄石桥】

六月二十四是荷花生日。旧俗，这一天，画舫箫鼓，载着游人竞相撑往葑门外的荷花荡，观荷纳凉。其实，苏州城内各园林也都是赏荷佳处，但那时都是官宦私宅，普通老百姓就只好前往城外，如洞庭西山消夏湾、虎丘山边河浜，而葑门外荷花荡为最佳，此处不仅能赏荷，还可观龙舟，且据《元和县志》记载，葑溪旁有古人藏冰的冰窨，盛暑不热。沈朝初有一首《忆江南》词云："苏州好，廿四赏荷花。黄石彩桥停画鹢，水晶冰窨劈西瓜。痛饮对流霞。"人们早上出发观荷，而夏天的午后、傍晚多雷阵雨，人们往往赤脚而归，故民间流传有"赤脚荷花荡"的俗语。蔡云《吴歈》云："荷花荡里龙船来，船多不见荷花开。杀风景是大雷雨，博得游人赤脚回。"记录的就是苏州人这般狼狈又不失可爱的样子。

另外，还有一句俗语"懊恅黄石桥"说的也是此事。黄石桥在葑门外，黄石桥之东，就是荷花荡。人们本是乘兴观荷，却常常淋雨而归，回家后懊悔不已，久而久之，就有了"懊恅黄石桥"之说。此语也成为苏州人的一句口头语，意谓做了不该做的事，后悔也来不及。懊恅，即懊悔。

农历六月，暑热难挡。苏州话中还有与六月天气有关的歇后语，如："六月里穿棉鞋——热脚难过"，苏州话"日子"说"日脚"，与"热脚"谐音。炎热的六月，脚上穿棉鞋，当然难受。同样形容日子难过的还如"六月里格日头——晚娘格拳头"，晚娘，即继母，六月里的太阳最是毒辣，这句歇后语用来形容继母对继子往往手段毒辣。

【七月半】

农历七月十五为中元节，俗称"七月半"，也叫"鬼节"。这天大家都设祭超度亡故亲人，一如清明节。也称"盂兰盆"。颜之推《颜氏家训·终制》："若报罔极之德，霜露之悲，有时斋供，及七月半盂兰盆，望于汝也。"旧时，官府会延请和尚道士在街头搭高坛祭祀，拯济孤魂。入晚箫管歌吹，飞铙走钹，各显神通，似杂技表演，或行舟河上，做法事，放河灯，祈谢鬼不为疠为灾，游人聚集在山塘观看无祀会。

【潮生日】

俗以农历八月十八为"潮生日",此日潮水壮观。苏州士女聚于石湖,舟楫如蚁,并往福山观潮。周边地区也有类似的风俗,只是聚集或观潮地点不同,如昆山在东门,太仓在东门半泾。将自然事物拟人,赋予生日,还有正月二十棉花生日、二月十二百花生日、八月二十四稻生日等。

【十月朝】

农历十月初一,从官府到民间有各种祭祀活动。袁景澜《吴郡岁华纪丽》:"十月朔,俗称十月朝,郡僚致祭虎阜厉坛。游人骈集山塘,看无祀会。《神隐》称是日为阴祀日,宜祭祖考。吴俗或延僧唪经,超荐亡者,亲串亦往拜奠。"可见,其俗与"七月半"略同。《吴歌新集·十二月风俗山歌》:"九月九吃重阳糕,要想看会等到十月朝。"原注:"农历十月朔日(初一)为'下元节',俗称'十月朝'。是日阊门外山塘人拥如蚁,争看'无祀会'。"也有人如寒食清明节一样到墓地祭祀,因十月初一,是冬天的第一天,人们多为逝者焚烧冥衣,故也称"烧衣节"。若祭奠新近死去的亡魂,叫作"新十月朝"。

第五章 人生礼仪类民俗语汇

人生礼仪是每个人不同阶段的生命仪式，生育、寿诞、婚丧嫁娶皆为要事。一个人一生中，出生与死亡是生命历程的开始与终结，诞生礼与丧礼自然是人类关注的重要仪式。婚姻是生命得以代代延续的基础，也是个人成长的重要阶段，多数人的大半生都处于婚姻状态中，婚礼自然也受到关注。苏州人对人生礼仪向来非常重视，有"三风光，两不见"之说。"三风光"即指人一生中三次重大仪式：满月剃头、结婚成亲、死后丧葬，在这三次仪式中，只有婚礼是自己最清楚的，满月剃头时自己还是婴孩，自然懵懂无知，死后自己当然也全无意识，因此这人生的两端即为"两不见"。

由于生育、结婚、丧事这些事情都需要举行隆重的仪式，因此，苏州人把操办这些仪式都称为"干事体"。在苏州方言中有关于人生礼仪的语汇众多，从中我们既可以看到传统人生礼俗极强的传承性，窥探古人的某些生活情景，也可能发现迷信巫术的痕迹。同时，我们也强烈感受到吴地人民对生命的尊重与敬畏、对美满幸福生活的期盼。

第一节　生养寿诞

生育是人类繁衍后代、延续生命的大事,而"不孝有三,无后为大"的观念在旧时人们的头脑中深深扎下了根,因此,为了传宗接代,民间就有了一系列求子习俗。新的生命的诞生,对于家族而言是极大的喜事,苏州人对"做满月"和"做周岁"这些初涉人世的仪式非常看重;健康长寿是人类的美好愿望,苏州人对庆生祝寿也很讲究。

【磨喝乐】

旧时在苏州街市流行的一种泥塑孩童像,妇女购回家,以求得子。陈元靓《岁时广记·磨喝乐》载:"本佛经云'摩睺罗',俗讹呼为'磨喝乐',南人目为巧儿,今行在中瓦子后市街众安桥,卖磨喝乐最为旺盛,惟苏州极巧,为天下第一。"捧花生《画舫馀谈》也载:"《方舆胜览》载平江府有摩睺罗……近时虎疁人,技最擅长。"除"磨喝乐""摩睺罗""摩喉罗"外,还有写作"摩睺罗"的。因一般在七月初七乞巧节出售,因此又叫"巧儿"。

旧时苏州流行的求子习俗,还如:去上方山膜拜太姆,讨一双太姆的鞋子带回家;到虎丘去投石求子,远远地把石子扔向那块著名的"枕石",如果没有滑落,即为得子之兆;中秋之夜斋过月宫之后,妇女们到田里偷摘南瓜带回家,藏于绣被,俗谓"摸秋"。蔡云《吴歈》有诗云:"鳌烧香斗祝团圞,蜡炬生花未肯残。偷得番瓜藏绣被,更无情绪倚阑看。"

【受喜】

指怀孕。佚名《金台全传》第一回:"同员外纳了一个妾,姓范,名叫春霞。不上一年,居然春霞受喜。"苏州人也俗称"有喜"。人类世系绵延历来是家族大事,故将女子怀孕视为"喜事",饱含对下一代人的期待与重视。

苏州民间有"七上八下"之说,字面意思是七个月出生的早产宝宝比八个月的存活率要高。大家都知道怀胎十月才是足月,苏州话叫"达月"。而每个月宝宝生长情况不一样,总之怀孕到七八个月时最要小心,以免早产。

【催生盘】

怀孕足月,娘家人用包袱布或大的方巾、抱裙包了尿布、四季衣裳等新生儿用品,连同益母草、红糖、桂圆、人参等送至女婿家,称之为"催生盘"。"盘"是盛礼物的器具,因又指礼物。《缀白裘·荆钗记》:"俚丕大盘大盒介送子来,我里荦荤大个盘弗曾送去,叫我那去?"送催生盘之人到了男家,不与人招呼,径直走到产妇房间,在房门口将包袱(叫"催生包")往床上一扔,以包袱结的朝向来卜孩子的性别(据说包裹结朝上兆生儿子,朝下兆生女儿)。有的地方也有在结婚拜堂仪式后送入洞房时即有伴娘带着"催生包"往床上扔,有希望早生贵子之意。

【邋遢团子】

詹一先《吴县志·社会》说:"分娩临近,向乡邻亲友赠送'邋遢团子'或慈姑、荸荠、菱藕、茭白。"有的地方是临近分娩妇女自己吃"邋遢团子"。这也是一种催生仪式。吃"邋遢团子",是祈求产妇经过痛苦分娩,能母子平安,阖家团圆。过去医学不发达,生孩子是一件十分危险的事。从这些习俗中,我们既可以看到人们对生养的重视,也可以感受到对生育的恐惧,希望生养顺利、母子平安。

【老娘】

接生婆。宣统《太仓州志·风土》:"收生者曰老娘。"过去生养一般都在家里,老娘接生,让产妇坐在马桶上(称为"子孙桶",即便如今卫生设施齐全,用不着马桶了,新娘出嫁,在嫁妆中也必会准备马桶,兆早生贵子、多子多孙)。孙家振《海上繁华梦》二集第十四回:"见老娘伏伺小桃坐桶,足有两个时辰左右,方得胎离母腹。"翟灏《通俗编·伦常》:"今谚有云'多年老娘,错剪脐带'。"也叫"稳婆"。鲍相璈《验方新编·妇科临产门》:"按,吴越之间,谓之稳婆;江淮间谓之收生婆;徽宁间谓之接生婆。"

【做舍母】

苏州人称产妇为"舍母"或"舍母娘","母"也写作"姆"。陆士谔《十尾龟》第十六回:"只见杨秋生坐在大床中,背后垫着几条绵被,坐的样式活似妇人家新做舍母相似。（原注，舍母，产妇也。）"民国《嘉定县续志·方言》："舍母娘，俗称产妇也。本《礼记·内则》'妻将生子，及月辰，居侧室'句。今言舍母娘意谓居产妇于他舍也。"旧时认为产妇为不洁者，还忌讳到别人家串门。同时，在产褥期，即"月子"里，产妇须静养休息以利身体恢复，否则，易留下诸多后遗症，苏州人称坐月子为"做舍姆"。

【三朝】

小孩出生后第三天。张南庄《何典》第一回："只见鬼囡走来，说道'吃三朝酒的太平客人都请到了'。"詹一先《吴县志·社会》载："供奉三朝面，用菖蒲、野蒜、米饼汤给婴儿洗澡，煮三朝面分送乡邻。"初生婴儿在三朝以内应避免与外人过早接触，以防意外感染。满三朝后，除了吃三朝酒、三朝面以示庆贺之外，中国多地有"洗三"习俗，吴地亦有此俗，一方面当取其去秽之实际功用，另一方面，浴盆里会放长生果、桂圆等讨口彩食物，边洗边说"聪明伶俐、长命百岁"等祝词，这寄托着长辈对下一代的祝福与期待。给新生儿洗澡的脚盆，称"红脚盆（桶）"。因之"红脚盆（桶）里汆浴"，比喻重新投胎。弹词《描金凤》第二回："哈哈哈，竟有点穷勿清爽，要我周济。如若想我个物事，叫里红脚桶向忽两个浴勒来。"

【下摇篮】

外祖母给新生儿送摇篮。顾张思《土风录》卷二："子生三日，外家馈朱漆竹筐，使之卧，名曰下摇篮。"

【做满月】

孩子满月时举行的庆贺仪式，是孩子第一个隆重的庆诞。顾张思《土风录》卷二："儿生一月，染红蛋，祀先，曰做满月。"一般男孩做双满月，寓意还想要第二个男孩；女孩做单满月，这是重男轻女观念在民俗中的遗留。满月仪式不一定在满月或双满月的正日举行。如果孩子在农历二月初满月，则大多会挑选二月初二这一天，因为民间有"二月二，龙抬头"的说法，即便不做满月，每年"龙抬头"日，一般男孩也要去理发。而农历正月一般不给孩子剃头，因为苏州话"正"和"蒸"同音，说是正月剃头，以后孩子一动就要出汗，即所谓"蒸笼头"。五月是毒月，也不能剃头。十二月因也叫腊月，"腊"谐音"癞"，给孩子剃头将来要变"癞痢头"。当然这些都是迷信的说法。

  仪式中最重要的当然是为初生儿剃胎发，故而"做满月"也直接称作"剃头"，请亲友到家里来喝的"满月酒"，也叫"剃头酒"。旧时有用缸的碎片为初生儿剃发之俗，蕴含了父母的拳拳爱心，在人之初，即告诉孩子要知人间疾苦。张南庄《何典》第一回："日子易过，不觉已是满月。随又斋了别过老寿星，抱出活死人来，剃头人便把他兜头一勺冷水，拿起缸爿来就剃。"因之"缸片剃胎头"比喻让儿女吃苦。《缀白裘·党人碑》："个个人替众人面浪争了个气，那间缸爿剃胎头，独是个儿儿子吃子个苦哉。"

  如今，剃头仪式举行时，厅堂桌上点烛燃香，放上祭祖供品和亲友馈赠之礼，婴儿由舅舅抱着，理发师请至家中。剃下的胎发由理发师揉成小团，用红绿丝线穿起，挂于婴儿床头，据说可辟邪，也流行将婴儿胎发制成"胎毛笔"之类的纪念品。头剃好后，由舅舅或外婆抱着，撑一把新伞，去走带有吉利名称的三座桥，借"渡河"之名寓"渡祸、渡厄"之意。这些习俗也是"天上老鹰大，地上娘舅大"观念的表现，甚或是远古母系社会的遗风。当天，还要准备煮熟的红蛋，除了用来祭祖，也分送给亲友，一般是五个，以象征"五子登科"，同样寄予长辈对孩子的美好祝愿。

【做期岁】

  孩子满一周岁时举行的庆贺仪式。詹一先《吴县志·社会》载："孩子出生十一个月即称周岁，名'超前纪'。"这种"做寿不做整"的做法应是"满招损"观念的反映。顾张思《土风录》卷二："儿生周岁，履虎头鞋、带张生巾，粉糯米作期团，供南极老人像，谓之做诞期。富家设期场，陈百物其中，以试儿所欲。案，《颜氏家训》'江南风俗，儿生一期，为制新衣，盥浴装饰，男用弓矢纸笔，女则刀尺针缕，并饮食之物及珍宝服玩，置之儿前，观其所取，以验愚智，名为试儿'。则此风久矣。"如今，孩子周岁，同样要设宴请亲友来喝酒吃面，称"做期岁"或"做周岁"。家人要做期团，捏成寿桃形状来"斋星官"（即祭拜上天各路神仙，以求消灾纳福、平安长寿。在重要生日，一般都要"斋星官"）。外婆家要做一身周岁衣，亲友会送礼祝贺。最重要的仪式也是"试儿"，俗称"抓周"。通过抓周以卜孩子前程的习俗当然荒谬，这应是原始征兆迷信的残存。

【寄名】

名义上过继给人家做子女，认干亲，属于保育习俗。过去医学不发达，物质条件较差，孩子不易养大，有的将孩子寄名给子女众多、父母双全的亲友，有的根据五行相生相克之说推算出适宜的人家，也有寄名给神灵僧尼的，缔结宗教和世俗间的亲属关系，认为这样孩子就可平安长大。弹词《三笑》第四十五回："那了能介要好介？将来寄名要做干妮子个吓。"周振鹤《苏州风俗·岁月》："二月十九日为观音大士诞辰……云'求子得子'。既生小儿，则于观音座下，皈依寄名，可保长寿。"也写作"继名"。天花藏主人《定情人》第七回："他原是继名于我的，况他又有兄弟在家，可以支持家事。"苏州话中，干儿子、干女儿，称"寄倪子""寄囡鱼"，干爹、干妈，称"寄爷""寄娘"。

寄名仪式择吉日举行，孩子家备上宴席，另外一定要备一只放了孩子生辰八字的红绸袋，一起送至寄父母家。红绸袋挂在寄父母家厅堂最高的梁上，直至孩子结婚，才能将这寄名袋赎回。寄父母要给孩子送见面礼，其中包袱、项领、肚兜是必不可少的三样东西，苏州话把这三样东西合起来叫"包领大"，"大"与"肚"同音。

【印粽】

【笔粽】

旧时苏俗，儿童启蒙入学时，舅舅或外婆等长辈要送文房四宝，并随赠定胜糕和粽子以表祝贺。其中裹成四方形，像个官印的一只粽子，称为"印粽"，寓意将来考中做官；呈细长条状，形似笔管的两只粽子，称"笔粽"，谐音"必中"。包天笑《钏影楼回忆录·上学之始》："而且这一盘粽子很特别，里面有一只粽子，裹得四方型的，名为'印粽'；有两只粽子，裹成笔管型的，名为'笔粽'，谐音是'必中'，苏州的糕饼店，他们早有此种技巧咧。"至今，小孩初上学，舅舅仍会赠送书包及其他文具，并在书包里放入讨口彩的糕点。

【受头发】

一种女孩的成年礼，一般十三岁时开始蓄发，并举行"受头发"仪式。顾张思《土风录》卷二："女子十三岁全留不剃，名曰留头，古谓之上头。"举行仪式时点红烛，供面条、团子、酒菜等供品，亲友送上礼品。一般中饭后，由母亲或舅母为其梳妆，解开辫子，改梳"鬏鬏头"，插上头簪，作成年女子装束。冯梦龙《山歌·和尚》："天上星多月弗多，和尚在门前唱山歌。道人问道'师父那了能快活？''我受子头发讨家婆'。""受"的本字盖为"穖"，丁度等《集韵》上声有韵士九切："穖，聚也。"宋濂《篇海类编·禾部》也收"穖"字："從，浊。徂送切，读如纵。麻束也。一曰积也。又，床，浊。钮九切，读如缪。聚名。""受""穖"，方言同音。

男孩子也有成人礼，称"受头顶"。有的地方在十五岁生日举行，现越来越提前，也有十岁就举行的。这一天，家人还会蒸"上头糕"，以馈赠亲友。乾隆《震泽县志·风俗一》载："童子年十二或十四始养发，发长为总角，十六以上始冠。女子将嫁而后笄。冠笄之日蒸糕以馈亲邻，名'上头糕'。"

【请吃喜酒挜拜寿】

苏州习俗，参加婚礼只有收到请柬后才能参加，而做寿是不发请帖的，知道消息的亲友自行备礼上门祝寿，故有"请吃喜酒挜拜寿"一说。挜，是硬把东西送人的意思。光绪《常昭合志稿·风俗》："强与曰挜。"

苏州人过生日很有讲究，年龄整十的生日称为"整生日""大生日"，其他生日称为"散生日""小生日"。一般三十岁时，开始贺寿，有"三十不做，四十不发"的说法。六十岁最为隆重，称"六十大庆"，但"做九不做十"，往往五十九岁时就举行了。一方面是由于不做满寿，另一方面也是借"九"的读音，以求"久寿长命"。苏州旧俗认为，三十三岁是人生的一个关口，要买一方肉作为替身，通过斩肉来抵偿自己的厄运，故有"三十三，乱刀斩"的俗语。而苏州话"六"与"落"同音，因此，六十六岁也被认为是个大的关口，女儿要备上六十六块肉为老人做寿，民间认为吃完即可逢凶化吉。没有女儿的人家则侄女、外甥女也可，总之是女儿辈的孝敬与祝愿。

苏州旧时做寿仪式也很讲究，家中正厅要张挂八仙祝寿或寿星画轴及寿联。因八仙的出身、举止都符合民间长生不老、惩恶扬善的民俗审美心理和欣赏趣味，故而人们希望可以借此获得强大的生命力。供桌上放成对蜡扦，红烛高烧，燃寿字香，寿面、寿桃、寿糕必不可少，皆用红纸覆盖，另还有荔枝、桂圆、枣子、松子、莲心等十素相供。

第二节　婚姻礼仪

我国古代婚姻仪式遵循"六礼"之制，即纳采、问名、纳吉、纳征、请期、亲迎。苏州婚俗，虽然在历史发展过程中产生了一些变化，但基本上还是照"六礼"进行的。无论迎娶拜堂、入洞房、还是撒帐、坐富贵、挑方巾、合卺，处处都体现出苏州婚俗尚文重教、细腻多彩的特色。婚俗中还有一些具体环节，如哭嫁、闭门迎接迎亲队伍、入洞房的红绿牵巾等，甚至是更古老的掠夺婚的遗风，而新娘的盖头方巾也可能是血缘婚留下的影子。婚姻乃结两姓之好，对两个家族而言，古今皆是大事，故其受重视程度不言而喻，其繁复的仪式无不寄托着人们对新婚夫妇的祝愿，希望能白首偕老、幸福美满。而生儿育女，在我们这个宗法制延续了几千年的国家里一向被看作头等大事，祝祷生育的习俗也几乎贯穿了婚俗的始终。

迎娶是件非同小可的大事，传统婚礼中繁文缛节甚多，因此，没有足够的人手难以应付。一场婚礼需要媒人、茶担、掌礼、鼓手、门甲、轿夫、扎彩、喜娘、伴娘、厨师等人各司其职。茶担，专门负责喜事中的茶水供应。掌礼，即司仪，主持整个婚礼的仪式。喜娘，东家请来张罗喜事的专职女性工作人员，借物、采购、备料、铺排场面等，忙前忙后。伴娘，陪伴新娘出嫁并熟悉婚嫁礼节的妇女，现一般由新娘关系亲密的姐妹充任。

传统婚礼的复杂，我们从这首《螳螂娶亲》的童谣中可见一斑，歌中唱道："栀子花开心里香，螳螂要讨纺织娘。一个弗嫌肚皮大，一个弗嫌头颈长。绿头苍蝇来做媒，瑞螂请来做喜娘。三只知了吹鼓手，咪哩嘛啦吹得响。胡蜂窠里做轿子，毛毛虫两条是轿杠。长脚蚂蚁来抬轿，萤火虫灯笼铿铿亮。拆屁虫噼里啪啦放炮仗，掌礼先生是蚂蟥。茶担师傅请百脚，掌勺师傅是蟑螂。买对蜡烛拜个堂，夫妻双双入洞房。"

不过，随着社会生活节奏的加快，如今，苏州婚礼呈现出新旧仪式混杂的局面，而由于城市年轻人受现代文化的影响更深，加之城市居住条件等因素的限制，相较于乡村婚礼，城市婚礼只保留了部分传统内容，已形成一套新的民俗。随着城镇化的进程，农村婚礼过程也新旧仪式掺杂。总之，我们应摒弃传统婚俗中的一些陋习，传承发展中华优秀婚姻家庭文化，倡导全社会形成正确的婚姻家庭价值取向。

一、婚仪流程

【攀亲】

议婚，提亲。民国《嘉定县续志·方言》："攀亲，俗言结婚也。"张南庄《何典》第七回："夫妻爱若珍宝，务要寻个才貌双全，出类拔萃的女婿大官人来配他，因此尚未攀亲做事。"也单用"攀"。弹词《大双蝴蝶》第十八回："方才我在厨房取水，听得张家婶婶搭子李老亲娘说起，小姐攀子马大郎。"也写作"扳""扳亲"。荑秋散人《玉娇梨》第十七回："近闻杨抚台有一小姐，才美出伦，前托府尊来扳兄翁，道是兄翁以先聘白小姐为辞。"沈起凤《才人福》第二十二出："好笑革位新奶奶，大家个位姓李勾堂眷，好得势，教唐大爷到理刑厅里替张幼于相公扳亲。"还说"对亲"。守朴翁《醒梦骈言》第四回："对亲时节，他父母贪俞家有些家计，将来可以在女儿面上生发生发，因此出那庚帖。"

旧时苏州乡村还盛行"攀小亲"，认为男孩不早攀到亲，是做父母的耻辱，又认为女儿一出生就是外家人，早有婆家早放心。因此有孩子三四岁时就由父母之命、媒妁之言定下终身大事的。

【不会攀攀门楼，会攀攀对头】

门楼，高门楼，指高门大户。对头，指才貌等各方面皆合意之人。考虑结亲时，见识短的人选择门第，有眼光的人看重才识。沈起凤《报恩缘》第二十二出："古人说得好，'不会攀攀门楼，会攀攀对头'，人家择婿，须得小官人风流标致才好。"

【帖子】

旧时男家向女家求亲，常聘了媒人带上"遵求""遵允"字样的两副帖子到女家提亲，如果女家表示可以考虑议婚，则把"遵求"帖子留下，让媒人把"遵允"帖子带回。女家同意之后，男家随即请媒人再至女家问询待嫁女子的芳名和生辰八字。女家会把女儿的生辰八字，即"庚帖"，写在大红纸上交给男家。因而，男方向女方求婚，也形象地称为"讨帖子"；女方将生辰八字写在红帖子上交给男方，表示同意，叫"出帖子"。

【担盘】

送礼。特指订亲或婚礼时男方给女方送彩礼。"担"古字作"儋"。丁度等《集韵》平声谈韵都甘切："儋，《说文》'何也。或从手'。"许慎《说文·人部》："儋，何也。"段注："儋，俗作擔。"又《说文·人部》："何，儋也。"段注："何，俗作荷。"儋，即肩挑，俗作"擔"，今作"担"。旧时订亲或结婚时，彩礼多为实物，用木盘盛装，男方要肩挑礼品至女方家，因而叫"担盘"。后来彩礼即便只是送钱或饰品，用不着盘装肩挑，也照旧这么说。弹词《金蝴蝶传》："不谈山伯梁家事，话文再说马家门。担盘送盒前来到，准于本月十五要完姻。"其实"担"在方言中早已由"肩挑"义引申出"送"的意思。如凌濛初《拍案惊奇》第二十卷："兰孙只得将了些钱钞，买上告下，去狱中传言寄语，担茶送饭。"张南庄《何典》第七回："骚丫头又要担汤揎水，服侍赶茶娘。"

"担盘"又称"行盘"。韩邦庆《海上花列传》第五十四回："耐就自家想，媒人才到齐，求允行盘才端正好，阿好教阿哥再去回报俚？""行"单用时，方言中由"行走"义引申出"搬送、送（礼）"的意思。如天然痴叟《石点头》第十一卷："开了大门七件事，柴米油盐酱醋茶，那一件少得？却又要行人情礼数，又要当官私门户。"

"担盘"也直接说成"送盘"。弹词《描金凤》第三回："明朝送盘吉日，正月初三做亲个好日脚。"而把聘礼发送出去的具体仪式叫"发盘"。沈起凤《才人福》第二十二出："请新奶奶出来，拣点拣点盘盒勒，要发盘哉嘘。"

定亲时，男方给女方送聘礼，所送之礼比较简单，称"担（行）小盘"。不过，其中必有金锭一锭，金如意一支，兔毫双管，取"必定如意"的口彩。结婚前，送的聘礼比较多，称"担（行）大盘"。男家将女子婚礼时穿的吉衣并首饰送至女家，女家多以新郎鞋袜、绣件、文房四宝等还礼。草亭老人《娱目醒心编》卷二第一回："允亲之后，马家即择日送礼下定，越岁遂行大盘。"

【开盘笑】

装聘礼用的礼盒内装上和合二仙。王有光《吴下谚联》卷一有载:"吴下婚礼,聘时装潢和合二仙入盘。主人启盒,瞥见欢天喜地,谚称开盘笑。"

【受盘】

女方接受男方送来的聘礼的具体仪式。聘礼内容丰富,金银钱钞、衣物首饰固不可少,其中还有很多求吉利、讨口彩的糖果糕点之类,哪些可以收下,哪些需要回礼,回礼的具体数目等都有相应规矩。女方接受了男方聘礼,表示婚姻关系已定。《缀白裘·荆钗记》:"李成,今日小姐受盘,客堂挂挂红。"

【回盘】

女家回送礼物给男家。吴自牧《梦粱录·嫁娶》:"次下则送聘……今富家女氏既受聘送,亦以礼物答回。"弹词《金蝴蝶传》:"祝老夫妇心希罕,谢天谢地谢龙神。顷刻回盘梁家去,夫妇同来看女身。"也指作为回礼的礼盘。凌濛初《拍案惊奇》第十卷:"那金朝奉是个大富之家,与妈妈程氏见他礼不丰厚,虽然不甚喜欢,为是点绣女头里,只得收了;回盘甚是整齐。"

【茶礼】

男方向女方下聘,茶叶必不可少,因之聘礼又称"茶礼"。云间天赘生《商界现形记》第三回:"你想正正经经的娶亲,还要给几百块洋钱茶礼呢!这么一想,她茶礼都不收,岂不是益发的客气了吗?"茶树古称"不迁",以茶为礼,象征爱情的坚贞不移,故而茶叶成了联姻定亲之物。许次纾在《茶疏·考本》中说:"茶不移本,植必子生。古人结婚,必以茶为礼,取其不移植子之意也。今人犹名其礼为'下茶'。"亦曰"吃茶"。郎瑛《七修类稿·未见得吃茶》也记载:"种茶下子,不可移植,移植则不复生也,故女子受聘谓之吃茶。又聘以茶为礼者,见其从一之义。"

旧时苏州人定亲送的"小盘"里,茶叶也是最重要的礼品。用"锡得"(即锡制罐头)装了茶叶送至女家,女家留下大锡得,其余小锡得分送亲友,以示女儿已定了人家。如今,则改用喜糖派送亲友,寄寓着对今后生活甜蜜的祝愿,故而男女定下亲事又叫"吃糖"。虽然,习俗已有变异,然语言中依然保留着"茶"的影子。男方行聘,称"行茶"或"担茶礼"。

陆人龙《型世言》第十回："一路舡上都'亲家'称呼。到家不多几时，归家行了些茶，两家定了这门亲。"女子受聘，称"受茶"。韩邦庆《海上花列传》第一回："耐还有个令妹，也好几年勿见哉，比耐小几岁？阿曾受茶？"

【待媒】

婚礼前数日，男女双方各自专门邀请媒人招待吃酒，酒席特丰，苏州风俗谓媒成后，有媒人要"吃十八只蹄髈"之说。

媒婆奔走于两家之间，在促成好事的同时，往往巧舌如簧，也制造了许多婚姻悲剧。故在民间媒人的口碑形象都不太佳。苏州明时流行《骂媒歌》唱道："媒婆两片薄嘴唇，添盐加醋骗杀人，黄花闺女配仔个三岁郎，媳妇气杀骂媒人。"揭示了男女婚姻中媒婆为谋取谢媒钱而撮合"大媳妇小郎官"的不合理现象。

【好日】

特指结婚成亲的日子。西湖逸史《山水情》第十六回："仔细一看，乃道'这幅生活（指绣品）是那里的？'素琼道'就是间壁做亲要用的。因他家好日近了，故尔女儿与春桃在此赶完还他'。"也指结婚。凌濛初《拍案惊奇》第五卷："只为好日来不及，感得神明之力，遣个猛虎做媒。"又叫"好日头"。陆人龙《型世言》第二十六回："只是家中妪人不大本分，又想张家娘子又是不怕阿婆的，料也不善，恐怕好日头争竞起来。"

传统婚礼操办有"前三后四"之说，相对于准备的日子，举行婚礼当天称为"正日"。苏庵主人《绣屏缘》第十六回："先期几日，状元亲往扬州亲迎，牵羊担酒，热闹做一团。到了正日，新人进门，花烛之期，自然富贵。"

【做亲】

结婚。沈起凤《才人福》第八出："革样做亲做事勾大好日，台上溜猪肉糕酒全无，得罪我尚书爷爷弗成。"对于男方而言，苏州人称结婚为"讨亲"。男方亲自到女家迎亲的仪式，叫"娶亲"。到了吉时，由男家"发轿"，一路"吹打"至女家，热闹非常。

【行嫁】

即嫁妆。沈起凤《伏虎韬》第九出："只要老爷叫端正自六局行嫁，搭新娘娘明朝一牵来耶，请子庚贴去，我俚去哉。"民国《嘉定县续志·方言》作"行傢":"俗谓妆奁也……傢,傢伙也,谓行傢伙于壻家也。"然嫁妆内容丰富,"傢伙"指家具、工具之类,不能包含嫁妆的所有内容,故写作"行嫁"更妥。

旧时在婚礼正日前一天(现一般在婚礼当天的上午),女方将一应嫁妆陈列于堂,称为"铺行嫁",如《吴歌甲集·婴阿婴阿踏水车》:"牡丹娘子要嫁人,石榴姐姐做媒人。桃花园里铺行嫁,梅花园里结成亲。"亲友对"行嫁"围观、评论,又多有赠送,以壮奁色,谓之"添房"。然后女家雇人列队搬运,一路招摇过市,鞭炮齐响发送到男家,称为"发妆""发行嫁"。男家依女家提供的妆奁簿点收,谓之"点妆"。梦花馆主江阴香《九尾狐》第六回:"赵贤道'只怕那边此刻要发妆了,我们早些去才是。四先生以为如何?'……即听外面连放了三个铳,鼓乐喧天,知是嫁妆发来了。"搬运嫁妆时,每人只能搬一样,并且都不能走"回头路",所以送嫁妆非得动用大量人手不可。送嫁妆的劳力费用,叫"行嫁脚力"。

"行嫁"中子孙马桶、小儿睡桶、立桶、尿桶等生儿育女的家什必不可少,随着生活条件的改善,这些生活用品大都已不用,于是有商家专门制作了子孙桶的摆件供结婚人家选购。子孙马桶中要放五只红蛋,"蛋"谐音"诞",即诞子于桶的意思;放五只,取"五子登科"之意。"行嫁"中最显眼的要数结婚被子,故称"显被"。婚被的数量要成双,有六床、八床,甚至十床、十几床不等,"显被"越多,说明新娘家境越好;婚被颜色有红有绿,所谓红男绿女;婚被一定要有表有里,被面一般是锦缎,选用龙凤呈祥、花开富贵、麒麟送子、鸳鸯戏水等吉祥图案;婚被由"全福"(父母、公婆、配偶、子女都齐全)妇女缝制。每床被子都要叠成方块,用红绸扎紧,被子中间塞上象征"五子登科"的五颗煮熟的红蛋,叠好的婚被称为"铺盖"。如今,婚被虽作为习俗的一部分仍保留,但已不再是嫁妆的主要内容。不过,语言中仍有"六月里做亲——弗要棉被(面皮)"这样的歇后语,可见,在以前,婚被是最重要的嫁妆之一。

【好女不着嫁时衣】

王有光《吴下谚联》卷二:"尝见人家女子及笄,频向父母求金索币,临嫁时叠箧添衣,于归之后夸耀舅姑,或争荣妯娌,此何如女乎?须知吾如有命,日后自能衣锦荣华;吾如无命,嫁时虽则秾艳,日后终当蓝缕,前后相形,能无愧怍!毕竟相夫助子,不在几件衣衫。"可见,此俗语与旧时的社会风气相关,是为了抵制拼命置办嫁衣的风气,认为有志气的女子不应该依靠父母的陪嫁生活,而应自食其力。

【铺床】

嫁妆发送至男家后,要把卷成"铺盖"的婚被拆开,摊开叠放在婚床上,称为"铺床"。铺床由舅父舅母或多子多孙的夫妇完成,祈盼新人多子多福。绿被在下,红被在上,联系"红男绿女"之说,这很明显带有与生养相关的性的隐喻。被子铺好后,被子中央放上大大的"铺床团",四角也用糕团压住,寓意"团团是子"。

在苏州,婚礼前夕还有"暖床"之习。准新郎邀请亲友中未结婚的童男子同床而眠,作为将来生男儿的吉兆。

【开面】

一种传统的美容方式。旧俗,未婚女子不修脸,出嫁前才第一次修脸。用两根线上下滚动,把脸上的汗毛修掉,使皮肤焕发光彩,以达到美容的效果。弹词《大双蝴蝶》第三十回:"说这伴娘就与英台开面,上了方巾……再说英台坐了花轿,三声炮响,鼓乐喧天。"

开面后进行梳头,梳头时要将新郎的头发(结婚当日从新郎头上剪下派人送往女家)梳入新娘的发髻中,谓之"结发"。民间所谓"结发夫妻"由此而来。

【临到上轿穿耳朵】

女孩子戴耳环要在耳朵上扎眼儿。顾张思《土风录》卷二:"女生三四年,为之穿耳,以环贯之。"临出嫁上轿才穿耳朵,未免太过匆忙。这句俚语比喻做事过于没有准备,是对准备不足者的警示与告诫。当家人对自己孩子说此话时,大抵是责怪或抱怨;而外人说时,往往带有一种旁观者的戏谑口气或幸灾乐祸心理。

【抱嫁】

旧俗,苏州地区女子出嫁时,新娘自己是不会挪动"金莲"的,由舅父抱上或背上花轿。现如今,有的地方仍有此俗,不过是由舅父抱上迎亲的花车。这还是"地上娘舅大"观念的反映,同时,也有古代劫夺婚的影子。作为社会制度组成部分的婚姻家庭制度是以各种具体的历史形态存在于社会发展的一定阶段的。婚姻家庭制度的历史类型和社会制度的历史类型是一致的。在原始社会从母系氏族向父系氏族的过渡阶段,原来"从妻居"的婚俗变成要把妻子带到男家落户的新俗。恩格斯将它称之为"人类所经历的最急进的革命之一",但在当时,这种改革是受到了巨大阻力的,这样就产生了劫夺婚。后来,随着社会的发展,劫夺婚仅仅作为习俗礼仪形式的因素而留存下来,变成了"假劫真婚"。

另外,女家看见男家迎亲队伍,则停止吹打,将大门紧闭,需要新郎"过五关斩六将"、派发红包等使出浑身解数才可接到新娘,我国广西、贵州等地的其他民族也多有此俗,至今有接亲拦门山歌传唱;新娘临出家门,要纵声大哭,谓之"哭嫁";新娘的近亲(主要是自家的兄弟姐妹或堂表兄弟姐妹)要一路陪送新娘至男家,谓之"送亲"。送亲队伍中新娘的兄弟地位最尊贵,称为"送亲娘舅",到了男方,送亲娘舅在酒席上朝南而坐,单独开一桌,以示尊重。从这些习俗中,我们仍可寻觅到劫夺婚留下的印迹。

【阿姐弗嫁,耽搁妹子】

旧时规矩,只有姐姐出嫁后才能轮到妹妹出嫁。因此,姐姐如果迟迟不出嫁,就会影响到妹妹。这句俗语用来比喻因某人某事而牵连拖累了别人。

【三灯火旺】

即将一把稻草的上面扎成一束,下边扎成三股,放置在地上,叫"三灯火旺"。新娘花轿来时将它点燃,花轿从焚烧的三股头上越过。如今改坐花车后,则在新人下车后跨过,然后进屋。这一仪式叫"烧三股头",也有的地方用火盆代替。这一习俗流行于苏州郊县农村,应是古代"火袚"的变异形式。因为属于驱邪的习俗,故而不仅婚礼中可见,在丧礼中也有,回丧队伍到达家门口在进屋前也要先跨过火堆,以去除晦气。

【龙虎对】

在喜堂两侧的墙上分别张贴书写了"龙""虎"两个大字的红纸。"龙虎对"也是一种避邪习俗。龙为鳞虫之长,虎是百兽之王,当然能负起压邪的重任。最初是在红纸上画龙虎的形象,后来改成直接书写文字,并在红贴纸旁边挂上一腿或一方猪肉。

【拜堂】

婚礼时,新郎新娘一起参拜天地、祖先及父母尊长、夫妻对拜。苏州地区"拜堂"仪式与别处不同的是,喜堂正面墙上一定要悬挂和合二仙的神轴。二仙形象是两个胖乎乎的男孩，满面笑容，一个手持荷花，一个捧着圆盒，"荷""盒"谐音"和合"。苏州人认定和合二仙就是寒山寺的寒山、拾得二僧，民间珍视他俩情同手足之谊，就把寒山与拾得推崇为和睦友爱的民间爱神。也有说是在寒山、拾得出家之前曾同时爱上了一个女子，后来两人为了成全对方皆弃家出走、削发为僧。总之，苏州人将他俩视为和合之神，结婚拜天地时也一定要拜和合，寓有夫妻和谐好合之意。

【红绿牵巾】

拜堂过后，新郎新娘各执一端（男执红，女执绿），牵拉进入洞房的红绿色长绸巾。《吴歌甲集·太太长》："红绿牵巾进房门，坐床、撒帐、挑方巾，新娘娘偷眼看看新官人。"也称"牵红"。吴歌《五姑娘·歌头》："一根'牵红'拿新郎新娘牵牵拉拉、拉拉牵牵进洞房。"据说这也是由劫夺婚捆绑女子的绳索演变而来。后来，绸巾中间挽上同心结，成为"白首不相离"爱情的象征。

【传袋】

传统上，新郎家在接新娘进家门之前，在家门口要接连铺上几个麻袋，让新郎、新娘踩着麻袋进门。拜堂后从喜堂到洞房一路上，两位新人由四位少年执红烛前引，互相拉着红绿牵巾，也鞋不沾地，走在更番替换的麻袋上，麻袋由伴送小孩不断往前传递，称为"传袋"，也叫"走袋"。麻袋由棕制成，"棕"与"宗"同音，"袋"又与"代"谐音，以此隐喻"传宗接代"。周振鹤《苏州风俗·婚丧礼俗》则谓此举寓意"代代高"。如今此仪式也简化了，直接用红地毯代替。

此俗由来已久，唐朝已盛行。白居易《和春深二十首》之十八云："青衣传毡褥，锦绣一条斜。"当时不用麻袋，用毡毯，"毡"与"传"谐音。后又改用"席"，"席"与"袭"同音。顾张思《土风录》卷二："《芥隐笔记》及《辍耕录》俱云'今新妇到门，则传席以入，弗令履地'。案，此风唐时已有之。"后即引白居易《和春深》诗。而苏州话中，"席"与"绝"也谐音，有不吉之嫌，于是改用麻袋了。

【坐床】

新人拜过堂后，双双进入新房，肩并肩对坐床头，接受亲友的祝贺。也称为"坐富贵"。此俗宋代已有。孟元老《东京梦华录·娶妇》："（新人）或只径入房中，坐于床上，亦谓之坐富贵。"据说谁先坐下，今后在家庭生活中就要受压；一说谁先坐床，谁就会先离世。于是，谁也不肯先坐，最后夫妻双双一起坐，表达和睦相爱、不求同生但求同死的同心之志。

【撒帐】

旧时婚俗，新婚夫妇坐床后，由儿女双全的有福妇人散掷金钱彩果，边撒边唱撒帐歌。顾张思《土风录》卷二："《汉武内传》'武帝与李夫人共坐帐中，宫人遥撒五色同心果。帝及夫人以衣裾受之。云得多得子多也'。孟氏《梦华录》云'凡娶妇，男女对拜毕，就床。女向左，男向右坐，妇女以金钱彩果散掷，谓之撒帐'。"可见，撒帐之俗始于汉代，其主要意义在于祝子。宋元话本《快嘴李翠莲记》中载有一首"撒帐歌"，从中也可了解撒帐仪式所包含的意义。撒帐时，抛撒的各种果子因其名称、外形等的不同，具有各具特色的祝子之义。如：枣与栗合起来含"早立子"的意思；桂圆中的"桂"与"贵"谐音，"圆"又有"圆满"之意；莲子被赋予"连生贵子"之意；"花生"则是"花着生，儿女皆有"；等等。此俗流行于全国各地，也不断衍生出更多的祝福内容，如今仪式表现出来的喜庆、欢乐的效果则更为显著。

【做花烛】

指合卺仪式。包天笑《钏影楼回忆录·结婚》："然后进入内厅，行合卺之礼，苏人则俗称为'做花烛'。新郎新娘对向坐，中间点大红巨烛四枝，作为新婚夫妇对饮对食状。"卺，是由瓠一剖为二制成的盛器。瓠，即苦葫芦，味苦不可食。新婚夫妇饮卺中之酒，有同甘共苦之意。后合卺之礼演变成饮交杯酒的习俗。因是婚礼的关键仪节，也用以指举行婚礼。冯梦龙《醒世恒言》第七卷："令婿既已到宅，何不就此结亲？趁这筵席，做了花烛。"另，妻亡后可以续娶，称"二花烛"。

【挑方巾】

新郎将兜在新娘头上的头巾挑开。有用秤杆的，也有用甘蔗的，含有"称心如意""节节高"的美好寓意。通常由长辈以秤杆或甘蔗加新郎左肩，一端搁新娘右肩，新郎背立挑去新娘方巾。在包天笑的《钏影楼回忆录·结婚》中这样写道："挑方巾必延请亲戚中的夫妻团圆（续弦不中选）、儿女绕膝的太太为之，这个时候，新娘方露出庐山真面目，为妍为媸，可以立见。"在吴地农村有的地方挑方巾也有由婆婆来完成的。

新娘子头上的红盖头，苏州人叫"方巾"。关于方巾的来历，盖由古时兄妹成婚而有羞耻之感产生的遮面之俗演化而来。

敦煌遗书《天地开辟以来帝王纪》中有关于伏羲、女娲的神话记载："伏羲、女娲因为父母而生，为遭水灾，人民死尽，兄妹二人，依龙上天，得存其命。见天下荒乱，惟金岗天神教言可行阴阳，遂相羞耻，即入昆仑山藏身，伏羲在左巡行，女娲在右巡行，契许相逢则为夫妇，天遣和合，亦尔相知。伏羲用树叶覆面，女娲用芦花遮面，共为夫妻。"这是伏羲、女娲兄妹配偶型洪水神话在我国古籍中较早的文字记载。

李冗《独异志》卷下也载："昔宇宙初开之时，只有女娲兄妹二人在昆仑山，而天下未有人民，议以为夫妇，又自羞耻。兄即与其妹上昆仑山，咒曰'天若遣我兄妹二人为夫妻而烟悉合；若不使，烟散'。于是烟即合。其妹即来就兄，乃结草为扇以障其面。今时人娶妇执扇，象其事也。"其他民族的传说中也有兄妹为婚而蒙面、纹面的记载。从这些古老的神话传说中，我们似乎可以窥测到一点方巾来历的秘密。

【回门】

女子出嫁后首次回娘家探亲。与新郎偕行，又称"双回门"。顾张思《土风录》卷二："新妇满月归宁，婿同往，谓之双回门。"王鏊《姑苏志·风俗》云："初婚复以双鸡逆女，谓之合啼鸡。"今俗犹有此称。婚后回门之俗各地皆有，回门时间也不一，有的婚礼后三朝回门，也有满月才回门省亲的。岳家要设宴款待新女婿，在苏州，必有两只鸡来迎接女儿女婿。鸡，应取其谐音"吉"；合啼，寓意新婚夫妻双双登门，祝愿夫妻团圆美满。

【锣鼓家生】

家生，用具、工具的总称。锣鼓家生，常用的传统打击乐器的总称，主要包括桶鼓、锣、铙、钹等。在婚庆喜事中或逢年过节的时候，常会邀请一些民间的唱曲班子带着"锣鼓家生"来表演，以烘托气氛。《吴歌乙集·癫痴癫得强横》："洋箱里抗付锣鼓家生，拿出来敲敲白相，癫冬癫冬象！"

二、其他婚姻形式

过去,苏州地区还有一些奇特的婚俗,有的是愚昧观念的表现,如对女性的歧视,有的则缘于旧社会贫乏的物质生活条件,等等。

【霍亲】

霍,急速,快速。指父母病重或初亡时,子女仓促成婚。茹敦和《越言释·霍》:"今人舅姑疾病,虑及将来丧无主妇,亟亟为其子婚娶,议定于仓猝之间,每不能备礼,谓之霍亲。"

【哭亲】

男家父母双亡,经济困难,无力筹办婚事,原许配的女子在长者棺前哭祭后同居成婚。

【并亲】

童养媳长大后与夫婿结婚。周振鹤《苏州风俗·婚丧礼俗》:"翁、姑、夫婿,多奴隶之(养媳妇),虐待之事,时闻。迨十七八岁结婚,谓之并亲。"

【抢亲】

因不满父母包办或订立婚约后,女方有毁约之意,男方强行抢亲。旧时,抢亲被视为合法,旁人不得干涉。此习中华人民共和国成立后废除了。

【转房】

即"叔接嫂"。年轻妇女在丈夫死后,由公婆作主,与未婚的小叔子成亲。

【填黄泥髈】

丈夫死后另招夫婿。黄泥髈,讹作"黄泥膀",指寡妇招赘的后夫。周振鹤《苏州风俗·婚丧礼俗》:"乡间妇女,以己丧所天,而无子息,亦有招婿入赘者,是谓'防儿荒'。吴音转为'黄泥膀'。"苏州话口语"防儿荒"与"黄泥膀"音近。另有一说,旧时坐产招夫的寡妇,往往上有公婆,下有稚幼,这种家庭关系相当复杂。一个外人贸然入赘,犹如跨进了烂泥塘,从此拔脚不出。"黄泥髈"是对入赘到寡妇家中的男人的形象说法。与寡妇结婚的男人,旧时被看不起。

第三节　丧葬习俗

死亡是一个人生命的结束,当然是一件大事。丧葬民俗是对死亡这件大事的处置方式。丧葬文化,也是中华民族几千年文明史中的一部分,它涵盖了儒、道、释的思想观念。

在生产力水平极其低下的时代,人们无法科学地解释死亡,于是就产生了灵魂观念,认为肉体死亡后,灵魂离开人体,到另一个世界生活,并具有非凡的能力。在去往"西方"的路上,充满艰险,所以死者的亲属要不断地祈求。在时间观念上,与西方文明聚焦于当下不同,中国人关注过去、现在、未来无始无终的延续。因此,中国人的生命观,并不是将生和死完全割裂为两截,生和死是连续的,或者说个人的死亡是另一种生的转换。丧葬习俗就是灵魂崇拜、冥界观念和时间观念的产物,同时也受到儒家伦理孝道及佛、道宗教的影响,这种影响也都在丧葬习俗中表现出来。

丧葬仪式发展到现在也发生了变化,不过,整体上而言,相比于婚姻仪式,丧葬保留了更多传统仪式。因为丧葬仪式一般都由道士之类的专业人士参与操办,继承性强;而且人们出于对鬼神的敬畏,也更愿意用传统方式来操办,以免激怒鬼神。这一点,我们从流传下来的与此相关的民俗语汇中即可清晰地看出来。

古人对语言有一种莫名的崇拜,认为通过语言向神灵祈祷,就能得到神灵的庇佑,语言有祈福禳灾的魔力,而向神灵祈祷过的语言,也有赌咒发誓、降祸于人的法力,于是就出现了咒詈行为以及这种行为的结果——诅咒类詈语。与死亡习俗相关的词语极易演变成詈语,这些詈语就是语言崇拜的产物,同时也折射出古人的价值观念和思维方式。

【寿材】

预先打好的棺材。一般在做整寿年头的闰月打制,在棺材头上要雕上"寿"字或"五福全寿"的图案。民间认为生前预打寿材有增寿之功,被当作喜事看待。家里亲戚可以讨一些打寿材多余的锯块，给孩子做凳子或木桶，这叫"讨寿"，祝愿孩子茁壮成长，也能长寿。

【短棺材】

以前实行土葬时，死者多睡棺木。短的棺材只能装下孩子。比喻人没长大就会死，此语常用来骂小孩，不过也有骂成年人的。徐珂《清稗类钞·苏州方言》："吴江之蕈菜，收获较早，腌之于坛亦较早，此有骂人夭寿之意，犹短棺材三字之谓不及长成而死也。"作为詈语，"短棺材"与"短寿促命"同义，皆骂人短命。

苏州话中还有很多与"棺材"相关的歇后语。大块头困棺材——塌塌潽：大块头，即胖子；塌塌潽，指容器中的东西满出来。棺材盖浪戗伞——遮（诈）死：戗伞，即打伞；遮、诈，苏州话同音。棺材里伸手——死要铜钿：形容极度贪财。棺材门前小照——死腔：死腔，也是詈语，但咒骂程度较轻，类似于东北话之"小样"，女孩子说得较多。空棺材出丧——木（目）中无人。郎中开棺材店——死活有进账……

【寿衣】

死者穿的服装。一般也会预先缝制，布料用绉和绸，不用缎子，因为苏州话"缎子"和"断子"谐音。寿衣不钉纽扣，而缝系带。寿衣的袖口要稍长，盖过手指，否则，民间认为逝者的后辈今后要讨饭。男子寿衣多为蓝色，女子的多为红色。无论何时去世，都穿冬季服装。一般要做"三腰五领"，即从里到外三条裤子五件上衣，也可七件九件等，但必须逢单数。做寿衣剩下的布头，邻里也可以讨去缝在小孩衣服上，所谓"讨寿讨福"。寿衣，也称"老衣"。孙家振《续海上繁华梦》二集第二十五回："取出五块钱一张钞票，交与碧山道'你拿去交给老江，替他买件老衣穿罢'。碧山接了道'他这条命乃是为你而死，五块钱怎样拿得出来？'"又叫"送行衣"。韩邦庆《海上花列传》第四十二回："左首房间保险灯点得雪亮，有六七个裁缝摆开作台，赶做孝白。陈小云在右首房间，正与李秀姐检点送行衣。""寿衣""老衣""送行衣"，皆是讳称"死"的婉词。

【寿鞋】

死者穿的鞋子。也称"老鞋"。不纳鞋底，鞋边用线香烫洞，鞋底绣有荷花、万年青或梯子图案，意谓"脚蹬荷花上西天""万年长青""步步高升"。

【撤帐】

人初死,除去逝者床上蚊帐,抛到屋顶,到出殡后收下。现在多住高楼,帐子撤下后多摆在大门边上。撤帐,有破天罗地网之意。有丧之家,所有的门都要洞开,以便亡灵能顺利奔赴阴间,不受阻拦。

【孝堂】

指举行丧礼的厅堂。人过世后要擦身更衣,更衣前逝者子女先把寿衣一件件套在自己身上,这个过程叫"筒衣",然后一起取下穿到逝者身上。穿戴完毕,把遗体移送到厅堂"停灵",头朝外,脚朝里,脸用"黄泉纸"(一种印有金钱图样的黄纸)覆盖,逝者高寿,则用红布蒙脸。据说此俗源于吴王夫差无面以见伍子胥而以席遮面之事。灵前悬挂白色"孝幔"遮挡,起到类似屏风的作用,使遗体不直接对着大门。亲友、乡邻进门吊唁,在孝幔前对着逝者头部"拜材头"磕头,守在灵前的逝者儿媳或至亲女眷必须大哭,并对逝者说"某某来看倷哉",这是在丧事场合打招呼的方式。

【陌生人吊孝】

丧家对前来吊唁之人无人认识,那就只有死去的人知道了。用来比喻无人知晓。

苏州地区,近亲前来吊唁,称为"吊孝"。磕头礼毕,丧家把一团需要其戴孝的"拖头白布"扔到他脚边,这叫"发白"。而前来吊唁的乡邻、朋友等人则不须戴孝,一般会带着"黄锭""锡箔"等纸钱来给死者磕头拜祭,称为"牵相"。礼毕,在"拜单"(跪拜的垫子)旁的盘子里直接取一块"利市布"(一小块白布。利市,吉利)系在衣服纽扣上,或丧家把利市布也是扔到吊唁人脚边。白布不能直接给到吊唁人手里,民间认为这样会把晦气传给人家。

【折白】

亲友前往丧家吊唁时赠礼,也称"出白礼"。旧时送实物为主,多为丝绸的被面。如今一般送现金,现金用白纸包,如是喜丧,则改用红纸。若逝者配偶在世,折白的钱数应为单数,通常的做法是整钞外另加一元零钱;若逝者配偶已过世,则可以是整钞。

【白头白扎】

逝者近亲需要服丧,但现在一般不穿整件白孝服,就用毛边的白布长带中间挽个圈儿套在头上，拖到腰下，腰部再用一条白带束紧，这种装扮称为"白头白扎"。《吴歌乙集·月亮圆圆照四方》："月亮圆圆照四方，照得家中小孤孀，白头白扎身穿麻，眼泪汪汪守孝堂。"有的地区儿子、儿媳还要头披一块麻袋布，儿媳头上簪一朵白绒线花或扎白色孝头绳，此即所谓"披麻戴孝"。

【收脚迹】

民间俗信认为，人死之后，亡灵从阳间在去往阴间之前，会被土地庙羁留三天。在这过渡期，亡魂四处奔忙，要把生前留下的脚印全部收回来，称"收脚迹"。后来，此词演变成詈语，父母用来骂孩子在外撒野。

【含口银】

人死后，放在死者嘴里的一小块银子，叫"含口银"。银子难觅，后来也用铜钱、茶叶代替。在民间的冥界观念中，人死后亡灵在去往地狱的路上会碰到各种艰险和风波，首先要到孟婆店，孟婆会给亡灵灌迷魂汤，使他忘记人世的一切。死者的亲友当然不希望他忘记一切，故而放银子在嘴里，以防被灌。

【陪夜】

停灵的晚上，亲戚、朋友、邻居要守灵。一般要多找些青壮年男子，因为男子阳气足。苏州风俗，在家停灵三天，所以需要陪夜两晚，也多请僧道做佛事、法事，以超度亡灵。第一晚也称"伴大夜"。顾张思《土风录》卷二："乡里人初死之夕，用乐人彻夜，名曰伴大夜。"丧家要为亲朋准备宴饮，谓之"暖丧"。

【转炼】

全名为"九天生神炼度玄课"，是做道场中的一个重要环节。由道士带领全体陪夜人沿逆时针方向绕遗体转圈，以寄托哀思。其中黄昏、子夜、凌晨三次最重要。

【哭丧】

以哭的形式寄托亲人去世的哀思，同时，也用唱的形式来纪念逝者的生平事迹。这是中国丧葬礼俗的一大特色。哭丧仪式贯穿在丧仪的始终，而出殡时的哭丧仪式最受重视，如果在死者出殡时子孙后代没有哭声相伴，会被人们视为不孝，大逆不道，所以有些地方有请人帮哭的习俗。如果人过世后，无人为其哭丧，说明其没有留下后代或后代也不在人世。不过,民间也有"床头一箩谷,自有人来哭"的俗语,是说:只要有钱,即使无儿无女,死了也有人料理后事。

苏州地区有唱哭丧歌的习俗。哭丧歌的内容大都表达哀悼、悲痛之情,也有祈祷死者在赴阴间路上能顺当平安、下世转投好胎等内容。如常熟白茆有首《梳头经》,就是女儿跪在亡母跟前边梳头边唱的,歌中唱道:"梳头要唱梳头经,一木梳梳不通,二木梳梳到半当中,三木梳梳来路路通,我伲亲娘头浪插只锡方杖,锡杖撬开地狱门。"可见,歌词表达了希望亡母顺利到达冥府的心愿。

【出丧】

出殡。灵柩从家中撤走,抬送至下葬地,也叫"出棺材"。弹词《珍珠塔》第二十一回:"我到对俉说仔罢,王状元家昨日出棺材,今日回丧转个。"也简称"出材"。李伯元《文明小史》第二十五回:"谁想他父亲一病死了,济川就想照外国办法,不守孝,不设灵,早早的择地埋葬;他母亲不肯,定要过了百日才准出材。"苏州话中"出棺材"的"出",意为多人合力抬送东西出去。旧时苏州地区富豪、官僚家出殡往往为死者大摆威风,排了长长的仪仗招摇过市。

现在都是实行火葬,停灵三日后把遗体送往殡仪馆火化。遗体抬出家门时,要"掼甏",即把家里的一个陶瓷甏或钵摔碎,寓意摔掉晦气。亲友护灵而行,民间军乐队鼓手吹打哀乐。一路上还须抛撒纸钱,称为"买路钿",意为沿途孤魂野鬼不要为难逝者。

【城头浪出棺材——远兜远转】

比喻说话、办事不直截了当,绕大弯子。徐珂《清稗类钞·苏州方言》:"城头浪出棺材,浪即上,柩须出自城门,今由城上出之,则必纡道绕越,喻人之赴事迂远也。"

【出了丧讨材钱】

丧事人家已经出殡,才去讨要棺材钱。比喻做事不老到、丧失时机。陆人龙《型世言》第六回:"这等,先兑财礼一百两与我,听你们暗里结亲。不要不老到,出了丧讨材钱。"

【赶棺材弗着】

指子女赶不上出丧队伍前面的棺材。后用来讥讽人遇事惊慌失措。张南庄《何典》第三回:"落在后头,一步一哭,只顾赶棺材弗着起来。"

【回丧】

出殡回家。回丧不能走与出丧相同的路，要绕个圈子回家，否则认为不吉利。现在火化后，通常由长子捧骨灰盒，次子或孙子捧遗像。到达家门口时点燃"三灯火旺"，回丧队伍进门前依次跨过火堆，用此形式来消除晦气。凡送丧的人在丧家吃过豆腐饭回到自己家里，也要在门口燃火跨过，称为"掸晦气"。

【吃豆腐饭】

丧家要举办酒席酬谢前来参加丧礼以及以现金、实物等形式助丧祭奠的亲友。过去这种酒席一般为素席，并以豆制品为主，其后逐渐变异，佳肴美味堪比喜庆之宴，不过一碗豆腐必不可少，故仍称"吃豆腐饭"。也称"吃豆腐羹饭""吃素菜"。说得更隐晦一些，还可叫"吃利市饭"。

【羹饭】

祭祀亡者的酒饭。供奉在"座台"上，"座台"即摆放逝者灵位的桌子，桌上放遗像，桌下放凳子，凳子上摆逝者的鞋子。凌濛初《拍案惊奇》第十六卷："那时就别了王氏之灵，嘱付李主管照管羹饭、香火。"王古鲁注："吴俗，在未除孝以前，每日三餐，与生前相同，在灵前设祭，俗称'摆羹饭'。"在灵前供饭菜的这一仪式也叫"做羹饭"。冯梦龙《警世通言》第二十二卷："刘妪见老儿口重，便来收科道'再等女儿带过了残岁，除夜做碗羹饭，起了灵，除孝罢！'""羹饭"也称"倒头羹饭"。"倒头"犹言"断命"。张南庄《何典》第三回："做过了倒头羹饭，请送入殓的朋友亲眷吃了丧家饭，大家散场。"

有时也可指祭祀祖宗的饭食。陆人龙《型世言》第一回："何如苟全性命，不绝你家宗嗣，也时常把一碗羹饭祭祖宗、父母，使铁氏有后，岂不是好？"当用以指给活人吃的饭时，带有诅咒的意味。孙家振《海上繁华梦》后集第二十二回："且等那姓钱的吃完断命羹饭，打发他出去了，慢慢再与你说可好？"

因为亡者要靠其后辈准备羹饭来祭祀，故称继承血脉的子孙为"羹饭种"。刘半农《瓦釜集》第十二歌："她来仔三年末也勿曾养一个羹饭种。"如亡者没有后代，则其鬼魂只能索讨祭祀，故"讨羹饭"一语多用来诅咒人断子绝孙。因"羹饭"是供死人吃的饭，"抢羹饭"即争抢祭鬼的饭食，故此语用来骂人吃饭或做事太快。

【家鬼合野伤亡】

比喻内外勾结。野伤亡，指无人祭祀的野鬼。合，这里读若"鸽"，陈彭年等《广韵》入声合韵古杳切，有"合伙、勾结"的意思。王有光《吴下谚联》卷四："凡无祀鬼魂，求食弥急，索酒索食索锭帛，俗名讨羹饭，此野伤亡情事。若家鬼出此，不免有觍面目，于是勾合野伤亡，赍寒作热，索得羹饭锭帛，即朋比享分。"

【落葬】

下葬，安葬。火化回丧后即刻下葬，为"热葬"；过五七拆座台后择日下葬，为"冷葬"。下葬当天，墓穴挖好后，在穴内烧纸或放入一个热脚炉，叫"暖坑"。送葬队伍一路撒纸钱，交"买路钱"。到墓地祭山神后把骨灰盒放入墓穴，孝子先撒土，余者一起盖土。入土后，再拜祭烧纸。这时，儿媳妇们从坟堆旁抓起一把土掉头就跑，赶回自家撒到床底下，民间认为谁第一个跑回家，今后谁家的日子就好过。北方也有这种"抱财土"的习俗，实缘于"棺材"之"材"与"财"的同音联想，另外，"财"藏于"土"中，也反映出农民对土地的崇拜与眷恋。

【做七】

人过世后的第一个七天称"头七"，而后依次为"二七""三七"等，直到七七四十九天，叫"断七"。这期间，叫"七里"。顾张思《土风录》卷二："人死，有'七七'之说，每七日作道场。云死者当轮见十殿阎罗也。"每逢七期，丧家或逝者至亲要请僧道做佛事、法事，备酒菜设祭，焚化冥币纸锭和纸扎的各类祭品，为亡灵超度，称为"做七"。因每过七天祭奠一次，祭奠时要敲打各种冥器，故有"七七做，八八敲"之语。天虚我生《泪珠缘》第三十二回："外面延僧忏悔，做七回神，忙个不了。过了七七才安稳些。"每七所用主要祭祀食品也有讲究，有"头七团子二七面，三七糕，四七馄饨，五七饭，六七圆子收七酒"之俗。"断七"时要举行一个较隆重的仪式，"断七"后，整个丧事告终。张南庄《何典》第五回："形容鬼也不等断七，就将活死人领了回去。"

【接煞】

【接眚】

迷信认为人刚死有所谓"煞"，八九日后"煞"由鬼差押解回来探家，丧家要请僧道做道场，备酒饭迎接，称"回煞""回魂"。现民间一般是在人死后的"头七"举办，因而也称"做七"。当属超荐亡灵一类习俗，具体做法是，在这一天要做道场，家中尖锐的器物如秤钩、钉头等，用一片小红纸贴住，以免鬼魂被钉勾住。还要将死者衣服摆成人形，铺放在死者床上，头旁放上香碗和一个完好的剥壳白煮蛋，传说死者的灵魂回来会在白蛋上留下齿印。有的还要挂起煞神轴子，用三牲等供品祀之。根据死者去世的具体时刻，在断气前一刻接煞，断气后一刻送煞。此仪式又称之为"撇亲"，盖此后逝者灵魂即去往另一世界。翟灏《通俗编·仪节》："近世惟北方避煞，南方反之，乃曰接煞。阴阳家以人死年月日之干支，推算其离魂之日数，自九日至十八日，谓死之后，如其日数而魂来复，于是计日，用巫祝以招之。"钱大昕《恒言录》卷五："今俗丧家于八九日后谓之煞回，子孙亲戚都出避外舍，或有请僧道作道场，具牲酒祠鬼，谓之接煞，煞字读如去声。"可见，除了"接煞"外，也有"躲煞"的，盖因穷苦，无力备办接煞仪式。顾张思《土风录》卷二即载："始死有所谓煞者，富家延僧道作法，曰接煞；贫者扃门尽室出，曰躲煞。"

"煞"字有的写作"眚"。沈复的《浮生六记·坎坷记愁》中，就有三白在芸娘死后关于"接煞"的一段描写："回煞之期，俗传是日魂必随煞而归，故房中铺设一如生前，且须铺生前旧衣于床上，置旧鞋于床下，以待魂归瞻顾。吴下相传，谓之'收眼光'。延羽士作法，先召于床而后遣之，谓之'接眚'。"钱泳《履园丛话·鬼神》中，亦有关于"打眚神"的记载："太仓西门水关桥有庞天寿者，素好拳勇。年七十余，忽丧其子。眚回之夕，其徒数十人，聚集豪饮。闻穗帷中窸窣有声，秉烛照之，但见一大鸟，人面而立。庞急将钩连枪，扎住其背。此鸟欲飞不得，两翼扑人，宛如疾风，室灯尽灭。其徒亦皆仆地，喊不能出声，如梦魇者。独天寿尽力搠住，死不放手。天将曙，力乏腕疲，鸟竟逸去。次日，庞满面皆青，数十人仆地者，面上亦俱有青印。"按，许慎《说文·目部》："眚，目病生翳也。"故"眚"当是借字，其本字为"甦"。丁度等《集韵》平声庚韵师庚切："甦，死而更生。"方言中指灵魂复生。在苏州有的地方即念阴平，有的地方则念阴去，盖为与"接生"相区别而变音。

"接眚（甦）"演变成詈语，有诅咒他人死的意思，犹言"死人、死鬼"。在苏州，人们会听到一些老苏州人在嗔怒生气时，会开口骂"接甦脱里""㑚只小接甦""真格勿接甦"等詈语。"接眚（甦）"作为詈语，后面还常带上别的名词性成分,如梦花馆主江阴香《九尾狐》第四十五回:"格部接㸔火车,停格辰光,勿壳张俚实梗一来格,害奴心里跳得勒。"

【五七】

"做七"中,民间最重视"五七",届时要做望乡台法事,一般由逝者女儿主祭。祭宴要有十二或十六乃至二十几道大菜,另有瓜果、饼、团子之类,在天黑前送至逝者家中。俗传冥间有望乡台,五七这天亡灵要登望乡台探望家中亲人。当天夜里,道场要做整整一夜,阖家哭声不绝。到五更时分,子女们打开大门,向西连喊三声:"某某转来吧!"然后灵前痛哭,并端上"五更夜饭",这一仪式叫"喊五更"。接着,焚烧纸扎的祭品,有楼库箱笼、金山银山、冥衣等,当然"望乡台"必不可少。焚化前,先在地上用石灰画一大圈,祭品放在圈内焚烧,意为挡住周围野鬼抢夺。这一仪式称为"化库","库"就是烧化给死者的纸扎房屋。周振鹤《苏州风俗·婚丧礼俗》:"庭中烧锭库,及死者生时衣服数件。"祭品烧完,"五七"仪式结束。以前,要"断七"才算丧事结束,现在一般"五七"后整个丧事就结束了。

【谢孝】

父母去世后第四十九天,感谢亲戚朋友的仪式。顾张思《土风录》卷二:"亲死,至七七,缞绖出,遍谢戚友,曰谢孝。"

【上坟】

去坟地祭祀。春节期间扫墓,称为"上年坟"。携新媳妇上祖坟,称为"上花坟"。顾禄《清嘉录》:"凡新娶妇,必挈以同行,谓之'上花坟'。"

【喜丧】

高寿者或者已有曾孙者过世,是顺应自然、得其所哉,故而丧事要当喜事来办,这是对生命绵长的祝祷和颂扬。曾孙戴孝的孝标用红色的袖圈,喜丧家也会给吊唁的亲友赠送带有"长命百岁"字样的小碗,以讨吉利。不过,也有例外,如果老人在八十一岁去世,被看作是不吉利的事,以为"九九八十一"而数尽,将来后辈的日子会穷乏。禳解的方法是"讨百家饭",去世老人的媳妇在当年过年时装扮成乞丐,到左邻右舍去乞讨,一般象征性地讨十余家。

苏州话比较含蓄,有些事不直接说出来,喜欢转弯抹角,尤其是咒人、骂人或死亡一类的词语，像"断命"这样的詈语并不多见，虽然这个词用得很广，可随意用在要诅咒的事物之前，但更多的与死亡相关的词语往往需要我们想一想以后才明了其意。

【坐扁面孔轿】

詈语。诅咒人死亡。徐珂《清稗类钞·苏州方言》："扁面孔，纸扎之舆夫，面目手足无一不扁，故曰扁面孔。坐扁面孔轿一语，用以骂人，人坐鬼轿，其得生乎？"

【榻冷】

指人死亡。榻，即床。在民间有竹榻、藤榻之类的床，这种床相较于木床比较简陋，一般贫穷人家就在榻床上睡觉。人睡在榻床上，榻床自然是热的。而人一断气，身体就冷，榻床自然也冷了。不直说人死，用"榻冷"来代替，既避忌，又不刺耳。

【翘辫子】

指人死亡。古人无论男女都留有长发，梳辫子。正常人的辫子应该是往下垂的，辫子往上翘有两种情况：一种情况是，人死亡之后，在入棺前将死尸放置在门板上，由生者对死者进行整容，梳理头发。先将头发梳通，再扎成紧紧的辫子，因为扎得紧，辫子就上翘。另一种情况是，古代罪犯在杀头之前，刽子手为了便于行刑，要将犯人的辫子抓在手里，向上拎起，以露出要挨刀的脖子。辫子往上翘，要么死亡，要么被杀头。所以，"翘辫子"就成了死亡的代名词。在日常生活中，也用于咒骂。

第六章 民间信仰与娱乐类民俗语汇

苏州地区的民间信仰风气历来比较浓厚，乾隆《元和县志·风俗》载："吴俗信鬼好巫，诸祀典不载者，每崇奉之。"俗信事象繁多，重鬼神、多祈祀、好赛会，这些都是当地民间信仰的鲜明特征。苏州经济繁荣，文化底蕴深厚，使得苏州人对生活有了更高的追求。文体娱乐习俗最能反映苏州人会"过日脚"，懂得生活，享受生活。

第一节 民间信仰

民间信仰是指存在于民间社会的各种以鬼神信仰和崇拜为核心的传统民俗文化。它既不属于各种现有的正统宗教,又区别于史前宗教和古代宗教。有的是原始宗教的残留或者新的发展,有的是正统宗教的民俗化。它既表现为群体性的节庆、集会、游神等活动,也表现为个体性的烧香、祈禳、问卜等形式。

苏州地处太湖之滨的古吴之地,这儿曾经洪水泛滥,蛇虫为害,疠疫流行,环境险恶。在征服自然的能力有限的时代,人们对于现实生活中很多现象都找不到答案,于是信仰和崇拜就产生了,所以苏州自古就有很浓厚的鬼神信仰传统。同治《苏州府志·风俗》曰:"其俗信鬼神,好淫祀。"又曰:"吴俗信鬼巫,好为迎神赛会,春时搭台演戏,遍及乡城。"甚至往往因此风俗的影响,造成很严重的社会问题,钱思元《吴门补乘·风俗补》中就载:"春祈秋报,例所不禁。聚众赛会,酬神结会,误农耗财。"苏州的民间信仰尤其是迎神赛会活动之盛由此可见一斑。这一方面与苏州繁荣的社会经济有关,正是有雄厚的经济实力作后盾,迎神赛会才能长盛不衰;另一方面,经济繁荣的表象下面也隐藏着财富分配的不均,富者愈富,贫者愈贫。富者又极力通过祈求神灵,以保其长富久贵;贫者则寄希望于神灵,以摆脱贫困,跻身富贵之列。因而,正如唐力行《苏州与徽州:16—20世纪两地互动与社会变迁的比较》一书中在论及苏州乡村的宗教信仰民俗时指出,"无论是儒学大师,抑或佛祖及弟子、道教神灵乃至民间诸神,只要能满足苏州乡民的现实追求,减轻来自各方的生存压力,都会顶礼膜拜",这使得吴中庙会格外兴盛;村民们一年到头持斋吃素,这些斋素"成了人们希冀得到神灵护佑,达到某个功利目的的捷径"。

对于信众而言,一旦有禳灾祈福、寻求精神支撑或心理安慰等需要,便会祈求神灵,甚至创造出神灵。民众创造神、祭祀神、信仰神,其本质是表达内心的精神寄托。苏州地区的民间信仰对象非常庞杂，乡民视天地万物皆为神灵，在他们的潜意识中，周围的一切事物均具有灵性。苏州地区的民间信仰内容大多与自然崇拜、地方神灵崇拜、祖先崇拜和巫术迷信有关，其中又以自然崇拜和地方神灵崇拜为主的传统神仙信仰居多。

同时，民间信仰一方面反映了人们对美好生活的向往，希望通过祭祀和庙会等仪式活动，能够无灾无殃、家道兴旺、平安幸福、风调雨顺。另一方面也是人民群众道德理想的一种反映，被人们奉为正神崇拜的都是历史上或传说中做出贡献、受到群众爱戴之人，如治水有功的大禹、驱蝗的猛将等。当然，民间信仰中也存在没有科学依据的迷信内容，这应该摒弃。

下文我们搜集了苏州方言中相关语汇，从中可以大致了解苏州地区的民间信仰情况。这些语汇的内容分为四个方面：传统神灵信仰、佛教信仰的民俗化、祖先崇拜和巫术迷信。

一、传统神灵信仰

传统神灵信仰主要包括自然崇拜、地方神灵崇拜，以及道教在民间的世俗化。其中，自然崇拜是原始宗教的最初形式，其崇拜的对象，除了日月星宿、山川河海等自然物外，还有各种动植物，如鸟、蚕、虎、树、花等飞禽走兽和树木花草。在自然环境的影响之下，自明清时期开始，京杭大运河沿线的苏南地区是当时我国较为富庶的地区，这里是水神信仰的密集祭祀区域，在运河沿线的乡村和太湖边渔村内有许多祭祀水神的龙王庙、禹王庙等，苏州地区也有与生产劳动相联系的极富地方特色的花神、蚕神崇拜，前文已述。城隍和土地神是典型的地方神灵。苏州城隍庙，坐落在古城内繁华地带景德路东段，供奉的是战国四公子之一的春申君黄歇，他是苏州首任城隍。此外还有白居易、范仲淹等历任地方官的刻像。2004年重修时还把苏州市区民间祭祀的各种神灵，如财神、月老等也移来。苏州地区的乡村一般都建有城隍庙和土地庙。道教是我国土生土长的宗教，唐宋之际即开始向世俗化转变，民间信仰中留下了很多道教的影子。民间信仰的神灵众多，这些神灵有些既是民间世俗神，又是道教中的神仙。

【清明禹王庙公断】

大禹治水，家喻户晓、妇孺皆知。太湖流域的吴越之地，古代洪水泛滥，是大禹治水的重点区域。大禹功绩显赫，给当地百姓尤其是渔民，留下了深刻的印象。渔民捕鱼，常年与风浪打交道，过着"三寸板内是娘床，三寸板外见阎王"的险象环生的生活，这需要有个神作为精神支柱，而大禹就是蛟龙、鳌鱼等"水妖""水怪"的克星。于是，在太湖渔民中逐渐确立了：以禹王为保护神，与水、风、鱼相联系的信仰体系。渔民俗称之为"水路菩萨"或"水仙菩萨"。过去，禹王庙每年有正月"上昂"、清明祭禹和入冬"献头鱼"三期香会，而尤以清明祭禹最为隆盛，要进行七天的祭祀、娱神活动。因为清明时节是渔业生产由旺转淡之时，渔民正好利用此时的庙会重新组织生产，寻找下一季一起捕鱼的搭档船和渔工；同时，借庙会调节枯燥的船上捕鱼生活。如果渔民之间有纠纷，也在此时解决，大家会说"清明禹王庙公断"。

【猛将】

又称刘猛将，是中国民间普遍供奉的驱蝗神。据史料记载，"猛将文化"发源于吴地，祭祀刘猛将始于南宋景定时期，祭祀地点在西郊白鹤山中，并有朝廷的封神碑文，今已湮没无考。顾震涛《吴门表隐》："其封神敕命碑，在灵岩山前丰盈庄，宋景定四年二月正书。"距今已有七百多年。民国《吴县志·舆地考》也载："宋景定间建，初名扬威侯祠，加封吉祥王，故亦名吉祥庵。"明清两朝，祭祀猛将被列为官方活动，显得更加正规。祭祀时间一般为正月初一元旦日。乾隆《震泽县志·风俗二》曰："元旦，坊巷乡村，各为天曹神会，以赛猛将之神。"而顾禄《清嘉录》则载："国朝雍正十二年，诏有司，岁冬至后第三戊日及正月十三日致祭。"自嘉庆朝始，祭祀猛将被纳入国定例事，猛将被清同治帝加封为"普佑上天王"，故猛将庙楹联一般为"灭蝗猛将军，普佑上天王"。它的祭礼规格很高，反映出清廷对江南农业生产的倚重心态。在苏州吴中区的灵岩山、香山、光福等太湖一带至今还流传着"闹猛将"的民俗。仅苏州吴中地区，民国时期有大小猛将庙宇一百多处。吴语"闹猛"一词即源于该民俗活动。

关于"刘猛将"的来源有不同说法。苏州地区流传的《猛将宝卷》《猛将神歌》等认为"猛将"原是一个孤儿，叫刘佛祖，又叫刘道元，是一个半人半神的形象，最后因扑灭蝗灾而被奉为神。故而猛将像或是天真可爱、活泼无邪的幼童，或是眉清目秀、鼻正口方的青年。或谓源于南宋名将刘锜。绍兴年间，宋高宗驻平江（今苏州），刘锜以江东路副总管提举宿卫亲军，扈从赴金陵。作为抗金名将，有顺昌之捷。平步青《霞外攟屑·艳雪盦杂觚》"刘孟将军"条引朱坤《灵泉笔记》："宋景定四年，封刘锜为扬威侯、天曹猛将之神，敕书除蝗。"又有认为源于刘锜之弟刘锐。王鏊《姑苏志·坛庙》："猛将庙在中街路仁风坊之北，景定间因瓦塔而创，神本姓刘名锐，或云即宋名将刘锜弟。尝为先锋陷敌保土者也。"又或谓猛将是元代刘承忠。此人为元末指挥，民间传说他在蝗虫成灾时，为感动苍天禳灾而沉河自尽。光绪《永年县志·祠祀》载总督李维钧《将军庙碑记》："值蝗孽为殃，禾苗焦悴，民不聊生……因情极自沉于河。后有司闻于朝，遂授猛将军之职……将军讳承忠，将军之父讳甲。"清代吴县人沈钦韩《幼学堂文稿》卷五有《刘猛将考》一文，可参。

猛将的神格，历史文献记载多是驱蝗神，清代官方也是把它作为"驱蝗正神"列入祀典。但是在苏州太湖地区的民间信仰中，它不止于驱蝗。猛将文化经七八百年来的流传，至今不衰，猛将已成为太湖地区的主神。而且，与其他民间信仰的神不同，猛将神在百姓心目中是一位最可亲可近的神。因此，人们祭祀他时，可以同他一起游玩、嬉戏。江南一带的乡村迎神赛会都要抬出"老爷"（民众对各种神佛的尊称）游行，大都是恭敬有加，唯独对"猛将老爷"可以抬着（或背着）他跑、跳，同他开玩笑，甚至把他跌得粉碎。顾禄《清嘉录》："穹窿山一带，农人舁猛将，奔走如飞，倾跌为乐，不为慢亵，名曰'趣猛将'。"在吴地百姓心中猛将也是"吉祥神"，因猛将神又被封为"扬威侯"，加封为吉祥王。"刘"字繁体为"劉"，《尚书·顾命》："一人冕，执刘，立于东堂。"孔安国传："刘，钺属。"孔颖达疏引郑玄曰："刘，盖今镵斧。""刘"古时为一种斧钺，故猛将姓刘，又意喻执斧之英雄。可见，其神格在最初建立后，又融入了许多民间的愿景与期待。

【闹猛将】

吴地关于刘猛将的民俗活动。旧时一年要举行两次，春季举行叫"春节"，秋季举行叫"秋节"。

春节闹猛将从农历正月初一开始，最热闹的高潮是正月十三，传说那天是猛将生日，闹猛将活动要延续闹到正月十五元宵节后结束，它同中国人"过年"的庆祝和娱乐活动密切结合在一起，是始终贯于当地人春节中最长的民俗活动。正月初一，各村农民抬着猛将像巡游贺年。每到一村，先绕村场游行一周，放鞭炮，借此互相祝贺。初六，猛将出巡湖滨"冲湖嘴"，此日有猛将"逛会"。各村将木制大猛将抬出，两人用横杠抬着，跨着大步，左右摆动，猛将像随之摇摆起伏。是日晚上，各村敲"夜节锣"。初八早晨，各村敲"日节鼓"，相传这是前代人抗击入侵者留下来的传统。初九，猛将"抢会"。首先是祭天，祭祀天后，抢会以村为单位，各村选出身强力壮、机智灵活的人参加。先将各村小猛将像集中在塘子岭上，主持抢会的人将杏黄大纛往空中一招，抢会者立即将本村的猛将背起，狂奔而下。这时"万头攒动，人声鼎沸，足步雷鸣，势如潮涌"（民国《乡志类稿·风俗》）。背猛将的抢会者，不管碰得头破血流，神像跌得粉碎，也要去争第一。争到第一的村子获得的荣誉是将"猛将会"的"大猛将"抬着绕镇巡行一周，最后供奉在自己村中，这是本村至高无上的光荣。"抢会"活动一定程度上反映了吴地尚武的民风，同时也带有民间运动会的性质。正月十三，相传是猛将的生日。这一天，在猛将庙中点燃巨烛，称"满算"。各地各村为猛将唱生日堂会，人们依次叩拜猛将，并祈求猛将保佑，春耕秋丰收。请"祝司"唱《猛将神歌》，并用吴歌高歌：谢恩！感恩！唱恩！颂恩！赞恩！同时大唱乡亲之间、邻里之间、亲朋之间要和睦相处，要向猛将学习以德报怨。高歌祭祀两天后，正月十五元宵节，各村上灯，猛将堂前立一大竹竿，挂"塔灯"（一串吊起来的大灯笼）。至此，春节祭猛将的活动结束。

秋季"闹猛将"也称为"青苗会"或"青苗社"。时间多在农历七月半（即中元节）前后三天。人们在田里插上五彩三角纸旗，称作"猛将令箭"，以示猛将下令驱除害虫，实际起到驱赶田间鸟雀的作用。最后一天"出会"，也称"走会"，要抬猛将出巡，抬像者可以在田头奔跑寻开心，俗称"嬉猛将"，最后"送驾回宫"。出会的队伍中，一般要有各种地方特色的歌舞、杂技、武术表演、许愿还愿群众组成的"扮犯"（扮作各种犯人）、"臂香臂锣"（用针穿过手臂上的皮肤，下吊香炉或锣）队伍。青苗会期间，也请"祝司"唱《猛将神歌》，或请宣卷班唱《猛将宝卷》，还有请草台班演戏酬神的。另有"水陆猛将会"，陆地出会同上，水路出会乘船，在船头表演各种武术、技艺。

苏州西郊浒墅关一带的农人,则以竞渡来"闹猛将"。大致以附近村庄为单位,每庄一船,集中在浒墅关。一声号令,几十条船向虎丘方向进发,船上敲锣打鼓,摇旗呐喊,每条船争先恐后,不敢懈怠。一直划进山塘河,大致到普济桥才停,全程竟有二十多里。两岸观者如堵,实在是吴地特有的竞渡。外人仅知端午竞渡,实不知吴地还有正月竞渡之俗。此俗到民国年间尚存,据当地老人回忆,最后见到的正月竞渡"闹猛将",是在1937年正月,日寇入侵,苏州沦陷,此风消失。

【花三官】

指在道教三官诞辰之日吃的素斋。三官,是道教所奉三神天官、地官、水官三帝的合称。传说天官赐福,地官赦罪,水官解厄。《黄庭内经·沐浴》:"传得可授告三官。"梁丘子注:"三官,天地水也。"吴筠《游仙二十四首》之四:"三官无遗谴,七祖升云輧。"归有光《汝州新造三官庙记》:"三官者出于道家,其说以天地水府为三元,能为人赐福赦罪解厄。"

俗传上元、中元、下元为三官诞辰,其中上元即正月十五,是天官生日;中元即七月十五,是地官生日;下元即十月十五,是水官生日。苏州地区旧时以正月、七月、十月的初一至十五吃素,叫"三官素"。也有在以上三月中的初一、初七、初十这三日持斋。这种持斋法不如完整的"三官素"严格,是间隔进行,故叫"花三官"。

【瞎缠三官经】

意谓不顾事实,胡编乱造。也说成"瞎传三官经""乱念三官经"。三官,是道教所奉神灵,各司其职,为人消灾纳福。人们为了祈福通常会请道士到家里来做道场或者到三官殿、三官庙里去祈福念经,但是由于各个地方的传承和言语的差别,会造成连"三官"所指这样的基本内容也大相径庭。有时,连念经的道士自己也说不清楚。道士念的经文内容也时有出入,前后矛盾,甚至把天官的经念成地官的,地官的经念成水官的,也可能是为了保持神秘,念经的时候往往语速和声调有意地忽快忽慢忽高忽低,使听众分辨不清。久而久之,老百姓知道了道士在乱念,故称之为"瞎缠三官经"。

"瞎缠三官经"还有下半句叫作"木渎到横泾"。相传旧时木渎没有三官庙，而当地的妇女要祈福消灾就只能跑到横泾的三官庙去烧香念经。木渎到横泾虽没有多少路，此方吴方言语音变化较多，往往村与村间即有区别，故念的经更是难免以讹传讹，穿凿附会。"木渎到横泾"也可能仅是附在后以押韵，表达类似于从东讲到西的意思。

【鬼火道士——夜来忙】

鬼火，在夜间才有。道士做道场，白天懒懒散散，拖拖拉拉，到了晚上，才越晚越忙，一直到深夜结束。喻指某人白天磨洋工，故意把事情拖到晚上熬夜来做，此语讽刺某些人不正常的劳动现象。

【针姑】

传为制衣之神。后世女子多以作祭祀或占卜求验的对象。除此以外还有门姑、臼姑等。门姑、臼姑都是附着在门上的神，承托门轴的就是门臼。顾禄《清嘉录》："妇女又有召帚姑、针姑、苇姑，卜问一岁吉凶者，一名百草灵……针姑以针卜，伺其尾相属为兆。"此风宋代已见。脱脱等《宋史·颜衎传》："临济多淫祠，有针姑庙者，里人奉之尤笃。"

【解天饷】

是指市镇各乡的农民，在市镇城隍庙或东岳庙的诞辰节庆时，向镇庙交纳铜钱或纸钱，并抬着村庙神像到市镇参拜、朝集，在有些地方也称为"解钱粮""解皇钱""解黄钱"。农历三月二十八日，俗传为东岳大帝生辰，此日前后，苏州许多地方都有"解钱粮"的习俗，各种镇志皆有相关记载。除此，一年中的其他节庆也多举行"解钱粮"。节前，各乡土地庙摆钱柜，广收银两，称"作钱粮"，作为天国的税收。本地民户不拘多寡献钱，称"解费献纳"。如果不交，便有专管香火者派人沿街催讨。收毕，择吉日举办集会。当日，由香会组织庞大的朝圣队伍抬着这些"钱粮"和土地神位，鼓手仪仗开道，车马队伍后随，行至镇城隍庙或东帝庙、玉皇庙，焚化金纸裱糊的玉皇殿和纸钱，主持者向朝拜者们祈福。"解钱粮"至晚在明末清初时期逐渐流行。康熙《昆山县志·风俗》："自四五月，便异各乡土地神，置会首家，号征钱粮。境内诸家，每纳阡张若干束，佐以钱若干文。至六七月，赛会异神像各至城隍庙，以阡张汇纳，号为'解钱粮'，而以钱为会费。"乾隆《沙头里志·风俗》称"解黄钱"，并说："前代无此风，始顺治间。"

江南市镇里的庙宇，镇城隍庙和东岳庙占统治地位，故乡民参拜的庙宇多不外这两者。透过"解钱粮"习俗，我们可以清晰地看到村庙和镇庙之间的上下级关系，这是民间信仰对世俗等级制度的刻意模仿。

【草鞋香】

指在东岳大帝诞辰前后乡人的进香活动。俗谓东岳主治死生，所以乡人多在其生日这天进殿烧香，有为父母求神添寿的，也有给家中病人招魂"请喜"的。顾禄《清嘉录》："二十八日为东岳天齐仁圣帝诞辰。城中圆妙观有东岳帝殿。俗谓神权天下人民死生，故酬答尤虔。或子为父母病危而焚疏假年，谓之'借寿'；或病中语言颠倒，令人殿前关魂，谓之'请喜'。祈恩还愿，终岁络绎，至诞日为尤盛。虽村隅僻壤，多有其祠宇……俗以诞日前后进香者，乡人居多，呼为'草鞋香'。"

【轧神仙】

流行于江苏苏州一带的民间信仰活动。于农历四月十四日举行，此日传为八仙之一吕祖吕纯阳之诞辰，百姓于此日前后三天到神仙庙中纪念求福。

神仙庙原名福济观，原址在苏州阊门内下塘街虹桥附近，据同治《苏州府志·寺观二》记载，该观始建于南宋淳熙年间。观中奉祀吕祖，吕祖姓吕名岩，字洞宾，道号纯阳子，是八仙中的核心人物，故而此观俗称"神仙庙"。八仙的传说在江南民间几乎家喻户晓，相传吕洞宾在医学上颇有建树，发誓要救度天下众生，方始升天，被苏州百姓奉为中医祖师，因而"神仙庙"亦名"神医院""天医院"。吕仙不仅浪迹人间，乐为百姓治病解难，灭妖除害，而且为人随和，性格幽默，是世人心目中见义勇为的神仙救世主形象。顾禄《清嘉录》载："十四日为吕仙诞，俗称'神仙生日'。"又曰："仙诞日……相传仙人化为褴褛乞丐，混迹观中而居，人之有奇疾者，至日烧香，往往获瘳，谓仙人怜其诚而救度也。"仙诞前夕，人们纷纷剪"千年运""万年青"老叶子铺路，专让香客踩过，沾上仙气，以求得吉得福。人们也在他生日前后三天，到神仙庙去祝寿祭拜，又认为这几日庙中人都可能是吕仙化身，入庙时便人人相挤，指望随时近距离"轧"得仙气。因此，庙内"轧神仙"最隆重。在"轧神仙"时有被挤掉鞋子的，有家人被挤散的，但大家求"轧"得"轧"，所以很少发生争执。因"轧（gá）"在苏州方言中有拥挤的意思，顾禄《清嘉录》："吴人谓人众不得出而力附之，曰'肌'，亦作'轧'。"故而把这一热闹的民俗活动称为"轧神仙"。

商贩们也在其中看到了商机，有卖糕点的，卖花的，卖鞋的，剃头的，等等。各种民间艺人也在此一展身手献艺，有卖武艺的，玩杂耍的，或顶瓮蹬缸，或表演猢狲出把戏。于是轧神仙逐渐发展为盛大的庙会。

轧神仙庙会一直盛行不衰，历经元、明，到清代尤为兴盛。"文革"期间，神仙庙彻底被毁，不过"轧神仙"的民俗活动绵延至今。因为轧神仙已不再是单纯的宗教活动，实际上已成为苏州地区重要的文旅商贸活动。1999年，经苏州市政府批准，神仙庙移建于南浩街中段。

【神仙糕】

苏州轧神仙庙会上所卖的一种五色米粉糕点名。一般由糯米粉、白糖、玫瑰、瓜仁、红豆沙、白芝麻等制作而成，口感甜糯。"轧神仙"当天，为求吉利，商贩将所售的米粉糕叫作"神仙糕"，寓意沾得仙气，消灾降福。顾禄《清嘉录》："十四日为吕仙诞，俗称'神仙生日'，食米粉五色糕，名'神仙糕'。"

不仅糕点如此，"轧神仙"这一天，所有的美食和物品都可冠以"神仙"的美誉。庙会间所售的花草名曰"神仙花"，卖的乌龟叫"神仙乌龟"，其他的如神仙水、神仙帽、神仙服、神仙鞋，等等，不一而足。甚至，在剃头摊上剃一个头，也叫作"神仙头"，以至有传摸摸"神仙头"，或许打麻将可以中"头彩"。其求蹭"仙气"民风如此。

【陆稿荐】

苏州地方知名熟食店名。陆是店主的姓氏。稿荐，即草席、草垫。传说，有一年四月十四日"轧神仙"活动中，原本生意冷清的陆老板清早起来打开店门，看到一个老叫花子奄奄一息，躺在一条稿荐（草席）上。于是，陆氏便让老乞丐住在家里，又给了他一些饭菜。几日后，老乞丐向夫妇俩道别，并以身下之物相送，作为答谢，然后离开了。店主见是一破烂稿荐，便随手扔进了灶台。灶台上锅中煮着的肉顿时异香四溢，引得过往行人争相购买。这时，店主才想起老乞丐的那两只饭钵是口对口合着的，猛然间悟出是个"吕"字。于是，吕洞宾现身小店的消息不胫而走，小店熟肉生意就此一日好过一日。陆店主干脆将小店更名为"陆稿荐"。如今，其作为传统老字号，以"酱汁肉"名扬姑苏。

【家堂菩萨】

指各种家神。张南庄《何典》第一回："倘然生了儿子，便把天尊来做家堂菩萨，就在三家村里起座鬼庙来供养。"简称"家堂"。俞达《青楼梦》第五十三回："便向家堂灶君前点了香烛拜祷了一回。"《吴歌甲集·太太长》："一拜天，二拜地，三拜家堂和合神，四拜夫妻同到老。"道教以为在家宅之中有六位神灵在护佑家人，分别是门神、户神、井神、灶神、土地神和厕神。一般认为，这是道教在"五祀"俗神的民间信仰基础上发展而来。"五祀"的信仰在先秦即已产生，指祭祀住宅内外的五种神。《礼记·月令》："（孟冬之月）天子乃祈来年于天宗，大割祠于公社及门闾，腊先祖五祀。"郑玄注："五祀，门、户、中霤、灶、行也。"王充《论衡·祭意》："五祀，报门、户、井、灶、室中霤之功。门、户，人所出入。井、灶，人所饮食。中霤，人所托处。五者功钧，故俱祀之。"

供奉祖先牌位和各种家神的神龛也叫"家堂"，旧时常安设在家中房梁处。柴小梵《梵天庐丛录·家堂》："江浙一带，民间供设家堂，风行已久。其制大同小异，概系一龛一座，悬钉梁间。内供之神，随处不同。"漱六山房《九尾龟》第一百八十一回："你上上下下的看些什么？难道要和我画个小照，回去供在家堂里面么？""家堂"盖祠堂的简化版。因家堂正面的门从来都不关，故有"家堂里的大门——弗关"的歇后语，此处"弗关"语义双关，指不关心，不管。

【谢灶】

在农历六月逢四日举行的祭祀灶神的仪式。顾禄《清嘉录》："初四、十四、念四日，比户祀司灶，谓之'谢灶'。谚云'三番谢灶，胜做一坛清醮'。祀时，以米粉作团，素羞四簋，俗称'谢灶素菜'。"据周振鹤《苏州风俗·岁月》则是"素羞三簋"。顾张思《土风录》卷一："六月四日及二十四日，家祀灶。"笔者所居吴中长桥地区至今仍有此俗。另外，在农历过年时送灶前也有"谢灶"仪式。

【灶君素】

俗传农历八月初三为灶君生日，苏州地区旧时在灶神生日这一天持斋食素谓之"灶君素"。（清）顾禄《清嘉录》八月："初三日为灶君生日，家户具香蜡素羞，以祀天王堂及福济观之灶君殿，进香者络绎终日，有集男妇嗜斋为会者，谓之'灶君素'。"

【跳灶王】

中国民间祭祀灶神的一种习俗。主要流行于江浙一带。每逢夏历腊月初至二十四日，乞丐三五人为一队，扮饰灶公、灶婆，各执竹杖，沿门喧哗驱疫，并乞钱。这一习俗称为"跳灶王"。顾禄《清嘉录·跳灶王》条有述，其引李绰《秦中岁时记》曰："岁除日进傩，皆作鬼神状。内二老儿，为傩公傩母。"顾张思《土风录》卷一："腊月丐户装钟馗、灶神，到人家乞钱米。自朔日至廿四日止，名曰跳灶王……谓之跳灶王者，旧俗在二十四日，是日必祀灶，有若娱灶神者。犹满洲祀神谓之跳神也。"褚人获《坚瓠续集》卷二"傩"："今吴中以腊月一日行傩，至二十四止，丐者为之，谓之跳灶王。"

该俗起源于古代腊月驱除疫鬼的傩戏。约唐代以后逐鬼傩戏队伍中必设打扮成鬼状的"傩公""傩婆"，宋代以后规定打傩活动由地方集资进行，从良家子弟中选出姣好的儿童经打扮后沿街挨户驱鬼。后随着城市经济的发展，无业游民逐渐承揽了该项活动，他们以灶炭抹脸画成鬼状，从腊月朔跳到廿四送灶日止，所到之家必须交付佣钿，其名为驱疫，实成为乞钱之手段。

【谢土】

旧时新房落成之后乔迁时祭祀土神的活动，或只要认为犯土、动土之后皆可举行。"谢土"之称多通行于吴语区与晋语区。洪迈《容斋四笔·缮修犯土》："今世俗营建宅舍，或小遭疾厄，皆云犯土。故道家有谢土司章醮之文。"李诩《戒庵老人漫笔·辟谢土》："今人之有疾患，卜者辄曰其家动土，土神为祟。乃召师巫，烹鸭以为牲，粉米以为果，设供焚楮以禳之，名曰谢土。"顾张思《土风录》卷二："《东观汉记·钟离意》'出奉钱，使人作市屋，既成，谓解土，祝曰……'案，即今所谓谢土也。"

谢土，源于人们对土地的崇拜，《易·坤》云："坤厚载物。"万物由土地中获得生命，互相依凭，和谐生存。人们感谢土地的恩德，敬畏土地。其实，人们对土地的诚敬，从早于谢土的"破土"中就体现出来了。无论是营建房屋，或是修建道路，都被认为是对土地的破坏，因而，至今在吴地农村动工前必须要举行"破土"仪式，希望得到土神的谅解和庇佑。

【上门不见土地】

土地，即土地神，俗称"土地公"，简称"土地"。土地神，古代也称为"社神"。应劭《风俗通义·社神》引《孝经》曰:"社者,土地之主,土地广博,不可遍敬,故封土以为社而祀之,报功也。"在南方地区普遍奉祀土地公。"土地"的职责是守护一方土地,保一方平安,故在民间习俗中,常把一个地方的长官也称为"土地"。也有把一家之主比作"土地"的。"上门不见土地",意思是说到了某地找不到要见的人或主人不在家。吴趼人《糊涂世界》第六回:"你说的好,终年上门不见土地,怎样好呢?"

【行春桥土地——虚恭敬】

苏州地区的谚语,指对人假客套,无实惠。行春桥,今苏州上方山下石湖北尾处的一座石桥。旧时,有一土地庙在桥西。此处是人们去上方山祭拜的必经之处。由于庙小,故不是当地人主要祭拜对象,但又在其前方经过,所以经过时,只是拱手行拜礼,无特别的祭品与祭祀仪式。莫震《石湖志·梵宫》:"盖庙当要路,人往上方祭赛者,必经由于此,携壶挈榼,皆拱手作礼而过,其实无一物以献也,故谚云然。"

【火神素】

农历六月二十三为火神生日,民众于是日祭祀火神,或在这天持斋吃素,以祈求火神消灾降福,称"火神素"。苏州火神庙由申时行建于明万历年间,地点在清嘉坊东。直到民国年间,祭祀火神之风在苏州依然非常盛行,城乡居民多于火神生日赴玄妙观内至火神、雷祖两殿进香。关于火神,有不同的记载。《国语·周语上》"回禄信于聆隧"韦昭注:"回禄,火神。"《山海经·海外南经》:"南方祝融,兽身人面,乘两龙。"郭璞注:"火神也。"

【雷斋】

吴地谓农历六月二十四为雷神生日,为尊奉雷神吃的斋,叫"雷斋"。"雷神"在神话中主管打雷,俗称"雷公",其传说起源较早,《山海经·海内东经》:"雷泽中有雷神,龙身而人头,鼓其腹。在吴西。"

道教中认为六月为九天应元雷声普化天尊显化之月,故许多崇奉雷祖的信徒,从六月初一开始,一直到六月廿四结束皆茹素不食荤腥,虔诵雷经。苏州城中的玄妙观雷神殿与阊门外的四图观有雷神像,每逢雷斋期间,香火鼎盛。苏州地区旧时持雷斋者甚众,以至这段时间,苏州的屠户只好停业,行内叫"歇夏"。而六月二十五又为雷部辛天君诞辰,故有些虔诚的信徒，还特地延后一天，一直到二十六日方才开斋食荤，几乎一整个月都在茹素，所以六月也被称为"雷斋月"。苏州民间流传有"雷斋素期满——开荤"的歇后语，说的就是此俗。开荤这一天，观前街上玄妙观斜对面的松鹤楼菜馆会顺势特别推出一道时令面点——卤鸭面，因此，还有句歇后语叫"雷斋素开荤——卤鸭面"。旧时此风俗颇盛，苏州周边上海、无锡等江南各地奉行雷斋的信徒数量很多。

【接雷素】

与"雷斋"相关，但有不同，指"闻雷茹素"。"雷斋"是固定地在雷神生日这段时间吃素。而"接雷素"无固定日期，但凡听到雷声后，即使已经准备好了鱼肉肴馔，也要换成素食。顾禄《清嘉录》"雷斋"条有载。

【松花会】

指农历六月的求雨活动。顾禄《清嘉录》："盖此时农民望泽孔殷，如久晴，则立竿制纸旗以祷雨。街坊小儿出松花会，呼曰'小儿求雨天欢喜'……钱思元《吴门补乘》亦载松花会之俗，会中之人皆曳草鞋。"同治《苏州府志·风俗》也有记载。江南水稻生长需要充沛的雨水，旧时，人们认为龙是掌管雨水的神，一旦遇到干旱，就要向龙王求雨。官府出告示宣布断屠，请道士斋醮，抬龙王神像巡游。苏州评弹《钱笃笤求雨》中就有关于求雨场面的形象描绘。

【扫晴娘】

亦称"扫晴妇"。旧俗久雨求晴时剪纸做成的持帚女形，扫土，以土克水驱散云雨。或谓纸人须颠倒，足朝天，头朝地，用线悬于廊檐下，等天晴，将扫晴娘焚去。赵翼《陔馀丛考·扫晴娘》："吴俗，久雨后，闺阁中有剪纸为女形，手持一帚，悬檐下以祈晴，谓之扫晴娘。按元初李俊民有《扫晴妇》诗'卷袖搴裳手持帚，挂向阴空便摇手'，其形可想见也。俊民泽州人，而所咏如此，可见北省亦有此俗，不独江南为然矣。"

【斋田头】

指中元节在田间十字路口祭祀田神，以祈祷家人平安、秋天丰收。祭品一般用米粉团子、瓜果、蔬菜等。韩愈《游城南十六首·赛神》诗云："麦苗含穟桑生葚，共向田头乐社神。"可见，田神是社神地祇的一个变形。也有的地方在元宵节时去田间祭拜土地公公，有竹枝词曰："新春田边摆供品，全家忙着斋田头。土地公公多保佑，只盼花稻好丰收。"

【金饭箩】

苏州地区流行的一种祭祀物品。吴地相传八月八日为八字娘娘生日,八字娘娘盖北寺娘娘之讹,苏州话里"八字"与"北寺"同音。北寺塔位于苏州古城内北部,寺的正名是报恩寺,又称通玄寺。陆广微《吴地记》:"通元寺,吴大帝孙权(母)吴夫人舍宅置。"范成大《吴郡志·府郭寺》"报恩寺"条也说:"即吴先主母吴夫人舍宅所建通元寺基也。"吴大帝孙权的母亲吴夫人逝世前,决定将她的住宅捐作佛教寺庙,苏州人也没有忘记这位吴夫人,在宝塔的第三层塔心方室的北墙上一个小龛内供奉着她的石像。虽历经战火,但此寺香火一直不息,成为苏州的名刹。娘娘生日这天香火尤盛,吴中老妇人多于此日将装满草锭的小竹箩以金纸糊之,两箩对合封固,上书某门某氏姓氏,焚化于殿庭,名曰"金饭箩",据说如此能保来生富足,稻谷丰登,饭箩充盈。故某人有财运,能富贵,即谓之有"金饭箩命"。"金饭箩"略似官话方言中的"金饭碗"的寓意。

【上方山阴债——还弗清】

形容欠得太多,不容易还清。阴债,是源自道教的说法,指人投胎转世前,会向阎王殿借一笔钱,转生阳世后可过好日子。因为借的是阴间的钱,所以谓之"阴债"。借了之后,在阳间要还此债,还了可得福佑,不还则厄运连连。

但"上方山阴债"不同于一般的阴债。因上方山上楞伽寺中供奉的是五通神,五通神又名五显神、五道神、五路神,等等。文献资料显示,五通神当起源于佛教。叶庭珪辑《海录碎事》卷十三下载有施肩吾的诗句:"五通本是佛家奴,身着青衣一足无。"佛经中的"五通神"本指具有五种神通的人,分别是神足通、天眼通、天耳通、他心通、宿命通。"五通"并非是最高境界,因为他们还没有第六通"漏尽通",没有摆脱生死轮回,彻底觉悟。佛教中"五通神"有许多的缺点,是一个反面形象,如藏宝、易被女色诱惑,等等。而道教的丹道也有"五通"概念,如陶弘景《吴太极左仙公葛公之碑》说:"吴初,左元放自洛而来,授公白虎七变、炉火九丹,于是五通具足,化遁无方。"故"五通神"被引入道教后,与道教中丹道的"五通"概念相融合。此后,"五通神"主要以道教神仙角色在中国流传。

隋唐以来,南方地区已为"五通神"立庙。徽州婺源的五通庙一般被视为祖庙。从早期文献记载看,"五通神"以灵怪著称。朱熹《朱子语类》卷三:"某一番归乡里,有所谓五通庙,最灵怪。众人捧拥,谓祸福立见。"不过佛教经典中的记载化为其神格的一部分,故官方多视其为"淫祀",曾多次禁毁。因佛教原始"五通神"曾藏宝,又生成"五盗神",谐音"五道神",再同义换用成"五路神"或"五路财神",掌钱财。"五通神"曾受淫女迷惑破戒而失去神通,故而其神格又有奸人妻女的特点。因佛经中有"一角仙人",故又糅合成"一脚五通"。又因传说南方山魈也是一脚,所以"五通神"又融合了山魈的特点。洪迈《夷坚丁志·江南木客》:"大江以南地多山,而俗機鬼,其神怪甚佹异,多依岩石树木为丛祠,村村有之。二浙、江东曰五通,江西、闽中曰木下三郎,又曰木客,一足者曰独脚五通,名虽不同,其实则一。"

民间又有"五圣"的说法,传朱元璋为了抚恤阵亡将士,批准五个亡灵为一伍,封为"五通神"。钮琇《觚賸·吴觚上》:"旧传明祖既定天下,大封功臣,梦兵卒千万罗拜殿前……高皇曰'汝固多人无从稽考姓氏,但五人为伍,处处血食,足矣'。因命江南家立尺五小庙,祀之,俗称'五圣祠'。"然此说根据不足。

关于苏州上方山五通庙,朱逢吉《游石湖记》载:"唐因建梵宇曰楞伽,后立浮屠……前辟小殿,列为神像者五。"可见,唐时已有小殿供奉五通神。杨维桢《游石湖记》:"回舟泊行春桥下,换舆登上方五王祠,少歇楞伽寺。"卢襄《石湖志略·梵宇第八》记其规制:"门内因山势为殿二重,其前为观音,后为五通,两翼亦各有神宇,岁时禳赛不绝。"叶方标《上方山记》:"中享殿三楹,位五方神,后楹祀大士。相传神原发祥于泗州,迁于楞伽,由大士致也。司香火者,黄冠与白足俱半,悉憨而肥。"五王祠就是五通庙,先由僧人管理,后来道士也参与其中。"五通神"传至今日,糅合了诸多的神格特征。

旧时,上方山最著名的民间信仰活动是"借阴债"。所谓借到阴债,并非真从五通神庙中借到了钱,而是指五通神会暗中相助,使祭拜者财运亨通。如果真发家致富了,须每年农历八月十八前后担着香烛,甚至弄了整船纸钱,去烧香"解钱粮",以向五通神偿本付息,而且不是还一两次愿就可以了,是要还一辈子愿,甚至子孙也要继续祭祀。否则可让人一贫如洗或妻女将有奸淫之事,等等。因此,通过"五通神"借的阴债,当然是很难还清的。久而久之，就产生了"上方山阴债——还不清"这一歇后语。

　　这种借阴债活动十分荒诞，因此历史上也屡遭查禁。其中影响最大的就是康熙二十三年（1684）汤斌任江宁巡抚时上疏奏毁淫祠，随后大破五通神。然而，单单摧祠毁神无法杜绝迷信活动，五通神像屡毁屡建。上方山民间信仰活动作为一种文化现象，其"荡民志，耗民财"的迷信内容应该摒弃。如今，苏州大力开发其游石湖、看串月和作为庙会集市活动的积极内容，使其成了内涵丰富的健康民俗活动。

【五风生日】

　　苏州太湖地区的民间信仰，农历十月五日为五风生日，此日有民俗活动。李诩《戒庵老人漫笔·五风生日》："太湖中渔船，以十月初五日为五风生日，聚舟杀牲合祭散福，饮酒极醉，狂噪争斗，各船互相惊搅，则以为有鱼之兆。"顾禄《清嘉录》引陈晦伯《天中记》："吴俗，以十月五日为五风生日。太湖渔者千余家，飨濑湖诸神祠，祈是月有风。每五日如期而至，终岁皆然，可以扬帆捕鱼，谓之五风信。"千百年来，太湖渔民世代操舟为业，捕鱼为生，他们主要依靠"风"作动力牵捕，故对风信自然十分关切。《吴风节俗·冬》对此有详细记载："每年农历十月，小雪前几天，太湖流域开始刮起西北风，而且每五六天就要大作一次，太湖一带的乡间称其为'五风信'，并且将十月初五作为'五风'的生日……五风信是天气转凉的信号。一般人家要开始准备御寒过冬，太湖渔民却在期待着风信的到来……'三季靠一冬'，这是捕捞的黄金季节，但只有风，才能给这些'远若浮鸥，近如山涌，冲风驾浪，见者胆寒'的'千斛渔舟'带来巨大动力。五风信的到来，才能让渔民扬帆捕鱼，得到'日进斗金'的丰收。对太湖渔民来说，到了五风生日这一天，大家要到岸边的神庙里去祭祀菩萨，希望风信如期而至。他们在祷神时，口中还会念念有词'大树连根起，小树着天飞'。祭神过后，渔民们便开怀畅饮，相互嬉戏争斗，以为这是有鱼之兆。有些渔民还会驾六桅船，在湖上等待着风信的到来。"

【祭山猪】

　　吴地百姓一般豢猪于栏圈中，年底宰杀出卖，以备年节祭祀、肴馔之用，这样的猪肉叫"冷肉"。有时，宰杀的猪，先用于祭祀山神，再卖于人，这样的猪即称为"祭山猪"，更受欢迎。屠户送到买方家中，叫"送元宝来"。据文献记载，宋代时已经出现年节宰杀家猪祭神的仪节了。陆游

《岁未尽前数日偶题长句》之二:"釜粥芬香饷邻父,阑猪丰脂祭家神。"

【短头素】

指在某些特定月份或日子里吃素,有别于吃长素。佚名《生绡剪》第十三回:"他虽是打铁之人,却是为人致诚向善。夫妻们都吃些短头素,肯做些好事。"又作"短头蔬"。清溪道人《禅真逸史》第六回:"又读道'斋必变食,饭蔬食饮水'。这不是吃短头蔬,苦行修行?"

【吃素碰着月大】

吴地谚语。阴历大月三十天,小月二十九天。吃一个月的素,但碰到大月,所以要多吃一天,也就是要多忍耐一天。比喻不凑巧,很倒霉。

旧时斋戒吃素一般分五种情况:第一种,每月初一吃;第二种,每月初一、十五吃;第三种,每月初一、十五,再加一整月(一般是二、六、九三月中的任意一月);第四种,每月初一、十五,再加二、六、九三个整月;第五种,吃长素,即全年都茹素。吃素碰着月大,是就第三种情况来说的。

关于此语来源,还有一说:除了斋戒吃素,旧时穷苦百姓平日里也以吃素居多,甚至吃了上顿没下顿,若是碰到大月,那么原本捉襟见肘的困苦日子越发难挨,所以"吃素碰着月大",也有雪上加霜的含义。

【回头香】

旧时,苏州地区百姓要在年初往城隍庙以及本乡本村的土地祠进行烧香,一般要烧满十座庙,然后回到家中,在家中堂前点香供奉诸神;或去别处烧香,归来后再到本地庙宇烧香,谓之"回头香",顾禄《清嘉录·烧十庙香》有载。此俗在本地一些地方仍存。"回头香"还有一含义,指亲人亡故后,亲属要到城隍庙或本乡本村土地庙烧香,也称"回头香"。有的地方烧此香在夜间从后门进入大殿,烧纸后,摸着每根殿柱转一圈,传说这样可以避免亡者被锁在柱子上受罪。有的地方是在火化回丧后即刻到当地土地庙烧香烧锡箔,据说刚去世之人的魂灵会暂押在土地庙,待土地神核实后押上黄泉路,故此时烧香有请土地神照顾的意思。这一过程也叫"上庙"。

【福礼】

吴地指祭祀所用的牲物礼品,一般用全鸡、全鹅、猪肉(或猪头),也叫三牲福礼。冯梦龙《古今小说》第三十八卷:"连忙请一个塑佛高手,塑起任珪神像,坐于中间,虔备三牲福礼祭献。"钱彩《说岳全传》第三十九回:"岳飞叫人下山,拿我营中兵去,当作福礼祭旗,可恨可恼!"鲁迅《彷徨·祝福》:"到年底,扫尘,洗地,杀鸡,宰鹅,彻夜的煮福礼,全是一人担当,竟没有添短工。"祭神完毕,把祭品分送亲戚朋友,称"散福"。冯梦龙《醒世恒言》第二十六卷:"到次日,夫人将醮坛上牺牲诸品,分送三位同僚。这个叫做'散福'。"李诩《戒庵老人漫笔·五凤生日》:"太湖中渔船,以十月初五日为五凤生日,聚舟杀牲合祭散福。"

【插蜡烛】

传统祭祀用的蜡烛一般都很粗大,烛芯用苇秆制成,都是中空的,所以烛台上端也都有突起的蜡签,用来插入烛芯中,以便固定。现用"插蜡烛"形容人站着不动或车船中途出故障动不了。茅盾《故乡杂记》:"触霉头格轮船!半路上插蜡烛!今朝到埠勿过七点钟,算我的东道!"

【出会】

苏南地区旧时民间迎神赛会习俗,是将地方神仙坐像抬出游行,以祈祷国泰民安风调雨顺。有抬城隍出会,有抬龙王出会,等等。如"抬城隍"出会,将城隍尊为守护城池之神,在每年农历三月、五月、十月的祭城隍之际,制作彩轿,由四人至八人抬城隍及二位娘娘的座像穿城过街,轿前有金瓜、钺斧、"肃静""回避"等兵仗和牌面,一般还有道锣、鼓乐等。若干善男信女在轿旁护驾前行,后随者还有抬香炉、小堂名、踏高跷、荡湖船等。城隍或其他神有时要被抬进周边各村庄巡游,各村要搭建一个临时的"行宫",并推选地方领袖人物或优秀人士担任迎送的职司。迎接之人一般要穿长衫、马褂,腰束绸带,头戴草帽,足蹬缎鞋。然后一手握清香,一手拿十门红帖,迎接跪拜将十门红帖呈递时要大声朗诵:"某某乡某某村,某某里土地,某某大王界下,某某率领众姓人等恭迎……降临下土,诚惶诚恐,叩求俯赐收灾降福,驱瘟逐疫,人口平安,风调雨顺,五谷丰登。"然后护驾人中走出代表立在神尊旁,代神答话:"本官代天巡狩,所到之处,风调雨顺,人口平安,五谷丰登,田蚕茂盛,尔等下界黎庶,安居乐业,各守本分,行善积福,有厚望焉!"载有神尊的轿子就停在行宫里,接受地方祭祀并善男信女参拜。

许多反映吴地生活的作品中对出会的民俗都有记录。钱泳《履园丛话·笑柄》:"每当三春无事,疑鬼疑神,名曰出会,咸谓可以驱邪降福,消难除蝗,一时哄动,举邑若狂,乡城士女观者数万人,虽有地方官不时示禁,而一年盛于一年。"王浚卿《冷眼观》第六回:"我有一天,刚挑了一担柴进城叫卖,走到那一带红墙的庙宇左近,忽然遇见出会,我就放下担子,斯斯文文的在那里站着,想让会过去再走。"

苏州城乡的出会活动很多,除了著名的"三节会"(指清明节、七月半和十月朝三个节日所举行的庙会)之外,还有穹窿山解饷会、观音山香会、齐门外圣贤会、西津桥何山会、虎丘西山会,等等。出会队伍中,除了神像的仪仗之外,还有各种民间杂技、文艺表演,本意是娱神,而事实上真正得到娱乐的是广大民众。因此,剔除迷信内容,出会作为一种民俗活动,至今仍受群众欢迎。政府也利用这种形式来开展经贸、文旅活动。苏州虎丘每年都举办金秋庙会,观众不仅可欣赏庙会文化的精华,也可领略民间艺术的风采。

【吴趋坊看会——老等】

吴趋坊是苏州一条古街,位于古城景德路黄鹂坊桥西堍北侧,南起景德路,与学士街隔第一直河(学士河)并行,北至西中市皋桥西堍。巷内多名人故居。吴趋坊的得名源于古代吴人歌唱吴地风情的《吴趋曲》,晋代文学家陆机有《吴趋行》,描述了吴郡建筑雄伟、物产丰富、风俗淳厚、人才荟萃的盛况,其中有"四坐并清听,听我歌《吴趋》"句。后《吴趋行》成为乐府杂曲的经典,南朝梁元帝、明代高启效法陆机,均有同名《吴趋行》问世。"吴趋"一词遂著名,被借用为坊名和巷名,在历代苏州地方志中有载,如陆广微的《吴地记》、范成大的《吴郡志》,等等。历史上,"吴趋"一词也作为吴地、苏州的别称。上述陆机、高启等所著《吴趋行》皆吟咏吴地风土人情,清代姚承绪的《吴趋访古录》也是以其时苏州府属各县的山川风物、历史人物为歌吟对象。

旧时苏州庙宇众多,经常举行迎神赛会,每年的春夏之交,苏州各乡竞相出会,其中,以"三节会"最为盛大,这三个节日的庙会十分隆重,而清明节的庙会为最。在此节日中,苏州城内的城隍老爷和几十个土谷神像,都要抬到虎丘二山门内的"郡厉坛",接受祭祀。出会时,有着盛大的仪仗队,道旁观者如堵。吴趋坊是一条主要街道,是仪仗队必经之地。仪仗队进入吴趋坊后,都要认真地进行一番表演。因此,为了能看个清楚与完整,看庙会的人很早就在那里等候。看会的人由于去得太早,要等很长时间,日久经年,就形成了一句谚语:吴趋坊看会——老等。

二、佛教信仰的民俗化

佛教自汉代由印度传入我国后,就开始了它"中国化"的演变进程。佛教的中国化对传统民俗文化产生了深远影响,中国文化不仅接受了佛教理论,还接受了各种礼佛的仪式。这些崇奉佛教的礼节有的成为民间固定的节日,逐渐融入传统风俗中。人们在节日期间,于镇集或寺庙组织集会,举行各种仪式,这些仪式虽比不上国家组织的盛大法会,但也成为民间礼佛的重要活动。百姓在日常生活中,也会通过拜菩萨烧香来求福消灾。

【和佛】

拜佛。和,和南。佛门称稽首、敬礼为和南。范濂《云间据目抄》卷三:"有十二人奉白莲教者,往海上和佛。"

【观音素】

苏州地方的佛教习俗。即自农历二月一日开始持斋,至十九日观世音菩萨生日为止,称为"观音素",亦指自农历六月九日至十九日(观世音菩萨成道日)间的持斋。观音素始日,信佛士女聚集殿庭炷香,或施佛前长明灯油,以保安康。民国《吴县志·舆地考》:"十九日观音诞,僧尼建佛会,妇女炷香膜拜者尤众,自二月朔持斋,至是日止,俗呼观音素。六月、九月亦如之。"类似这种非全年吃素的情况,又叫"吃花素"。

【观音斋罗汉】

这里"斋"为动词,施舍饭食。观音只有一个,而罗汉有十八、五百等好多个。以一个应酬多个,比喻吃亏或难以承受。

【地藏灯】

【狗屎香】

苏州俗以农历七月三十日为地藏王菩萨生日,旧时于此日往开元寺酬愿烧香。妇女烧香时并有"脱裙"的习俗,这个裙用红布或红纸做成,穿于身上再脱下它,传说可免生育上的厄运。同治《苏州府志·风俗》:"七月晦日为幽明教主诞辰,妇女群集开元寺烧香、脱红布裙,谓'免产厄'。家家门首点地灯。"幽明(冥)教主即地藏王菩萨,其生日黄昏,家家户户点香烛于庭院四角，门旁阶前，称作"地藏灯"。这一天的灯是用各色纸剪成荷花瓣形状，粘碗口一周，碗中置一只酒杯，燃以灯芯。顾禄《清嘉录》"地藏王生日"条引蒋元熙《地藏镫》诗："金仙转劫降东瀛，教主偏从晦日生。一点禅镫分宝焰，顿教黑地尽光明。"

在苏州，七月三十日晚上所烧地头香，也称为"狗屎香"。顾禄《清嘉录》："晦日为地藏王生日……昏时……儿童聚砖瓦成塔，烧赆琥珀屑为戏，俗称'狗屎香'。"还有一种说法认为是用烧地头香的形式祭祀张士诚。周振鹤《苏州风俗·岁月》："七月卅夜，比户插香烛于阶下，曰烧九思香，盖纪念张九思士诚者也。"因张士诚字"九思"，也有说其乳名为"九四"，而"九思（四）"与"狗屎"古音音近，"烧九思（四）香"就喊成了"烧狗屎香"。又谓百姓恐触犯明王朝，就以"九思（四）"的谐音托名"狗屎香"。

元末，天下大乱，群雄割据，盐贩出身的张士诚举兵占领江南平江城（今苏州），自称吴王。张在苏州期间，主张增收减税，因此颇得民心。后来，朱元璋为统一天下举兵南下。至正二十七年（1367）七月朱元璋率军攻占平江，张士诚被俘，解至金陵（今南京）后自缢身亡。张士诚墓位于斜塘盛墩村，面积三亩有余，墓冢封土高出农田约一米。墓前原有民国时期吴中保墓会所立"张吴王墓"碑，墓西原有张王庙，现已不存。苏州人一直感怀昔日张士诚轻徭薄赋的仁德，于是每年七月三十日托名为地藏菩萨烧香，实际是烧"九四香"。

【放焰口】

佛道都以为如果人生前悭吝，则死后成饿鬼，其体形枯瘦，咽细如针，口吐火焰。焰口，即指饿鬼。佛道都有对饿鬼施水施食、救其饥渴之苦的仪式，称为"放焰口"。旧俗每逢七月十五中元节，在晚上，请僧道诵经，并用面食、瓜果等祭祀鬼魂，祈求消灾。吴歌《五姑娘·阿天受难》："俉明朝请仔和尚道士放台焰口，超度俰格亡魂念经带拜忏。"鲁迅《朝花夕拾·琐记》："所以每年七月十五，总请一群和尚到雨天操场来放焰口。"又，《准风月谈·新秋杂识（二）》："街头巷尾，处处摆着桌子，上面有面食、西瓜……还有一桌和尚……这是在放焰口，施饿鬼。"

【撞木钟】

撞木头做的钟，声音不响。吴语、冀鲁官话、西南官话中比喻瞎碰、做没有效果的事。弹词《玉蜻蜓·庵堂认母》："一点线索也没有，瞎撞木钟，撞煞也没有用场。"李伯元《官场现形记》卷二十五："不是你老弟的事，我也没有这大工夫去管他。叫他去撞撞木钟，化了钱没有用，碰两个钉子再讲。"

另有一说，"木钟"是"章"字之音转，"撞木钟"用以指做样子来欺诈蒙骗。翟灏《通俗编·器用》："《汉书·百官志》'将作大匠属官有主章'。师古注曰'今所谓木钟者，盖章音之转耳'。按，是唐有木钟之官，今以假借官事欺人曰'撞木钟'。"吴敬梓《儒林外史》第二十三回："牛浦三日两日进衙门去走走，借着讲诗为名，顺便撞两处木钟，弄起几个钱来。"吴趼人《二十年目睹之怪现状》第四十六回："这一回那藩台开了手折，不知怎样，被他帐房里一位师爷偷看见了，便出来撞木钟。"

【敲木鱼】

木鱼是佛教的法器，和尚念经时要敲木鱼，除了在赞诵时有整合声调节奏的作用之外，也有警策自己要勤修用功的深层涵义。但普通人听来声音连续单调，故在江南地区又引申指不停地在耳边唠叨。

【拣佛烧香】

苏州地区一般不用"挑""选"，而说"拣"。此语指在众多的佛中，挑着去烧香，而不是无差别地一致供养。借以比喻厚此薄彼，多指挑选对自己有利的人进行讨好，趋炎附势。寒山有诗："择佛烧好香，拣僧归供养。"张南庄《何典》第一回："既到这里，岂可拣佛烧香？"潘慎注："拣佛烧香，往往用作待客偏轻偏重的讥刺。"

【烧香望和尚，一得两便】

指做某一件事，顺便又做了另一件事。比喻一举两得。徐珂《清稗类钞·苏州方言》："烧香望和尚，烧香自须入寺，寺有僧，既礼佛，自可顺便访僧，喻人之一事可兼二事也。"铁汉《临镜妆》第七回："这会儿因洪抚台为他夫人在莲花寺打水陆，一则来是至亲，不得不去走一趟，二则来也好趁便去庙里烧香。"可庵评："谚云'烧香望和尚，一得两便'。"有时也说成"烧香望和尚，一事两勾当（一事两个当）"。张南庄《何典》第二回："村中那些大男小女，晓得庙已起好，都成群结队的到来烧香白相。正是烧香望和尚，一事两勾当。"夏友梅《"三状元"争聘记》："高大伯是烧香望和尚——一事两个当，既是聘人才，又是招女婿！"

【香火赶出和尚】

香火，庙宇中照料香火的人，即庙祝。有和尚才有香火，香火把和尚赶了出去，借喻反客为主。曾朴《孽海花》第七回："别听效亭胡说！这是船主人，我们不能香火赶出和尚，不叫别个局，还是清局一样。"滑稽小戏《王小二过年》第一幕："倒好格，香火赶出和尚，格是我格屋里，哪叫我走？"

【断头香】

断折的线香或棒香。俗谓以断头香供佛，来世会得与亲人离散或断子绝孙的果报，所以百姓就用断头香比喻离散或者是绝嗣。王仲文《救孝子》第四折："可着我半路里孤孀，临老也还行绝命方；一家冤障，莫不是我前生烧着什么断头香？"这出戏主角没有子嗣。王实甫《西厢记》第一本第二折："若今生难得有情人，则是前世烧了断头香。"说的是和情人不得团圆。洪昇《长生殿》的第三十二出中有李隆基哭杨玉环的话："今日呵，我在这厢，你在那厢，把着这断头香在手添凄怆。"这里也是指离别。

【地狱在阳间】

地狱，佛教指人生前作恶，死后到阴曹地府受酷刑的牢狱。阳间，人世间。指作恶的人，当世就会受到报应惩罚。王有光《吴下谚联》卷三："先王明罚，律戒三千；地府惩奸，狱称十八。苟且偷生于世，不知获罪于天，谓狱在阴司，谬也。"也作"地狱在阳间，好佛住后殿"。王中文《将军舞》第六十九回："人们也常说，'地狱在阳间，好佛住后殿'。你什么都明白，舍地狱，住佛殿，和我志气不同。"

【好佛住后殿】

意思是指寺院里地位最高、最神灵、最壮观的佛像都在最后的殿堂里，道行高深的佛不与其他的佛争享受。比喻品质好的人不与人相争，或好的东西出现得晚。王有光《吴下谚联》卷三："鬼、神、仙、佛，当初各有专祠，近来僧道贪饕香愿，将血食诸神，杂塑庙中，统名之为佛。有索香烟者，有索祭献者，有索元宝、彩缎者，遂其意福之，不遂祸之……此等皆非好佛。惟是如来、释迦、伽叶、观音、三官等佛，无所需索，善男信女，以一炷清香进之，亦纳，不进亦无计较。此是好佛。但初入庙时却不及见，进而入于后殿，乃睹金容静穆，端坐莲台，若曰'吾宁住后殿，不欲与诸神争取香烟、祭献、元宝、彩缎等物也'。素史氏曰，此其所以为好佛欤！"

【妆一佛像一佛】

比喻学一行像一行，做什么事情都能像个样。冯梦龙《醒世恒言》第三十八卷："铺内一应什物家火，无不完备。真个妆一佛像一佛，自然像个专门的太医起来。"

【豆腐水做，阎罗王鬼做】

阎罗王，是我国民间佛教信仰中阴曹地府的最高统治帝王，统领阴间十八层地狱，但他地位再高，也不过是个鬼。比喻某人虽然看着了不起，但其实也只是普通人而已。

【四金刚腾云】

喻事情落空，或脱离实际。四金刚，佛教又称护世四天王，分别居于须弥山四垂，各护一方，旧时寺庙山门两旁多有塑像。徐珂《清稗类钞·苏州方言》："四金刚腾云，腾云，则足不着地，喻事之脱空不能有着落也。"也更形象地说成"四金刚腾云——悬空八只脚"，来强调人们所想与所能做的与现实差距遥远。弹词《玉蜻蜓·沈方哭更》："沈君卿做了巡按，船到常州文武官员都要送礼拍马屁，连驿官也要拍马屁，俚这种小官哪哼拍得上，真是四金刚腾云——悬空八只脚。"

【夹和《金刚经》】

比喻东西杂七杂八混在一起，也用来比喻胡说八道。徐珂《清稗类钞·苏州方言》："夹糊《金刚经》，糊，面糊，所以粘物也。《金刚经》中夹有面糊，喻事之混杂也。"也可简说成"夹和《刚经》"。

【师姑堂里晾尿布——阴干】

师姑，即尼姑。洪楩《清平山堂话本·快嘴李翠莲记》："夫家娘家着不得，剃了头发做师姑。"师姑堂，就是尼姑庵。尼姑庵里不应有孩子，当然不应晾尿布。所以，有了尿布不能拿出来晒太阳晾干，只能放在屋里自己干，这是"阴干"的字面意思。苏州话中"阴干"也比喻对人置之不理，冷处理。类似嘲讽尼姑的歇后语还如"师姑堂里养儿子——众人撑浜"，意谓协助、帮忙。又有苏州童谣《十稀奇》唱道："三稀奇，和尚师姑做夫妻。四稀奇，师姑堂里招女婿。"

佛教作为外来文化，在传入我国后，渗透到各层次的文化中，丰富了我国的民间文化，其对百姓日常生活的影响的深度与广度，我们从语言上也可见一斑。下面这些俗语、谚语、歇后语也都进入了百姓日常生活的交际之中。"弗帮和尚，弗帮道士"，意谓中立，保持公正；"弗怕红面关老爷，就怕抿嘴弥陀佛"，意谓不怕威严之人，就怕笑面虎；"勼吃三日素，就想上西天"，批评人信佛不虔诚，引申为批评人想不劳而获；"勼进山门，就想做当家和尚"，批评人野心太大；"跟仔和尚买木梳"，比喻跟着外行做事，跟错人了；"见仔大佛得得拜，见仔小佛踢一脚"，比喻见了有权势的大人物拍马奉承，见了小人物就欺负；"烧香带倒菩萨"，比喻做事鲁莽；"拉和尚辫子——揢空"，比喻做无用功；"烂泥菩萨跌拉汤罐里——酥透酥透"，比喻人感觉舒服而酥软；"烧香烧拉枯庙里"，比喻做了无效果的事；"弥勒佛戴刘海帽——大弗对头寸"，意谓两样东西差距太大；"阎罗王笃爷——老鬼"，说某人是老手，或做事老练，贬义；"四金刚摇船——大推大扳"，比喻相差很大；"一面孔阿弥陀佛，一肚皮男盗女娼"，形容人表面一套，背后一套；等等。

三、祖先崇拜

祖先崇拜最早来源于原始社会的图腾崇拜。随着社会进程的发展，以及氏族社会的没落，图腾崇拜的痕迹被掩埋，但是对祖先和自己所处的社会组织的深厚崇敬之情并未消失，这种思想惯性随着时代而发展，逐渐演变成一种对祖先的崇拜。祖先崇拜在传统社会中最典型的体现是氏族宗祠的发展。

在中国儒学的观念中，"孝"是重要的美德，即使对已经去世的先人，也要像他们活着时一样的尊敬，即所谓"祭如在"。因此，不同于其他信仰，对祖先的崇拜更多是出于孝道，表现为日常要遵守的行为准则；同时，通过祭祖行为，相信去世的祖先会继续保佑自己的后代。我们在前文第五章有关丧葬习俗中可以看到其承载的深厚的尊宗敬祖的理念和信仰，这里不再赘述。

【拜喜神】

喜神，指用于供奉的祖先画像。旧时人家多于除夕悬挂，以香烛果品茶点供奉，并率家人祭拜，称为"拜喜神"或"挂喜神"。顾禄《清嘉录》："比户悬挂祖先画像，具香蜡、茶果、粉丸、糍糕，肃衣冠，率妻孥以次拜。或三日、五日、十日，上元夜始祭而收者。至戚相贺，或有展拜尊亲遗像者，谓之'拜喜神'。"厉鹗《樊榭山房文集·杭可庵先生遗像记》："古者人子之于亲亡也，为之旗以识之，为之重主以依之，为之尸以祭之。至汉氏以来，乃有画像。虽非古制，实寓生存，遂相沿不能废。"

【过节】

祭祀祖先，一般在某些特定的节日里，如清明、中元节、春节；在乔迁、婚嫁等重要日子也会进行。顾禄《清嘉录》："人无贫富，皆祭其先，俗呼'过节'。凡节皆然。"一年中对祖先的祭祀虽有多次，但年底的祭祖最隆重，过了腊月二十皆可以进行，一般多选大年夜这天的昏时，和吃年夜饭、守岁等活动连在一起。过节时，八仙桌抬开，朝南朝外的一面系上桌帏或铺上红纸，点上香烛。另外三面放上椅子。祭祀范围有三代、五代，甚至几十代，有一个祭祀对象就要放一副盅筷。家中有新亡之人，过节时就要加一副盅筷。所用供品和生人吃年夜饭相同，酒菜俱全。全家以长幼为序，叩头跪拜。

【烧衣节】

十月初一，谓之"十月朝"，又称"祭祖节"。我国自古以来就有新收时祭祀祖宗的习俗，以示孝敬、不忘本，故人们也在十月初一用黍祭祀祖先，有家祭，也有墓祭，南北方都是如此。今天江南的许多地区，还有十月初一祭新坟的习俗。十月初一，也是冬天的第一天，此后气候渐渐寒冷。人们怕在冥间的祖先灵魂缺衣少穿，因此，祭祀时除了食物、香烛、纸钱等一般供物外，还有一种不可缺少的供物——冥衣。在祭祀时，人们把冥衣焚化给祖先，叫作"送寒衣"。因此，十月初一，又称为"烧衣节"。

【触祭】

苏州地区指吃饭，贬义词，詈语。如对某人生气时叫他吃饭则说"触祭哉！"触，指触摸；祭，指祭品。

"触祭"一词与祭祀有关。民间每逢过年、清明等节日都要举行祭祖仪式。祭祀时，在供桌上要放上饭菜鱼肉等，规模或大或小。有的则供整鸡、猪头、水果，等等。这些祭品是供奉给祖先的，让祖先享用，这当然只是一种祭祀仪式。而叫活人"触祭"，意含骂人为"死鬼"，如弹词《白毛女·死里逃生》："吃剩格冷饭冷小菜拨俚触祭点，又勿费啥铜钿格。"

或谓"触祭"本当作"啜祭"。啜,尝、喝。浙江的绍兴宁波一带谓"食祭",义同苏州的"啜祭"。"啜祭"大都用在责怪他人贪吃的场合。苏州有句俗语叫作"头颈绝细,独想啜祭"(嘲笑脖子细的人好吃懒做)。后在口语中"啜祭"又引申出"弄、办、做"之义,如"这桩事体蛮难啜祭",是说事情很难办的意思。

四、巫术迷信

我国民间信仰的神灵体系庞杂,常常不问各路神灵的出身来历,有灵就香火旺,因而体现出鲜明的多元性和功利性特征,带有浓重的非理性的色彩。毛祥麟《对山馀墨·巫觋》曰:"吴俗尚鬼,病必延巫。"旧时巫术迷信、算命卜卦等活动在宗教信仰的外衣掩盖下也曾极为流行。如今,在科学发展观的引导下,这些迷信活动被否定,或已逐渐消失,或其功能内涵发生改变,而只在语言系统中留下它们的身影。

【香头】

有多种含意,可指供奉用的燃香,也可指人。指人时,有时指寺庙中管理香火的头目,有些地方指民间看事治病的巫婆神汉。因地域不同,有的称为香头,有的称为大仙、出马仙等。江南地区的"香头"除指巫师外,还指牵头组织香会的人,即一群烧香人的头儿。曹雪芹《红楼梦》第三十九回:"你就做香头,攒了钱把这庙修盖,再装潢了泥像,每月给你香火钱烧香岂不好?"

【看香头】

旧时请巫师治病之称。此香头即指巫师。壮者《扫迷帚》第十八回:"吴江之东境,与松属之青浦县境,业此者甚多。有称私娘者,此女巫也。大抵借淫鬼陈三太太名以骗利。有看香头、照水碗之举。看香头者,病家遣人至彼住宅,渠观香头而断休咎,妄言某鬼某神为祟,急应如何祈祷,索价较照水碗稍廉。"毛祥麟《对山馀墨·巫觋》:"吴俗尚鬼,病必延巫,谓之看香头,其人男女皆有之。"有凑巧而病痊者则归功于巫,若不见效则谓鬼神不答应,人财两亡。也叫"请香头"。张南庄《何典》第三回:"忙忙的到鬼庙里去请香头,做野团子谢灶,讲只流年算命,又替他发表送鬼。"此俗乃恶习,是迷信活动,当摒弃。

【关亡】

流行于华东地区的一种迷信活动。巫觋通过祭奠作法（吴地谓巫婆作法为"跳马飞"），使亡故人的魂灵通过自身与活着的人对话，江南地区又叫"问死看鬼"。与"跳神"或"跳大神"有些类似。周振鹤《苏州风俗·琐记》："吴中尚左道，有自号能见鬼者，曰'师娘'，亦称'净眼'；常有神祇降附其身，故作颠蹶。有云能摄死魂与生人回答者，曰'关亡'。是等师娘，多奉上方山之五通。"

家中若有人去世，家属出于对亡者的思念，或因做梦、生病等，在过了"五七"后，会请巫觋以术召亡人的灵魂，与之答问，以便了解其在阴间的生活状况，或叮嘱其对生者予以保佑。巫觋在试图与亡魂交接时，多作打呵欠状，或闭目。成功附体时叫"上亡"，或哭或笑，或嗫嚅低语，也可正常与亡者家人进行一些对话。也有不能成功"上亡"的，理由有很多，如亡魂外出不在家，等等。巫觋事实上是代替亡者的身份与其家人进行对话，所以，巫觋进行关亡，多是要约定日期，以提前准备。在不了解的情况下往往语焉不详、故作神秘，或干脆推脱未能遇到亡魂。有些巫觋要求"上亡"后，家属主动呼唤死者称谓，不断对话，以窥测家人的心态与基本状况。家属在惊惧感动之间会主动说出很多信息，巫觋则顺势而为，与之对答。巫觋只有先从人家口里探听相关信息，才能编造假话骗人，故有"关亡讨口气"之说。对谈的具体内容主要有：对死者死因的判断与回顾（这一点若非家属透露或提前打探，一般都猜不中）；对烧化祭奠物品的多少或缺漏的提示（如多烧纸钱，少双皮鞋，少件棉袄，等等）；生前的遗憾或未了之事；对生者梦境的解释；对生者病情的解释；快要离去时，表达对生者的想念。由于巫觋是以第一人称在与家属对话，且声情并茂，故而此时，家属往往心理防线破溃，泪流满面，精神上得到极大安慰。亡魂离去后，巫觋又恢复常人的神态与语调，甚至对亡魂的性格以及附在他身上的感受进行论说。

此类巫觋多由女性担任，故江南地区又称之为"关亡婆"。传说男人阳气重，通灵的本事不如女人，事实上当与传统女性在旧时代生产生活中的角色定位有关。传统戏曲曲艺中对"关亡"有不少经典的表演，能让人一窥其堂奥。长篇弹词《玉蜻蜓》中便有一出"关亡"，可参。

与"关亡"类似的，还有"老爷上身"。菩萨、神像，苏州人也敬称之为"老爷",故如若神附身于"师娘",以装神弄鬼,叫"老爷上身"。评弹《小二黑结婚·小芹抗婚》:"顾美芹从不下田干活,靠老爷上身过日子。她的老爷上身,不是祖传,是自己创始的。"

【叫喜】

此词除了有道喜、贺喜之义外,还特指给病人叫魂,招魂,也说成"请喜"。毛祥麟《对山馀墨·巫觋》:"其术如赴庙招魂,名曰'叫喜'。"梦花馆主江阴香《九尾狐》第六十回:"替他延医服药,看香叫喜,指望他早日就痊,那知误服仙方,竟成不起,往西天极乐世界中去了。"平时也用来指责人大声喊叫、骂人。弹词《白蛇传·投书》:"员外,倷啥大清老早就勒叫喜哉?"

【衔牌】

一种算命方式,要用到小鸟衔纸牌。一般的算命无非是测字、五行、八卦,而衔牌算命时,算命之人便会手中握一小鸟,告知问命之人命数皆在这小鸟嘴上,然后放出小鸟,让它停在一排纸牌之上,由它衔出一张纸牌,纸牌上有字,然后算命人根据字句,对问命之人提出的问题综合作答。这种算命方法当然是一种噱头,小鸟衔牌是驯化的结果,主要依靠对问者的观察来测度。现在已绝迹。

【丢筊】

是一种占卜活动。丢,实应作"揙",有丢、掷之意。筊,是由竹片、木片或玉石、黄铜等制成的占卜工具。占卜时,求问者从上而下将筊掷于地上,解卦者根据筊片的阴阳面和指示方位,来判断所占卜之事的吉凶祸福。苏州评弹《钱笃笤求雨》里的钱笃笤就是一位以"丢筊"为业的算命先生,苏州话里"笤"与"丢"同音,此处"笤"发音特殊,与"招"同音,与"筊"韵母相同,声母相近。"筊"也作"珓"。韩愈有《谒衡岳庙遂宿岳寺题门楼》诗云:"手持杯珓导我掷,云此最吉余难同。"《唐诗三百首》载有此诗,其注引用了程大昌的《演繁露》:"问卜于神明,有器名杯珓。以两蚌壳投空掷地,观其俯仰,以断休咎。后人或用竹,或用木,斫为蛤形而中分为二,亦名杯珓。掷法则以半俯半仰者为吉。"费衮《梁溪漫志·乌江项羽神》载:"绍兴辛巳,敌犯淮南,遇庙下驻军,入致祷,掷珓数十,皆不吉。"古时"丢筊",类似于今之"掷硬币"。

【通关手】

吴地指一种掌纹形式，掌中横纹一线贯通手掌。这是算命手相的一种。有说通关手比较长寿的，也有称性情偏执，不够圆滑，又或谓通关手打人比较疼。陆文夫《有人敲门》："轻点重点都一样，你是通关手。"

【夜啼郎】

吴地谓夜间啼哭不止的小孩为夜啼郎。夜间小孩啼哭不止，迷信者以为孩子受惊失魂，于是写几张红纸，上书："天皇皇，地皇皇，我家有个夜啼郎。过往君子念一道，一忽困到大天亮。"末尾署孩子的姓名和出生年月日，一边唱着一边把纸贴在附近桥栏杆或车棚石柱上，据说过往路人读过后，小孩就能安睡。这当然是一种迷信，此俗目前已逐渐消失，但这首童谣一直流传。

【冲克】

旧时占卜星相术中的迷信说法，以为日辰、五行、生肖等相抵触者为冲，相克制者为克。如子午相冲、金克木、卯兔与酉鸡相冲等，并据此为人推断岁运休咎。也叫"冲犯"。茅盾《春蚕》："阿多现在也变了脸色。他这才知道这女人的恶意是要冲克他家的'宝宝'。"

【六冲】

是十二地支的一种关系，具体来说，子午相冲、丑未相冲、寅申相冲、卯酉相冲、辰戌相冲、巳亥相冲。六冲一般不吉，故而在苏沪一带流传一种迷信说法，认为男比女大六岁，结为夫妻不吉利；而如果女比男大六岁，则更不吉利，叫"倒六冲"。

第二节　民间娱乐

　　民间娱乐活动是人们在闲余时间参与的自我娱乐、自我锻炼的文化活动，是人民群众以自身为活动主体，以娱乐、健身为主要内容，以满足自身精神生活需求为目的的文化活动。休闲娱乐作为人类的一种生活方式和文化现象，在中国传统文化中占有重要位置，形成了丰厚的文化遗产。娱乐活动在古代的文献中有着诸多详细而生动的描绘，我们从大量的文学艺术作品（包括诗、词、歌赋、戏剧、小说、民谣等）中可以看到有关中国传统民俗娱乐活动的多方面信息。

　　苏州经济繁荣，自古就是鱼米之乡、丝绸之都。苏州的繁华，使其在明清时期成为我国产生资本主义萌芽最早的地区之一。繁荣的经济和深厚的文化底蕴，使苏州人对生活有了更高的追求，形成了富有地方特色的习俗。明清笔记小说对社会生活的传神描绘更是向我们展示了那个时代多彩的民间休闲娱乐生活。

　　吴地民间娱乐最大的特点是逢节出游，规模庞大，内容丰富。如清明日虎丘祭城隍、五月端午龙舟竞渡及各地村民热衷的各类迎神赛会活动。庙会是一种集祭祀、娱乐、商贸于一体的民间活动，也是一个可恣意宣泄情感求得娱乐放松的重要场所。从上文"民间信仰"部分我们搜集的语汇中可见一斑，这里不再赘述。

　　一直以来，苏州都是戏曲繁盛之地，更是昆曲和评弹的发祥地。从最初娱神的傩戏到后来娱人的戏曲，这种习俗盛传不衰，看戏听书是苏州百姓主要的娱乐休闲活动。大概苏州人对戏曲太热爱了，"戏"不仅指戏曲，还指街头的杂耍把戏，更出现了很多带"戏"字的俚语，譬如：看白戏（不出钱看戏，看热闹，贬义），壁脚戏（躲在角落，偷听别人讲话），放汤戏（关键时刻前功尽弃），假老戏（事情或东西是假的），压台戏（喻最后出现的事或重要活动），话把戏（指令人耻笑的行为），尖头把戏（阴险害人的行为或心怀鬼胎、善于钻营的人），带脚戏（附带的人或事物），多头戏（多余的事物），尴尬戏（令人为难的状况），饶头戏（指价值不高、临时多加的东西），等等。可见，"戏"字俨然成为名词后缀。

　　本书前文所涉种花养草、探梅赏荷等习俗，寄托着苏州人的精神追求和心灵向往；而斗虫竞技、杂耍游戏等游艺类民俗，同样历史悠久，也是苏州人生活娱乐习俗的重要组成部分。很多传统儿童游戏大多是户外活动，不但可以锻炼各项运动技能，还能在游戏中互动合作，增强与人交往的能力。

　　对苏州人的休闲娱乐活动进行考察，可以帮助我们更好地认识娱乐活动的整体文化功能，这对建设健康文明的现代休闲方式，具有重要的借鉴和启示意义。除了前文所涉的一些相关语汇，我们还搜集了下文这些，从中可以大致了解苏州地区的民间娱乐情况。

一、戏曲说唱

【灯担堂名】

　　"堂名"指旧时江南一带营业性的民间唱曲班子。每班用十岁到十五六岁少年数名，服色统一，有教师管理，专为喜庆之事奏乐、清唱。班子名称通常冠有"福寿堂""荣华堂"等。梦花馆主江阴香《九尾狐》第二十一回："天井里面坐着一班福庆乐堂名，其实就是打山头滩簧一样，在那里调丝弄竹。""灯担堂名"始于清朝末年，因自备一个便于拆卸装箱，搭装后挂灯结彩、十分美观的活动舞台而得名。类似于现代的婚庆公司所从之事。苏州中国昆曲博物馆存有堂名担实物。曾朴《孽海花》第三十二回："第一天的开台酒，当然子固来报效了双双台，叫了两班灯担堂名，请了三四十位客人，把上海滩有名的人物，差不多一网打尽，做了一个群英大会。"

【小堂名】

　　旧时苏沪一带供婚丧喜庆人家雇用的唱曲班子，其中歌手多为少年。李伯元《官场现形记》卷十："他说明要红裙披风全头面，还要花轿小堂名。"韩邦庆《海上花列传》第十二回："倪今朝倒忘记脱仔，勿曾去喊小堂名。喊仔一班小堂名来，也要闹热点哚。"

【青龙戏】

昆班习俗，戏班歇夏后复聚团班，在中元节前后择日祀老郎神演剧。所演之戏，谓之"青龙戏"。袁景澜《吴郡岁华纪丽》载："老郎庙，梨园总局也。凡隶乐籍者，必先署名于庙。庙属权使所辖，以南府供奉伶人，必由权使选取故也。每岁竹醉日（农历五月十三日）后，炎暑逼人，宴会渐稀，园馆暂停烹炙，不复陈歌演剧，谓之'散班'。散而复聚曰'团班'。团班在中元前后，择日祀神演剧。"

【放汤戏】

苏州旧时的戏院，有一老规矩，每场戏演出之前都要闹场，激烈地敲打锣鼓家生，告诉观众演出即将开始，赶快购票入场。而在演出结束前一刻钟左右，戏院会撤去门口的检票员，大门敞开，放任候在场外的人或路过戏院的人进去看戏，这就叫"放汤戏"。因此，每当临近散戏前，总会有许多人候在戏院门前。这些买不起票的人，尽管没看到戏头戏身，看一下戏尾，也算过了一下戏瘾。戏院免费给场外人看一段精彩尾段，表面看来似乎是一种善举，好让穷戏迷过过戏瘾，其实是为招徕更多的观众。后来借"放汤戏"一语指某事已完成了大部分，却在关键时刻没有搞定而前功尽弃。"放汤"一词从放开门禁，任人出入之义，还引申指任其所为，不加管束。如：俚爸妈一走，那是放汤哉。

【豁翎子】

指用眼色、动作或含蓄的言语等暗示、提醒。此词源于昆曲中的"翎子生"，又叫"雉尾生"。翎子生头冠上的两根翎子，上下翻舞，包含着喜悦、挑逗、惊恐、忧虑等种种信息。后苏州话将日常生活中人们之间的暗示也叫"翎子"。如在公共场合，甲对乙使眼色，或踏一脚，或捏一把，叫"豁翎子"；对方如果做出相应正确的反应，就叫"接翎子"。此处"豁"有"抛"的意思。弹词《林冲·野猪林》："薛霸'倷看见啥动静末，咳声嗽'。董超'你看见末，豁个翎子'。"也写作"豁铃子""豁令子"。吴林森选编《吴门才子·唐伯虎画秋香》："一个跪在地上，一个坐在凳上，说话间眉来眼去，打过门，豁铃子，这究竟为了什么？"上海民间故事《奉贤知县荣升》："离开奉贤之前，王采想出了一条好主意，豁令子给奉贤乡绅百姓要大家为他表彰表彰功绩。"

【白鼻头】

原指鼻子上涂抹白粉的京剧脸谱，属丑角。京剧极讲究脸谱的塑造，依据人物性格，脸谱各不相同。每个脸谱有一种主色，构成人物性格特征的基调。白色表示人物性格狡诈，京剧舞台上奸相、奸细等，鼻子上大都涂以白色，故苏州人对刁钻诡诈的小人斥之为"白鼻头"，民间还有"曹操橄榄头，奸细白鼻头"之说。《汉语方言大词典》释"白鼻头"为"工贼，坏蛋，特务"。《上海民歌选》第三辑《传统歌谣·白鼻头呀真可恶》："叮叮笃！叮叮笃！白鼻头呀真可恶。我工作，他监督，不送礼呀壁脚触。触壁脚，老板恶，停我生意心不服。我喝粥，他吃肉，白鼻头呀喝人血。叮叮笃！叮叮笃！打死他呀心满足！"另一说，"白鼻头"为"八鼻头"之误读，吴方言"嘴"音读"主"，鼻孔像"八"字而在嘴（主）之上，喻奴才凌驾主人之上。存参。

【寿星唱曲子】

歇后语，歇"老调"，本指陈旧的曲调，转指陈词滥调，重复啰唆。弹词《西厢记·借厢》："怕俚寿星唱曲子，再嘟一遍，我实在受不了。"苏州话中"调"与"掉"谐音，"老掉"即死亡。郭友松《玄空经》第三回："原来自从他的老男人寿星唱曲子老调后，形影相吊，吃起素来。"也简缩成"老调"。弹词《西厢记·游殿》："全是算命先生害人，说我勿做和尚要老调。"上海有俗语"辫子一翘，就此老调"，也是死亡的意思。

【说书】

苏州人俗称评弹为"说书"。包天笑《钏影楼回忆录·儿童时代的娱乐》："除戏剧而外，苏州最流行的是说书。"评弹包括评话和弹词。评话又称"大书"，弹词称"小书"。从事评弹的演员，不论男女皆称为"说书先生"。演出评弹的场所叫"书场"。评话的内容多为历史故事，而弹词则多为儿女情长的传奇小说和民间故事，两者皆以说表细腻见长，情节离奇，人物刻画入木三分，因而"书"往往拉得很长。苏州人平日里听书已成为习惯，大家都知道"说书"的特点。后"说书"一词用到日常生活中，常用来形容人说话滔滔不绝，信口开河，或夸大其词。

【小落回】

又叫"小乐胃""小乐惠"，吴语指舒适、适意（多指生活方面得到小小的满足）。此词来源于评弹，旧时评弹艺人一回书要一两个小时，尤其是一档独做时,因为时间过长,中间要歇一歇,向听众打声招呼,说"停停再讲"。艺人中场休息这段时间便叫"小落回",一回书全部结束,叫"大落回"。"小落回"的时候,演员观众都可以歇口气,喝杯茶或者吃点点心。这种听间休闲,至为舒服,"小落回"由此成为享受的代称。因苏州城乡都设有书场,听书的人很多,所以"小落回"一语也就传播开来。后来,又因谐音,将"小落回"传成了"小乐惠""小乐胃",语意上也发生了一些改变。如在家炒点菜,喝点小酒,自斟自饮,非常惬意,即可谓"小乐胃"。

【出道】

原是评弹艺界的行话,指艺徒从师学艺有成,可以出师了。苏州最早的评弹行会组织——光裕社曾制定评弹艺人的资格审查制度,凡学成符合条件者的姓名即录入"出道录",类似于今之资格证书。后"出道"一词传播开来,成为日常用语。凡是年轻人学成技艺走上社会,独立谋生,都可说"出道"。梦花馆主江阴香《九尾狐》第二十一回:"漫说我是新出道的,远不能及,即使几个有名的,如李三三、李巧玲、陆昭容等辈,还要逊他一筹。"此词中华人民共和国成立后作为方言不再流行,却在港台地区传播开来,改革开放后又传回大陆,进入普通话。

【滩簧】

旧时流行于江南一带的曲艺名,是中国传统曲艺的一个类别。以五人分生、旦、净、末、丑脚色,用弦子、琵琶、胡琴、鼓板伴奏演唱。所唱亦系戏文,编成七字句,每本五六出。有前滩与后滩之分。前滩移植昆剧剧目,将昆剧曲词加以通俗化;后滩取材于民间花鼓小戏。江南各地的滩簧,多用当地方言演唱,词句、曲调各自有所变化,特别是后滩的曲调多吸收当地小曲,民间音乐色彩浓厚。表演者三至十一人(须为奇数),分角色自操乐器围桌坐唱。范祖述《杭俗遗风》有录。也作"摊簧"。顾禄《清嘉录》:"摊簧,乃弋腔之变,以琵琶、弦索、胡琴、檀板,合动而歌。"钱泳《履园丛话·艺能》中又称作"滩王"。清末以来,各地滩簧大多发展为戏曲,如沪剧、锡剧、苏剧、甬剧等,形成滩簧系统剧种。

【拆空老寿星】

吴语指事情落空或失败、无法挽回。"空"读作"供"。也作"拆供老寿星"。落魄道人《常言道》第五回:"那时正是正月十五日……梦生草堂中，张灯结彩……下面供着两尊别过老寿星、拆供老寿星。"此例采用了"返源"的修辞，有意使用方言俚语的字面本义。徐珂《清稗类钞·苏州方言》："拆空老寿星，喻事之已成画饼也。"王关义《魏良辅改曲·救美》："好不容易收拾过一桌待收拾第二桌时就把一只茶壶盖打落地上碎了，说一声'拆空老寿星'，骂自己是只'白脚花狸猫'。"也简说成"拆空"。民国《嘉定县续志·方言》："俗谓事成画饼曰拆空。空读作贡。"弹词《白蛇传·计阻》："虽然我触过壁脚，飐给他'三个白兰花'，许仙吃了软口汤，一声答应，我拆空了。"

此语据说源于吴地民间滩簧戏《珍珠塔》里的一句台词。戏里，方卿落难投亲，到同里姑父家借银子上京赶考，钱未借到反受姑母方朵花讥讽，只得含愤而走。方卿的姑父陈御史知道后，立即备快马追赶，把女儿陈翠娥许配给方卿。方卿不肯回去，陈御史回府见方朵花正在念佛，就不管三七二十一，把佛台推倒，老寿星一摔两断。方朵花非常心痛，一边哭一边说："这两断头的老寿星叫我怎么供呀，拆供了呀！"后演化出"拆供老寿星"的俗语。

也有说是源于乾隆举办"千叟宴"后为老寿星所塑雕像在一次搬运中跌碎，发现塑像里面是空的，于是有了"拆空老寿星"一语。

【小热昏】

曲种名。旧时流行在江浙一带的一种街头曲艺。原为卖梨膏糖的人作为招徕顾客的一种手段，唱词多以新闻时事、民间故事为题材，演唱时用一面小锣，三块竹板，边敲边唱。长篇叙事吴歌《赵圣关》第一章："阊门角浪围仔人末朊淘成，全勒浪看小热昏勒笃卖梨膏糖。"曲艺"小热昏"有苏州、杭州两派。现在搬上舞台表演的"小锣书""三敲赋"均属"小热昏"。也将行此艺的人称"小热昏"。阿英《年画的叫卖》："过去上海所谓'小热昏'，是最擅长此道的。"也引申指语言妄诞、行为荒唐的年轻人。王浚卿《冷眼观》第十五回："莫说我是无意顺嘴溜的话，就是当真说起的，你要我保他们那一班小热昏是个个能举得孝廉方正，就打从我数起，先是头一个靠不住。"

【宣卷】

元、明、清时，僧徒讲唱宝卷，称为宣卷，是继承唐代佛教讲经说法的传统而产生的一种说唱艺术形式。西周生《醒世姻缘传》第六十三回：

"薛三省媳妇不敢怠慢，随即到了莲华庵中，恰好白姑子不在家里，往杨乡宦宅里宣卷去了。"至清代时成为一种曲艺形式，在苏南一带十分盛行。毛祥麟《对山馀墨·巫觋》："其所最盛行者曰'宣卷'。有'观音卷''十王卷''灶王卷'诸名目，俚语悉如盲词……又凡'宣卷'，必俟深更，天明方散，真是鬼蜮行径。"初始专唱佛教故事，后来渐以演民间传说故事为主，内容多为惩恶扬善。瞿秋白《普洛大众文艺的现实问题》："他们所'享受'的是连环图画，最低级的故事演义小说……时事小调唱本，以至于《火烧红莲寺》等类的大戏，影戏，木头人戏，西洋镜，说书，滩簧，宣卷等等。"阿英《年画的叫卖》："在旧抄本《三百六十行》宣卷里，也曾记录过卖《杨家将》年画的唱词。"

【和调】

指随声附和别人。此词源于宣卷。宣卷时，坐在正中的主宣者带着一定的曲调主讲，每宣讲完一段，两边坐着的人依着曲子的尾声附和而唱，有的地方听众也跟着附和，这就是"和调"。由于宣卷的流行，所以"和调"一词在生活中也经常使用，引申出"无原则地随意附和别人"的意思。朱瘦菊《歇浦潮》第二十一回："振武一言一笑，他们无不随声和调。"

【弗入调】

苏州地区，民间唱山歌、小调十分流行。唱得好听，符合音调，叫"入调"；唱得不好听，走调，俗称"弗入调"。"入调"一词用于日常生活中，指符合某种声腔韵调或做事合乎规矩。沈起凤《文星榜》第十五出："大凡看中子人家单条，原要细吹细打革弄起来，自然入调哉。"叶圣陶《潘先生在难中》："'黄包车！'潘先生很入调地喊。"然其否定形式"弗入调"更经常使用，指做事不按常规，不正派，不正经。鲁迅《书信集·致徐懋庸（一九三五年三月二十二日）》："'弗入调'则北边人不懂的，在南边，恐怕也只有绍兴人深知其意。"也作"勿入调"。韩邦庆《海上花列传》第九回："耐勿入调末，我去教蒋月琴来也打耐一顿。"也作"不入调"。弹词《玉蜻蜓·看龙船》："仔细一看，明白了，原来有的男人在不入调，专在女人中间'做轧'欺侮女人。"

【出把戏】

吴语指变戏法、耍把戏等。旧时，街上有卖艺人用绳子或链条牵着一只猢狲（即猴子），手拿堂锣，边敲边吆喝，把猢狲耍得团团转，表演完毕，或让猢狲托着帽子讨赏钱，或自己讨。这叫"猢狲出把戏"。苏州童谣《板凳板凳歪歪》里有唱："板凳板凳歪歪，里向坐个乖乖；乖乖出来讲张，里向坐个和尚；和尚出来烧香，里向坐个姑娘；姑娘出来看灯，里向坐个猢狲；猢狲出来斗鸡，葫芦头浪出把戏。""猢狲出把戏"也用来讥刺人的丑行。曲艺丛刊《说新书（1）》载中篇弹词《普通党员》："猢狲戴帽子，象煞一个人。今天，我们比如看猢狲出把戏！"也作"撮把戏"。张南庄《何典》第五回："那叫化子便向长袋里拿出一个石臼来，戴在猢狲头上，敲着破锣，那猢狲就戴了石臼撮把戏。"苏州话中还有"断链条猢狲——无收捉（修作）"的歇后语。"收捉""修作"，苏州话同音。无修作，即无法整治、无人管束的意思。因之，苏州人谓小孩过分调皮、爱表现、举止夸张也为"出把戏"。

【木人头戏】

江淮及江南地区谓木偶戏为"木人头戏"，也叫"木头人戏"。木偶戏，是用木偶表现故事的戏剧，是我国传统艺术之一，古代多称牵丝戏、傀儡戏。计有功《唐诗纪事·咏木老人》："刻木牵丝作老翁，鸡皮鹤发与真同。须臾弄罢寂无事，还似人生一梦中。"蒋捷《沁园春·次强云卿韵》："高抬眼，看牵丝傀儡，谁弄谁收？"孙家振《海上繁华梦》二集第二十回："这里有傀儡戏的，俗名叫做'大木人头戏'，做一台不到十块洋钱。"

木偶戏所用的木偶，因表演时多由真人幕后或幕下用线索牵引（北方称"提线木偶"），所以苏州人习称为"牵线木人头"或"牵线木人"。比喻傀儡，自己做不了主。梦花馆主江阴香《九尾狐》第四回："明知上了他的当，然到了这个地位，也教无可奈何，只得耐住性子，做一个牵线木人，让喜娘们牵来牵去。"

【顶石臼做戏】

指花费了很大力气，却没有落下好。石臼，石制的舂米器具。网蛛生《人海潮》第五回："只是我们吃东家的饭，两头受气，天天像倒拔蛇一般和田户争执，结果还是顶了石臼做戏，吃力弗讨好。"又作"戴起石臼跳加官——吃力不讨好"。跳加官，旧时演戏开场前或演出中遇显贵到场时，临时加演的一种舞蹈节目，演员手拿写着"天官赐福""指日高升"等字样的布幅，向台下展示以示庆贺。而顶着舂米用的石臼跳加官，不合乎规范，白费了力气，得不到观众叫好。王火《血染春秋》第八章："这次罢工，我看可以见风转舵了！要不，那就是戴起石臼跳加官，吃力不讨好啦！"

【弄缸甏】

缸甏，即坛子。吴语谓顶、蹬坛子之类的杂技形式为"弄缸甏"。唐芸洲《七剑十三侠》第二十二回："那驴子(行)，就是出戏法、顽把戏、弄缸甏、走绳索，一切吞刀吐火，是第三行。"

【卖拳头】

吴语指在街头或娱乐场所表演武术、杂耍以谋生，也指以此谋生的人。唐芸洲《七剑十三侠》第二十二回："那瓜行，却是卖拳头、打对子、耍枪弄棍、跑马卖解的，就是第四行了。"陆文夫《井》："离吧，让那个女人去嫁给卖拳头的。"

【荡河船】

即划旱船，也称"摇荡船"。据传旱船是陆路地区人民为祭奠爱国诗人屈原创造的一种形式。在苏南地区也是节庆活动中重要的表演项目。所用道具彩船无船底，样式不一。表演时，一戏装女子置身糊制的彩色龙船之内，手提船身，边走花步边摆动船身，随节奏舞蹈。

【拆穿西洋镜】

西洋镜，原为民间文娱活动的一种装置，在一个大的暗箱里有若干幅画片左右摇动，观众从透镜中看放大的画面，画片多是西洋的风俗人情，所以叫西洋镜，北方人称之为"拉洋片"。这比电影更早流入中国。因西洋镜根据光学原理暗箱操作，所以显得有些神秘；一旦打开，里面不过是几张图片而已，也就不足为奇了。故"拆穿西洋镜"比喻事情真相被揭穿，或骗人的手段、伎俩等败露。朱瘦菊《歇浦潮》第九十回："众人不由他做主，自去唤了木匠，撬开地板，西洋镜马上拆穿。"也作"拆穿西洋景"。陆士谔《十尾龟》第十八回："光是空说，他自然不信了。西洋景拆穿不得，一拆穿就不要人家的钱，人家也不情愿瞧了，我现在是用拆穿西洋景手段。"

【马吊】

纸牌名。古代中国博戏之一，由骨牌"叶子戏"升级而成。顾张思《土风录》卷五："陈确庵《顽潭诗话》谓即'戳戏'，'始明万历中年，崇祯间尤盛'……按，戳戏创于常熟冯犹龙。"中国古代许多博戏，玩的人数并不限定，而马吊牌则必须四人才能玩。潘之恒《叶子谱》说："谓马四足失一，则不可行。"玩时一人为主家，三人为散家，犹如马吊起一足，故名马吊。王士禛《分甘馀话·马吊牌》："余尝不解吴俗好尚有三，斗马吊牌、吃河豚鱼、敬畏五通邪神，虽士大夫不能免。"

【叉麻雀】

指一种牌戏，即打麻将。李伯元《官场现形记》卷二十一："他自己爱的是赌，时常邀几个相好朋友到家叉麻雀。"鲁迅《南腔北调集·家庭为中国之基本》："唐、宋的踢球，久已失传，一般的娱乐是躲在家里彻夜叉麻雀。"

关于麻将的起源有多种说法，其一是说源于吴地，后通行全国。吴语口语中"麻雀"和"麻将"读音较近，麻将牌就是麻雀牌，本是太仓的"护粮牌"。在太仓曾有皇家的大粮仓，常年囤积稻谷，以供"南粮北调"。粮仓雀患频生，管理粮仓的官吏为了奖励捕雀护粮者，便以竹制的筹牌记捕雀数目，凭此发放酬金。这种筹牌上刻有各种符号和数字，既可作兑取奖金的凭证，又可游戏。游戏时，其玩法、符号和称谓术语无不与捕雀有关。如"碰"即"嘭"的枪声，又如成牌叫"和"（音胡），"和""鹘"谐音，"鹘"是一种捕雀的鹰。故打麻将也称"碰和"。韩邦庆《海上花列传》第十五回："碰和是勿好算赌；只要勿赌，勤去闯出倷穷祸来。"

【斩五关】

一种单人玩的骨牌游戏，以所有牌都顺利排成几个系列为成功。韩邦庆《海上花列传》第十二回："善卿推进门去，直到周双珠房里。只见双珠倚窗而坐，正摆弄一副牙牌，在那里'斩五关'……双珠的五关终斩他不通，随手丢下。"

【接龙】

一种顶牛儿的玩牌法。朱瘦菊《歇浦潮》第九十二回："可巧一班人，因他两个话得投机，都各自知趣，躲到小房间接龙去了。"

【捉猪猡】

一种扑克牌游戏。四人分两组对抗，亦可各自为战。黑桃 Q 称"猪猡"。吴语称"猪"为"猪猡"。有的地方叫"拱猪"。陈建华《都市奏鸣曲》："打牌也花样百出，桥牌、杜勒克、打百分、捉猪猡。"

【着棋】

即下棋。冯梦龙《古今谭概·宣水》:"今村子言吹箫,必曰'品箫';言弹琴,必曰'操琴';言着棋,必曰'下棋'……务学雅言,反呈俗态。"苏州地区流行的棋类游戏是象棋。

【猜枚】

一种智力游戏,通过给定的提示性文字或者图像等,按照某种特定规则,猜出指定范围内的某事物或者文字等内容。旧时多用为酒令,民间饮酒时助兴取乐,猜中者为胜,不中者罚饮。无名氏《苏子瞻醉写赤壁赋》楔子:"今无甚事,且回后堂中和夫人猜枚吃酒去也。"曹雪芹《红楼梦》第二十三回:"低吟悄唱,拆字猜枚,无所不至,倒也十分快乐。"章太炎《新方言·释词》:"今人谓射覆为猜枚。枚即微字,浙江衢严金华至绍兴之诸暨,略指彼处以示人则曰微头,微音如枚。"也作"猜谜"。冯梦龙《古今小说》第一卷:"当日两个猜谜掷色,吃得酩酊而别。"吴地叫"谜语"为枚枚,也写作"谜谜子"。弹词《描金凤·求雨》:"你猜不出了,我来说个谜谜子,你来猜猜。""谜"音如"枚"。"猜谜"也用来比喻猜测话语的真意或事情的真相。冯梦龙《警世通言》第十五卷:"好兄弟,你须是眼见的实,莫又做猜谜的话!"

【猜拳豁指头】

吴语指划拳,喝酒时划拳行令。张南庄《何典》第一回:"正是酒落欢肠,猜拳豁指头的吃了一阵。"

【斗百草】

斗草,是中国古代民间流行的一种游戏。最初属于端午民俗,文献记载始见于魏晋南北朝时期。宗懔《荆楚岁时记》载:"五月五日,谓之浴兰节。四民并踏百草之戏。"其按语称"即今人有斗百草之戏也"。古人每年端午节群出郊外采药,插艾门上,以解溽暑毒疫。收获之余,往往以收获花草的多少进行比赛游戏。唐朝后,斗百草的多为妇女和孩童,游戏内容也有了发展,除了采摘花草,互相比试花草种类的"文斗"外,也有比试草茎的韧性的"武斗",方法是草茎相交结,两人各持己端向后拉扯,以断者为负。范成大《四时田园杂兴》有诗云:"青枝满地花狼藉,知是儿孙斗草来。"翟灏《通俗编·草木》引《岁华纪丽》:"端午,结庐蓄药,斗百草。"斗百草在南方地区流传较广。随着社会的发展,成人对这些游戏逐渐失去了兴趣，于是斗草就成了儿童游戏。

【叫哥哥】

即蝈蝈儿。昆虫名。体长寸许，色绿，腹大，翅短，雄的前翅基部有发声器，鸣声短促，常出没在夏秋田野间。顾禄《清嘉录》："秋深，笼养蝈蝈，俗呼为叫哥哥，听鸣声为玩。藏怀中，或饲以丹砂，则过冬不僵。笼，刳干葫芦为之，金镶玉盖，雕刻精致。虫自北来，薰风乍拂，已千筐百筥，集于吴城矣……《瓶花斋集》云'有一种似蚱蜢而身肥者，京师人呼为"蝈蝈儿"，南人谓之"叫哥哥"，喜捕养之。食丝瓜花及瓜练。音声与促织相似，而清越过之，露下凄声彻夜，酸楚异常，俗耳为之一清'。"《吴歌新集·十二月花草虫豸山歌》："八月里来木樨香，叫哥哥夜夜想婆娘。"

【秋兴】

指斗蟋蟀活动。蟋蟀，苏州话叫"赚绩"。顾禄《清嘉录》完整记载了古代斗蟋蟀游戏："白露前后，驯养蟋蟀以为赌斗之乐，谓之'秋兴'，俗名'斗赚绩'。提笼相望，结队成群。呼其虫为将军，以头大足长为贵，青、黄、红、黑、白，正色为优，大小相若，铢两适均，然后开册。斗时有执草引敌者，曰'蓳草'。两造认色，或红或绿，曰'标头'。台下观者，即以台上之胜负为输赢，谓之'贴标'。斗分筹马，谓之'花'。花，假名也，以制钱一百二十文为一花。一花至百花、千花不等，凭两家议定，胜者得彩，不胜者输金，无词费也。"《清嘉录》还引述了一些其他记载，如三国时吴人陆玑的《诗草木虫鱼疏》："蟋蟀似蝗而小，正黑，目有光泽如漆，有角翅，善斗。"并说："幽州人谓之'趣织'，督促之言也。吾乡谓之'赚绩'，其义本通。"又如陆佃《埤雅》："蟋蟀善跳，其鸣在股。吴人取其雄而矫健者，驯养以斗。"又引《吴县志》："出横塘、楞伽山诸村者健斗。"由此可见，苏州人驯养、玩斗蟋蟀的历史至少可追溯到宋代，古时上方山的蟋蟀在地方上很有名。后来在木渎、城区西中市庙桥、皮市街花鸟市场等，都曾经有赚绩买卖。

赚绩有雌有雄，雌虫尾部有两根须，中间还有一根产卵器，像三根尾巴或三根刺，故叫"三尾（音'米'）子"或"三枪"；雄虫有两根尾须，故叫"二尾子"或"二枪"。依蟋蟀形体外貌的不同又有"棺材头""唧哩蝗"等称号。"棺材头"体方不善斗，"唧哩蝗"体大也不善斗。

【虎面子】

指假面具。冯梦龙《山歌·姐妹》:"姐要偷来妹咦要偷,三个人人做一头,好像虎面子上眼睛两个孔,衔猪鬃皮匠两边抽。"因方言"虎""火"同音,故又写作"火面子"。《缀白裘·风筝误》:"弗知那亨盖个标致个,待我揭起纱笼看阿娇。倽带个火面子乩倽?"又叫"虎脸子"。顾张思《土风录》卷三:"假面曰虎脸子,以其形可畏,号之曰虎。按,北齐兰陵王长恭白皙,类美妇人,著假面,与周师战金塘下,勇冠三军。此虎脸子之始。"也叫"虎脸头"。弹词《珍珠塔》唱篇"下扶梯":"要是还难为情啊,那第一次见面要带了虎脸头相见哩!"

【跋弗倒】

玩具名,即不倒翁。民国《吴县志·舆地考》:"转曰跋。"褚人获《坚瓠二集·秤翁戏具诗》:"其咏吴儿戏具诗,脍炙人口……《咏跋弗倒》云'……随人簸弄形如醉,镇日踟跌体更劳'。"又写作"跋勿倒"。弹词《描金凤》第四回:"许卖婆,大人多叫你跋倒货,那里晓得是个跋勿倒,叫里勿要认差门路。"也写作"拨弗倒"。顾张思《土风录》卷三:"吴梅村有《戏咏不倒翁》诗。按,即今儿童嬉戏之'拨弗倒'也。"

【摇荡鼓】

即拨浪鼓。安健《行舟湖上》:"话音刚落,狂风已呼啸而至,把船颠簸得摇荡鼓一般,暴雨随即劈头而下。"也叫"摇咕咚","咕咚"拟小鼓摇时发出的声音。鲁迅《朝花夕拾·二十四孝图》:"他们一手都拿着'摇咕咚'。这玩意儿确是可爱的,北京称为小鼓,盖即鼗也。朱熹曰'鼗,小鼓,两旁有耳;持其柄而摇之,则旁耳还自击',咕咚咕咚地响起来。"

【皮老虎】

一种能发出响声的玩具。用黄泥捏成,上部是一个泥塑的老虎形空腔,底部用牛皮纸封口作为振动膜,上连一根拉线。当手指捏住线滑动摩擦时,带动牛皮纸振动,即发出声响。随着手握皮老虎时手形的不同,以及拉线的动作节奏、快慢不同,可产生不同的音质,可模仿猫叫声、母鸡下蛋叫声、青蛙叫声、小孩哭声,等等。因此,皮老虎也是姑苏民俗庙会上深受儿童喜欢的玩偶。制作皮老虎是姑苏民间的传统技艺,为"虎丘耍货"之一。它质地众多,纸、泥、竹、木皆有,但以泥塑玩具最为常见,也最具特色。泥塑的皮老虎经过改良后,成为现今所看到的振动式。从泥巴到成品，一个小小的老虎头要经过塑形、阴干、底色、开脸、上画等十多道工序。皮老虎大概有三百多年的历史了，名称也经历过多次变化，一开始叫"叫猫"，又叫"拉猫"。

【贱骨头】

即陀螺。转起来后，用鞭子不断抽打，使其继续旋转，故名"贱骨头"。苏州童谣《贱骨头》："贱骨头，狗汉奸。抽一抽，牵一牵。叫倷阿敢做汉奸！"还有一种较大的陀螺，上下两头尖，中间大，称为"菱角"。弹词《一定能办好》："菱角在课堂里旋转不停。"玩菱角则称为"掼菱角"。一般是男孩子玩耍的游戏。

【捷踢】

也称"绢踢"，即毽子。制作时，底部用一个铜钱作为核心，用布包裹住，把一根羽毛管底部剪开，用线缝在底座上固定，然后在羽毛管中插入几根公鸡羽毛。现在一般直接买现成的。冯梦龙《挂枝儿·捷踢》："捷子儿，打扮得多风趣。只爱你铜钱大两片儿皮，俊毛儿三四茎天生伶俐。"

【踩咚踩】

江淮以及江南地区谓"剪刀石头布"为"咚踩"或"踩咚踩"。两人一起说"踩咚踩"，说完最后一个音节的同时，亮出手势。石头（五指握拳）胜剪刀（伸出食指、中指成剪刀状），剪刀胜布（五指伸直），布胜石头。滑稽小戏《遗嘱》第二幕："福'还有踩咚踩，动产'。师'啥叫踩咚踩？'贾'是说不动产，伲娘舅毛病蛮重，讲勿清爽，倷还有啥闲话哦？'"上海的连环画家张新国先生搜集上海老弄堂里的游戏、童谣，编录成书，即名《踩咚里踩》。也写作"猜东猜"。

【乓零乓啷喊】

儿童游戏，即北京人称"手心手背"。在开始另一游戏前通过出手心手背来决定先后顺序或分组，在出手心手背过程中嘴上说"乓零乓啷喊"，说到最后一个音节时，大家同时出手。

【畔盲盲】

苏州地区谓捉迷藏为"畔盲盲"。许慎《说文·田部》："畔，田界也。"由本义田界引申为疆界、界限，进而引申为旁边、边上。如果一个人主动跑到边上，就是回避、躲避，如班固《汉书·冯奉世传》："今乃有畔敌之名，大为中国羞。"因为"畔"易误解为"叛变"义，故颜师古特意引如淳曰："不敢当敌攻战，为畔敌也。"此"畔"即躲藏、逃避义。吴语中"畔"的"躲藏"义缘此。张岱在《夜航船·兵刑部》中说："陈后主与齐云观，谣曰'齐云观，寇来没处畔'。故今人避人谓之'畔'。"赵翼《陔馀丛考·畔》也引用了同一典故，但"齐云观"作"齐圣观"："畔，吴语谓躲避曰畔。亦有所本。陈后主创齐圣观，民谣曰'齐圣观，寇来无处畔'。""畔"还可写作"伴""叛""迷""盘"，如李诩《戒庵老人漫笔·方言大略》："躲谓之掩，又谓之闪，又谓之伴。"光绪《宝山县志·风俗》："叛，俗言避。"《上海话大词典》里记作"迷"，并举例："伊迷辣房间里勿出来。"俞万春《荡寇志》第七十一回："戴宗等见他来得猛，又不好去劝，又恐怕凑着，只得盘在朱天君暖阁上。"苏州童谣《盘猛猛》："盘猛猛，盘猛猛，捉着一个王先生。王先生，蹲野坑，有仔草纸弄白相，呒不草纸喊爹娘。""畔盲盲"就是逃到角落里、边上去，让人找不到（即成为盲人）的一种游戏，这是就游戏中躲藏者一方来命名。就寻找者一方而言，吴语、粤语也有谓捉迷藏为"摸盲盲"的。一般在游戏前划定区域，其中一人把眼睛用手帕蒙起来去捉别人。顾张思《土风录》卷二："小儿以巾掩目，暗中摸索，谓之摸盲盲。始于唐明皇、杨妃之戏，号捉迷藏。"也有叫"捉盲盲"的。韩邦庆《海上花列传》第五十二回："我末倒来里花园里寻耐，兜仔好几个圈子，赛过捉盲盲。"

【嘿尿蟹】

吴中小儿游戏名，近似捉迷藏。胡文英《吴下方言考》卷三："嘿尿（音木斯），扬子《方言》'小儿多诈而狯谓之嘿尿'。今吴中小儿共戏，其胜者以帕蒙负者之眼，而令之满室无声暗寻，俟获得一人方许相贷，谓之'嘿尿蟹'。"相当于今之"官兵捉强盗"。

【捉铁子】

一种儿童游戏。"铁子"原是货运木箱上的铁扣子，略呈皮鞋形，拆箱后一般弃置，孩童取以为乐。五到七枚成一副。具体玩法是：单只手，取一枚向上抛，抛完及时去抓地下的其他"铁子"，或者移到规定的位置，然后用手背（或手心）去接刚才抛出的那一枚。早期多流行于江南地区。也可改用石子进行。部分地区叫"抓子儿"。郑逸梅《童年时代的琐屑》："那些玩意儿，如什么踢毽子咧，斗鸡咧，掷香烟牌子咧，捉铁子咧，样样都很擅长。尤其那捉铁子最为有趣。"杨绛《杂忆与杂写：一九九二—二〇一三·我在启明上学》:"两个课堂的后走廊都比地面高。我们站在平地上,走廊的地面恰恰齐胸,我们可以站着玩'抓子儿'(称'捉铁子')。我们拣几颗小石子,就可以玩了。其实这也并不好玩,只因为是偷玩,就觉得好玩。"现在也用沙包或麻将牌等来玩此游戏。

【挑绷绷】

吴语指一种绳圈游戏,北方称为"翻花绳"。其玩法是先把线绳的两头打个小巧的结,连成一个圈。一个人掌心相对,把绳圈套在手掌上,两手稍微用点力把绳圈绷直,撑开在空中。另一个人用双手手指或挑或穿或绕,将绳圈翻转到自己的双手上,并变换出一个不同的花样,不断往复,不能继续翻下去的一方为失败。通常双人间游戏,也可单人靠双手手指翻出花样来游戏,在孩童之间比较流行。边玩边唱童谣《挑绷绷》:"挑绷绷,挑绷绷,绷绷里厢有花样。喜鹊哥哥尾巴长,杜鹃姐姐像姑娘。麻雀弟弟蹦蹦跳,茄子篷里乘风凉。长脚蚂蚁扛仔去,大家一道来白相。"民间有说法:认为玩了挑绷绷游戏,天就会下雨。殷健灵《甜美小镇》:"可是小豆苗从来没有挑过'绷绷'。姨妈说,又挑绷绷,明天要落雨了……第二天果然落雨了,而且是暴雨。"

【鸡鸡斗】

小儿游戏,常用来哄逗婴幼儿。大人抱着幼儿,握着幼儿双手食指,口中唱"鸡鸡斗,拱拱飞",唱到"斗"时,用两食指相抵,唱至"飞"时,将两个对着的食指散开,作飞扬状。苏州各地都有《鸡鸡斗》童谣,歌词略有不同,但一般都有"鸡鸡斗,拱拱飞"或"蓬蓬飞"句。如市区一首:"鸡鸡斗,蓬蓬飞,一飞飞到稻田里,稻田里厢吃白米。鸡鸡斗,蓬蓬飞,一飞飞到竹园里,竹园里厢做游戏。鸡鸡斗,蓬蓬飞,当心天浪老鹰飞,一叼拿倷叼仔去。鸡鸡斗,蓬蓬飞,快点钻到娘肚里,老鹰看见气杀俚。"

【提脚马马】

是吴地孩子玩的一种比脚劲游戏,两人用右手或左手抓左脚或右脚,单腿跳着向前,边跳边互相撞击,双脚同时着地者为输;也有在相撞时叫"乓零乓啷喊啊,石头剪刀布",并做"石头剪刀布"的猜拳游戏,做游戏时如果站不住就输了。苏州童谣《提脚马马》:"提脚马马拍拍腿,乓零乓啷喊啊,石头剪刀布!要看啥人脚劲好。脚劲好格吃年糕,脚劲推板熬一熬。"

【抢三十】

一种儿童游戏，各人轮流从一数到三十，每次只能数或两个数，谁先抢到三十为赢。后来也指日常生活中抢着说话，不讲礼貌。

【车铁箍】

一种儿童游戏。手握一根头上带弯钩的粗铁丝，钩住铁箍在地上滚动向前。以前生活条件差，买不起儿童玩具，铁箍一般是从旧木桶、木盆上拆下的，男孩子玩得较多。现在在一些怀旧玩具店或旅游景点商店里也有出售。

附录　主要引用文献书目

落魄道人：《常言道》，收入《古本小说集成》第 3 辑第 154 册，上海古籍出版社，1994，影印本。

光绪《常昭合志稿》，收入《中国地方志集成·江苏府县志辑》第 22 册，江苏古籍出版社，1991，影印本。

乾隆《长洲县志》，收入《中国地方志集成·江苏府县志辑》第 13 册，江苏古籍出版社，1991，影印本。

包天笑：《钏影楼回忆录》，刘幼生点校，山西古籍出版社、山西教育出版社，1999。

钱乃荣：《当代吴语研究》，上海教育出版社，1992。

艾衲居士：《豆棚闲话》，收入《古本小说集成》第 3 辑 11 册，上海古籍出版社，1994，影印本。

凌濛初：《二刻拍案惊奇》，明崇祯五年刻本。

王士禛：《分甘馀话》，清康熙新安程氏七略书堂校刻本。

沈复：《浮生六记》，独悟庵丛钞本。

蘧园：《负曝闲谈》，上海古籍出版社，1985。

赵翼辑《陔馀丛考》，清乾隆嘉庆间湛贻堂刻瓯北全集本。

正德《姑苏志》，明正德刻嘉靖续修本。

冯梦龙：《古今谭概》，明刻本。

冯梦龙：《古今小说》，明天许斋刻本。

冯梦龙：《挂枝儿》，收入魏同贤主编《冯梦龙全集》，上海古籍出版社，1993，影印本。

李伯元：《官场现形记》，清光绪排印本。

王念孙：《广雅疏证》，清光绪五至十八年定州王氏谦德堂刻三十二年汇印畿辅丛书本。

陈彭年等：《广韵》，清光绪八至十年遵义黎氏日本东京使署刻古逸丛书覆宋刻本。

孙家振：《海上繁华梦》，邹子鹤校点，齐鲁书社，1995。

韩邦庆：《海上花列传》，清光绪二十年石印本。

许宝华、（日）宫田一郎主编《汉语方言大词典》，中华书局，2020。

张南庄：《何典》，清同治光绪间上海申报馆排印申报馆丛书本。

张南庄：《何典》，潘慎校注，人民文学出版社，1981。

曹雪芹：《红楼梦》，中国艺术研究院红楼梦研究所校注，人民文学出版社，2008。

苏州市戏曲研究室编《滑稽小戏》（第二辑），张冶儿口述，苏州市戏曲研究室，1961。

丁度等：《集韵》，清康熙四十五年刻递修本。

民国《嘉定县续志》，收入《中国地方志集成·上海府县志辑》第8册，上海书店出版社，1991，影印本。

褚人获：《坚瓠集》，清康熙十九年刻本。

闵家骥等编《简明吴方言词典》，上海辞书出版社，1986。

姜彬主编《江南十大民间叙事诗（长篇吴歌集）》，上海文艺出版社，1989。

李诩：《戒庵老人漫笔》，清顺治五年李成之世德堂刻本。

冯梦龙：《警世通言》，明天启四年王氏三桂堂刻本。

漱六山房：《九尾龟》，收入《古本小说集成》第5辑第38、39册，上海古籍出版社，1994，影印本。

梦花馆主江阴香：《九尾狐》，百花洲文艺出版社，1991。

嘉靖《昆山县志》，广陵书社，2016，重印本。

乾隆《昆山新阳合志》，广陵书社，2017，影印本。

莫震：《石湖志》，明刻本。

鲁迅：《鲁迅全集》，人民文学出版社，2005。

钱泳：《履园丛话》，清道光十八年述德堂刻本。

佚名：《描金凤》，彭飞校点，中州古籍出版社，1989。

石汝杰、（日）宫田一郎主编《明清吴语词典》，上海辞书出版社，2005。

曾朴：《孽海花》，民国十七年至二十年排印本。

凌濛初：《拍案惊奇》，明崇祯刻本。

上海文艺出版社编《评弹丛刊》第一集至第八集，上海文艺出版社，1959-1962。

郎瑛：《七修类稿》，明刻本。

徐珂辑《清稗类钞》，民国六年商务印书馆排印本。

顾禄：《清嘉录》，清光绪二至七年仁和葛氏刻啸园丛书本。

俞达：《青楼梦》，收入《古本小说集成》第 4 辑第 34、35 册，上海古籍出版社，1994，影印本。

网蛛生：《人海潮》，王锳标点，上海古籍出版社，1991。

吴信天：《三笑》，竺少华点校，岳麓书社，1987。

冯梦龙：《山歌》，明崇祯刻本。

西湖逸史：《山水情》，收入《古本小说集成》第 4 辑第 54 册，上海古籍出版社，1994，影印本。

佚名：《生绡剪》，收入《古本小说集成》第 1 辑第 53、54 册，上海古籍出版社，1994，影印本。

盛泽镇人民政府、吴江市档案局编《盛湖志（四种）》，广陵书社，2011。

天然痴叟：《石点头》，收入《古本小说集成》第 5 辑 14、15 册，上海古籍出版社，1994，影印本。

陆士谔：《十尾龟》，马寄萍校点，收入《中国古代珍稀本小说》第 1 册，春风文艺出版社，1994。

陆容：《菽园杂记》，清道光二十四年金山钱氏刻守山阁丛书本。

许慎：《说文解字》，清嘉庆间兰陵孙氏刻平津馆丛书本。

段玉裁：《说文解字注》，清道光九年广东学海堂刻咸丰十一年补刻皇清经解本。

朱骏声：《说文通训定声》，清道光二十九年刻咸丰元年孔彰临啸阁补刻本。

沈石编《苏州传统童谣》，文汇出版社，2019。

叶祥苓编《苏州方言词典》，江苏教育出版社，1993。

汪平：《苏州方言研究》，中华书局，2011。

叶祥苓：《苏州方言志》，江苏教育出版社，1988。

周振鹤：《苏州风俗》，广陵书社，2003。

道光《苏州府志》，清道光四年刻本。

同治《苏州府志》，收入《中国地方志集成·江苏府县志辑》第 7、8 册，江苏古籍出版社，1991，影印本。

蔡利民：《苏州民俗》，苏州大学出版社，2000。

苏州市地方志编纂委员会编《苏州市志》，江苏人民出版社，1995。

西湖逸史：《天凑巧》，收入《古本小说集成》第 2 辑第 4 册，上海古籍出版社，1994，影印本。

翟灏、梁同书：《通俗编（附直语补证）》，商务印书馆，1959。

顾禄：《桐桥倚棹录》，清抄本。

顾张思：《土风录》，曾昭聪、刘玉红点校，上海古籍出版社，2015。

陆广微：《吴地记》，清嘉庆十年虞山张氏照旷阁刻学津讨原本。

吴连生等编著《吴方言词典》，汉语大词典出版社，1995。

顾颉刚等辑《吴歌·吴歌小史》，江苏古籍出版社，1999。

苏州市文学艺术界联合会编《吴歌新集》，1979，内部发行本。

乾隆《吴江县志》，收入《中国地方志集成·江苏府县志辑》第 19、20 册，江苏古籍出版社，1991，影印本。

袁景澜：《吴郡岁华纪丽》，甘兰经、吴琴校点，江苏古籍出版社，1998。

《吴郡志》，清道光二十四年金山钱氏刻守山阁丛书本。

顾震涛：《吴门表隐》，甘兰经等校点，江苏古籍出版社，1999。

钱思元：《吴门补乘》，清道光刻本。

胡文英：《吴下方言考》，清乾隆四十八年刻本。

王有光：《吴下谚联》，清嘉庆刻同治十二年民国补刻本。

崇祯《吴县志》，收入《中国地方志集成·善本方志辑》第一编第 34、35 册，凤凰出版社，2014，影印本。

民国《吴县志》，收入《中国地方志集成·江苏府县志辑》第 11、12 册，江苏古籍出版社，1991，影印本。

詹一先主编《吴县志》，上海古籍出版社，1994。

蔡云：《吴歈百绝》，收入王稼句点校《吴门风土丛刊》，古吴轩出版社，2019。

《西厢记》杨振雄演出本，上海文艺出版社，1983。

冯梦龙：《笑府》，收入魏同贤主编《冯梦龙全集》，上海古籍出版社，1993，影印本。

朱瘦菊：《歇浦潮》，上海世界书局，1928。

章炳麟：《新方言》，民国六至八年浙江图书馆刻章氏丛书本。

陆人龙：《型世言》，收入《古本小说集成》第 5 辑 11-13 册，上海古籍出版社，1994，影印本。

守朴翁：《醒梦骈言》，收入《古本小说集成》第 1 辑第 56 册，上海古籍出版社，1994，影印本。

冯梦龙：《醒世恒言》，明天启金阊叶敬池刻本。

西周生：《醒世姻缘传》，民国石印本。

夏敬渠：《野叟曝言》，收入《古本小说集成》第 4 辑第 55-60 册，上海古籍出版社，1994，影印本。

丁邦新：《一百年前的苏州话》，上海教育出版社，2003。

顾野王：《玉篇》，清同治十二年粤东书局刻小学汇函本。

乾隆《元和县志》，清乾隆二十六年刻本。

陈端生：《再生缘全传》，清道光二年宝宁堂刻本。

佚名：《珍珠塔》，黄强校点，中州古籍出版社，1987。

乾隆《震泽县志》，清光绪十九年重刻本。

凌锋：《中国语言文化典藏·苏州》，商务印书馆，2017。

苏州评弹研究会编《中篇弹词选》，中国曲艺出版社，1981。

钱德苍辑《缀白裘》，清乾隆四十六年刻本。

后记

"苏州"首先是个地域概念，其环境特征是它存在的根本。正是因为温热湿润、河网密布的自然条件，饭稻羹鱼才有了基础，精工巧作才成为深入骨髓的基因；也正是由于水的千年浸润，才造就了刚柔相济、丰富细腻的苏州性格，才使得苏州民俗充满了崇文重教的气息。

新文化地理学的代表人物——英国达勒姆大学教授迈克·克朗说："文化应视为一整套的思想观念和价值观念，他们使不同的生活方式产生了意义，生活中那些物质的形式和具有象征性的形式产生于这些思想观念和价值观念。"语言就是反映思想观念和价值观念的重要的文化符号之一，民俗也是反映这些观念的"形式"。语言与民俗文化关系密切，水乳交融，语言是民俗文化的载体，也是民俗文化的重要组成部分。利用方言语汇来了解民俗文化，是一条便捷的途径。

本书以苏州方言民俗词语为材料，把这些语词放到特定的民俗文化的氛围中加以阐释，一方面梳理这些语词的语源、语义及其历史变化，另一方面以此为线索勾勒苏州地区的民间风俗，展示人人相传、代代相习的生活文化，以及随着时代的变迁而产生的改变与创新。

本书是集体智慧和劳动的成果，全书共六章，其中第一、第二、第五章由唐丽珍老师撰写，第三章由沈伟老师撰写，第四章由吴松老师撰写，第六章由胡海宝老师撰写。唐丽珍老师通审全稿，并就具体条目做了增删、修改工作。在撰写前期陈祝琴老师从资料收集的方法到材料的运用都给予了指导和建议。李小芳老师不仅在撰写前期参与了语料搜集工作，后期又牺牲假期时间，核查了书稿中的大量引文。同时，感谢苏州大学出版社倪浩文老师在核查引文方面提供的指导性建议和细致、认真的编辑工作。正是有了大家的辛勤工作和无私付出，这本小书才能在一年多的时间内完成。

在撰写过程中，我们也遇到诸多困境和难题，比如：方言民俗词语的特征是什么？在搜集语料时制定怎样的词表？那些不具有民俗整体性特征和价值的词语如何处置？已经消失的民俗事象的相关语汇是否要作为我们的考察对象？每条词语的阐释如何做到既不空泛、肤浅，又不一味追求文化阐释的丰富性？如何把握语言描写和民俗文化阐释之间的关系？如何选取每个条目的书证引文？在这些问题上，我们虽做了一些尝试，但要更好地回答，还有赖学者们在语言民俗学这一领域更广泛深入的研究，尤其是理论上的探索。